高等院校经济与管理核心课经典系列教材

GAODENG YUANXIAO

JINGJI YU GUANLI HEXINKE

JINGDIAN XILIE JIAOCAI

供应链管理概论

INTRODUCTION OF SUPPLY CHAIN MANAGEMENT

施先亮 李伊松 / 主编

首都经济贸易大学出版社

Capital University of Economics and Business Press

·北 京·

出 版 总 序

经济领域竞争的实质,是人才的竞争;而人才的培养,有赖于教育,尤其是培养高素质专业人才的高等教育。目前直至今后相当长的一个时期内,我们还缺乏一大批理念先进,勇于创新,善于管理,精通业务,既熟悉现代市场经济运行规则,又精通专业知识,适应国内经济发展和国际竞争需要的高级经济类、管理类专业人才。

教育是当代科技生产力发展的基础,是科学技术转化为现实生产力的条件,是培养高素质专门人才和劳动者的根本途径,也是实现管理思想、管理模式、管理手段现代化的重要因素。

人才的培养离不开教材,教材是体现教学内容的知识载体,是进行教学的基本工具,更是培养人才的重要保证。

教材质量直接关系到教育质量,教育质量又直接关系到人才的培养质量。因而,教材质量与人才培养质量密切相关。

正是由于教材质量在实施科教兴国的发展战略中具有十分重要的作用,我们在策划与组织编写本套教材的过程中倾注了大量的心血、人力和物力。

我们希望奉献给广大教师、学生、读者的是一套经得起专家论证和实践检验的经济与管理类各专业核心课精品系列教材。

在策划和编写本套教材的过程中,我们始终贯彻精品战略的指导思想,使之具有如下特点:

第一,以全面推进素质教育为着眼点,以教育部《普通高等教育教材建设与改革的意见》为指导,面向现代化,面向未来,面向经济全球化,充分考虑学科体系和知识体系的完备性、系统性和科学性,同时兼顾教材的实用性和可读性,以适应教学和教材改革的需要,适应国内外经济发展的需要,适应培养高素质、创新型、复合型专业人才的需要,并力求教材具有体系新、内容新、资料新、方法新的特点。

第二,在广泛调查研究的基础上,通过多所国内著名高等院校一批有着丰富教学经验的专家教授论证和推荐,优化选题,优选编者。参加本套教材论证和编写的专家教授分别来自北京大学、清华大学、中国人民大学、中国政法大学、对外经济贸易大学、复旦大学、上海交通大学、首都经济贸易大学、东北财经大学、西南财经大学、中南财经政法大学、上海财经大学、天津财经大学、武汉大学、南开大学、天津商学院、南京大学、华中科技大学、北京科技大学、厦门大学、北京工商大学、四川大学、中央财经大学等多所国内著名高等院校。

第三，在选择教材内容以及确定知识体系和编写体例时，注意素质教育和创新能力、实践能力的综合培养，为学生在基础理论、专业知识、业务能力以及综合素质的协调发展方面创造条件。在确定选题时，一方面考虑了当前经济与管理类各相关学科发展和实践的迫切需求，一方面又贯彻了教育部关于专业核心课的设置及素质教育的要求；除传统课程外，在充分学习和借鉴国外经典教材的基础上，编选了部分带有前沿性、创新性的专业教材，以利于中外高等教育在课程设置方面的接轨。

第四，考虑到培养复合型人才的实际需要，本套教材突破了原有的较为狭隘的专业界限和学科界限，在经济学和管理学两大一级学科的统领下，广纳多个分支学科的基础课、专业基础课、专业主干课教材。这些分支学科和专业包括工商管理、经济学、金融学、人力资源管理、物流学、广告学、会计学、市场营销、电子商务、国际经济与贸易、旅游管理、行政管理、信用管理等。从纵向上看，各学科、各专业的教材自成体系，完整配套；从横向上看，各学科、各专业的教材体系又是开放式的，相互交叉，学科与专业之间没有明确的界限，以便于各院校、各专业根据自身的培养目标设置课程，交叉选用。

本套教材自身也是开放式的。我们将根据学科发展的需要、教学改革的需要、专业设置和课程调整的需要、中国经济建设的需要，不断加以补充和完善。

本套教材不仅是一大批专家教授多年科研成果和教学实践的总结，同时在编写体例上也有所突破和创新，希望它的出版能够对我国经管专业高级专业人才的培养有所帮助。

出版者

前　言

　　21世纪的市场竞争是供应链与供应链之间的竞争,供应链管理已经成为企业管理特别是物流管理的发展趋势。由于中国企业的供应链管理较为落后,因此,了解和掌握供应链管理的基本理论和方法,并将其应用到企业实践中,成为了中国企业面临的重要任务。

　　本书系统地介绍了供应链管理的基本概念、基本理论、基本方法和供应链管理的内容,主要有:供应链概述、供应链管理概述、供应链战略管理、供应链关系管理、供应链网络设计与优化、供应链与采购管理、供应链与生产管理、供应链与物流管理、供应链与信息管理、供应链与财务管理、供应链与业务流程重构。

　　本书内容全面、重点突出、深入浅出,注重理论联系实际,可操作性强,精选经典案例,习题丰富,充分反映了供应链管理研究的前沿。

　　本书是高等院校物流管理专业核心课程教材之一,适合物流管理专业本科生、研究生使用。同时,本书也适合于管理科学与工程、工商管理等相关专业的本科生和研究生阅读。此外,还可供从事物流管理、企业管理的专业人士和物流管理咨询人士使用。

　　本书由北京交通大学(原北方交通大学)从事物流与供应链管理方面教学和科研工作的教师编写而成。全书由施先亮、李伊松主编,其中第1章、第2章、第5章、第6章、第7章、第8章、第9章、第11章由施先亮编写,第3章、第4章由李伊松编写,第10章由刘恩编写。衣春光、张兰芳、朱海龙、吕向东、任敏娟、王辉、徐倩倩、郭雯、卓海静等同学为本书的编写做了部分工作,在此表示感谢。本书在编写过程中参阅了国内外许多同行的学术研究成果,参考和引用了所列参考文献中的某些内容,谨向这些文献的编著者致以诚挚的感谢。

　　由于编者水平有限、时间仓促,书中难免会有错误与不足之处,殷切希望广大读者批评指正,以利今后改进。

编　者
2006年4月

I

目 录

供应链管理概论

1

供应链概述

1.1　引言

　　供应链的概念是 20 世纪 80 年代末提出来的。近年来,随着全球制造业的出现,供应链在制造业管理中得到普遍应用,成为一种新的管理模式。虽然供应链管理提出的时间不长,但由于国际市场竞争日趋激烈,经济需求、用户需求等的不确定性程度日益深化以及技术的迅速革新等因素的影响,供应链已引起人们的广泛关注。本章全面阐述了供应链的概念、结构、特征、类型以及供应链的流程。

1.2　供应链的概念

　　目前,对供应链并没有统一的定义,不同的学者有不同的观点。

1.2.1　国外对供应链的认识

　　传统的供应链概念局限于企业的内部操作,注重企业自身的利益目标,而现代的供应链概念则注重与其他企业的联系以及供应链的外部环境,因此,更倾向于将供应链定义为一个通过链中不同企业的制造、组装、分销、零售等过程,将原材料转换成产品并销售给最终客户所形成的结构模式。例如,史迪文斯(Stevens)认为:"通过增值过程和分销渠道控制从供应商的供应商到客户的客户的流动就是供应链,它开始于供应的源点,结束于消费的终点。"伊文斯(Evens)认为:"供应链管理是通过前馈的信息流和反馈的物流及信息流,将供应商、制造商、分销商、零售商,直到最终客户连成一个整体的结构模式。"这些定义既强调供应链中各成员之间的关系以及供应链的完整性,也考虑供应链中所有成员操作的一致性。在供应链中,每个企业都有自己的位置,每个企业都有流向下游客户的物流和从上游流下的供应商的物流。为了更有效地运作和保持竞争力,企业必须对这些供应商和客户进行有效的管理。

　　现代的供应链概念也更加重视围绕核心企业的网络关系,如核心企业与供应商、供应商的供应商乃至与一切前向的关系,核心企业与客户、客户的客户及一切后向的关系。此时的供应链概念成为了一个网络的概念,如哈里森(Harrison)就将供应链定义为:"将采购的原材料转换为中间产品和成品,并且将成品销售到客户的功能网络。"这一概念同时也强调了供应链的战略伙伴关系问题。菲利浦(Phillip)和温德尔(Wendell)认为,供应链中战略伙伴关系是很重要的,通过建立战略伙伴关系,可以与重要的供应商和客户更有效地开展工作。

　　综上所述,供应链不仅是一条连接供应商到客户的物料链,也是一条增值链,物料在供应链上因加工、运输等过程而增加价值。在 20 世纪 90 年代全球制造和全球竞争加剧的背景下,供应链是一个围绕核心企业的网络,而不仅仅是一条简单的从供应商到客户的链。

1.2.2　国内对供应链的认识

2001 年,我国发布实施的国家标准《物流术语》(GB/T18354 - 2001)对供应链的定义是:"生产及流通过程中,涉及将产品更新换代或服务提供给最终客户的上游或下游企业,所形成的网络结构。"

华中科技大学马士华教授在其编著的《供应链管理》一书中,将供应链定义为:"供应链是围绕核心企业,通过对信息流、物流、资金流的控制,从采购原材料开始,制成中间产品以及最终产品,最后由销售网络把产品送到消费者手中的将供应商、制造商、分销商、零售商以及最终用户连成一个整体的功能网链结构模式。"[①]

☞ 链　接

国家标准《物流术语》

由中国物流与采购联合会(原中国物资流通协会)负责起草并归口管理的国家标准《物流术语》,在有关院校、研究所、协会及物流企业的支持下已经编写完成。经专家审定通过后,由国家质量技术监督局批准,于 2001 年 4 月 17 日发布,编号为 GB/T18354-2001,定于 2001 年 8 月 1 日开始实施。

这是我国第一个物流方面的基础性标准,它确定了物流活动中基本概念术语、物流作业术语、物流技术与设施术语、物流管理术语及其定义,共计 145 条。这项标准的编制过程吸收了国内涉及物流的各部门、各行业的意见,参编单位有:中国物流与采购联合会、中国物资流通技术开发协会、北京工商大学、北京物资学院、北京交通大学(原北方交通大学)、华中科技大学、国家国内贸易局物资流通技术研究所、海福发展(深圳)有限公司、中国物资储运总公司、中国对外贸易运输(集团)总公司、中国集装箱控股公司。

标准主要起草人:何明珂、邬跃、牟惟仲、何铁夫、王耀球、吴润涛、张明、刘志学、李继东、刘建新等十人。

---

① 马士华等:《供应链管理》,机械工业出版社,2000 年版。

通过对以上两种供应链定义的比较,我们可以看出,若把供应链比喻为一棵枝繁叶茂的大树,生产企业是树根;独家代理商是主干;分销商是树枝;满树的绿叶红花则是最终用户。在根与主干、主干与枝的一个个节点上都蕴藏着一次次的流通,遍体相通的脉络便是管理信息系统。供应链是社会化大生产的产物,是重要的流通组织形式,它以较高的市场组织化程度和规模化经营的优势,有机地连接生产和消费,对产品的生产和流通有着直接的导向作用。

1.3 供应链的结构及特征

1.3.1 供应链的结构

一般说来,供应链由所有加盟的节点企业组成,一般有一个核心节点企业(可以是产品制造企业,也可以是大型零售企业),节点企业在需求信息的驱动下,通过供应链的职能分工与合作(生产、分销、零售等),以资金流、物流和信息流为媒介实现整个供应链的不断增值。所以,供应链的基本结构模型如图 1-1 所示。

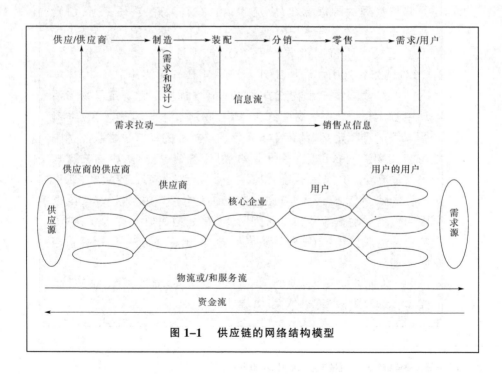

图 1-1 供应链的网络结构模型

供应链管理概论

1.3.2 供应链的特征

供应链是一个网链结构,由围绕核心企业的供应商、供应商的供应商、用户以及用户的用户组成,供应链主要具有以下特征:

(1)复杂性。因为供应链节点企业组成的跨度(层次)不同,供应链往往由多个多类型多地域的企业构成,所以供应链结构模式一般比单个企业的结构模式更为复杂。

(2)动态性。供应链管理因企业战略和适应市场需求变化的需要,其中的节点企业需要动态地更新,这就使供应链具有明显的动态性。

(3)交叉性。节点企业可以是这个供应链的成员,同时又是另一个供应链的成员,众多的供应链形成交叉结构,增加了协调管理的难度。

(4)面向用户需求。供应链的形成、存在与重构都是基于一定的市场需求而发生的,并且在供应链的运作过程中,用户的需求是拉动供应链中信息流、产品/服务流、资金流运作的驱动源。

1.4 供应链的类型

1.4.1 供应链的基本类型

图1-2包括了供应链的九种基本类型,它们并未按固定的标准划分,但却能在大量的部门中找到符合这些类型并且各不相同的企业代表。

根据不同的划分标准,可以将供应链作以下划分。

(1)稳定的供应链和动态的供应链。根据供应链存在的稳定性,可以将供应链分为稳定的供应链和动态的供应链。基于相对稳定、单一的市场需求而组成的供应链稳定性较强,而基于相对频繁变化、复杂的市场需求而组成的供应链动态性较强。在实际管理运作中,需要根据不断变化的市场需求,相应地改变供应链的组成。

(2)平衡的供应链和倾斜的供应链。根据供应链容量与用户需求的关系,可以将供应链分为平衡的供应链和倾斜的供应链。供应链具有一定的、相对稳定的设备容量和生产能力(即所有节点企业能力的综合,包括供应商、制造商、分销商、零售商等),但用户需求处于不断变化的过程中,当供应链的生产能力和用户需求平衡时,供应链处于平衡状态;而当市场变化加剧,造成供应链成本、库存、浪费增加等现象,企业不是在最优状态下运作时,供应链则处于倾斜状态。平衡的供应链可以实现各主要职能(低采购成本、规模效益、低运输成本、产品多样化和资金运转

1. 公平、公开竞争

竞争性的标的，竞争者和市场调查
重视严格且紧张的讨价还价

2. 商品交易：A卖给B，
　　　B卖给C，C卖给A

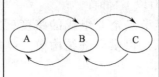

交易驱动的独立买卖
重视商品多样性的管理

3. 针对客户喜好的
　　伙伴关系

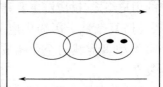

公开、信任和分享传递物
重视上线的业绩和下线的价值

4. 从供应商的供应商到客户的客户

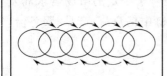

用平行的供应链连接所有的参与者
重视无间断的传递、优化和协调

5. 精干的供应链和整合系统

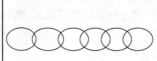

减少浪费和步骤，改造成本
强调为了合适而精简，而非为了
精简而精简

6. 公司群体之间的竞争

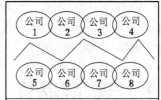

一个发起者与其最好的伙伴结成
群体
重视能力、权限和文化的相容性

7. 竞争者间的连锁的网络化供应

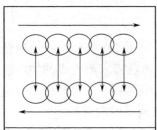

连接不断增加的企业
重视不具有竞争优势企业间的联合

8. 资产控制供应生存还是毁灭

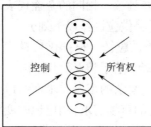

获取资产的控制权并倍增它们
强调在垄断出现时站在正确的一方

9. 虚拟供应：不生产，只有顾客

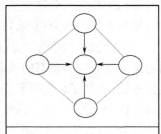

低固定成本和下包式生产
重视营销技巧和庞大的分销系统

资料来源：现代物流管理课题组，《供应链管理》，广东经济出版社，2002年版。

图1-2　供应链的九种类型

供应链管理概论

快）之间的均衡。

（3）有效性供应链和反应性供应链。根据供应链的功能模式（物理功能和市场中介功能），可以把供应链分为有效性供应链（Efficient Supply Chain）和反应性供应链（Responsive Supply Chain）。有效性供应链主要体现供应链的物理功能，即以最低的成本将原材料转化成零部件、半成品、产品以及实现它们在供应链中的运输等；反应性供应链则主要体现供应链的市场中介功能，即把产品分配到满足用户需求的市场，对未知的需求做出快速反应等。

1.4.2　不同主体的供应链形态结构

各经营主体的特定性与其在供应链中的地位决定了不同经济主体的供应链结构是有差异的。经营主体一般分为生产商、批发商、零售商和各种形式物流服务提供商。下面分别说明以生产商、批发商和零售商为主体的一般供应链结构。

1.4.2.1　以生产商为主体的供应链

以生产商为主体的供应链最为复杂，其供应链的结构形式是多种多样的。图1-3是某公司主要产品的供应链结构。

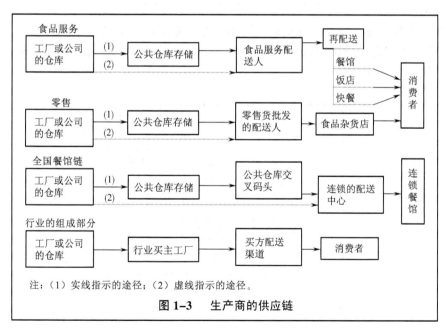

注：（1）实线指示的途径；（2）虚线指示的途径。

图1-3　生产商的供应链

1.4.2.2　以批发商为主体的供应链

批发商在供应链结构中一般是执行配送功能的，其供应链结构取决于产品的特征、生产商所选择的渠道、消费者的购买渠道以及批发商的营销策略。下面以消费品与工业品为例来说明批发商的供应链结构。

图1-4为消费品批发商最常见的供应链结构。在所显示的四种结构中,对消费者而言,最典型的是"批发商——零售商——消费者"结构。绝大多数批量生产的消费品都是通过批发商或零售商到达市场的。

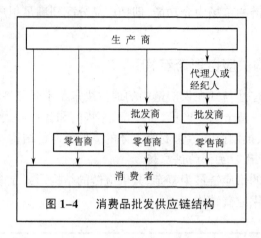

图1-4 消费品批发供应链结构

图1-5是工业品批发商的供应链结构。在工业品市场中,绝大多数高流量的项目都是直接从生产者手中转移到行业用户手中的。批发商往往只处理供应品、替换零件以及小批量项目的订货。

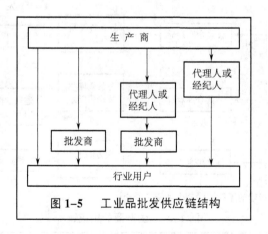

图1-5 工业品批发供应链结构

在渠道结构中还存在大量变化的可能,这主要取决于产品、顾客以及供应链成员的管理者的看法。供应链的整齐结构已经被不断趋于混杂的商品交易趋势打

供应链管理概论

乱。有些企业甚至认为,现在的供应链中,一个批发商就能承担零售商的全部功能,而零售商和生产商也依次承担了批发商的许多传统责任。这种活动的扩展被称之为整合批发。

1.4.2.3 以零售商为主体的供应链

零售商供应链管理的目标是增加销售量、降低库存、提高效率、提高纯利润以及有效地利用空间。因此,其供应链的结构形式应该尽量简化,以更好地与制造商结成一体。下面以便利连锁店和时装店为例来说明零售商的供应链形态结构。

(1)便利连锁店的供应链。典型的便利连锁店一般经营 5 000~10 000 种商品,这些商品可分成五大类:不易腐烂的食品、冷冻食品、奶制品、烘烤食品和报刊,其供应链结构如图 1-6 所示:

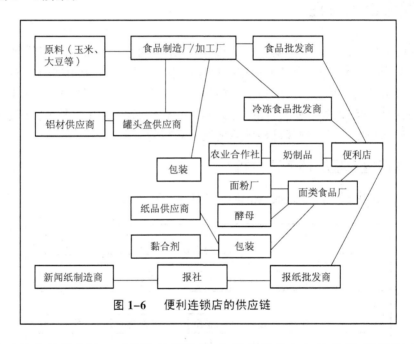

图 1-6　便利连锁店的供应链

(2)时装店的供应链。时装店从服装制造商或配送中心处进货,服装制造商从其他制造商处购买布匹和其他辅料,而后者又从上一级制造商处购买原料,其供应链结构见图 1-7。

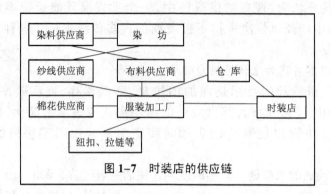

图 1-7　时装店的供应链

1.5　供应链的流程

供应链流程分析的方法主要有环节法和推/拉法两种。环节法是指将供应链流程分解为一系列的环节,每一个环节都连接供应链中两个相继出现的阶段的方法。推/拉法则是指根据其运营是响应一个顾客订购还是预期多个顾客订购,将供应链流程分为两个大类:即拉动流程和推动流程的方法。其中,拉动流程是由一个顾客订购启动的,而推动流程则是由对多个顾客订购预期引发并运行的。

1.5.1　供应链流程的环节法分析

假定供应链由五个阶段组成,如图 1－8 所示。

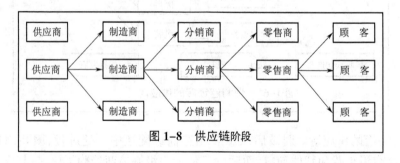

图 1-8　供应链阶段

所有的供应链流程都可以分解成以下四个环节,如图 1－9 所示。

每个环节出现在供应链中两个相继阶段之间的界面处。供应链有五个阶段,因此便有四个供应链流程环节。但是,并不是每一个供应链都拥有界限清晰的所有四个环节。例如,在一个食品供应链中,零售商既有成品库存清单,又有向制造商或批发商递

供应链管理概论

交的补充订单,它很可能拥有所有四个单独的环节。

供应链流程的环节法分析清楚地界定了供应链中每个成员的角色和责任,因此,它有利于提高决策的可操作性。当供应链运营所需的信息系统建立起来后,由于确定了流程的所有权关系和目标定位,环节法使供应链流程变得更加清晰透彻。

1.5.1.1 顾客订购环节

顾客订购环节发生在顾客与零售商之间,它包括接受和满足顾客订购所直接涉及的所有过程。当顾客抵达时,零售商便开始与其接洽,即他们之间的联系开始于顾客订单的送达,结束于顾客订单的完成。顾客订购环节包括以下几个过程。(如图1-10所示)

(1)顾客抵达。顾客抵达是指顾客到达一个他便于选择并做出购买决定的特定地点。任何供应链的起始点都是顾客抵达。顾客抵达主要包括以下几种情况:顾客进入商店购物,顾客打电话给电话营销中心进行订购,顾客通过网络或电子联系向邮购公司发出订单。

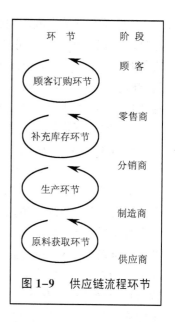

图1-9 供应链流程环节

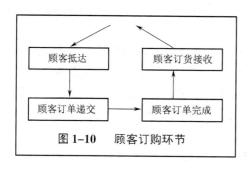

图1-10 顾客订购环节

从供应链角度看,顾客抵达过程的主要目标是如何使顾客更方便地接触到合适的产品,从而使顾客抵达转化为顾客购买。商店促销包括顾客流组织和产品展示;电话营销中心促销应确保顾客不会等候太久,即应建立一个合适的电话网络系统,以便销售代表回答顾客的询问,从而使咨询转化为购买;网上促销的关键是建立一个拥有个性化查询功能的网络系统,可以使顾客很快选定可能令他们感兴趣的产品。

(2)顾客订单递交。顾客订单递交是指顾客告知零售商他们想要的产品,随后零售商将产品送达顾客手中的过程。在超市,订单递交可能采取以下形式:即顾客将所有他们想要购买的物品放入手推车中。在邮购公司的电话营销中心或网上购物点,订单递交是指顾客告知零售商他们所选择的产品的种类和数量,零售商按照顾客的订单配送产品,并与顾客约定交货时间。顾客订单递交的目标是确保顾客订单的快速与准确抵达。

(3)顾客订单完成。顾客订单完成是指顾客的订购需求得到满足,货物被送至顾客处的过程。在邮购公司,这一过程一般包括从库存商品中找出所订购的产品、包装、寄给顾客、更新库存清单几个环节。库存清单的更新会引发补充物流的开始。一般而言,顾客订单完成环节始于零售商的库存清单。顾客订单完成流程的目标是以承诺的送货期限和最低成本,向顾客提供正确、全部的订购产品。

(4)顾客订货接收。在顾客订货接收过程中,顾客接收所订购产品并成为物主,店家更新收据记录,启动现金支付。

1.5.1.2 补充库存环节

补充库存环节发生在零售商与分销商之间,包括补充零售商品库存清单所涉及的全部过程。当一家超市的洗涤剂存量或邮购中心的某个品牌的衬衫库存很少时,补充库存环节就显得极为迫切。在一些情况下,由拥有最终产品库存清单的分销商启动补充库存环节,而在另一些情况下,则是由制造商的生产线直接启动补充库存环节。补充库存环节类似于顾客订购环节,只是此时的顾客是零售商。补充库存环节的目的是以最低成本为零售商补充库存商品,及时为顾客提供所需的产品。补充库存环节(如图1-11所示)包括以下几个过程:

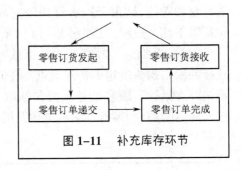

图1-11 补充库存环节

(1)零售订货发起。当零售商满足了顾客需求时,他们就会清空库存并补充新的货品以满足顾客未来的需求。在这一更新过程中,零售商要做的一件重要事情就是设计一项补充货物的策略,以便向上一级代理商(可能是分销商或制造商)订货。设计补充库存订货策略的目的在于,通过权衡产品供给水平和成本来实现利润最大化。零售订货发起过程的结果就是补充库存订单的产生。

(2)零售订单递交。零售订单递交与顾客在零售商处订货相似,惟一的区别在于,零售商现在成为向分销商或者制造商订货的客户。零售订单递交过程的目的在于准确地递交订单,快速地将订单传递到所有与之相关的供应链环节。

(3)零售订单完成。零售订单的完成过程与顾客订单的完成过程非常相似,其区别主要在于,零售订单发生在分销商或制造商处,而顾客订单则发生在零售商处。此外,还有一个很重要的区别,即两种订单的订货额相差悬殊,顾客的订单要比零售商的补充库存订单小得多。零售订单完成的目的在于,在降低成本的同时使所订货品尽快到达零售商处。

(4)零售订货接收。一旦补充订货到达,零售商必须接收,同时更新库存记录,结清应付账目。这一过程包括从分销商传递给零售商的信息流、资金流和商品流。零售订货接收的目的在于,以尽可能低的成本更新库存并迅速、准确地将商品摆上货架。

1.5.1.3　生产环节

生产环节发生在分销商与制造商(或者零售商与制造商)之间,并包括与更新分销商(或零售商)库存有关的所有过程。生产环节由顾客订单、零售商或分销商补充库存订单引发,或者由顾客需求预测与厂家成品仓库中既有产品数量之间的差额启动。

一般说来,制造商会生产数种产品以满足不同顾客群的需求。生产环节就是对顾客需求的反应。生产环节的一端是分销商或零售商,他们收集的订单十分相似,以便制造商大批量生产。生产环节的另一端是多种消费品制造商,这些厂商必须通过需求预测进行生产。生产环节(如图1-12所示)包括以下几个过程。

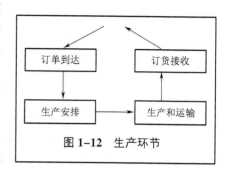

图1-12　生产环节

(1)订单到达。在订单到达过程中,分销商依据对未来需求的预测与目前库存之间的比较,设计一项库存补充订货机制,然后将订单递交制造商。在一些情况下,顾客或零售商可能直接向制造商订货,而另一些情况下,制造商可以生产出产品,并将其保存在成品仓库中。此时,订单启动是在权衡产品供应水平与未来需求的基础上进行的。

(2)生产安排。补充库存环节的订单递交过程是,将库存清单分配给每一张订单,而生产安排过程与此相似,即将全部订单列在一份生产计划或生产进度表上,在预期产量已定的情况下,制造商必须对生产进度作出精确的安排,如果有多条生产线,制造商还必须决定哪些产品由哪条生产线生产。生产进度安排的目的是,在降低成本的同时,尽可能使按时完成的订单比例最大化。

(3)生产和运输。在生产阶段,制造商依据生产进度表生产符合要求的产品。而在运输阶段,产品被送达顾客、零售商或成品仓库。生产和运输过程的目的是,在符合质量要求、降低成本的同时,确保商品在承诺日前送达。

(4)订货接收。在订货接收过程中,分销商、成品仓库、零售商或者顾客接收所订产品,更新库存记录,而且与货物保存和资金转移相关的其他过程也同时发生。

1.5.1.4　原料获取环节

原料获取环节发生在制造商与供应商之间,包括与确保原料获取相关的所有过程。在原料获取环节中,制造商从供应商那里订购原料,补充原料库存,这一关系与分销商和制造商之间的关系十分相似,但有一个重要区别,即零售商向分销商订货是由不确定的顾客需求引发的,而制造商在生产安排方面一旦做出决定,原料需求量就可以精确地计算出来,原料订单取决于生产安排。因此,将供应商与制造商的生产计划联系起来至关重要。当然,如果供应商的原料生产必须比制造商的货物生产提前很多,他就必须依据预测进行生产。

实践中可能存在一系列的供应商,每一级供应商为上一级供货商提供生产原料,于是,类似的循环会在不同阶段之间进行。原料获取环节所涉及的各种过程如图1-13所示。

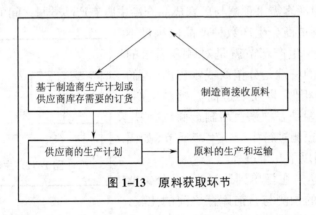

图1-13　原料获取环节

1.5.2　供应链流程的推/拉法分析

相对于顾客需求的执行顺序,供应链上的所有流程可以分为两类:推动流程和拉动流程。对顾客订单的反应启动拉动流程;对顾客订购预期的反应启动推动流程。在拉动流程执行过程中,需求是已知的、确定的;而在推动流程执行过程中,需求是未知的,因此,必须进行预测。由于拉动流程是对顾客需求的反应,因而被视为反应性流程;相应地,推动流程是依据预测进行的,而不是对顾客需求的反应,因而被视为推动性流程。供应链上的推/拉边界将推动流程和拉动流程区别开来。例如,戴尔公司 PC 机组装线的起点就代表推/拉边界,PC 机组装前的所有流程是推动流程;而所有组装过程中的流程和此后的所有流程均是对顾客需求的反应,因而是拉动流程。

进行与供应链设计相关的战略决策时,供应链的推/拉法分析非常具有实用性。由于供应链流程与顾客订购有关,推/拉法分析要求进一步从全球化角度考虑问题。如果能使推动流程变为拉动流程的话,那么,推/拉观点可能会导致某些流程被传递到供应链的不同阶段去完成。

下面以戴尔公司依据订单进行生产的供应链为例,进一步分析推/拉法与环节法。

戴尔公司不通过中间商或分销商来销售产品,而是直接面向顾客,它通过生产而不是成品库来满足顾客需求。因此,其生产环节便成为顾客订购环节中顾客订单完成过程的组成部分。如图 1-14 所示,戴尔公司的供应链包括两个有效环节:一是顾客订购和生产环节;二是获取环节。

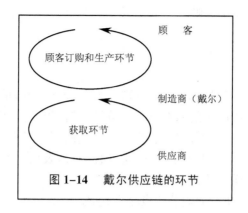

图1-14　戴尔供应链的环节

　　戴尔公司的顾客订购和生产环节中的所有流程都是由顾客到达启动的,因此可以将其归为拉动流程。然而,戴尔公司并不依据顾客订单确定原料订购,而是预测顾客需求,并据此补充库存。戴尔公司的获取环节中的所有流程都是对预测量的反应,因此可以将其归为推动流程。如图1-15所示,戴尔公司的供应链流程可以分为推动流程和拉动流程两类。

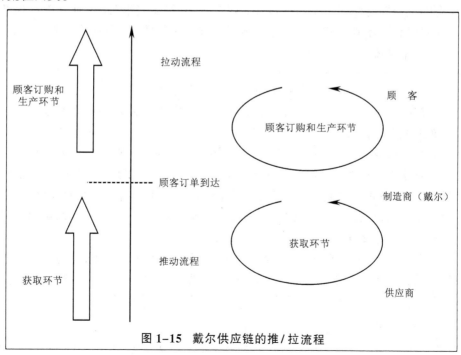

图1-15　戴尔供应链的推/拉流程

如前所述,戴尔公司供应链的推动流程环节较少,而拉动流程环节较多。这一现象将对供应链运营产生重要的影响。

1.6 本章小结

现代的供应链概念注重与其他企业的联系和供应链的外部环境,倾向于将供应链定义为一个通过链中不同企业的制造、组装、分销、零售等过程,将原材料转换成产品并销售给最终客户所形成的结构模式,形成了一个范围更大、更系统的概念。国家标准《物流术语》对供应链的定义是:生产及流通过程中,涉及将产品更新换代或服务提供给最终客户的上游或下游企业,所形成的网络结构。

一般说来,供应链由所有加盟的节点企业组成,其中一般有一个核心节点企业,节点企业在需求信息的驱动下,通过供应链的职能分工与合作,以资金流、物流和商流为媒介实现整个供应链的不断增值。

供应链的主要特征是复杂性、动态性、交叉性和面向用户需求。供应链的基本类型有稳定的供应链和动态的供应链;平衡的供应链和倾斜的供应链;有效性供应链和反应性供应链。

所有的供应链流程都可以分解成以下四个环节:顾客订购环节、补充库存环节、生产环节和原料获取环节。依据其相对于顾客需求的执行顺序,供应链上的所有流程可以分为两类:推动流程和拉动流程。

案例分析

7 – 11:一家便利连锁店①

7 – 11(Seven – Eleven)公司在 200 多个国家开设有 17 000 多个分店,是世界上最大的便利连锁店。它在日本有 7 000 多家分店,在美国有近 5 000 家分店。1974 年,第一家 7 – 11 便利店在日本开张,发展非常出色。7 – 11 公司是东京仓储购物中心列出的最赢利的公司之一,它的销售额持续大规模增长,同时与销售相关的库存水平不断降低。7 – 11 公司在日本的成功主要归功于其供应链的设计与管理,它努力寻求竞争战略与供应链区位、运输、库存和信息战略之间的契合。

7 – 11 的经营目的是,在顾客需要的时候向他们提供所需要的产品。从战略的角度看,公司的主要目标之一是,通过区位、季节和每天的时间安排,

---

① 案例来源:http://col.njtu.edu.cn/jingpinke/05jpsb/jgxy/gylgl/studysite/practice/practice_case_1_1.htm。

供应链管理概论

案例分析

寻求供给与需求之间的微观平衡。7-11公司利用区位、库存、运输和信息的设计与管理来支持这一目标。

7-11公司遵循的主要区位战略是,在目标区域开设新的分店,以便形成或提高其分布密度。例如,在日本,1个郡(大体相当于美国的一个县)就有两家以上7-11连锁店,7-11的分布密度很高,在每个目标区域内集中开设好几家分店。7-11连锁店在美国的分布,1994年以前并不集中,1994～1997年间,公司关闭了几家分布相对孤立的分店。现在,公司主要在连锁店已经拥有较高分布密度的地区建立新店。这一战略与其在日本国内的区位战略一脉相承。这一重要区位战略使公司在仓储和运输的整合中受益匪浅。

在日本,新鲜食品在7-11公司的销售额中占很大比例。绝大多数新鲜食品是在其他地点加工后再运到商店的。在日本,如果食品需要在晚饭时送达顾客,商店就要在同一天上午的10点发出订单。所有分店都通过网络与总店、配送中心和供应商保持联系。所有分店的订单都传给供应商,由他们包装印有储存条件说明的批量产品并运到配送中心。在配送中心,将所有来自不同供应商的产品(按保存温度进行分类)进行重组并运到各连锁店。每一辆送货卡车都为一家以上的分店送货,并尽可能在非高峰时间抵达商店。日本的7-11公司努力避免由卖方直接供货给商店。相反,所有进货都通过7-11的配送中心并在此集中,然后再运到商店。它的区域布局战略有助于推进这种供应战略。

在美国,7-11公司也采用类似的方法。他们将新鲜食品引入连锁店。7-11公司曾经决定避免现场加工制作,而是让供应商为其加工新鲜食品,然后在当日内送到商店。在美国,7-11公司仍然用综合配送中心来复制日本模式,由配送中心接收供应商的产品并运送到商店,而且这种经营方式在美国同样取得了成功。无论在日本还是在美国,7-11公司都对零售信息系统投入了大量资金和人力,收集和分析扫描数据,得出分析结果,作为商店订货、分类和销售的依据。7-11公司采用该信息系统找出周转慢的商品,分析新产品的业绩。信息系统在7-11公司实现微观供需平衡中发挥了重要作用。7-11公司在供应链设计中做出了明确的选择。

复习思考题

1. 考察一下从一家便利店购买一瓶矿泉水的情形,描述这个供应链的不同阶段及所涉及的供应链流程环节。

2. 考察一下当一名顾客在书店购买一本书时所涉及的供应链,明确指出这条供应链的各个环节及推/拉边界的位置。

3. 考察一下当一名顾客从网上购买一本书时所涉及的供应链,明确指出这条供应链的推/拉边界及推动和拉动阶段的两个流程。

2 供应链管理概述

学习目标

▶ 了解供应链管理的定义
▶ 了解供应链管理思想的体现
▶ 了解企业面临的挑战以及传统管理模
    式的弊端
▶ 了解供应链管理模式的产生
▶ 掌握供应链管理的特点
▶ 掌握供应链管理的目标
▶ 了解供应链管理的作用

2.1　引言

　　20 世纪 90 年代以来,随着自动化和信息技术在制造企业中的广泛应用,制造生产率的不断提高,制造加工过程本身的技术手段对提高整个产品竞争力的作用开始变小。为了进一步降低产品成本,满足客户需要,人们开始将目光从企业内部生产过程的管理转向产品全生命周期的供应环节和整个供应链系统。本章全面阐述了供应链管理的概念、产生、特点、目标以及作用。

2.2　供应链管理的概念

2.2.1　供应链管理的定义

　　供应链管理作为管理学的一个新概念,已经成为管理哲学中的一个新元素,但在相关文献中,并没有关于供应链管理的明确定义。哈兰德(Harland)将供应链管理描述为对商业活动和组织内部关系、直接采购者的关系、第一级或第二级供应商、客户关系和整个供应链关系的管理。斯科特(Scott)与韦斯特布鲁科(Westbrook)则认为,供应链是一条连接制造与供应过程中每一个元素的链,其中包含了从原材料到最终消费者的所有环节。

　　广义的供应链管理包含了整个价值链,它描述了从原材料开采到使用结束整个过程中的采购与供应管理流程。巴茨(Batz)进一步将供应链管理扩展到物资的再生或再利用过程。供应链管理主要集中在如何使企业利用供应商的工艺流程、技术和能力来提高他们的竞争力,在组织内实现产品设计、生产制造、物流和采购管理功能的协作。当价值链中的所有战略集合为一个统一的知识实体,并贯穿整个供应链网络时,企业运作的效率将会进一步提高。

　　以上关于供应链管理的定义描述了贯穿整个价值链的信息流、物流和资金流的流动过程。但是,由于广义供应链管理描述的价值链非常复杂,企业无法获得供应链管理提供的全部利益,因而,产生了第二种较狭义的供应链管理的定义:即在一个组织内集合不同功能领域的物流,加强从直接战略供应商、生产制造商与分销商到最终消费者的联系,通过利用直接战略供应商的能力与技术,尤其是供应商在产品设计阶段的早期参与,提高生产制造商的效率和竞争力。

　　第三种供应链管理的定义出现在研究批发商和零售商的运输及物流的文献中,它强调地理分布与物流集成的重要性。毫无疑问,产品的运输和库存尽管是供应链管理

供应链管理概论

最原始的应用场所,但不是供应链管理定义中至关重要的组成部分。物流作为商业活动的一个重要功能,已经成为供应链管理的一个重要部分。

因此,国家标准《物流术语》(GB/T18354 - 2001)将供应链管理定义为:"利用计算机网络技术全面规划供应链中的商流、物流、信息流、资金流等,并进行计划、组织、协调与控制等。"总部设于美国俄亥俄州立大学的全球供应链论坛也将供应链管理定义为:"为消费者带来有价值的产品、服务以及信息的,从源头供应商到最终消费者的集成业务流程。"

2.2.2 供应链管理思想的体现

作为流通中各种组织协调活动的平台,将产品或服务以最低的价格迅速向顾客传递为特征的供应链管理已经成为竞争战略的中心概念。供应链管理的思想可以从以下五个方面理解。

2.2.2.1 信息管理

知识经济的到来使信息取代劳动和资本成为劳动生产率的主要因素。在供应链中,信息是供应链各方的沟通载体,供应链中各个阶段的企业就是通过信息这条纽带集成起来的。可靠、准确的信息是企业决策的有力支持和依据,能有效降低企业运作中的不确定性,提高供应链的反应速度。因此,供应链管理的主线是信息管理,而信息管理的基础是构建信息平台,实现信息共享,如 ERP、WMI 等系统的应用等,将供求信息及时、准确地传达到供应链上的各个企业,在此基础上进一步实现供应链的管理。

当今世界,通过使用电子信息技术,供应链已结成一张覆盖全区域乃至全球的网络,使部分企业摆脱了"信息孤岛"地位,从技术上实现了与供应链上其他成员的集成化和一体化。

2.2.2.2 客户管理

在传统的卖方市场中,企业的生产和经营活动是以产品为中心的,企业生产和销售什么产品,客户就只能接受什么商品,没有多少挑选的余地。而在经济全球化的背景下,买方市场占据了主导地位,客户主导了企业的生产和经营活动,因此,客户成了核心,同时也成了市场的主要驱动力。客户的需求、消费偏好、购买习惯及意见等是企业谋求竞争优势所必须争取的重要资源。

在供应链管理中,客户管理是起点,供应链源于客户需求,同时也终于客户需求,因此供应链管理是以满足客户需求为核心运作的。然而,客户需求千变万化,而且存在个性差异,企业对客户需求的预测往往会有偏差,一旦预测需求与实际需求差别较大,就很有可能造成企业库存的积压,引起经营成本的大幅增加,甚至造成巨大的经济损失。因此,真实、准确的客户管理是企业供应链管理的重中之重。

2.2.2.3 库存管理

库存管理是企业管理中最难处理的问题,因为库存量过多或过少都会带来损失。一方面,为了避免缺货给销售带来的损失,企业不得不持有一定量的库存,以备不时之需。另一方面,库存占用了大量资金,既影响了企业的扩大再生产,又增加了成本,在库存出现积压时还会造成巨大的浪费。因此,一直以来,企业都在为确定适当的库存量而苦恼。传统的方法是通过需求预测来解决这个问题,然而需求预测与实际情况往往并不一致,因而直接影响了库存决策的制定。如果能够及时地掌握客户需求变化的信息,做到在客户需要时再组织生产,那就不需要持有库存,即以信息代替库存,实现了库存的"虚拟化"。因此,供应链管理的一个重要使命就是利用先进的信息技术,收集供应链各方以及市场需求方面的信息,用及时、准确的信息取代实物库存,减小需求预测的误差,从而降低库存的持有风险。

2.2.2.4 关系管理

传统的供应链成员之间是纯粹的交易关系,各方遵循的是"单向有利"原则,所考虑的主要是眼前的既得利益,而不考虑其他成员的利益。其原因在于,每个企业都有自己相对独立的目标,这些目标与其上下游企业往往存在着一些冲突。例如,制造商要求供应商能够根据自己的生产需求灵活且充分地保证它的物料需求;供应商则希望制造商能够以相对固定的周期大批订购,即稳定的大量需求,这就在两者之间产生了目标的冲突,而这种目标冲突无疑会大大增加交易成本。同时,社会分工的日益深化使企业之间的依赖关系不断加深,交易也日益频繁。因此,降低交易成本对企业而言就成为一项具有决定意义的工作。而现代供应链管理理论恰恰提供了提高竞争优势、降低交易成本的有效途径,即通过协调供应链各成员之间的关系,加强与合作伙伴的联系,在协调的合作关系的基础上进行交易,实现供应链的全局最优化,从而有效地降低供应链整体的交易成本,使供应链各方的利益获得同步的增加。

2.2.2.5 风险管理

国内外供应链管理的实践证明,能否加强对供应链运行风险的认识和防范关系到预期效果的实现。由于信息不对称、信息扭曲、市场不确定性以及其他政治、经济、法律等因素的变化,供应链企业之间的合作存在各种风险。为了使供应链上的企业都能从合作中获得满意结果,必须采取一定的措施规避供应链运行中的风险,例如,提高信息透明度和共享性、优化合同模式、建立监督控制机制等,尤其是必须在企业合作的各个阶段通过激励机制的运行,采用各种手段使供应链企业之间的合作更加有效。

2.3　供应链管理产生的背景

2.3.1　现代竞争环境使企业面临的挑战

2.3.1.1　现代竞争环境的特点

20世纪90年代以来,随着科学技术的不断进步、经济的不断发展以及全球化信息网络和全球化市场的形成,围绕新产品的市场竞争日趋激烈。技术的进步和需求的多样化使产品的生命周期不断缩短,企业面临着开发新产品、缩短交货期、提高产品质量、降低生产成本和改进客户服务等方面的压力。这些压力归根到底是要求企业对市场做出快速反应,源源不断地开发出满足消费者个性需要的"个性化产品",以占领市场,赢得竞争。因此,21世纪的全球竞争环境有以下5个方面的特点:

(1)信息技术的飞速发展和信息资源利用要求的提高。信息技术的发展打破了时间和空间对经济活动的限制,为企业间经济关系的发展提供了新的手段和条件。网络通讯、数据库、标准化等技术使各种信息能够很快超越国家的界限,在世界范围内有效地传递和共享。人们可以超越时空进行交流,任何一个企业都可以从网上得到自己所需要的各种信息。

(2)产品研发提升到企业竞争的重要地位。高新技术的迅猛发展提高了生产效率,缩短了产品更新换代的周期,加剧了市场竞争的激烈程度,因此,所有的公司都面临着不断开发新产品、淘汰旧产品的挑战。

(3)全球化市场的建立和无国界竞争的加剧。随着信息技术的发展,特别是互联网技术的广泛应用,经济全球化进程加快,企业经营的无国界化趋势愈来愈明显,整个市场竞争的国际化和一体化倾向也日益明显。据联合国有关部门统计,目前跨国公司的销售额已占全球贸易额的75%,占全球技术贸易的80%。

(4)用户个性化、多样化需求增强。随着大众知识水平的提高和激烈竞争带给市场的产品越来越多、越来越好。用户的要求和期望也越来越高,消费者的价值观发生了显著的变化。消费者对产品的品种、规格和需求数量呈现个性化、多样化的要求,消费者对产品的功能、质量和可靠性的要求也在日益提高。由于用户的满意程度各不相同,这种要求提高的标准也是不相同的。

(5)全球性的技术支持和售后服务。随着生产和销售的全球化以及信息技术的飞速发展和广泛应用,企业有条件在全球范围内获得技术支持,及时满足生产所需。同时,全球化的销售网络也需要有全球性的售后服务网络支持。简言之,销售做到哪里,服务就要送到哪里。

2.3.1.2　企业面临的挑战

(1)缩短产品研发周期。消费者需求的多样化要求企业的产品开发能力不断提高,例如,AT&T公司新电话的开发时间就由过去的2年缩短为1年,惠普公司新打印机的开发时间也从过去的4年半缩短为22个月。

(2)降低库存水平。随着消费者的多样化需求越来越突出,企业为了更好地满足消费者的需求,不断推出新的产品,导致产品品种成倍增长,加重了制造商和销售商的库存负担,严重影响了企业的资金周转速度和企业的竞争力。

(3)缩短交货期。缩短产品的开发、生产周期,在尽可能短的时间内满足用户需求已成为管理者最关注的问题之一。企业间的竞争因素在20世纪60年代为成本,80年代为质量,90年代为交货期,而21世纪则为响应周期(Cycle‒Time)。企业不仅要有很强的开发能力,完善产品品种和对供应链成本的控制,更重要的是缩短产品上市的时间,即尽可能提高对客户需求的响应速度。20世纪90年代,日本汽车制造商平均每2年就推出一个车型,而美国推出相当档次的车型却要5~7年,这就是为什么在汽车市场中日本汽车一直畅销的原因。

(4)提供定制化产品和服务。传统的"一对全"的规模经济生产模式已不再能满足顾客的需求,不再能使企业获得效益,企业必须根据每个客户的特殊要求定制产品和服务,即企业必须具有"一对一"的定制化服务。显然个性化定制生产提高了产品的质量,使企业能快速响应客户的要求,但个性化定制生产也对企业的运作模式提出了更高的要求。

总之,企业要想在严酷的竞争环境下生存下去,必须具有较强的处理环境变化和由环境引起的不确定性的能力。如何应对这种挑战始终是管理者们关注的焦点。

2.3.2　传统管理模式存在弊端

传统的管理模式是"纵向一体化"的管理模式。企业出于对制造资源的占有要求和对生产过程直接控制的需要,常采用的策略是,或扩大自身规模,或参股到供应商企业,与为其提供原材料、半成品或零部件的企业是一种所有关系,这就是人们所说的"纵向一体化(Vertical Integration)"管理模式。我国企业(特别是过去的国有企业)一贯采取的"大而全"或"小而全"的经营方式就是"纵向一体化"管理模式的一种。

20世纪40~60年代,企业处于相对稳定的市场环境中,这时的"纵向一体化"管理模式是有效的,但到了20世纪90年代,随着科技的迅速发展、世界竞争的日益激烈以及顾客需求的不断变化,"纵向一体化"管理模式的缺点逐渐暴露出来。

2.3.2.1 增加企业投资负担

不管是投资建新的工厂,还是用于对其他公司控股,都需要企业自己筹集必要的资金,这必然会加重企业的负担。首先,企业必须花费人力、物力,设法在金融市场上筹集所需要的资金。其次,资金到位后,企业随即进入项目建设周期(假设新建一个工厂),为了尽快完成基本建设任务,企业还要花费精力从事项目实施的监管工作,又消耗了大量的企业资源。由于项目都有一个建设周期,在此期间企业不仅不能安排生产,还要按期偿还借款利息。因此,用于项目基本建设的时间越长,企业背负的利息负担就越重。

2.3.2.2 使企业承担丧失市场时机的风险

对于某些新建项目来说,由于有一定的建设周期,往往会出现项目建成之日,也就是项目下马之时的现象。市场时机早已在项目建设过程中逝去。从选择投资方向看,决策者当时的决策可能是正确的,但由于在生产系统基本建设上花费的时间太长,生产系统建成投产时,市场行情可能已经发生了变化,错过了进入市场的最佳时机,从而使企业遭到损失。因此,项目建设周期越长,企业承担的风险就越高。

2.3.2.3 迫使企业从事不擅长的业务活动

"纵向一体化"管理模式的企业通常把产品设计、计划、财务、会计、生产、人事、管理信息、设备维修等工作看做本企业必不可少的业务工作,管理人员往往花费过多的时间、精力和资源去从事辅助性的管理工作,结果容易导致辅助性的管理工作没有做好,关键性业务也无法发挥核心作用,不仅使企业失去了竞争特色,还增加了企业产品的成本。例如,通用汽车公司在纵向管理思想的影响下,坚持由自己的公司生产70%的零部件,而福特公司只有50%,克莱斯勒公司只有30%。正是由于通用汽车公司这种顽固的做法,使它不得不经受着多方面的竞争压力。通用汽车公司因为生产汽车零部件而耗去的劳动费用远远高于其他两个公司,每生产一个动力系统,就比福特公司多付出440美元,比克莱斯勒公司多600美元,因此,在市场竞争中,通用汽车公司始终处于劣势。这种情况在我国也经常出现。例如,某机器制造厂为了解决自己单位富余人员的就业问题,成立了一个附属企业,把原来委托供应商生产的某种机床控制电器转由自己生产。由于缺乏技术和管理能力,不仅成本比外购要高,而且产品质量低劣,影响到整机产品的整体性能和质量水平,一些老客户纷纷撤出订单,使企业蒙受不必要的损失。

2.3.2.4 使企业在每个业务领域都直接面临众多竞争对手

采用"纵向一体化"管理模式的企业的另一个问题是,它必须在不同业务领域直接与不同的对手竞争。例如,有的制造商不仅生产产品,而且还拥有自己的运输公司,这样一来,该企业不仅要与制造业的对手竞争,还要与运输业的对手竞争。在企业资源、精力、经验都十分有限的情况下,四面出击的结果是可想而知的。事实上,即使 IBM 这样的大公司,也不可能拥有所有业务活动所必需的才能。因此,20 世纪 80 年代末以来,IBM 就不再进行纵向发展,而是与其他企业建立广泛的合作关系。例如,IBM 与苹果公司合作开发软件,协助 MCT 联营公司进行计算机基本技术研究工作,与西门子公司合作设计动态随机存储器等。

2.3.2.5 增大企业的行业风险

如果整个行业不景气,采用"纵向一体化"管理模式的企业不仅会在最终用户市场遭受损失,而且会在各个纵向发展的市场遭受损失。过去曾有这样一个例子,某味精厂为了保证原材料供应,自己建了一个辅料厂,但后来味精市场饱和,该厂生产的味精大部分没有销路,结果不仅味精厂遭受损失,与之配套的辅料厂也举步维艰。

2.3.3 供应链管理模式的产生

有鉴于"纵向一体化"管理模式的种种弊端,从 20 世纪 80 年代后期开始,越来越多的企业放弃了这种经营模式,"横向一体化"思想随之兴起。"横向一体化"就是利用企业外部资源快速响应市场需求,而本企业只抓最核心的东西:即产品方向和市场。至于生产,只抓关键零部件的制造,甚至全部委托其他企业加工。例如,福特汽车公司的 Festival 车就是由美国人设计,由日本的马自达生产发动机,由韩国的制造厂生产其他零件和装配,最后再在美国市场上销售。制造商把零部件生产和整车装配都放在了企业外部,这样做的目的是利用其他企业的资源促使产品快速上马,避免自己投资带来的基建周期长等问题,赢得产品在低成本、高质量、早上市诸方面的竞争优势。

"横向一体化"的管理模式形成了一条从供应商到制造商再到分销商的贯穿所有企业的"链"。由于相邻节点企业表现出一种需求与供应的关系,当把所有相邻企业依次连接起来,便形成了供应链。这条链上的节点企业必须同步、协调运行,才能使链上的所有企业都受益,于是便产生了供应链管理(Supply Chain Management,SCM)这一新的经营与运作模式。

2.4 供应链管理的特点

供应链管理是一种新型的管理模式,它的特点可以从其与传统管理方法和传统物流管理的比较中显现出来。

2.4.1 与传统管理方法的比较

供应链管理主要致力于建立成员间的合作关系,与传统的管理方法相比,它具有如下特点:

供应链管理概论

2.4.1.1　供应链管理是以客户为中心的管理

在供应链管理中,顾客服务目标的设定优先于其他目标,以顾客满意为最高目标。供应链管理本质上是满足顾客需求,它通过降低供应链成本的战略,实现对顾客需求的快速反应,以此提高顾客满意度,获取竞争优势。

2.4.1.2　供应链管理要求跨企业的贸易伙伴之间密切合作、共享利益、共担风险

在供应链管理中,企业超越了组织机构的界限,改变了传统的经营意识,建立起新型的客户关系,使企业意识到不能仅仅依靠自己的资源来参与市场竞争,而要通过与供应链参与各方进行跨部门、跨职能和跨企业的合作,建立共同利益的合作伙伴关系,追求共同的利益,发展企业之间稳定、良好、共存共荣的互助合作关系,从而实现双赢。

2.4.1.3　供应链管理是集成化管理

供应链管理必须应用网络技术和信息技术重新组织和安排业务流程,实现集成化管理。离开信息及网络技术的支撑,供应链管理就会丧失应有的价值。可见,信息已经成为供应链管理的核心要素。通过应用现代信息技术,如商品条码技术、物流条码技术、电子订货系统、POS(Point of sales)数据读取系统、预先发货清单技术、电子支付系统等,使供应链成员不仅能及时有效地获得客户的需求信息,并且能对信息作出及时响应,满足客户的需求。信息技术的应用缩短了从订货到交货的时间,提高了企业的服务水平,提高了事务处理的准确性和速度,减少了人员,简化了作业过程,提高了效率。

2.4.1.4　供应链管理是对物流的一体化管理

物流一体化是指不同职能部门之间或不同企业之间通过物流合作,提高物流效率、降低物流成本。供应链管理的实质是通过物流将企业内部各部门及供应链各节点企业连接起来,改变交易双方利益对立的传统观念,在整个供应链范围内建立起基于共同利益的协作伙伴关系。供应链管理把从供应商到最终消费者的物流活动作为一个整体进行统一管理,始终从整体和全局上把握物流的各项活动,使整个供应链的库存水平最低,实现供应链整体物流的最优化。在供应链管理模式下,库存变成了一种平衡机制,供应链管理更强调零库存。供应链管理使供应链成员结成了战略同盟,它们之间进行信息交换与共享,使供应链的库存总量大幅度降低,减少了资金占用和库存维持成本,避免了缺货现象的发生。

总之,供应链管理可以更好地了解客户,给他们提供个性化的产品和服务,使资源在供应链上合理流动,缩短物流周期,降低库存,降低物流费用,提高物流效率,增强企业的竞争力。

链 接

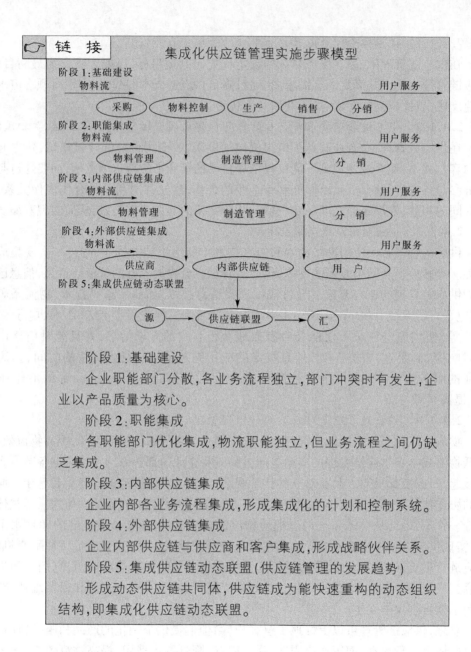

集成化供应链管理实施步骤模型

阶段1:基础建设
物料流

采购　物料控制　生产　销售　分销　　　用户服务

阶段2:职能集成
物料流

物料管理　　制造管理　　分销　　　用户服务

阶段3:内部供应链集成
物料流

物料管理　　制造管理　　分销　　　用户服务

阶段4:外部供应链集成
物料流

供应商　　内部供应链　　用户　　　用户服务

阶段5:集成供应链动态联盟

源 → 供应链联盟 → 汇

阶段1:基础建设

企业职能部门分散,各业务流程独立,部门冲突时有发生,企业以产品质量为核心。

阶段2:职能集成

各职能部门优化集成,物流职能独立,但业务流程之间仍缺乏集成。

阶段3:内部供应链集成

企业内部各业务流程集成,形成集成化的计划和控制系统。

阶段4:外部供应链集成

企业内部供应链与供应商和客户集成,形成战略伙伴关系。

阶段5:集成供应链动态联盟(供应链管理的发展趋势)

形成动态供应链共同体,供应链成为能快速重构的动态组织结构,即集成化供应链动态联盟。

2.4.2　与传统物流管理的比较

现代社会,物流已经发展成为供应链管理的一部分,它改变了传统物流的内涵,因此,与传统物流管理相比供应链管理具有如下特点:

2.4.2.1 供应链管理的互动特性

就管理对象而言,物流是以存货资产为管理对象的,而供应链管理则是对存货流动(包括必要的停顿)中的业务过程进行管理,它是对关系的管理,因此具有互动的特征。兰博特(Lambert)教授认为,必须对供应链中所有关键的业务过程实施精细管理,主要包含需求管理、订单执行管理、制造流程管理、采购管理和新产品开发及商品化管理等。有些企业的供应链管理过程还包括从环保理念出发的商品回收渠道管理(如施乐公司)。

2.4.2.2 供应链管理是物流的高级形态

供应链管理是在物流的基础上发展起来的。从企业运作的层次来看,从实物分配开始,到整合物资管理,再到整合信息管理,通过功能的逐步整合形成了物流的概念。从企业关系的层次来看,物流则是指从制造商到批发商和分销商再到最终客户的前向整合以及向供应商的逆向整合。通过关系的整合形成了供应链管理的概念,而从操作功能的整合到渠道关系的整合,使物流从战术的层次提升到战略的高度,所以,供应链管理这一概念实际上是物流概念在逻辑上的延伸。

2.4.2.3 供应链管理决策是对物流管理决策的发展

供应链管理决策和物流管理决策都是以成本、时间和绩效为基准点的,供应链管理决策在运输决策、选址决策和库存决策等物流管理决策的基础上,增加了关系决策和业务流程整合决策,成为更高形态的决策模式。

物流管理决策和供应链管理决策的综合目标都是最大限度地提高客户的服务水平,因此,供应链管理决策就形成了一个由客户服务目标拉动的空间轨迹。供应链管理的概念涵盖了物流的概念,用系统论的观点看,物流是供应链管理系统的子系统,所以,物流的决策必须服从供应链管理的整体决策。

2.4.2.4 供应链管理强调协商机制

在传统的物流模式中,主导企业通常是制造商,它们力图通过一个计划来控制产品和信息的流动。制造商与供应商、客户的关系本质上是利益冲突的买卖关系,因而常常导致存货或成本向上游企业转移。供应链管理同样制定计划,但其目的是为了谋求在渠道成员之间的联合和协调。例如,美国联合技术公司为了提高生产周期的运营效率,在互联网上公布生产计划,使其供应商能够更加迅速地对需求变化做出反应。

供应链管理是一个开放的系统,它的一个重要目标就是根据分享需求和当前存货水平的信息,减少或消除所有供应链成员企业持有的缓冲库存,这就是供应链管理中"共同管理库存"的理念。

2.4.2.5 供应链管理强调组织外部一体化

物流更加关注组织内部的功能整合,而供应链管理认为只有组织内部的一体化是远远不够的,供应链管理是一项高度互动和复杂的系统工程,需要同步考虑不同层次上相互关联的技术经济问题,进行成本效益权衡。比如,要考虑在组织内部和组织之间,存货以什么样的形态放在什么样的地方,在什么时候执行什么样的计划;供应链系统的布局和选址决策,信息共享的深度;实施业务过程一体化管理后所获得的整体效益如何在供应链成员之间进行分配;特别是要求供应链成员在一开始就共同参与制定整体发展战略或新产品开发战略等。跨边界和跨组织的一体化管理使组织的边界变得更加模糊。

2.4.2.6　供应链管理强调对共同价值的依赖性

随着供应链管理系统结构复杂性的增加,它将更加依赖信息系统的支持。如果物流管理是为了提高产品面向客户的可行性,那么供应链管理首先是解决供应链成员之间信息的可靠性问题。所以,有时也将供应链看做是协作成员之间信息增值交换的一系列关系。互联网为提高信息的可靠性提供了技术支持,但如何管理和分配信息则取决于供应链成员对业务过程一体化的认识程度。所以,与其说供应链管理依赖网络技术,还不如说供应链管理是为了在供应链各成员间形成一种相互信任、相互依赖、互惠互利和共同发展的价值观和依赖关系而构筑的信息化网络平台。

2.4.2.7　供应链管理是对"外源"的整合

供应链管理与垂直一体化物流不同,它是在自己的"核心业务"的基础上,通过协作的方式来整合外部资源以获得最佳的总体运营效益,除了核心业务以外,几乎每件事都可能是"外源"的,即从公司外部获得的。例如,耐克(Nike)公司和 Sun 微系统(Sun Microsystems)公司,通常外购或外协所有的部件,而自己集中精力于新产品的开发和市场营销,这一类公司有时也被称为"虚拟企业"或者"网络组织"。实际上一台标准的苹果机,其制造成本的90%都是外购的。表面上看,这些企业是将部分或全部的制造和服务活动以合同形式委托其他企业代为加工制造,但实际上是按照市场的需求,根据规则对由标准、品牌、知识、核心技术和创新能力所构成的网络系统进行整合或重新配置社会资源。

供应链管理以协作和双赢为手段,在获得外部资源配置的同时,也将原先的内部成本外部化,通过成本核算和成本控制,可以更好地优化客户服务和实施客户关系管理,因此,供应链管理有利于优化资源配置。

2.4.2.8　供应链管理是一个动态的响应系统

在供应链管理的具体实践中,应该始终关注对关键过程的管理和测评。高度动态的市场环境要求企业管理层能够经常对供应链的运营状况实施规范的监控和评价,如果没有实现预期的管理目标,就必须考虑可能的替代供应链并做出适当的应变。

供 应 链 管 理 概 论

2.5 供应链管理的目标

供应链管理的目标即是通过调和总成本最低化、客户服务最优化、总库存成本最小化、总周期时间最短化以及物流质量最优化等目标之间的冲突,实现供应链绩效最大化。

2.5.1 总成本最低化

众所周知,采购成本、运输成本、库存成本、制造成本以及供应链物流的其他成本费用都是相互联系的。为了实现有效的供应链管理,必须将供应链各成员企业作为一个有机整体来考虑,并使实体供应物流、制造装配物流与实体分销物流之间达到高度均衡。从这一意义出发,总成本最低化目标并不是指运输费用或库存成本或其他任何供应链物流运作与管理活动的成本最小,而是整个供应链运作与管理的所有成本的总和最低化。

2.5.2 客户服务最优化

在激烈的市场竞争时代,许多企业都能在价格、特色和质量等方面提供相类似的产品,因此,差异化的客户服务能带给企业独特的竞争优势。纵观当前的每一个行业领域,从计算机、服装到汽车,消费者都有广泛而多样的选择余地,任何企业都承担不起惹怒它的顾客的代价。企业提供的客户服务水平直接影响到它的市场份额和物流总成本,并且最终影响其整体利润。供应链管理的实施目标之一就是通过上下游企业协调一致的运作,保证达到客户满意的服务水平,吸引并保留客户,最终实现企业的价值最大化。

2.5.3 总库存成本最小化

传统的管理思想认为,库存是维系生产与销售的必要措施,因而企业与其上下游企业在不同的市场环境下只是实现了库存的转移,整个社会库存总量并未减少。按照JIT(准时制)管理思想,库存是不确定性的产物,任何库存都是浪费,因此,在实现供应链管理目标的同时,要将整个供应链的库存控制在最低的程度,"零库存"反映的即是这一目标的理想状态。所以,总库存最小化目标的达成,有赖于实现对整个供应链的库存水平与库存变化的最优控制,而不只是单个成员企业库存水平的最低。

2.5.4 总周期时间最短化

当今的市场竞争不再是单个企业之间的竞争,而是供应链与供应链之间的竞争。从某种意义上说,供应链之间的竞争实质上是时间竞争,即必须快速有效地对客户的要求作出反应,最大限度地缩短从客户发出订单到获取满意交货的整个供应链的总周期时间。

2.5.5 物流质量最优化

企业产品或服务质量的好坏直接关系到企业的成败,同样,供应链企业间服务质量的好坏也直接关系到供应链的存亡。如果在所有业务过程完成以后,发现提供给最终客户的产品或服务存在质量缺陷,就意味着所有成本的付出将得不到任何价值补偿,供应链的所有业务活动都会变为非增值活动,从而导致整个供应链的价值无法实现。因此,保持服务质量的水平也是供应链管理的重要目标。而这一目标的实现必须从原材料、零部件供应的零缺陷开始,直至供应链管理全过程、全方位质量的最优化。

就传统的管理思想而言,上述目标之间呈现出互斥性:客户服务水平的提高、总周期时间的缩短、交货品质的改善必然以库存、成本的增加为前提,因而无法同时达到最优。而运用集成化管理思想,从系统的观点出发,改进服务、缩短时间、提高品质与减少库存、降低成本是可以兼得的。只要供应链的基本工作流程得到改进,就能够提高工作效率,消除重复与浪费,缩减员工数量,减少客户抱怨,提高客户忠诚度,降低库存总水平,减少总成本支出。

2.6 供应链管理的作用

2.6.1 供应链管理能够实现供求的良好结合

在流通领域,存在众多的供应商、生产商、分销商和零售商,它们之间的联系错综复杂,冗长、复杂的流通渠道使他们对消费者信息的反馈缓慢、零乱,甚至会造成信息失真,供应无法协调。

供应链把供应商、生产商、分销商以及零售商紧密联结在一起,并对其进行协调、优化管理,使企业之间形成良好的相互关系,使产品、信息的流通渠道达到最短,从而可以使消费者的需求信息沿供应链逆向准确、迅速地反馈到生产商。生产商据此对产品的增加、减少、改进、质量提高、原料的选择等作出正确的决策,保证供求良好地结合。

2.6.2　供应链管理促使企业采用现代化手段

在供应链管理中,信息技术的广泛利用是其成功的关键。在供应链整体中,相关各企业都为共同的整体利益而努力,要使供应链各环节达到最优化,整个供应链的物流、资金流、信息流就必须畅通无阻,这样,供应链上的各个企业都必须采用先进技术与设备及科学的管理方法,为客户提供良好的服务,生产、流通、销售规模越大,物流技术、信息技术、管理手段就越需要现代化。

2.6.3　供应链管理可以降低库存,降低成本

供应链管理要求各环节都达到优化,采用先进的设备,并建立良好的相互关系。产品和信息在网链间迅速流动,减少了库存量,避免了浪费,减少了资金占用,大大降低了库存成本。

2.6.4　供应链管理可以有效地减少流通费用

供应链通过各企业的优化组合,成为最快速、最简便的流通渠道,它的实现,除去了中间不必要的流通环节,大大缩短了流通路线,从而有效地减少了流通费用。

2.7　本章小结

国家标准《物流术语》对供应链管理的定义是:利用计算机网络技术全面规划供应链中的商流、物流、信息流、资金流等,并进行计划、组织、协调与控制。

供应链管理的思想可以从五个方面理解:信息管理、客户管理、库存管理、关系管理和风险管理。

21 世纪的全球竞争环境有以下几个方面的特点:①信息技术飞速发展和信息资源利用要求提高;②产品研发提升到企业竞争的重要地位;③全球化市场的建立和无国界竞争的加剧;④用户个性化、多样化需求增强;⑤全球性技术支持和售后服务。

企业面临的挑战:缩短产品研发周期、降低库存水平、缩短交货期、提供定制化产品和服务。传统管理模式存在弊端:①增加企业投资负担;②使企业承担丧失市场时机的风险;③迫使企业从事不擅长的业务活动;④使企业在每个业务领域都直接面临众多竞争对手;⑤增大企业的行业风险。

供应链管理是一种新型的管理模式,它的特点可以从其与传统管理方法和传统物流管理的比较中显现出来。与传统的管理方法相比,其特点是:以客户为中心,跨企业的贸易伙伴之间密切合作、共享利益和共担风险,集成化管理,供应链管理是对物流的

一体化管理。与物流管理相比,其特点有:供应链管理的互动特性,供应链管理成为物流的高级形态,供应链管理决策是对物流管理决策的发展,供应链管理强调协商机制,供应链管理强调组织外部一体化、供应链管理强调共同价值的依赖性,供应链管理是对"外源"的整合,供应链管理是一个动态的响应系统。

供应链管理的目标:总成本最低化、客户服务最优化、总库存成本最小化、总周期时间最短化、物流质量最优化。

供应链管理的作用:①可实现供求的良好结合;②可促使企业采用现代化手段;③可降低库存,降低成本;④可有效地减少流通费用。

案例分析

网络时代的软件产业的业务外包①

虽然自 1955 年 3 月 28 日美国的谢尔登(John Sheldon)和库比(Elmer Kubie)先生创建第一家软件公司(CUC)起,软件业的发展就开始了;但是,直到 1969 年,IBM 公司迫于反垄断的压力,停止将软件免费发送给计算机客户,实行软件与硬件分别定价后,才真正诞生了独立的软件产业。在此之前,软件和计算机很少分开销售。到 20 世纪 90 年代,人类从工业时代步入网络时代后,由于市场对软件需求的急剧增长、不同行业的企业需要不同的量身定制的软件、软件产业的分工、软件的研发和市场营销等业务需要社会化分工与协作,因而也就产生了大量的软件产业的业务外包。

1. 软件业分工的发展决定了软件公司的核心业务需要外包。自 20 世纪 90 年代起,软件行业已分化为专业服务软件领域、企业解决方案软件领域和大众市场成套软件领域。

对软件公司而言,这三大软件领域相互关联、相互依赖,经常要为一个完整的解决方案而同舟共济。合作活动在软件业中拥有一个与其在其他行业中完全不同的地位——无论在数量、平等性,还是在合作的重要性上,世界上一些最成功的软件公司将其创造的总收入的 80% 留给了独立软件开发商和技术支持组织等合作者们。有时为了软件研究开发、技术支持或填补缺陷,他们一天要联络几十个合作者。美国 AutoCAD 软件公司的前副总裁 Robert Carr 说,公司在产品开发仅仅进行了 50% 时就寻找研发伙伴,应用程序接口的早期发布使我们的合作者有可能与我们同步开发出辅助性的程序设计;成功的软件公司很早就宣布他们的应用程序接口(API)。1998 年,全球共有数

---

① 案例来源:http://col. njtu. edu. cn/jingpinke/05jpsb/jgxy/gylgl/studysite/practice/practice_case_1_2. htm。

千个网络参与公司设计在 Windows95/98 或 Windows NT 操作平台上运行的软件,如德国的 ERP 提供商 Sage KHKt 和印度 Tata 软件公司被指派研发与微软 B 版软件兼容的配套软件。1997 年,微软在全球共有 22.5 万人为其编写程序,相当于其内部人员的 10 倍。德国的 IDS Scheer 和位于硅谷的 Intel licorp 两家公司都加入了 SAP 网络,提供用于 SAP 的 R/3 软件实施的流程模式化工具。这使 SAP 网络在企业整体解决方案软件市场的竞争中加强了力量,占据了全球 33% 的市场份额,将其竞争对手 Baan 网络及 People soft 网络远远甩在后面。丹麦中等规模的 ERP 公司 Navision 在 20 个国家有 600 多个软件开发商为该公司提出 3 200 套解决方案。

2. 微软和 BEA 公司在创业初期在软件开发这一核心业务中就实行过外包(资源外购)。软件业最初的业务外包特别耐人寻味,1981 年,IBM 将个人计算机操作系统委托给微软开发,并允许微软将个人计算机操作系统脱离计算机单独销售,但当时微软并没有开发这一产品,而是从西雅图计算机产品公司花了 50 000 美元为 IBM 买来的;微软当时也并没有说明,它是为 IBM 购买的。这一交易后来被人们称为"世纪交易"。"世纪交易"至少说明,自 1975 年创立后一直将软件开发作为其核心业务之一的微软在 1981 年是通过资源外购的方式,即外包来完成 IBM 委托给它的软件开发业务的。

无独有偶,世界有名的软件公司 BEA 在其创业之初也像微软在"世纪交易"中一样,是以中间商的角色来完成软件开发委托合同的。BEA 是 1993 年从太阳公司分离出来的 3 人组成的一家中间件公司,该公司当时一无所有,只凭一个发展方案得到了 5 000 万美元的风险投资。该公司先购买了当时世界有名的 Novell 公司畅销的中间件 Texaco,然后才开始承包一些大软件公司的中间件业务。在 1997 年从 DEC 公司手中买下两个用途较广的中间件产品后,BEA 公司就有了一套关于中间件的完整解决方案。从此以后,它一直走在中间件发展的前沿。它既搞中间件承包,又把中间件的大部分研发业务外包给印度、中国和东欧国家的独立软件开发商,因而 BEA 很快成为世界上有名的中间件公司。

3. 软件业的四大核心业务和微软的核心业务之一——软件拷贝(磁盘生产)的外包。在大众市场成套软件、企业解决方案软件和专业服务软件三大软件领域中,软件的研发、技术支持、磁盘生产(软件的拷贝)和市场营销(核心业务)都是软件公司赖以生存的核心业务。软件研发固然是软件公司生存的基础,但软件公司的命运也极大地依赖于营销和技术支持。这是因为,成功的软件公司的营销费用很大。平均而言,营销费用一般是软件开发费用的 2 倍以上,如微软 1997 年的营销费用为 29 亿美元,超过其收入的 25%,而其研发费用占收入的 16%;Oracle 的营销费用占其收入的 33%,研发费用则是 11%。显然,营销的确是关系到软件公司命运的核心业务。与营销相关的技术支持(包括软件的安装、调试和升级服务)也就自然成为软件公司招徕客户的核心业务之一。由于软件的拷贝涉及软件的源代码、品牌和产量控制等要害问题,所以作为软件拷贝的磁盘生产也就成为软件公司的第四大核心业务。微软从 20 世纪 90 年代中期就把其视为核心业务之一的磁盘生产全部外包给了日本花王公司(Kao),但微软并未因此而失去其核心竞争能力和竞争优势。而太阳公司,在 Java 语言和 Unix 操作系统的深入研发中,就将大量小应用程序(Applets)的设计外包给了 2 000 多家小软件公司。莲花公司的软件设计和技术支持两大业务的外包合作单位已超过了 12 000 个。索尼公司在与任天堂(Ninten - do)公司的竞争中大量利用电视游戏软件开发的外包,使它在 1997 年日本的游戏软件市场(总收入为 60 亿美元)上获得了近 50 亿美元的收入,赢得了与任天堂公司在电视游戏市场上竞争的胜利。美国 MCI 公司 60% 的软件开发是在内部完成的,通过外包合同来完成另外的 40%。上述事实说明,作为软件公司的四大核心业务已经在网络时代开始了大量外包。

复习思考题

1. 简要描述供应链管理的概念。
2. 供应链管理的特点是什么?
3. 供应链管理的目标有哪些?
4. 论述企业如何进行业务外包活动。
5. 简述集成化供应链管理方法的一般步骤。

供应链管理概论

3

供应链战略管理

▶ 了解供应链战略管理的产生与发展过程

▶ 了解供应链所关注的内容

▶ 了解供应链战略所包含的基本内容

▶ 了解如何建立供应链的战略优势

▶ 了解三种企业竞争战略及它们之间的
关系

▶ 掌握供应链战略与竞争战略如何实现
匹配

▶ 了解影响战略匹配的其他问题

▶ 了解供应链战略匹配范围的拓展过程

▶ 了解战略匹配的弹性要求

3.1　引言

　　20 世纪 60 年代以来,随着市场竞争的日趋激烈,传统战略规划的缺点逐渐显露,已经不能满足企业立足市场、取得竞争优势的要求,新型竞争战略——供应链战略管理正是在这样的背景下应运而生的。本章全面阐述了供应链战略的产生、关注点及基本内容、如何建立供应链战略优势、供应链战略与竞争战略的匹配及其意义、如何获得战略匹配以及供应链战略匹配范围的拓展等内容。

3.2　供应链战略概述

　　成功的供应链管理需要制定与信息、物料和资金流动相关的各种决策。根据其频度和影响的时间跨度,可以将这些决策分为三个阶段:

　　第一,供应链战略(或设计)阶段。在这个阶段,公司决定如何构造供应链、供应链的配置以及供应链的每个环节(组织)执行什么样的流程,即称之为供应链战略决策。公司的供应链战略决策包括生产和仓储设施的位置与能力,在各个地点制造或存放的产品,根据不同交货行程采用的运输模式,以及将要使用的信息系统的类型。公司必须保证供应链配置能够支持其在这一阶段的战略目标。

　　第二,供应链计划阶段。在供应链配置确定之后,公司需要有相应的供应链计划,即要制定一整套控制短期运作的运营政策以满足既定供应链配置的约束。计划从预测来年(或时间跨度为三个月到一年)的市场需求开始,包括决定哪个地点供应哪些市场,计划库存多少,是否外协制造,补货和库存政策,备货点设定(以防缺货),以及促销时间和规模等政策。

　　第三,供应链运作阶段。这一阶段的时间单位是周或天,公司根据既定的供应链计划作出具体实现客户订单的有关决策,其目的是以尽可能好的方式实施供应链计划。在这一阶段,公司分派订单给库存或生产部门,设定订单完成日期,生成仓库提货清单,指定订单交付模式,设定交货时间表,发出补货订单。由于供应链运作是短期决策,通常具有更小的需求不确定性,因此,运作决策的目的就是要利用这种不确定因素的减少,在供应链配置和计划政策的约束下取得最优性能。

3.2.1　供应链战略的产生

　　企业战略规划的开发和实施是一个新兴的管理活动。在大量生产、大量配送的年代,企业关心的是规模经济和范围经济,这些目标可以通过垂直集成、长生命周期且标准化的产品生产以及稳定的制造过程来实现。在这种情况下,降低成本才是企业管理的关注点。而企业经营的出发点则是在现有的设备、设施和流程上投资,以便将规模生产的产品推向市场。顾客若需要定制化产品来满足自己的特殊需要,则不得不高价购买。尽管所有的企业都需要非常清楚地识别自己的产品、服务和顾客目标,并制定出为完成目标所需要的策略,但这些业务计划往往仅关心企业的实物与财务资产的计算,以便优化产品和流程。

20世纪60年代中后期,尤其是20世纪70年代,美国企业既受到石油危机、通货膨胀等不确定性因素的影响,又面临日本和欧洲的挑战,独占市场的情况已不复存在,因此不得不在优化运作以外寻找新的取胜之道,其结果是导致企业对总体规划过程的关注越来越高。总体规划过程不仅关注包括公司目标和资源分配在内的战略要素,而且也关注引导企业走出利润缩减、缩短产品生命周期、世界经济同步化、日益增加的劳动力和材料成本以及寻求竞争优势的迷宫。因此,企业的制造能力和物流快速响应环境变化的能力就成为公司生存的必要条件。管理学界也开始重点研究如何适应当时的市场环境,为企业的管理实践提供理论指导。

传统的战略规划围绕预测、财务分析、市场和产品定位而展开,其目的是寻求获得市场领先地位的最好机会,然后在业务单位和项目上分配资金和生产资源,以确保任务的完成。这种方法常使公司过分关注战术和运作上的计划,而不考虑如何将公司引向未来。具体而言,传统的战略规划具有以下几个方面的缺点:首先,它依赖的是大规模生产和追求规模与范围经济时代的工业范式;其次,计划的时间跨度很短,往往是几年,而不是十年甚至几十年;再次,企业往往根据现有的产品和业务单位来制定计划,而不是根据整个企业或供应链制定计划;最后,计划制定者倾向于以现有的产品或服务与对手展开竞争,而不是以面向未来的眼光,发展新能力,并与供应链成员密切合作,从而形成新的企业生态系统。

20世纪80年代,大量生产和大量配送系统受到了更加严重的挑战,因此,美国企业更加注重战略规划。公司的规划人员发现,仅关注向市场渗透,有效地分配资源、减少过程和额外成本,已不能使企业在急剧缩小的市场中处于领先地位。像施乐(Xerox)、美国无线电公司(RCA)、国际商用机器公司(IBM)和西尔斯(Sears)这样的全球巨人,已经开始失去市场的绝对优势。而像佳能(Canon)、索尼(Sony)、康柏(Compaq)和沃尔玛(Wal-Mart)这样反应敏捷的公司,从它们手中夺取了大量的市场份额。究其原因,主要是它们的竞争对手采用先进的信息技术以及准时生产(JIT)、全面质量管理(TQM)和精细制造等管理思想和方法,通过缩减生产规模、重塑联盟伙伴的竞争力、按订单生产和大量缩短产品的上市时间,取得了竞争优势。在这一阶段,战略规划是一个发展中的概念。1980年,美国市场营销学家迈克尔·波特(Michael Porter)提出,公司的计划应当将在公司内部或外部市场中发现的竞争因素都包括在内。他的《竞争战略》《竞争优势》以及《国家竞争优势》等著作对这一阶段的管理实践起到了非常积极的推动作用。

20世纪90年代,竞争环境更加残酷,企业不得不寻找新的竞争战略和更加灵活的生产过程,要求在不增加成本的情况下,生产高质量和多样性的产品,并能利用现有的生产能力生产变革性的产品。为了满足顾客对高质量、低价格定制产品和服务以及快速配送的要求,公司必须具备高度的灵活性。

这一时期,企业再造学说盛极一时,许多企业将再造技术作为取得竞争优势的法宝,放弃了制定战略计划。这一阶段,对战略计划提出质疑的代表人物是亨利·明茨伯格(Henry Mintzberg),他在《战略计划的兴衰》一书中认为,战略计划只不过是例行公事,它总是缺乏创造力,没有真正的意义。企业放弃业务计划制定的原因是,他们将计划与战略规划混合起来。事实上,传统的业务计划多数是战术或运作上的计划,而不是真正的关于战略方向的计划。因此,传统的"战略计划"并不能真正产生明确的、深思熟虑的战略,并指导企业在未来如何完成自己的计划。在当今快速变化的环境中,关注企业运作管理技术的战略,如重构、再造、连续改进和全面质量管理等,可以使企业追赶市场领先者,但却不能再造企业的竞争能力和产品,以重新思考未来如何取得行业的竞争优势。加里·哈默尔(Gary Hamel)和C. K. 普拉哈拉德(C. K. Prahalad)1994年合著的《为未来而竞争》一书标志着战略计划的复兴,此书对企业痴迷于规模缩减提出了批评,并且对核心竞争力重新下了定义。

竞争日益激烈的市场环境和战略计划的复兴对供应链战略管理思想的形成起到了积极的推动作用。尽管企业的核心运作策略对企业的生存非常关键,但它却严重限制了计划制定者的眼光。在大规模生产时代,竞争力指的是向特定的市场提供比竞争对手更好的、价格更低的、标准化的产品。市场竞争中的胜者通过面向顾客、持续减少过程和额外成本以及在新的开发基础和过程方面投资等来巩固自己的竞争优势。由于产品和市场的变化不大,起步早的公司可以在许多方面取得优势。然而,这种内部的以企业自身为中心的竞争存在的问题是,一些市场的竞争对手可以以一种非常规的方法对那些仍然热衷于运作策略的企业的市场优势构成威胁,其结果是一些拥有一流产品和忠实顾客的大公司,如国际商业机器公司(IBM)等发现他们在一些变革性公司的竞争面前失去了往日的行业领先地位和竞争优势。这些竞争者中有些通过克隆成功的产品、流程或组织结构,挤入曾经稳固的业务环境中;有些重塑他们的竞争力,突破传统的市场边界,与那些成熟的公司争夺市场;还有一些采用先进的技术和管理方式,不仅偷取业务,而且提出废除他们竞争对手的知识产权。这些变革性公司已经发现了重塑合作团体以破坏垂直和水平一体化的传统概念的方法。

当前竞争的重点已经从运作层向战略层转移,企业要想学会竞争制胜之道,必须从以下两个方面考虑:一是继续关注传统的运作计划,以便为企业提供日常目标和绩效衡量的依据。二是必须关注企业的战略规划,以便为企业提供未来发展的方向,决定未来的顾客是谁、最有利润的市场在哪里、企业需要什么样的竞争力、什么是企业的机会环境、什么样的渠道网络对发展未来的业务生态系统是必需的等等。供应链战略管理正是在这样的背景下产生的。另外,随着供应链管理的发展,供应链管理开始从单一的运作技术向战略方面发展,这是供应链管理自身发展的必然结果。

然而,供应链战略对提高企业竞争力的重要作用与它在实际运作中表现出的绩效是不成比例的。产生这些问题的原因并不是供应链战略管理理论本身有什么大问题,而是企业没有把它看做企业战略的一个组成部分。由于所有这些影响供应链战略管理绩效的因素都不是哪一个部门能够解决的,也不是一蹴而就的,企业只有从全局的角度进行规划的战略性思考,才能彻底解决上述问题。从战略的角度考虑供应链战略管理的地位具有十分重要的意义。

3.2.2　供应链战略的关注点

加里·哈默尔和 C. K. 普拉哈拉德认为,竞争的焦点应放在加强和重塑企业的核心竞争力上,这一观点的提出极大地拓宽了传统的战略计划的视野。他们对战略规划概念的理解有一个共同的特点,即其主要关注点是企业。尽管这为企业制定战略规划起到了非常重要的指导作用,然而一旦跨越了企业的界限就显得比较薄弱。供应链战略要求计划制定者不仅关注企业本身,还要关注整个供应链。供应链战略关注的重点不是企业向顾客提供的产品或服务本身给企业增加的竞争优势,而是产品或服务在企业内部和整个供应链中运动的流程所创造的市场价值给企业增加的竞争优势。事实上,不论公司层次上的产品和服务有多好,组织结构多有效,资源和生产过程多优越,他们独自获得的竞争能力是有限的,不可能将这些联盟伙伴的优势结合起来,形成一种只有供应链战略才能取得的竞争能力。20 世纪 90 年代,那些抢先占有竞争优势和市场份额的公司得到了极大的发展,其最主要的原因就是他们实施了供应链战略,将他们的关注重点从内向能力转向将自己的能力与供应链成员中的生产资源和创新知识整合起来。

当今,一些国际知名公司的业务战略规划包括三个既相互区别又相互联系的部分(如图 3 - 1 所示)。战略规划过程的第一个方面是定义企业目的。目的是广义的长期目标和态度,它能够指导作为组织实体的公司的行为,也可以指导企业中每一个成员的个体行动。根据彼得·德鲁克(Peter Drucker)的理论,企业目的形成了与企业业务本质有关的问题的答案,如企业的目标、客户基础以及企业应当到达的目的地。定义企业目的是一个相互作用的过程,企业的管理者可以通过这个过程提出有关企业健康运转的基本问题,并改变企业的运作策略,以迎接突然出现的挑战。

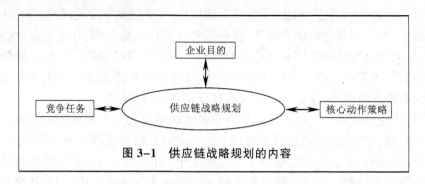

图 3-1　供应链战略规划的内容

　　战略规划的第二个方面是明确企业的战略性竞争任务。企业的战略性竞争任务关注于未来,而不是现有的能力和市场。尽管企业的战略性竞争任务往往从企业现有的市场、运作结构、产品、流程以及顾客目标开始,但它的确是在新的竞争空间发现市场机会、指导企业激活变革性竞争力的有力手段,这些竞争力存在于企业内部或者供应链中。战略性竞争任务主要是寻找公司所面临的问题,比如,谁是明天的行业领导者? 什么样的技术将会对市场产生重大影响? 什么样的产品或服务组合可以赢得市场? 哪一家公司将形成企业的关键伙伴或联盟? 企业的技能和变革性精神如何才能被重塑? 如何才能形成未来的新市场?

　　战略规划的最后一个方面是形成企业的核心运作策略。企业的核心运作策略关系到企业在现有行业结构中如何对现有的产品、市场和业务进行定位与衡量。其中最重要的是,决定采用什么样的产品策略、定价和促销方案、分销渠道以及选择什么样的供应链伙伴才会给企业提供最好的市场份额和高利润。核心运作策略的关键活动应包括:对企业在某一时间内可能的增长,资产、投资回收和全部净收入目标等内容的预测;决定支持业务预测中详述的财务和市场目标所必需的现有资产和竞争力;将预测和资产计划分配到公司的业务单位中。

　　建立竞争战略需要形成新观点,创建新的企业结构和价值,以使企业能够挖掘全新的市场机会,从而进入竞争对手尚无准备好或不敢进入的竞争空间。思考未来以及能够将你带到未来的战略是一件十分艰苦的工作,这比开发详细的能使企业追赶行业领先者的运作和流程重组的策略要难得多。过去企业管理者仅仅练就了制定运作计划的本领,他们没有能力做的事情就是对未来市场和新的竞争力的定位,以及形成新的联盟与设计新流程和新产品。然而,开发战略规划则需要一种洞察未来市场需求的能力,因为它是研究竞争者、找出竞争差别,进而改进效绩和消除流程缺陷的工作。

供应链管理概论

3.2.3 供应链战略的基本内容

供应链战略是供应链管理的首要决策阶段。只有制定了供应链战略才能够实施供应链的管理,它在企业的运营中发挥着极为重要的作用。一套完整的供应链战略包括库存策略、运输策略、设施策略和信息策略。

供应链战略指明了生产、分销和服务所要做好的工作。除了以上的内容外,供应链战略还包括传统的供应商战略、生产战略和物流战略等。不仅如此,供应链战略还强调企业内部所有职能战略之间的密切联系。如果企业既要满足顾客需求,又要赢利,那么每一种职能都至关重要,它们紧密地交织在一起,相互配合,相互支持。

供应链战略也是企业战略的有机组成部分,它与产品开发战略和市场营销战略并列为企业的三大职能战略,共同支撑着企业的竞争战略。产品开发战略详细说明了公司即将开发的新产品组合,指出了开发是内部的主动追求型,还是外部的力量驱动型。市场营销战略详细说明了如何分割市场,产品如何定位、定价和推出等问题。供应链战略则是确定了原材料的获取与运输,产品的制造或服务的提供,以及产品配送和售后服务的方式与特点。从价值链的角度看,供应链战略详细说明了生产经营、配送和服务职能,此外,每个企业还专门为财务、会计、信息技术和人力资源等设计了自己的战略。

3.2.4 如何建立供应链战略的优势

建立供应链竞争优势要求极大地扩宽企业的目标,明确目的和手段,改变以往仅将注意力集中在成本和市场方面的小的改进,而着眼未来,弄清未来的顾客是谁,公司与供应链伙伴的竞争能力如何塑造才能抢先占领市场。建立供应链竞争优势还要求企业改变以往的对每年的例行计划、已存在的行业结构、业务单位预算和成本、竞争对手的标杆瞄准以及市场细分的过分关注,而更多地关注一个持续不断的过程,这一过程围绕核心竞争力、新功能、渠道联盟、机会等构建,以便能够洞察在未来市场中获得领先地位所需的技术、竞争力和产品。最具活力的竞争战略需要整个企业和供应链伙伴的积极参与,而不是仅由企业的管理者和若干职员组成的小组来完成。具体而言,建立供应链战略需要从以下4个方面着手:

3.2.4.1 执行有效的战略

在当今的全球市场中,只有那些能够开发充满活力的竞争战略和创造市场的公司,才能在市场中获得领先地位。尽管核心运作策略仍是短期或中期绩效衡量的有效手段,但供应链战略却是创造未来优秀公司的有力武器。

3.2.4.2 建立有效的业务渠道

以时间为基础的竞争和垂直一体化的解体使公司不能独自参加竞争。事实上,市场属于那些在构建供应链和通过供应链竞争等方面比对手更强的企业,而不是那些仅以自己的产品和市场为基础的企业。未来极大的机会属于那些能与其他企业(包括竞争对手)密切合作的企业。例如,未来某一天,微软可能会发现英特尔是它的供应商、客户、竞争对手或合作伙伴。供应链战略的目的并不是自私地发展周围的供应链伙伴,而是建立不可战胜的联盟,提供共同的竞争能力的源泉,以便成功进入某一行业或创造全新的行业。

3.2.4.3　进行赢得市场的变革

随着产品生命周期的缩短、要求个性化产品和服务需求的提高,企业不得不改变以往的仅满足以纯产品或成本为基础的做法。尽管企业继续生产出高质量、低成本的产品仍然非常关键,但企业必须持续将他们的注意力集中在追求大胆的跨企业的变革上,以便为客户提供别人无法提供的解决方案。

3.2.4.4　设计具有竞争力的企业

根据加里·哈默尔和 C.K. 普拉哈拉德的理论,有几种方法可以获得竞争优势。首先,企业可以寻找在已成熟的行业改变游戏规则,如沃尔玛在零售业靠低价取胜。其次,企业可以寻求重新勾画传统行业的边界,如迪斯尼收购 ABC 公司以重塑娱乐业的面貌。最后,真正的创新企业可以寻求发现全新的行业和市场,如微软在计算机软件发现仅仅痴迷于缩减劳动力成本、资产和流程的周期还不能获得市场的领先地位,关注创造全新市场和重塑旧市场的战略才是其成功的法宝。

3.3　供应链战略与竞争战略的匹配

3.3.1　企业竞争战略的有关理论

战略是指为创造胜利条件实行全盘行动的计划和策略,企业竞争战略就是从企业"可持续发展"出发的综合性观点。全面地分析影响一般性竞争战略选择的关键因素,结合企业自身的实力,才能制定出适应市场需求的竞争战略。

一个企业与竞争企业相比可能有许多长处或弱点,而决定企业进入市场的基本竞争优势为低成本。因此美国市场营销学家迈克尔·波特认为,基本的竞争性定位战略为:总成本领先(Overall cost leadership)战略、差异化(Differentiation)战略以及集中(Focus)战略。

3.3.1.1　总成本领先战略

总成本领先战略是指通过有效途径,使企业的全部成本低于竞争对手的成本,以获得高于同行业平均水平的利润的战略。20 世纪 70 年代,随着经验曲线概念的普及,这

迈克尔·波特

一、简介

迈克尔·波特是哈佛大学商学院的著名教授，是当今世界上最有影响的管理学家之一。他曾在 1983 年被任命为美国总统里根的产业竞争委员会主席，开创了企业竞争战略理论并引发了美国乃至世界的竞争力理论热潮。波特还是许多一流的美国企业和跨国公司的竞争战略顾问，在美国国会和商业组织制定经济政策过程中发挥着积极的作用，并且为一些外国政府担任顾问。

二、主要著作

波特的战略三部曲中对企业发展的战略思想影响比较大的是《竞争战略》和《竞争优势》，这两本书已成为企业发展战略理论方面的经典著作。波特对竞争战略理论做出了非常重要的贡献，"五种竞争力量"——分析产业环境的结构化方法就是他的杰出思想；他更具影响且有很大贡献的是在《竞争战略》一书中明确了三种通用战略。

三、管理精要

波特的战略思想主要由几个重要的概念组成：构成行业结构的五种作用力；在对行业结构进行分析的基础上提出了三种企业发展的基本战略，为了实施这些战略提出了价值链分析方法；最后进行了关于进攻性战略和防御性战略的分析。

1. 五种作用力

波特指出，决定行业盈利能力的重要因素和根本因素是行业的吸引力；任何行业的竞争规律都体现了如下五种竞争力的作用，是它们决定了行业的营利能力。

(1)新入侵者。

(2)决定供方力量的因素。

(3)决定替代威胁的因素。

(4)竞争的决定因素。直接影响某一行业竞争激烈程度的因素主要包括以下几个方面：第一，该行业的增长性；第二，固定(存储)成本或附加价格；第三，周期性生产过剩；第四，产品差异。

☞ 链　接

(5)决定买方力量的因素。

2．三种基本竞争战略

(1)总成本领先战略。总成本领先战略主要包括追求规模经济、专有技术、优惠的原材料以及其他因素,使企业的产品成本低于行业的平均水平,以此获得较大的利润和市场份额。

(2)差别化战略。这种战略是企业将新产品或提供的服务差别化,树立起一些全产业范围中具有独特性的东西。实现差别化战略有许多方式:设计名牌形象、技术上的独特、性能特点、顾客服务、商业网络及其他方面的独特性。最理想的情况是公司在几个方面都有差别化特点。

(3)目标聚集战略。这种战略主攻某个特殊的顾客群、某产品线的一个细分区段或某一地区市场。

3．价值链

波特认为,企业盈利能力的关键是,其是否有能力为买方创造价值,或是否能确保这种价值不落入他人手中。价值是买方愿意为企业提供给他们的产品所支付的价格,价值用总收入来衡量,总收入则是企业产品价格与所销售数量的反映。如果企业所得到的价值超出了其创造产品所花费的各种成本,那么企业就有赢利。因此,分析竞争地位时必须使用价值,应该采取价值链的分析方法。

波特用价值链的分析方法揭示了企业内部活动的秘密,企业竞争的内涵通过价值链反映了出来。

种战略已经逐步成为企业共同采用的战略。实现总成本领先战略需要有一整套具体的政策,即要有高效率的设备、积极降低经验成本、紧缩成本和控制间接费用以及降低研究开发、服务、销售、广告等方面的成本。要达到这些目的,必须在成本控制上进行大量的管理工作,即不能忽视质量、服务及其他一些领域的工作,尤其要重视与竞争对手有关的低成本的任务。当具备以下条件时,采用总成本领先战略会更有效力:①市场需求具有较大的价格弹性;②同行业的企业大多生产标准化产品,从而使价格竞争决定企业的市场地位;③实现产品差异化的途径很少;④多数客户以相同的方式使用产品;⑤用户购物从一个销售商改变为另一个销售商时,不会发生转换成本,因而特别倾向于购买价格最优惠的产品。

3.3.1.2 差异化战略

差异化战略是指为使企业产品与竞争对手产品有明显的区别,形成与众不同的特点而采取的战略。这种战略的重点是创造被全行业和顾客都视为独特的产品、服务以及企业形象。实现差异化战略的途径多种多样,如产品设计、品牌形象、技术特性、销售网络、用户服务等。如美国卡特彼勒履带拖拉机公司不仅以有效的销售网和随时能提供良好的备件而闻名,而且以质量精良的耐用产品闻名遐迩。差异化战略的适用条件主要有:①有多种使产品或服务差异化的途径,而且这些差异化是被某些用户视为有价值的;②消费者对产品的需求是不同的;③奉行差异化战略的竞争对手不多。

3.3.1.3 集中战略

集中战略是指企业把经营的重点放在某一特定购买者集团,或某种特殊用途的产品,或某一特定地区上,来建立企业的竞争优势及市场地位的战略。由于资源有限,一个企业很难在其产品市场展开全面的竞争,因而需要瞄准一定的重点,以期产生有效的市场力量。此外,一个企业所具备的不败的竞争优势也只能在产品市场的一定范围内发挥作用。例如,天津汽车工业公司面对进口轿车和合资企业生产的轿车的竞争,将经营重心放在微型汽车上,该厂生产的"夏利"微型轿车,专门适用于城市的狭小街道行驶且价格便宜,颇受出租汽车司机的青睐。集中战略依据的前提是,与竞争对手的广泛竞争相比,厂商能更有效地为本企业集中的战略目标服务,结果,厂商或由于更好地满足其特定目标的需要而取得产品差异,或在为该目标的服务中降低了成本,或两者兼而有之。

3.3.1.4 三种竞争战略的比较及选择

从以上对三种战略的描述可以看出,尽管集中战略往往采取总成本领先和差异化这两种变化形式,但三者之间仍存在区别。总成本领先和差异化战略一般是在广泛的产业部门范围内谋求竞争优势,而集中战略则着眼于在狭窄的范围内取得优势。

企业在确定竞争战略时首先要根据企业内外环境,在差异化战略和总成本领先战略中进行选择,从而确定具体目标,采取相应措施以取得成功。当然,也有企业同时采取两种竞争战略,如经营卷烟业的菲利浦·莫尔斯公司,依靠高度自动化的生产设备取得了世界上生产成本最低的好成绩,同时它又在商标、销售促进方面进行巨额投资,在产品差异化方面取得成功。但由于这两种战略有着不同的管理方式和开发重点,有着不同的企业经营结构,反映了不同的市场观念,所以企业一般不会同时采用这两种战略。

在市场演进过程中,经常会出现这两种竞争战略循环变换的现象。一般来讲,为了生存及竞争的需要,企业往往首先采取差异化战略,使整个市场的需求动向发生变化,随后其他企业纷纷效仿跟进,差异化产品逐渐丧失了其差异化的优势,最终变为标准产品。此时,企业只有采用总成本领先战略,努力降低成本,使产品产量达到一定规模,提高市场占有率来获得利润。随着市场发展日益成熟,企业之间竞争也趋于激烈,企业要维持竞争优势,就必须通过新产品开发等途径寻求产品差异化,由此开始了新一轮的战略循环。

要成功地实行以上三种一般竞争战略,需要不同的资源和技巧,不同的组织安排和控制程序以及不同的研究开发系统,因此,企业必须考虑自己的优势和劣势,根据自己的经营能力选择可行的竞争战略。

企业竞争战略由企业的产品和服务刻意满足的顾客需求的类型所决定,建立在顾客对产品成本、产品送达与反馈时间、产品种类和产品质量偏好的基础上。因此,企业竞争战略的设计必须以顾客偏好为基础。竞争战略的目的是提供能满足顾客需求的产品和服务。从图3-2中可以看出,企业价值链始于新产品开发,市场营销通过公布能够满足的顾客偏好的产品和服务来启动需求,而后将顾客的投入用于新产品开发。生产则是制造各种新产品,将投入转变为产出。分销或者将产品送达顾客,或者把顾客带来选购产品。服务是对顾客在购物期间或购物之后各种要求的反馈。为了执行企业的竞争战略,所有上述职能都会发挥作用,每一种职能都必须制定自身的战略。

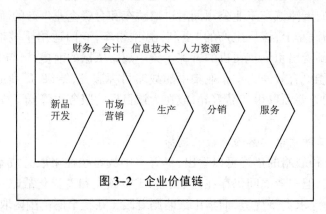

图3-2　企业价值链

企业的所有职能都会对企业价值链的成功产生影响。这些职能必须相互配合,任何单独的职能的成功都不能确保整个价值链的成功,但任何单独的职能的失败都将导致企业价值链的失败。企业价值链的成功与否同下面两点紧密相关:①各职能战略都要与竞争战略相协调,所有职能战略都要相互支持并帮助公司实现其竞争战略的目标。②各职能部门都必须恰当地组织其业务流程和资源,成功地执行它们的职能战略。

3.3.2　获取战略匹配的意义

供应链管理的目标很简单,即以最优化的成本满足客户需要,使供应能力和市场需求相匹配。供应链管理的对象是产销量、库存和费用。产销量的增加、库存的降低、费用的削减会直接改善利润、投资回报、现金流量等企业总体绩效指标。有效的供应链管理对企业绩效有直接的作用。

一家成功企业的供应链战略与竞争战略是相互匹配的。供应链的目标是明确如何通过供应链来满足商业要求（如快速反应环境变化、低成本生产、高质量产品等），它与竞争战略密切相关。战略匹配是指竞争战略与供应链战略拥有相同的目标，也就是说，竞争战略设计用来满足的顾客优先目标与供应链战略旨在建立的供应链能力目标之间相互协调一致。

公司失败的原因，或是由于战略不匹配，或是由于流程和资源的组合不能形成构建战略匹配的能力。因此，企业总裁的首要任务就是协调核心职能战略与总体竞争战略之间的关系，以获取战略匹配。如果不能在战略层达到一致，各职能战略目标间很可能发生冲突，并导致不同的战略以不同的顾客群为优先目标。由于流程和资源的组合是用来支持职能战略目标的，不同职能战略目标之间的冲突将引发战略实施过程中的纠纷。例如，市场营销部门将公司的职能定位于快速提供多种产品上，而分销部门的目标却可能是以最低的成本提供服务。在这种情况下，企业通过把订货分组送达顾客，取得了较好的经济效益，而当年分销的决策却延缓了订单的执行速度。因此，获取战略匹配已经成为企业在制定战略时必须遵循的原则。

3.3.3 如何获取战略匹配

要获取供应链战略与竞争战略之间的战略匹配，企业首先应当理解顾客，即企业必须理解每一个目标顾客群的需要，以帮助企业确定预期成本和服务要求；其次，企业应当对供应链有一定的理解，明确其供应链设计用来做什么；最后，如果一条供应链运营良好，但与预期顾客需要之间不匹配，那么，企业或者重构供应链以支持其竞争战略，或者改变其竞争战略以适应供应链。

3.3.3.1 第一步：理解顾客

要理解顾客，公司必须明确所瞄准的顾客群的需要。关于这一点，我们可以通过对日本的 7-11 连锁店和萨姆会员店（沃尔玛的一部分）的比较来加以说明。顾客去7-11连锁店购买物品为的是方便，而不一定要寻找最低的价格。由于这种连锁店分布广泛，且主要在居民区附近，拥有丰富的商品，因此，可以使消费者方便地得到所需的物品。相反，对于到萨姆会员店购物的消费者来说，他们看重的是这里的低价位，在这里，顾客购买的是大包装的产品，虽然少了个性化的包装，但顾客在这里能得到足够低的价格。由此可见，顾客选择不同的地方购买相同的商品主要取决于顾客的特点。在7-11连锁店购物的顾客大多寻求的是购物便捷，花费时间少；而在萨姆会员店购物的顾客，更多的强调低廉的价格。由这个例子我们可以看出，顾客的需求存在很大差异，但正是由于这些差异，企业在发展方向上才有了完全不同的战略目标。顾客的需求差异主要

体现在以下几个方面:

(1)订购一次的数量。例如,修复生产线所需的紧急材料订单总是较小;而建设新生产线所需的材料订单总是较大。

(2)顾客能接受的响应时间。紧急订单所能容忍的响应时间较短;而新建订单所能容忍的响应时间往往较长。

(3)需求的产品品种。如果从单一供应商那里可以得到所有维修所需的配件,紧急订单的顾客往往愿意付出较高的额外费用;而新建订单的顾客却不会这样做。

(4)要求的服务水平。紧急订单的顾客期望商品具有很高的可用性,如果某些部件不是立即可用的,他(她)就会到别处采购;而新建订单的顾客却不一定考虑这些因素。

(5)产品的价格。新建订单的顾客往往对价格较为敏感;而紧急订单的顾客则不那么敏感。

(6)期望的产品革新率。高档百货商店的顾客期望更多的新产品和新颖的服装设计;而像沃尔玛这种日用品超级商场的顾客对产品革新则期望较小。

同一顾客群的顾客一般具有相同的需求特性,而不同顾客群的顾客的需求特性则差别较大。但是,我们只需要一个关键的衡量指标来捕捉所有这些属性的变化,然后用这个指标来帮助定义最适合公司的供应链,即隐性需求不确定性(Implied demand uncertainty)指标。

首先我们要介绍两个概念:即需求不确定性和隐性需求不确定性。需求不确定性是指顾客对某种产品的需求是不确定的;隐性需求不确定性是指供应链不确定性的直接后果,即供应链予以满足的需求部分和顾客需求的特点是不确定的。例如,只为紧急订单供货的企业面临的隐性需求不确定性要高于以较长的供货期提供同样产品的公司。

隐性需求不确定性会受顾客需求特性的影响。例如,按照所需钢材的品种和数量判断,钢材的需求也具有一定程度的不确定性。钢材供货中心可以以少于一周的时间供应多种产品;而小型钢铁企业的供货品种较少,供货期也较长。钢铁联合企业的供货期更长,以数月为供货周期。在这三种情况下,尽管所供应的物品没有什么差别,但它们面临的隐性需求不确定性却很悬殊。钢材供货中心的供货期最短,供应的品种也最多,其面临的隐性需求不确定性最高。与之相对的是钢铁联合企业,其供货周期最长,隐性需求不确定性最低,它们有很长的时间为客户的订单准备生产。供应链要提高服务水平,也就是要求其满足顾客需求的百分比越来越高,这就迫使供应链要为罕见的需求高峰做好准备。因此,在产品需求不变的情况下,服务水平的提高会导致隐性需求不确定的增加。

产品需求不确定性和客户的需求特性对隐性需求不确定性会有影响。客户的需求特性对隐性需求不确定性的影响如表 3 – 1 所示。

供应链管理概论

表 3 - 1　客户需求特性对隐性需求不确定性的影响

消费者需求	引起隐性需求不确定性
需求量变化范围增大	增加,因为需求变化增大
提前期减短	增加,因为响应时间减少
所需产品品种增多	增加,因为每一种产品的需求更难分解
获得产品的渠道增多	增加,因为总的消费需求被更多的渠道分摊
产品更新加快	增加,因为新产品的需求更不确定
服务水平提高	增加,因为企业被迫处理例外需求波动

隐性需求不确定性同其他一些产品需求特性也是紧密相关的,如表 3 - 2 所示。

表 3 - 2　隐性需求不确定性与产品属性的关系

产品属性	隐性需求不确定性低	隐性需求不确定性高
产品边际利润	低	高
平均预测误差	10%	40% ~100%
平均脱销率	1% ~2%	10% ~40%
平均期末被迫降价	0%	10% ~25%

由于每一单独的顾客需求对隐性需求不确定性都有明显的影响,我们不仅可以把它作为区分不同需求类型的标尺;也可以考虑以隐性需求不确定性为变量的不同需求类型的分布(即隐性需求不确定性图谱),如图 3 - 3 所示,其中给出了不同的隐性需求不确定性所对应的代表性的产品。

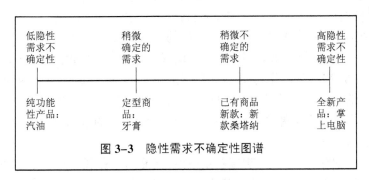

图 3-3　隐性需求不确定性图谱

因此,费舍尔指出:①需求不确定的产品通常是不成熟产品,竞争对手少,因此可以获得很高的边际利润。②当需求更加确定的时候,对需求的预测误差也就更低。③隐性需求不确定性增加,产品的供给和需求就更难达到平衡,由此会造成产品的脱销或积压,即平均脱销率会很高。④隐性需求不确定性高的产品,由于积压将不得不降价销售。

下面,我们以图3-3中低隐性需求不确定性产品——汽油为例进行分析。汽油的边际利润较低,需求预测准确,产品脱销率低,很少存在价格变化,这些特点与费舍尔所描绘的低隐性需求不确定的产品特征十分吻合。在图3-3的另一端,高隐性需求不确定性产品——新型掌上电脑可能会具有以下特点:边际利润高,需求预测十分不准确,产品降价销售的情况经常存在,产品脱销率也会很高,这与表3-2也是十分吻合的。

显然,以上描述是关于隐性需求不确定性变动范围的一般概括。很多需求类型会包括上面所讨论的各种特点的组合,成为两个端点之间的任意一种形式。然而,这个变动范围能让我们对需求确定或不确定的产品的特性有很好的理解。

实现供应链战略和竞争战略匹配的第一步是理解顾客,通过找出所服务的顾客群的需求类型在隐性需求不确定性图谱上的位置,来理解顾客的需求。

3.3.3.2 第二步:理解供应链

在理解顾客需求之后,下一步就要解决企业如何才能满足顾客需求的问题。建立供应链战略,使之更好地为顾客需求服务,这是寻求战略匹配的目的。与顾客需求一样,供应链也有许多不同的特性。前面我们在考察顾客需求特性时用一个指标横流的办法将其放在图谱上进行分析,这里我们可以采用同样的方法,将供应链放在同一个图谱上进行研究。

首先,我们同样需要找出一个衡量指标,用以描述所有供应链的特点,这个指标就是供应链响应能力和赢利水平之间的权衡。供应链响应能力主要体现为以下5种能力:①响应需求数量的大范围变化;②只需很短的提前期;③提供多样性(大量品种)产品;④具有高度的产品创新能力;⑤提供很高的服务水平。

这些能力类似于引起隐性需求不确定性的需求特性,这些能力越高,供应链就越灵敏。然而,这5种能力的提高需要花费一定的成本。例如,要使响应需求数量发生大范围变化,就必须扩大生产能力,于是就导致了成本的增加,这就引出了供应链的赢利水平问题。供应链的赢利水平是指产品的销售收入减去产品的生产及送达顾客的成本之差,成本增加,则赢利水平降低。而每一种提高反应能力的战略都会付出额外的成本,从而降低赢利水平。

图3-4中的曲线为成本-响应有效边界,它显示了在现有的技术条件下给定响应时所能达到的最低成本。并不是所有的公司都能运作在这一有效边界之上,它代表了最好的供应链的绩效。在有效边界内的公司可以改进其供应链的响应并降低成本,而处

于有效边界上的公司则只能在响应和成本之间折中。当然,有效边界上的公司总是不停地改进其流程和技术,从而使其有效边界向外移动。对所有的供应链而言,由于存在着响应能力与赢利水平之间的权衡关系,供应链战略选择也就是对其响应能力水平的定位。

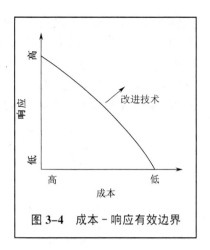

图3-4 成本－响应有效边界

对应于不同市场定位,供应链分布在专注于响应能力与专注于以最低成本生产、供给产品的赢利水平的两个极端之间。图3-5是供应链响应能力的示意图。

供应链所拥有的生产能力越大,其响应能力也就越强。日本的7-11公司在其连锁店增添了早上

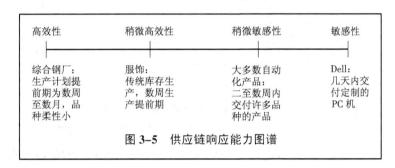

图3-5 供应链响应能力图谱

供应早餐食品,下午供应午餐食品,晚上供应晚餐食品活动,这样一来,其供应的产品以天为单位进行变动。7-11公司对订单的反应十分迅速,商店经理必须提前12个小时发出补给通知,这使7-11供应链的响应能力大大提高。相比之下,一条赢利水平较高的供应链可以通过降低响应能力来压低成本。例如,萨姆会员店出售的商品品种相对较少,而且都是大包装的产品,其供应链较容易获取更低的成本,因此,其经营的重点显然在赢利水平上。

综上所述,实现供应链战略和竞争战略匹配的第二步是理解供应链并将其描绘在供应链响应能力图谱上。

3.3.3.3 第三步:实现战略匹配

我们已经考虑了顾客特性和供应链特性,接下来要考虑的是如何使供应链更好地适合竞争战略所瞄准的顾客需求。

如果我们将前面讨论的图谱合并为一幅图上的两条轴线(如图3-6所示),沿着

横轴移动,隐性需求不确定性增加;沿着纵轴移动,反应能力增加。因此,这幅图也可以称为"不确定性—响应能力图",图中的点代表了供应链响应能力和隐性需求不确定性的一种组合。隐性需求不确定性代表顾客需求的特点,也就是公司的竞争战略,供应链的反应能力代表着供应链的战略定位,于是产生了这样的问题,在图中这些点的组合中,哪些点表示两种战略互相匹配呢? 这样一来,实现战略匹配即是找出图中战略匹配区。

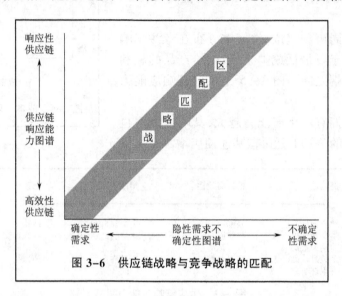

图 3-6 供应链战略与竞争战略的匹配

如图 3-3 中的掌上电脑,这是一种全新的产品,结合费舍尔的理论及表 3-2 可以验证其的确具有高度的隐性需求不确定性。若商家采用高效的供应链战略,则明显不符合竞争需求;反过来,若采用高响应的供应链战略,就能较好地符合其竞争需求。再以日用品供应(例如面食制造商)为例,面食是一种消费性产品,它拥有较为稳定的需求,其隐性需求不确定性大大低于掌上电脑。如果面食制造商选择了高响应能力的供应链,根据顾客需求,采用小烤炉烘制,用联邦快递送货,其结果势必造成惊人的价格。因此,如果设计一条高赢利水平的供应链,把经营重点放在降低成本上,更符合大多数顾客的需求。日用品需求的隐性需求不确定性较小,价格是消费的主要驱动,因而商家必须采用高效的供应链战略以降低成本。因此,要实现战略匹配,就要求隐性需求不确定性如有增加,对应的供应链的响应能力也应相应地有所增加,由此形成战略匹配区(如图 3-6 所示)。企业为取得较高的业绩,应尽力将竞争战略和供应链战略调整到战略匹配区。

为了实现战略匹配,公司价值链中的所有职能战略都必须支持公司的竞争战略;供应链的低层策略,如制造策略、库存策略、提前期策略、采购策略和运输策略,都必须与供应链的响应能力相协调,如图 3-7 所示。

供应链管理概论

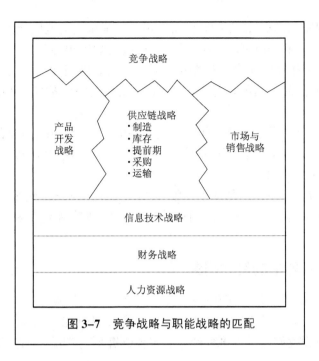

图 3-7　竞争战略与职能战略的匹配

因此,位于供应链响应图谱上不同位置的公司应该采用相应的职能策略。高响应能力的供应链,其所有职能策略都要专注于提高响应能力;而高赢利水平的供应链,其所有职能策略则要专注于提高赢利水平。表 3-3 列出了高赢利水平即高效率供应链与高响应能力供应链主要的低层策略区别。

表 3-3　高效率供应链和高响应能力供应链的对比

	高效率供应链	高响应能力供应链
首要目标	低成本下满足需求	快速响应需求
产品设计战略	最小成本,最大化绩效	模块化设计以延迟产品差异
价格战略	价格是主要消费驱动,边际利润低	价格不是主要消费驱动,边际利润高
制造战略	通过高效利用实现低成本	保持能力柔性以满足意外需求
库存战略	最小化库存以降低成本	保持缓冲库存以满足意外需求
提前期战略	在不增加成本条件下减小提前期	即使增加成本也最大减少提前期
供应商战略	基于成本与质量选择供应商	基于速度、柔性和质量选择供应商
运输战略	极大依赖于低成本运输方式	极大依赖于快速运输方式

实现供应链战略和竞争战略吻合的第三步是匹配供应链响应能力和隐性需求不确定性;公司价值链中所有职能策略都必须与供应链的响应相协调。

为了实现供应链战略和竞争战略的匹配,我们必须着重考虑以下两点:一是抛开竞争战略,就不存在正确的供应链;二是对于给定的竞争战略,存在正确的供应链战略。

战略匹配的驱动力源于最高级组织机构。在大多数企业中,竞争战略和职能战略是由不同的部门制定的,部门之间如果没有适当地沟通,这些战略很可能失败,这也是企业经营失败的主要原因。

以上我们只考虑了单一产品或单一服务,瞄准单一顾客群的情形,实际情况要复杂得多。多产品、多顾客群、产品生命周期等对供应链战略和竞争战略都会有很大的影响。

3.3.4 影响战略匹配的其他问题

我们前面讨论的重点是如何获取战略匹配,当公司仅仅服务于一个细分市场时,客户需求非常明确,公司的战略定位也非常明确。然而,很多公司实际上服务的并非只有一个细分市场,下面我们将讨论多种产品或多种顾客群与产品生命周期是如何对战略匹配产生影响的。

3.3.4.1 多种产品和顾客群

大多数公司都是生产和销售多种产品,并为众多具有不同特点的顾客群提供服务的。下面我们通过两个案例来说明这一点。格雷杰公司(Grainger)将维护、修复、经营用品销售给两家大公司(如福特和波音)以及小的制造商和转包商。这两种情况中的顾客要求也相差悬殊。大公司更热衷于大批量购物的价格,小公司则倾向于进入格雷杰公司的供应链,因为格雷杰具有良好的响应能力。这两种顾客群在隐性需求不确定性图谱中的位置也不相同。另一个案例是利维斯(Levi Strauss),它出售个性化和标准化两种牛仔服装。与个性化的牛仔服的需求相比,标准化的牛仔服的需求具有较低的隐性需求不确定性。因此,它们在隐性需求图谱上的位置不同。

上述每一个案例中的公司都是出售多种产品,并向不同需求的顾客群提供服务的,不同的产品和不同的顾客群具有不同的隐性需求不确定性。当我们为上述情况设计供应链战略时,在产品和顾客群多种多样的情况下,每一个公司面临的关键问题都是,如何创建一条在赢利水平与响应能力之间取得平衡的供应链。

对于这一问题有多种路径可供公司选择。其一是为每种产品或顾客群单独建立相应的供应链。如果每一个顾客群大到足以支持一条供应链的话,那么,这种战略是可行的。然而,这样的供应链却会失去通常存在于公司不同产品之间的规模经济优势。因此,最完美的战略是,将供应链设计成为适合每种产品需求的形式。

设计供应链需要共享供应链上产品之间的一些联系,而对于产品的另外一些相关的部分则可以采取单独运作的方式。共享这些联系,目的就是要在对每个顾客群提供适当的响应能力的前提下,实现赢利水平的最大化。例如,产品的生产可以采用同一条生产线,而运输方式可以不同。对于高响应能力的产品可以采用联邦快递的形式运输;而对于即将下生产线的一些产品,要求的响应能力也不高,这时可以采取耗时、廉价的运输方式(如卡车或轮船)来运输。在另一些情况下,要求有较强响应能力的产品可以根据顾客订单,采用弹性生产线进行生产;而要求有较低响应能力的产品,则可以采用弹性不大,但赢利较高的生产线进行生产,但它们所采取的运输方式却可以相同。利维斯公司为个性化牛仔服装建立了弹性非常大的生产流程,为标准化牛仔服装则建立了赢利性的生产流程;另外,还有一些方式,如可以把一些产品存放在靠近顾客的区域性仓库里,而把另一些产品放在远离顾客的中心仓库里。格雷杰公司在靠近顾客、分散仓库中存放上架快的产品,在中心仓库则存放流动低、隐性需求不确定性较高的产品。供应链设计恰当有助于公司在总成本最低的前提下,针对不同的产品提供相应的响应能力。

3.3.4.2 产品生命周期

在生命周期的不同阶段,产品根据其需求特点和顾客群的要求也会发生变化。高技术产品的生命周期特别短,只有当顾客中的新潮者对其感兴趣时,这种产品才进入其生命周期中的开发阶段,并沿着产品、商品、市场完全饱和的临界点这条道路渡过整个生命周期。因此,公司要维持战略匹配,就必须针对产品所处的不同生命阶段,调整其相应的供应链。

下面我们将考察一下需求特点在产品生命周期中的变化。当产品开始进入时,存在以下特点:①需求非常不确定。②边际收益非常高。对于获得销售额而言,时间非常重要。③对于占领市场而言,产品的供给水平非常重要。④成本通常是第二位考虑的因素。

下面以一家制药公司开发一种新产品的情况为例对这些特点加以说明。药品的初始需求非常不确定,边际效益非常高,产品的供给能力是占领市场的关键。产品生命周期中的新产品开始阶段,隐性需求不确定性较高,因此,供应链的目标是增强产品的响应能力,提高产品的供给水平。

在制药公司的案例中,供应链的最初目标是确保药品的供给,以支持任何一种需求水平。在这个阶段,制药公司需要一条响应能力较强的供应链。当产品变成商品并进入生命周期中的后续阶段时,需求特点发生了变化。在这一阶段,会出现下述情况:①需求变得更加确定。②随着竞争对手增多,竞争压力加大,边际效益降低。③价格成为左右顾客选择的一个重要因素。当药品走过专利生产阶段，开发配方药品时，这些变化就会出现。在这个阶段，药品的需求很稳定，但边际效益却下降了，这是因为顾客以价格为依据做出选择。这个阶段隐性需求不确定性较低，因此，需要对供应链做出调整。在这种情况下，供应链的目标就是在维持可接受服务水平的同时，使成本最小化。此时，赢利水平高低对供应链至关重要。

从上面的例子我们可以看到，只有那些拥有赢利型供应链的公司才能在配方药品市场上参与竞争。因为没有赢利型供应链，公司便会在价格上失去竞争优势，从而退出市场。随着产品趋向成熟，相应的供应链战略会由响应能力较强的类型转变为赢利水平较高的类型，如图 3-8 所示。

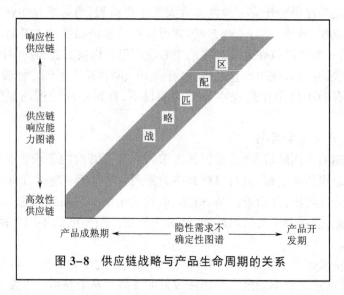

图 3-8　供应链战略与产品生命周期的关系

为了进一步阐述上面所讨论的观点，下面我们将以英特尔公司为例对其加以进一步说明。英特尔公司每次开发新型处理器的时候，对这种新产品的需求都存在较大的不确定性。对新型处理器的需求量取决于新的高级终端型 PC 机的销售量。通常，相对于市场对这些 PC 机的接受程度及市场的需求规模而言，新处理器的需求具有高度的不确定性。在这一阶段，英特尔公司的供应链必须具有较强的响应能力，才能对巨大的需求做出反应。随着英特尔处理器逐渐被市场接受，需求开始趋向稳定。在这个转折点上，隐性需求不确定性通常较低，价格成为销售量的首要决定性因素。这时，用赢利型的供应链取代处理器的生产线，对英特尔公司来说至关重要。

所有 PC 机制造商都遵循上述周期。当引入一个新机型时，边际效益较高，需求却非常不稳定。在这种情况下，响应能力强的供应链最适合 PC 机制造商。随着产品走向成熟,需求稳定,边际效益下滑,此时,制造商能拥有一条赢利水平较高的供应链就显得非常重要。

综上所述,需求特点随着产品生命周期在不断变化,企业想要不断获取战略匹配,供应链战略就必须随着产品生命周期进行调整,供应链战略的调整与需求特点的变化必须相互匹配。

3.3.4.3 竞争性随着时间变动

最后需要考虑的是,相互匹配的供应链与竞争战略何时才能引起竞争者行为的变化。正如产品的生命周期一样,竞争者们可以通过改变市场格局,调整公司的竞争战略。20世纪最后10年,各种工业大批量、个性化生产的增长就是一个例子。由于竞争者们将众多不同品种的产品投放市场,顾客个性化需求的满足已变得习以为常。因此,今天,竞争的焦点主要在于以合理的价格生产出品种丰富的产品。在这一点上,互联网扮演着十分重要的角色,因为网络使产品品种大量增多变得轻而易举。各公司在互联网上的竞争迫使供应链发掘出能提供多种产品的能力。由于竞争格局发生变化,众多公司不得不调整竞争战略,从而导致各公司改变其供应链战略,以维持战略匹配。

要获取战略匹配,公司必须设计相应的供应链,以便最好的满足不同顾客群的需要。由于竞争格局发生了变化,因此,要维持战略匹配,供应链战略必须随着产品生命周期进行调整。

3.4 供应链战略匹配范围的拓展

一条供应链从上游开始包括供应商、制造商、分销商、零售商等多个部分,因而可以将其看做由多个供应链阶段组成。战略匹配范围指的是拥有共同战略目标的职能部门或供应链上的一些阶段所构成的范围。这个范围可以是供应链某一阶段的职能部门,也可以扩展到整条供应链,当整条供应链有了共同的战略目标时,就可以形成整体的利润最大化。下面我们将介绍战略匹配范围的拓展是如何改善供应链绩效的。

在下面的分析中,我们利用二维空间图形来描述战略匹配范围的拓展。横向来看,战略匹配范围是在供应链的各个阶段,从上游的供应商一直到下游的顾客上拓展;纵向来看,战略匹配范围是在四个重要的互相协调的职能战略——竞争战略、产品开发战略、市场营销战略和供应链战略上拓展。下面将匹配范围的拓展过程分为四个阶段分别进行介绍。

3.4.1 公司经营部门内的战略匹配

这是寻求局部成本最小化的战略,这个战略匹配的范围最小。供应链各阶段的经营部门都分别制定自己的战略,追求单个经营部门的成本最优。以分销商仓库的战略制定为例,在这种情况下,仓库会独立于公司其他部门以及供应链其他企业而单独制定自己的战略,这样一来,很可能造成运输成本的增加,可能无法实现供应链的利润最大化,甚至无法实现该分销商的成本最小化。正是由于这种经营部门单独的战略政策,常常造成部门间或企业间的目标不一致而发生冲突。图3-9的阴影部分代表了分销商例子中的战略匹配范围。

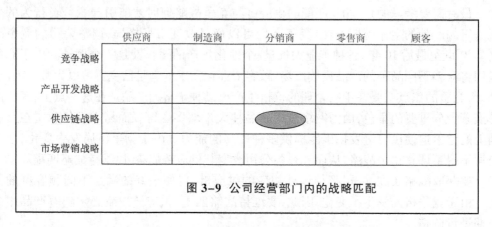

图 3-9 公司经营部门内的战略匹配

这种战略匹配范围显然无法实现供应链整体最优的目标,但从局部来看,由于绩效评估长期以来是建立在单个部门基础上的,因此,这种战略的制定就算只实现了部门的目标也是成功的。这也是我国许多快速成长的企业中经常存在的问题,典型表现是,不同产品线分别建立自己的销售网络、队伍和后勤系统,但客户资源大部分是共享的。

3.4.2 公司职能部门内的战略匹配

随着时间的推移,单一经营部门内战略制定的弱点会逐渐显现出来,于是战略匹配的范围开始向外扩展,即开始基于职能部门制定战略(职能部门是由多个经营部门组成的,例如,供应链职能部门可以包括生产、仓库、运输等经营部门)。这种战略匹配是基于职能范围内的,战略匹配范围扩展到供应链某个阶段的所有职能部门,寻求职能部门成本最小化。例如,供应链职能部门经理不仅要考虑运输成本,还要考虑仓储及其他成本。当货物采用卡车运输方式时,每件产品的运输成本为4元,但仓储和库存成本要增加8元,而采用快递运输方式时,每件产品运费6元但无需额外的仓储成本,此时,职能部门经理综合考虑后会选择快递。图3-10中的阴影部分代表了公司职能部门的战略匹配。

供应链管理概论

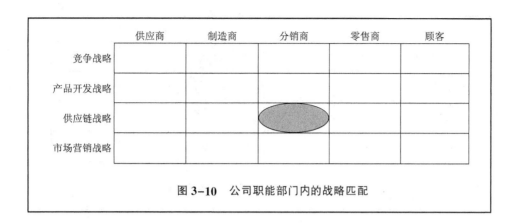

图 3-10 公司职能部门内的战略匹配

3.4.3 公司职能部门间的战略匹配

公司职能部门内的战略匹配寻求的只是职能部门的成本最小化,其战略制定是基于职能部门的,因此容易造成公司各职能部门间的战略冲突,无法实现公司的整体最优,更无法实现供应链绩效最优。于是,开始将部门战略拓展到公司范围,战略目标变成了使公司利润最大化。为实现这一战略目标,公司所有的职能部门必须相互协调,在此基础上建立职能战略,共同支持公司的竞争战略。

在前面所提到的分销商的例子中,其战略已经从公司经营部门拓展到职能部门范围,然而从公司的角度考虑,它不仅要衡量运输、仓库等供应链职能部门的绩效,还要考虑营销、研发等职能部门的战略。降低库存水平可能会改善其所在职能部门的业绩,但增加库存量会提高订单满足率,提高客户服务水平,改善销售业绩,由此提高公司的信誉,还可能为公司带来更多的顾客,最终增加销售额。在这种情况下,公司会权衡增加库存带来的收益与成本的增加,最终做出决策。由于公司内部职能部门间相互影响,只有它们相互协调,从公司的角度出发制定战略,在整个公司范围内追求战略的匹配,才能实现公司利润最大化的目标。图 3-11 表示出了公司内各职能部门间战略匹配的范围。

3.4.4 公司间、职能部门间的战略匹配

在供应链中,顾客支付的费用是整个供应链现金的来源,其减去供应链的总成本即为供应链的利润。公司间、职能部门间的战略匹配追求的就是供应链利润的最大化。前面讲到的公司内职能部门间的战略匹配没有考虑到公司间的战略协调,各个企业在供应链的各个阶段只根据自己的情况制定战略,以实现公司利润的最大化,这个结果不

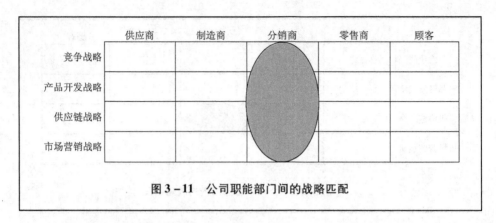

图 3 – 11　公司职能部门间的战略匹配

一定能实现供应链利润的最大化。只有供应链上的企业以整条供应链为出发点,相互协调彼此的战略,在整条供应链上实现战略匹配,才能最好的满足顾客需求,实现供应链利润的最大化。

　　随着竞争的加剧,速度成为供应链成功运营的关键因素。高质量、低价格的产品不再是顾客的惟一选择,他们看重的还有服务水平,这具体表现在服务速度上。在供应链上,公司间的界面是影响速度的主要因素,供应链上不同阶段间的接口会产生很大的时间延误。因此,管理供应链间的接口成为提高供应链服务速度的关键。当战略匹配范围扩展到整条供应链时,评价制度也要从最初的企业经营部门扩展到整条供应链上,在供应链的基础上对各个公司的绩效进行评价,如图 3 – 12 所示。

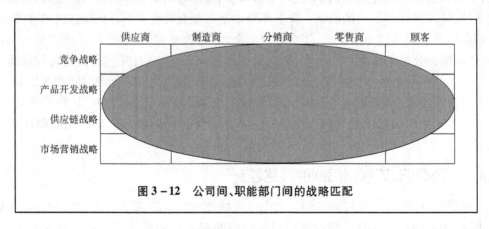

图 3 – 12　公司间、职能部门间的战略匹配

　　当战略匹配范围拓展到整条供应链上时,公司的战略要根据整条供应链来制定,公司内各部门的战略也要以此来制定。例如,在制定库存策略时,各个公司都以自己为中

心制定战略,都希望能减少自己的库存,降低成本。然而,当买方市场出现,企业为了保证自己的服务水平又都备有一定的库存,下游企业通过对供货商制定苛刻的供货要求来满足自己的高服务水平的要求,这样一来供货商只有备有相当的库存才能满足下游的供货要求。其实这并没有降低供应链的库存,而是将库存推给上游,因而并没有降低供应链的成本。因此,只有从供应链的角度出发,才能真正降低供应链的成本,使供应链上的各个公司都更富有竞争力。

3.4.5 战略匹配的弹性要求

随着市场竞争的加剧,战略匹配的范围势必要扩展到整条供应链上,然而,目前产品的生命周期都在持续缩短,企业需要满足不断变化的单个顾客的需求,因此,现实社会中的战略匹配也随着客户需求的变化呈现出动态特征。在这种情况下,企业只有根据自己的产品、顾客的需求以及与其他企业结成战略合作伙伴,才能应对市场的快速变化。于是战略匹配的范围也就扩展到了这些合作伙伴企业的范围,企业所处的外部环境变得更加无法控制,环境的任何变化包括合作伙伴的变化都会对企业产生一定的影响。新的环境进一步对企业提出了战略匹配的弹性要求。

弹性是指在外部环境发生变化时,企业通过调整战略或其他措施仍旧保持战略匹配的能力。由于供应链的各阶段企业、供应链的顾客需求、供应链企业的合作伙伴都会随着环境变化,如果企业保持战略的刚性,无法迅速对环境的变化进行调整的话,一方面战略的制定可能已经出现问题,另一方面战略之间可能已不再匹配,结果势必使企业由于战略的失败而被竞争对手打败。因此,在动态的竞争环境中,技术的变化、竞争对手的变化、市场需求的变化等的加剧使战略的弹性也越显重要了。

3.5 本章小结

供应链管理战略要求计划制定者不仅关注企业本身,还要关注整个供应链及产品或服务在企业内部和整个供应链中运作的流程所创造的市场价值给企业增加的竞争优势。业务战略规划包括三个既相互区分又相互联系的部分:定义企业的目的、明确企业的战略性竞争任务、形成公司的核心运作策略。

一套完整的供应链战略应该包括库存策略、运输策略、设施策略和信息策略。建立供应链战略需要从4个方面入手:①执行有效的战略;②建立有效的业务渠道;③进行赢得市场的变革;④设计具有竞争力的企业。

美国市场营销学家迈克尔·波特认为,基本的竞争性定位战略为:总成本领先战略、差异化战略以及集中战略。总成本领先和差异化战略一般是在广泛的产业部门范围内谋求竞争优势,而集中战略则着眼于在狭窄的范围内取得优势。总成本领先和差异化战略这两种战略有着不同的管理方式、开发重点和企业经营结构,反映了不同的市场观念。

　　要获取供应链战略与竞争战略之间的匹配,企业首先应当理解顾客,其次理解供应链,最后获取战略匹配。影响战略匹配的其他问题还有:多种产品和顾客群、产品生命周期、竞争性随着时间变动。

　　匹配范围的拓展过程分为四个阶段:①公司经营部门内的战略匹配;②公司职能部门内的战略匹配;③公司职能部门间的战略匹配;④公司间、职能部门间的战略匹配。市场竞争的加剧对供应链战略与竞争战略的匹配提出了新的要求——弹性要求。弹性指的是在外部环境发生变化时,企业通过调整战略或其他措施,仍旧保持战略匹配的能力。

案例分析

戴尔公司的供应链战略[①]

　　戴尔电脑公司的总部位于得克萨斯州伦德洛克,两年前新建成的电脑装配厂就在戴尔总部附近。在戴尔的厂房里,最引人注意的是楼梯旁的墙壁上挂着的一排排专利证书。戴尔发明的重点不在于新产品的开发,而是加工装配技术的革新,例如,流水线的提速、包装机的自动控制等。戴尔公司把这些专利证书摆放在如此显眼的地方,显然是想告诉每一位参观者,这些专利确保了戴尔模式的精髓——"效率第一"。

　　每天组装 25 000 台电脑

　　负责台式电脑装配部门的艾根先生说,3 年前,当戴尔公司决定在总部附近新建这家工厂时,他们告诉建筑设计师,新工厂的目标是让每个工人的产量翻一番,零配件和装好的电脑还不能放在厂里,否则既占用地方,又浪费人力。

　　在设计师的努力下,这家新工厂的占地面积比原计划小了一半,可产量却几乎增加了 3 倍多。装配电脑的程序虽然没有变化,但新装配线的自动化程度却大幅提高,工人们接触电脑的次数比原来少了一半。过去,装配好的电脑要先运到一个转运中心去分发,就像邮递员要先把信件送到分拣中心一样,可现在电脑可以直接从工厂运走,省去了一个占地 23 250 平方米的库房。

　　在厂房一侧的中心控制室里,工作人员们正注视着电脑显示屏上出现的各种数据。一位经理介绍说,戴尔接到的订单中有一半以上是通过互联网发

---

　　① 案例来源:"在 DELL 感受供应链管理",锦程物流网(http://www.jctrans.com/luntan/topicp.asp?topicid=18296&topictype=11)。

出的,也有许多是通过电话发出的,客户发出订单后一分钟之内,控制中心就会收到信息。工作人员把收到的订单信息迅速传递给各个配件供应商,同时也将信息输入管理装配线的电脑程序。戴尔新装的软件系统将错误率减少到了每百万台不超过20台。

由于没有仓库,为了保证与配件供应商的紧密联系,戴尔建立了一整套网络管理系统,供应商们则联合成立了配件供应中心。戴尔只要通过网络发出指令,所需配件的数量、规格、型号、装配和运输全都按照电脑的安排精确运行,每道工序之间严丝合缝。供应商们通过配件供应中心就可以迅速组织运货到装配厂。戴尔发现客户对某种配件需求量增大,也可以立即通知供应商,增加产量。戴尔用多少,配件厂商就供多少,减少了生产过剩的情况。

在装配车间的一头,工人们按照电脑指令,把运到的零配件迅速分发到各条装配线上。装配线旁有不少小隔段,每个隔段里有一两个工人,他们根据电脑的指示,在从流水线上运来的主机里装上各种零配件。每台机子都有一个编号,所需的配件上也有编号,安装之前,先要用扫描仪扫一下编号,保证不会出现错误。从零配件进厂到装配、检验完毕后装车运出厂,平均每台电脑只需要5个小时。工厂每两个小时接到一批零配件,每4个小时发出一批装好的电脑。

在这个大体相当于5个橄榄球场的厂房里,工人们每天要组装2.5万台电脑。在新装的三条装配线上,每条装配线每小时可以生产700台根据用户要求而配置的电脑,原来的装配线每小时最多只能装120台。即便已经有了如此大的提高,艾根先生仍认为,装配线的潜力尚未完全开发出来,未来可以提高到每小时1 000台的生产水平。

戴尔电脑的成功已经成为现代商业和制造业供应链和运营管理的典范,不少专家将戴尔电脑比做大型连锁超市沃尔玛。用戴尔公司首席执行官迈克·戴尔本人的话来说,戴尔公司与沃尔玛最大的相同之处就是把效率作为首要追求目标。过去10年来,戴尔工人创造的价值翻了一番。1993年,每个工人年均创造价值42万美元,而现在是92.7万美元。

为顾客提供最适合的产品配置

谈起戴尔模式,人们自然会想到直销,其实直销只是戴尔模式的一个组成部分。

购买了戴尔网络设备的文迪连锁旅店的经理密勒说,戴尔的产品并不一定是最先进的,但却是最好用的,价格也是最合适的。他们以前也曾购买过其他公司的产品,那些公司为了多赚钱,往往拼命推销一些新产品和附加产品。高配置的电脑虽然很先进,但却并不好用,有的功能根本用不上,安装后等于闲置。而戴尔不同,你需要什么它就卖给你什么,量体裁衣。戴尔的调查表明,许多客户选择戴尔的产品,就是因为其他厂商提供了很多不必要的服务和设备。

戴尔总裁兼首席运营官凯文在谈到中国市场时,首先讲的就是要以符合中国用户需求的电脑来扩大市场份额,而不是推出新产品或是更高级的电脑。他说:"我们在推出一种产品时,首先考虑的是用户是否需要,是不是愿意或有能力购买,而不仅仅是技术上更先进或是更高的配置。我们不应该浪费顾客的钱。如果一种发明仅仅是为了让顾客多花钱而不能有效增加使用价值,意义就不大。"

每台电脑都有一个编号,保证优质服务

为了保证质量和效率,每台戴尔电脑都是由一个工人装配的,并且有一个编号。有了这个编号,戴尔能够提供更好的服务。客户打电话给戴尔,只要报出编号,工作人员就可以很快地查出机型、配置、生产厂家、安装者等信息,从而立即找到能够解决问题的技术人员。美国一家公司曾做过调查,如果是服务器出现了同样的问题,其他厂商需要停机 5 个小时排除故障,戴尔只用 1 个小时。更重要的是,当顾客发现电脑有问题而打电话咨询时,是和生产商直接交涉,而不是通过销售商再去找厂商,减少一个中间环节,就节省了很多时间。

戴尔已经把客户、配件生产厂家、供应商、装配线等联结成了一个整体。目前,戴尔与全球170多个国家和地区 5 万多家供应商和配件生产厂保持着联系,并掌握它们的库存和生产信息。有了这样一个网络,戴尔就能够保证按时、按质送货到位。如果一辆运送 17 英寸显示器的货车因暴风雪被阻,戴尔的控制中心得到消息后,能够迅速查到哪家供应商有存货,并立即把最近的存货调送给用户。如果 17 英寸的显示器无法按时运达,工作人员为保证及时供货,还可以调运 19 英寸显示器替补,只收取少量附加费。戴尔的管理人员说,如果意外情况发生时,离交货截止时间还有 48 小时,他们就有90%的把握保证按时交货。

戴尔还与遍及全球的电器和电子生产厂商结成了一个庞大的服务网,6 700多名服务人员随时提供包括电话、网络、数码相机、打印机等各种配套设备、技术的服务。主管全球企业系统市场的副总裁哈格罗夫说,戴尔的目标就是通过全方位的服务"帮助你解决所有的问题"。

运营成本比竞争对手低

相对于其他公司来说，戴尔在科研与发展方面的投入并不多，每年大约只有4.4亿美元，而惠普是40亿美元。但戴尔公司更注重降低运营成本，把所有不必要的开支减少到零，特别是努力减少中间环节的花费，以最少的投入获取最大的收益。经过多年的努力，戴尔的运营成本占总收入的比例不断下降，现在仅为10%，而惠普是21%，盖特威是25%，思科则高达46%。

运营成本越低意味着价格可能下调的空间越大，价格成了戴尔近年来不断蚕食对手市场份额的"杀手锏"。美国市场上的戴尔产品至少要比竞争对手的同类产品便宜10%。盖特威卖500美元一台的电脑，同样配置的戴尔产品标价只有450美元。

与竞争对手相比，戴尔的优势就在于，它能够以更短的时间、更少的开支制造出更符合用户需要的产品。这就是为什么这两年电脑行情跌入低谷，戴尔却仍然保持着较高收益的真实原因。2002年，戴尔的销售量增加了39%，销售额达到337亿美元，预计盈余20亿美元。目前，戴尔是全球个人电脑的最大销售商，占全球个人电脑市场将近15%的份额。

大批量的生产还使戴尔具有了创立业界标准的实力。近年来，戴尔扩张的势头越来越强，它已经转向了服务器、网络存储器、掌上电脑等高端产品的装配与销售，甚至开始生产打印机。与此同时，戴尔也在走出北美，不断建立和扩大在欧洲、亚洲的生产、销售和服务网络。戴尔在中国市场的销售也迅速增长，仅2002年第三季度就比第二季度增加了42%。面对戴尔的挑战，有的对手不得不放弃装配电脑，转而委托供应商或其他厂家代为加工，惠普与康柏只好联手合作，与戴尔抗衡。

戴尔模式很难复制

戴尔的经理罗恩介绍说，在中国和墨西哥，戴尔的模式会根据当地情况的不同而有所调整，但其基本的原则和思路不会有太大变化。

迈克·戴尔在回答"别的企业能不能复制戴尔模式？"这个问题时说，各国有各国不同的情况，各个企业也有各个企业不同的情况。几年前有的美国公司想学戴尔，但最终还是没有学成。戴尔公司的另一位主管也表示："戴尔模式是一个综合体。把那么多要素糅在一起也许并不是每家企业都能做到的事情。重要的是如何找到最适合自己的，能够提高效率的发展模式，而不是'复制'戴尔。"

复习思考题

1. 简述供应链战略的关注点。
2. 论述如何获取供应链战略与竞争战略的匹配。
3. 供应链战略与竞争战略的匹配范围可以分为哪几类?
4. 试述供应链战略匹配范围的拓展是如何改善供应链业绩的。

4 供应链关系管理

学习目标

▶ 掌握供应链合作伙伴关系定义

▶ 理解建立供应链合作伙伴关系的驱动因素、意义

▶ 理解企业核心竞争力的特点

▶ 了解委托—代理理论是供应链关系管理的理论基础

▶ 掌握供应链企业间委托—代理关系的特征

▶ 理解供应链企业间委托—代理关系存在的两类问题及解决方法

▶ 了解供应链合作伙伴选择的必要性和一般原则

▶ 掌握供应链合作伙伴选择的步骤

▶ 掌握供应链合作伙伴评价的一般步骤

▶ 理解建立供应链合作伙伴关系需要注意的问题

4.1　引言

　　供应链管理的关键在于供应链各节点企业间的连接与合作以及相互间在设计、生产、竞争策略等方面的良好协调。因此,在供应链管理中,建立战略性合作伙伴关系是供应链战略管理的重点,也是集成化供应链管理的核心。本章将对供应链合作伙伴关系、供应链关系管理的理论基础、供应链合作伙伴的选择与评价进行全面地论述。

4.2　供应链合作伙伴关系概述

4.2.1　供应链合作伙伴关系的定义

　　在过去的十多年里,企业面临的竞争环境发生了巨大的变化,许多企业(特别是汽车行业)都应用 JIT 方法进行管理,这一方法要求企业必须加快对用户变化需求的响应速度,同时加强与合作伙伴的合作。先进制造技术的发展要求企业将自身业务与合作伙伴业务集成在一起,缩短相互之间的距离,站在整个供应链的观点考虑增值,所以许多成功的企业都将与合作伙伴的附属关系转为建立联盟的战略合作伙伴关系。

　　建立战略合作伙伴关系是供应链战略管理的重点,也是集成化供应链管理的核心。供应链管理的关键就在于供应链各节点企业之间的连接与合作以及相互在设计、生产、竞争策略等方面良好的协调。

　　所谓供应链的合作伙伴关系,也就是供应链中各节点企业之间的关系。马罗尼·本顿(Maloney Benton)对供应链合作伙伴关系(Supply Chain Partnership,SCP)的定义是:在供应链内部两个或两个以上独立的成员之间形成的一种协调关系,以保证实现某个特定的目标或效益。供应链管理的精髓就在于企业间的合作,没有合作就谈不上供应链管理。对制造业来说,主要是供应商与制造商的关系,像通用汽车(General Motors)、雀巢(Nestle)等强大的制造商,沃尔玛、家乐福(Carrefour)等有统治权的零售商以及大型批发商,都在寻求整个货流与服务流管理的新的合作方式,其战略视野正从单一的组织转向许多组织的伙伴关系。因此,本着整个供应链利益最大化的目标,与供应商建立供应链合作伙伴关系是供应链管理的重点,供应链合作伙伴关系形成于供应链中为了特定的目标和利益的企业之间,形成的目的通常在于降低整个供应链总成本、降低库存水平、增强信息共享水平、改善相互之间的交流、保持伙伴相互之间操作的一贯性、产生更大的竞争优势,以实现供应链节点企业的财务状况、产品质量、产量、交货、用户满意度和业绩的改善与提高。

实施供应链合作关系意味着:新产品或新技术的共同开发、数据和信息的交换、研究和开发的共同投资。在供应链合作关系环境下,供应链合作伙伴不再只考虑价格,而更注重选择能在优质服务、技术革新、产品设计等方面提供合作的伙伴。

供应链合作伙伴关系的潜在效益,往往在关系建立后三年左右甚至更长的时间内,才能转化成实际利润或效益。企业应以战略的眼光看待供应链合作带来的整体竞争优势,供应链合作伙伴关系也是一种战略合作伙伴关系。

4.2.2　建立供应链合作伙伴关系的驱动力

合作伙伴关系的产生是市场发展和企业自身提高市场竞争力的客观需要,伙伴关系的形成是很多企业内外因素共同起作用的结果,如产品生命周期的缩短、顾客需求的日益提高等。其中最主要的是以下三个最基本的驱动力:核心竞争力、不断变化的顾客期望以及外包战略。核心竞争力是企业自身的优势保持和发展的内在驱动力,顾客期望的不断变化是伙伴关系得以产生的外部压力,伙伴关系是外包含义的深化。

4.2.2.1　核心竞争力

核心竞争力是企业的技术、产品、管理、文化的综合优势在市场上的反映,建立在企业核心资源的基础之上。核心竞争力是一个组织内部在自己所从事的生产和服务中具有的一系列互补的技能和知识的结合,它具有使一项或多项业务达到竞争领域一流水平的能力,又能为顾客提供某种特殊的利益。例如,摩托罗拉(Motorola)公司擅长生产那些生命周期变化很快的产品(如 BP 机、手机)就是因为公司具有一系列相互促进的技能。核心竞争力不是一种仅存在于单个技术或一个小的生产单位的简单的技能,而是一组技能的组合。企业的核心竞争力的特点有以下几点:

(1)价值优越性。核心竞争力是企业独特的竞争能力,有利于企业效率的提高,能够使企业在创造价值和降低成本方面比竞争对手更优秀。同时,核心竞争力必须对顾客提供"可感知的"价值。核心或非核心就在于它们是否能为顾客带来利益,而且这种利益还应是可感知的。

(2)难替代性。由于核心竞争力具有难以模仿的特点,因而依靠这种能力生产出来的产品在市场上也不会轻易被其他产品所替代。

(3)差异性。一种技能若可称为核心竞争力,它还必须是在同行业中与众不同的。这并不意味着它是本企业所独有的,但至少应比其他竞争者优越。核心竞争力在企业长期的生产经营活动过程中积累形成,其他企业难以模仿。

(4)可延伸性。企业的核心竞争力不仅能为当前提供某种特殊的产品或服务,而且还可以帮助企业进一步开发新的产品或进入新的领域。

企业竞争力来源于比竞争对手更低的成本、更快的速度去发展自身的能力,来源于能够产生更高的、具有强大竞争力的核心能力。由于任何企业所拥有的资源是有限的,不可能在所有的业务领域都获得竞争优势,因而必须将有限的资源集中在几种核心业务上。与其他企业的合作伙伴关系是保持核心竞争力的有效手段,企业的非核心业务由合作伙伴来完成,那么企业就能集中精力培养核心竞争力。

供应链最大的特点是共享资源,以保持企业各自的核心竞争力,从而增强整条供应链的竞争力。每个企业都有自己的核心竞争力,供应链各节点企业通过合作伙伴关系保持在非优势领域取得优势地位,在核心领域专致一点,以取得更大的竞争优势。因此,供应链伙伴关系既是保持和增强自身核心竞争力的需要,也是企业在其他领域利用其他企业核心竞争力获取优势地位的手段。

4.2.2.2 不断变化的顾客期望

顾客需求是企业生产的驱动源,生产的产品只有到达顾客手中,才真正实现了产品的价值,对顾客需求的关注是供应链所有成员的首要任务。随着消费者消费更理性化和消费品市场的发展,顾客的需求期望也不断变化,主要有以下5点:

(1)个性化的产品设计。产品的个性化设计是指由顾客直接确定最终产品的确切特征,根据顾客的要求修正产品设计。随着市场的发展,差别化、个性化的产品越来越受到消费者的青睐,企业根据顾客的需求量身订做成为企业争取市场的一种手段。让顾客直接参与产品设计彻底改变了企业生产的本质。产品顾客化的程度已成为许多企业战略性的决策,个性化的产品对企业生产的柔性提出了更高的要求。

(2)广阔的产品选择范围。顾客越来越希望能直接或间接地影响生产者,以使企业提供的产品符合顾客的需求。厂家不断地推出新品种,从而引起了一轮又一轮的产品开发的竞争,结果使产品的品种数成倍增长。为了吸引顾客,厂家必须不断增加花色品种。网络技术的发展为顾客的选择提供了方便,质量、价格、服务水平的透明给企业施加不断完善产品的压力。同时,由于计算机和网络技术的发展,任何产品上的优势都易于模仿和改进,因此,产品差异化的优势难以长久保持,企业的产品压力越来越大。

(3)优异的质量和可靠性。质量和可靠性是最基本的产品要求,质量的提高包括产品原料的选用、设计的合理、加工的精密、产品的外观等。只有从产品设计到制造的各个环节对质量进行严格审核,才能保证产品最终的质量。

(4)快速满足顾客要求。在其他条件相同的情况下,更迅捷的反应能让顾客印象深刻,将该产品和其他产品区别开来。从顾客需求的产生到产品到达顾客手中有许多时间被浪费了,消除这种浪费会带来三方面的好处:提高顾客满意度、降低投资风险、增加竞争者的压力,因此提供力所能及的较短响应时间是明智的策略。在这种目标中,速度是重要因素,有了更快的速度,技术革新就能更快地与实际应用相结合,从而保持技术领先。

(5)高水平的顾客服务。顾客通常购买的不仅仅是单个商品,而是连同服务的"混合商品"。在大多数情况下,售后服务和持久维护已经成为顾客的普遍要求,而且也是有价值的。顾客的服务水平是赢得顾客并让他们成为其终身用户的重要手段。"顾客是上帝"这一说法让企业以顾客为出发点来提高服务水平,越来越多的企业把提高顾客服务水平当成最基本的产品范畴。

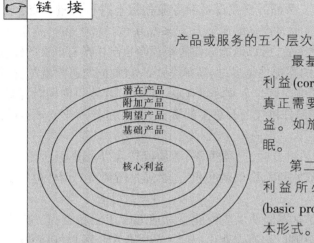

链 接

产品或服务的五个层次

最基本的层次是核心利益(core benefit),即顾客真正需要的基本服务或利益。如旅馆——休息与睡眠。

第二个层次,实现核心利益所必须的基础产品(basic product),即产品的基本形式。如旅馆——床、浴室、毛巾、衣柜、厕所等。

第三个层次,期望产品(expected product),即购买者在购买产品时通常期望或默认的一组属性和条件。如旅馆——干净的床、新的毛巾、清洁的厕所、相对安静的环境。

第四个层次,附加产品(augmented product),即提供超过顾客期望的服务和利益,以便把公司的提供物与竞争者的提供物区别开来。如旅馆——电视机、网络接口、鲜花、结账快捷、美味的晚餐、优良服务等。

第五个层次是潜在产品(potential product),即该产品在将来最终可能实现的全部附加部分和转换部分(产品将来的发展方向)。如旅馆——全套家庭式旅馆的出现。

4.2.2.3　外包战略

外包就是把不属于自己核心竞争力的业务交给其他企业来完成,而自己专注于核心业务的做法。外包这种新经营理念的兴起将导致企业对现有模式进行重组,增强核心竞争力,外包出去的非核心业务又有可能形成新的商机,成功地将两者结合在一起有极大的好处。外包把企业的所有资源都集中在能使企业取得绝对优势,并能为客户提供无可匹敌价值的核心能力上。

很少企业能对其所有的产品或服务的专业水平进行有效的掌握和控制。而外包在成本、质量、柔性、专业、核心竞争力等方面都有其长处。

(1)成本。生产每一种产品都需要在设备和专业技术上进行大量投资,专业供应商拥有这种资源,而且会一直通过产品的研究开发来提高生产水平和产品竞争力。因为专业供应商有不止一个购买者,所以他能比任何购买者自己生产有更大的经济性。

(2)质量。企业要生产的零部件越多,提高单个产品的质量的速度就越慢,特别是对那些需要不同技术的零部件而言。企业时间有限,资源有限,不可能同时提高每一个零部件的质量,相反,专业零部件供应商有更多的资源,而且在其专业领域能提供最好的产品。

(3)柔性。企业改变产品组合时,必须重置、增加或转移生产资源,因而要花费更多的时间和精力,而且,需求改变时,资源就会积压,必须重新调度。而外包只要向供应商发出订单就能解决问题。

(4)专业。通常来说,专业零部件供应商能更好地理解产品和流程。特殊专业要用多年的时间来研究、发展,因此,只有专业供应商才能够集中资源更好地专注新技术。企业能通过外包来共享专业的优势。

(5)核心竞争力。外包可以使企业把非核心业务交给其他企业,而将精力集中于核心竞争力。

综上所述,外包能够给企业提供较大的灵活性,尤其是在购买高速发展的新技术,新式样的产品或复杂系统的无数组成部分更是如此。多个一流的供应商同时生产一个系统的单个组成部分会缩短企业的设计周期,而且每个供应商既具有更多的专业人才,又具有专业领域方面的复杂的技术知识,能更高质量地支持更为专业的设备。战略性的外包把企业对零部件和技术的发展所承担的风险扩展到大量的供应商身上,企业无须承担全部零部件的研究与开发计划彻底失败的风险,或者无须为每一个零部件系统投资或不断升级他们的生产能力。而且,买主不仅可以以此改善本身的革新能力,还可以开发新产品,改进运作流程,开拓质量潜能。

供应链合作伙伴关系就是某种特定形式的外包战略,是在节点上下游之间形成某种形式的外包,比如,分销商为零售商管理库存、为制造商寻求销售渠道就是库存、销售

供应链管理概论

的两种外包形式。

4.2.3 建立供应链合作伙伴关系的意义

在信息时代,企业面临的竞争环境发生了巨大的变化,传统的供应关系已不再适应全球竞争加剧、产品需求日新月异的市场环境,企业为了实现低成本、高质量的柔性生产,必须缩短相互之间的差距,将自身业务与合作伙伴业务集成在一起,加强企业之间的合作,从而加快对用户变化需求的反应速度。在一定时期内,供应商与制造商在某种程度上共享信息、共担风险和共同获利。

供应链合作伙伴关系的建立使合作各方都受益,具体表现在,良好的供应链合作伙伴关系可以降低供应链成本和库存水平,增强信息共享,保持战略伙伴相互之间操作的一致性,改善相互之间的交流状况,最终创造更大的竞争优势。

4.2.3.1 减小供应链上的不确定因素,降低库存

由于供应链上各企业之间缺乏合作,其需求的不确定性将向供应链上游方向逐级放大,使得预测的准确性降低,主生产计划精确度减小,原材料供应量大大超出实际需求量,这种供需的不平衡随着生产的进行转化成为不必要的原材料库存、在制品和成品库存,也有可能因为超越生产能力的限制而导致不能准确供货。

生产制造型企业的库存大致分为三类:第一类是在制品库存,包括车间在制品、半成品和毛坯;第二类是外购物料库存,包括原材料、标准件和零配件;第三类是成品库存,它是企业生产的最终产品库存。形成第一类库存的主要原因是企业内部的生产控制系统的不足,形成第二类和第三类库存的主要原因是供应链上各企业之间的合作存在缺陷。

实际上,企业所面对的供需关系上的不确定因素可以通过相互之间的合作来消除。而对于企业内部的生产控制系统,由于 MRP、JIT 等先进管理方法的应用,其本身的精确度已相当高,而企业间的不确定性因素远大于生产控制系统本身的不确定因素,并且影响生产控制系统的调节和校正。因此,企业间的合作显得非常重要,通过合作,能使企业间许多不确定的因素变得明确起来。综上所述,我们认为,影响库存的因素主要有以下两个:

(1)需求信息。战略伙伴关系意味着一个企业有着多个稳定的合作伙伴,下游企业可以在发出订单之前为上游企业提供具体的需求计划。有了较为明确的需求信息,上游企业所面对的需求就由原来的订单和预测进化成为订单、具有战略伙伴关系的企业的需求计划以及对没有战略伙伴关系的企业的需求预测,企业就能够减少为了吸收需求波动而设立的第三类库存,制定更精确的主生产计划。

(2)供给信息。战略伙伴关系的建立实际上表明企业间的互相信任,从产品设计

上的合作开始到产品的质量免检都是这种合作关系的特征。下游企业可以获取上游供应企业综合的、稳定的生产计划和作业状态，了解上游企业的信息。无论企业能否按要求供货，需求企业都能预先得到相关信息以采取相应的对策，第二类库存将因供应方生产信息透明度的提高而降低。

4.2.3.2 快速响应市场

制造商通过与供应商建立合作伙伴关系，可以充分利用供应商的专长，将大量自己不擅长的零配件等的设计和生产任务通过外包分给擅长于此的企业来完成，自己则把精力集中于自身的核心竞争优势。这样既不必实施昂贵且风险巨大的垂直集成，又能充分发挥各方的优势，并能迅速开展新产品的设计和制造，从而使新产品响应市场的时间明显缩短。

当今消费市场需求瞬息万变，不仅制造商，供应商、分销商、零售商也必须对这些变化做出及时快速地反应，才有可能立足市场，获得竞争优势。企业与企业之间的竞争已转向供应链与供应链之间的竞争，而供应链的竞争力来自于供应链各节点企业的紧密合作。这种合作拆除了企业的围墙，将各个企业独立的信息化孤岛连接在一起，实现了供应链的无缝连接，使整条供应链像单个企业一样运作，而又未失去每个企业的核心优势。这是传统意义上的供应链所无法比拟的。

下面我们以传统意义的供应链为例，进一步分析供应链合作伙伴关系的这一意义。某种商品突然流行起来，但在商店脱销，补货订单到达零售商的配送中心后，配送中心并未采取更多的行动，而是等到商品量降到最低库存水平时才向制造商发出订单。接下来，制造商在其配送中心的库存降到订货点时，生产计划部门才开始计划新的生产。整个供应链上的企业都以自身库存保持最小作为目标，而不是通过合作适时地将货物送到顾客手中，此次销售良机必然错过，因为供应链无法快速地响应市场，向市场供应产品。

4.2.3.3 加强企业的核心竞争力

经济全球化使许多发达国家的企业出于成本和利润的考虑，不再追求完整地占领一个产业，而是根据自身的核心竞争力抢占某个产业中的高技术或高附加值的生产经营环节，把其余环节留给其他企业。

供应链是围绕核心企业所形成的核心企业与供应商、供应商的供应商的一切前向关系，与用户、用户的用户及一切后向关系。供应链的概念已完全不同于传统的供求关系的定义，它把供求双方以及链中各节点企业看成一个整体，从全局的角度考虑企业及产品的竞争力，这样的整体必然是实力相当的强强联合，即具有各自核心竞争力的企业之间的联合。

企业的核心竞争力关键在于企业竞争力的独特性，这种独特性不易被竞争对手模仿,且具有较大的领先性、超前性,从而给企业带来持续的竞争优势。由于企业越来越注重自身的核心竞争力,强调企业自身的特点,企业的非核心竞争力业务必然要由其他在此业务上具有核心竞争力的企业来承担。各自具有优势的企业在共同的目标下联合起来,共享信息,降低整个成本并共担风险、分享利益。显然,企业的核心竞争力与以战略合作关系为基础的供应链管理相互依存,不可分割。供应链管理强调各企业的战略合作关系,其实质是强调链中企业发挥各自的核心竞争力。

以沃尔玛为例,沃尔玛的分销运作是高度自动化的,它拥有一个世界上最大的用来控制公司分销的私人卫星交流系统,每一个连锁店里又都安装了条码扫描系统,每个连锁店的终端都会适时地将商品需求发送到分销库房,然后库房立即送货。沃尔玛的计算机直接同销售商连接,并与其紧密合作,这使销售送货的速度大大提高,其货架补充速度达一周两次,而社会上的平均水平为两周一次,沃尔玛的这种做法既大大降低了商品库存成本,又快速地满足了顾客需求。它每年25%的高速增长和32%的股本收益率并非来自偶然,而是来自核心竞争力的发挥以及其与销售商的紧密合作。

4.2.3.4 用户满意度增加

用户满意度的增加主要有以下三方面的原因:

(1)产品设计。合作伙伴关系不仅存在于供应商与制造商之间,也存在于制造商与分销商之间。分销商更贴近用户,更容易掌握用户的喜好,从而在新产品的需求定义方面提出更为恰当的建议,使产品的设计做到以用户需求来拉动,而不是传统的以更高的成本将产品推向用户,供应商的合作也能使制造商在产品的设计之初就充分考虑用户的需求,生产出更符合用户习惯的产品。

(2)产品制造过程。供应质量的提高使制造商可以在正确的时间、恰当的地点获得正确数量的高质量的零配件,从而使最终产品质量大为提高,同时,供应质量的提高也大幅度缩短了生产期。

(3)售后服务。产品的质量离绝对完美总是有一定差距的,而且用户的喜好也是千差万别的,因而产品的设计不可能完全符合每位用户的胃口,用户的不满意情况总是存在的。解决问题的关键在于,当用户不满意时,分销商、制造商和供应商应齐心协力解决问题,而不是互相推卸责任。

当供应链合作伙伴关系建立后,制造商也许会向供应商进行投资,以帮助其更新生产和配送设备,加大对技术改造的投入,提高物流质量。制造商往往会向供应商提出持续降低其供应价格的要求,虽然这种要求会给供应商带来相当大的压力,但是制造商的投资以及逐渐增大的市场份额和稳定的市场需求使供应商能够改进技术,实现规模效应。另外,一旦合同有了保证,供应商将会把更多的注意力放在企业的长远战略发展上,而不至仅为了企业的生存作一时的打算。

4.3 供应链关系管理的理论基础

随着全球制造、敏捷制造、虚拟制造等先进制造模式的出现,产生了以动态联盟为特征的新的企业组织形式,原有的企业生产组织和资源配置方式发生了质的变化。这一变化最突出的反映在供应链管理思想上。集成化供应链是以资源外用为特征的集成企业网络(扩展企业模型),它改变了原来的"纵向一体化"模式,向"横向一体化"模式转变。市场的竞争不再是单一企业的竞争,而是联盟之间的竞争,即供应链之间的竞争。原来那种单枪匹马的企业竞争策略已经不适应世界经济的发展,企业需要学会如何与其他企业进行合作;同时,在企业为与其他企业进行竞争而加入某一供应链联盟的过程中,需要竞争的优势与策略,这就是供应链结盟过程中的"合作 – 竞争"模式,这种竞争是核心能力的竞争。

美国经济学家派拉哈勒德(C. K. Prahalad)和哈默(Gray Hamel)认为,"核心能力"是一组先进技术的和谐组合,这种技术不仅包括科学技术,还包括生产与组织管理,如产品开发技术、制造技术、成本控制技术、营销技能、售后服务和市场反应能力等,因此,作为一种全新的管理思想,供应链管理强调企业如何凝造自己的核心能力去与其他企业建立战略合作关系,而每个企业都集中精力去巩固和发展自己的核心能力和核心业务,利用自己的资源优势,通过技术程序的重新设计和业务流程的快速重组,做好本企业能创造特殊价值的、必须长期控制的、比竞争对手更擅长的关键业务,这就是供应链合作模式的最终目的——"双赢"。

4.3.1 供应链企业间的委托—代理关系

通过构建包括从原材料采购开始,到制成中间产品,再到制成最终产品,最后销售给最终消费者的所有参与者,即供应商、制造商、销售商、最终消费者、物流服务提供商乃至供应商的供应商、销售商的销售商等网链结构,供应链管理从系统的观点和合作的观点出发,最大限度地减少内耗和浪费,通过整体最优来实现全体节点企业的共赢。供应链管理由于不涉及产权交易,能够快速响应复杂多变的市场需求,具有柔性高、风险低、优势互补等优点,降低了整体交易费用,因此日益受到企业界的重视。

虽然供应链管理使各节点企业形成了一个利益共同体,但由于各节点企业都是具有独立法人地位的利益个体,不可避免地会产生一定程度的委托—代理问题。节点企业之间合作博弈机制的实现,只是减少了委托—代理问题发生的可能性,但不可能完全消除委托—代理的问题。而且,供应链中信任关系的建立与巩固是一个渐进的过程,因此,进行供应链关系管理,实质是应用委托—代理理论,加强供应链合作伙伴关系的管理。

4.3.2 供应链企业间委托—代理关系的特征

4.3.2.1 供应链企业间是一种"合作竞争"的关系

供应链的本质强调处于供应链上企业间的合作，强调企业集中资源发展其核心业务和核心竞争力，而对非核心业务则通过外包等与其他企业协作的形式完成。供应链思想与传统企业模式的根本不同之处在于，它改变了对供应链上其他企业的看法，供应链企业不再把它们看做是竞争对手，而是当做合作伙伴，为实现顾客满意的目标而进行协同生产，生产活动按整个供应链实行优化而不是像过去那样仅仅考虑本企业的利益。供应链企业间虽然强调合作，但利益冲突仍然存在，企业之间为了分配合作带来的利益会展开竞争。研究供应链企业间的委托—代理关系，就是通过委托—代理理论的分析，通过企业间的制度安排与设计实现利益分享和风险分担。

4.3.2.2 供应链企业间的委托—代理是多阶段动态模型

从上面的分析我们看到，供应链企业间的合作强调建立一种持久稳定的关系，这与传统的委托—代理模型有所不同。在商品交换市场上，买者和卖者构成一对委托—代理问题。一般而言，卖者对商品信息的掌握比买者多，买者是委托人，卖者是代理人，买卖交换关系是一次性的、暂时的，买卖双方会采用各种手段来实现自己的效用最大化。而在供应链企业间，企业需要长期进行交易，道德风险的问题相对而言没有那么严重。企业或许可以从短期的欺骗中获得好处，但是从长远看，这是不可取的，因为企业会发现短期的欺骗虽然得到了好处，但是合作关系也会随之终止，而维持长期的合作关系所带来的收益的贴现值远远大于短期利益。正因为供应链企业间的委托—代理是多阶段的、长期的，制度设计和激励才显得更为重要。

4.3.2.3 供应链企业间的委托—代理是多任务委托—代理

传统企业间的购买策略是展开以价格为基础的竞争，企业在众多供应商之间通过价格竞争来获得最低价格的产品。然而，随着竞争全球化、产品需求顾客化以及技术创新加快，市场对产品质量、服务、交货期的要求越来越高，企业不可能单凭价格获得竞争优势。同样，供应链企业间的供应商不仅要提供价格低廉的产品，还要在技术创新、质量改进、缩短产品提前期、提供服务等方面做出响应。供应商在采取行动时可能会产生冲突，因此，在有限的经济资源和时间资源的约束下，供应商需要在多个目标间进行权衡，而采购商的评价和报酬标准则是供应商决策的依据，例如，如果采购商把价格作为最重要的决策因素，那么供应商将会对技术创新和改进质量等方面缺乏积极性。因此，采购商对供应商的绩效评价和报酬激励应该具有综合性。

4.3.2.4 供应链企业间的委托—代理是逆选择和道德风险两类问题并存的代理

在供应链管理中，核心企业作为供应链的组织者、协调者和控制者，与其他节点企业在信息上是非对称的,其他节点企业的履约能力如何、是否努力配合以及努力程度如何,核心企业很难完全掌握。例如,在以制造企业为核心企业的供应链中,制造企业处于委托人的地位,供应商、经销商、物流服务提供商等处于代理人的地位,由于后者拥有制造企业难以掌握的私人信息,在制造企业构建供应链的过程中,就可能会出现合作伙伴的逆选择(Adverse Selection)问题;在供应链构建之后,还可能会遭遇合作伙伴的道德风险(Moral Hazard)问题。

(1)供应链委托—代理问题Ⅰ:合作伙伴的逆选择。在选择供应链合作伙伴的过程中,核心企业一般都能清楚地掌握各合作伙伴候选人的报价,包括供应商中间产品的供应价格、经销商的服务价格、物流服务商的服务价格等,但由于对各合作伙伴候选人的质量,包括供应商中间产品的质量及供货及时性、送货等相应服务的质量、经销商的销售能力及售后服务质量、物流服务提供商运输、仓储、配送等方面的服务质量缺乏足够的了解,经常出现“劣品驱逐良品”的情况,即将质量水平较高的候选人排除在供应链之外,而将质量水平较低的候选人纳入到供应链之中。

合作伙伴的逆选择对供应链管理造成了极大的危害。首先,它会导致当前供应链竞争力的下降。如1992年,英特尔将日本NMB半导体公司确定为快速记忆芯片供应商,但由于NMB公司在生产线的安装和运转方面出了一些问题,不能按时生产出合格的芯片,导致该产品在市场启动时,英特尔的市场占有率一年下降了将近20%。其次,重新更换合作伙伴将导致交易费用的提高,包括与原有合作伙伴解除协议可能造成的违约损失、重新寻找合作伙伴并达成合作协议需要花费的费用、合作伙伴更换过程中的机会损失等。

(2)供应链委托—代理问题Ⅱ:合作伙伴的道德风险。根据信息非对称的内容划分,供应链中的道德风险主要包括以下两类:

一是隐藏行动的道德风险。引发这种道德风险的前提是:代理人行动的努力程度和一系列不受委托人和代理人控制的外生变量,如自然环境、经济环境、社会环境、技术环境、市场环境等共同决定代理行动的结果。如果在供应链协议签订以后,委托人只能观测到结果,而不能直接观测到代理人的行动和外生变量,代理人就可能实施对委托人不利的行动,一旦委托人追究责任,代理人往往将结果的不理想归咎于外生变量(如图4-1所示)。如供应商将供货的延误归咎于国家经济政策的变化造成原材料供应紧张,而不是自身生产组织不力;经销商将销售业绩的不理想归咎于市场环境的变化,而不是自己促销不到位;物流服务提供商将中间产品配送的延误归咎于气候条件的影响,而不是配送计划与实施的不合理等。

二是隐藏知识的道德风险。引发这种道德风险的前提是:外生变量首先决定代理人的行动选择,代理人不同的行动选择决定不同的行动结果。如果在供应链协议签订之后,委托人不但能够观测到代理人的行动结果,而且能够观测到代理人的行动,但却

供应链管理概论

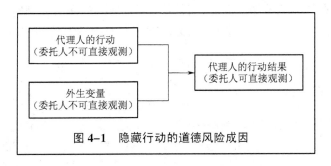

图4-1 隐藏行动的道德风险成因

不能观测到外生变量的实际发生情况,代理人就可能截留有关外生变量的知识,选择有利于自己甚至有损于委托人的行动(如图4-2所示)。例如,制造企业制定了针对最终顾客的促销赠品政策,即顾客购买的产品超过一定的数量即可获得相应的赠品,并向经销商配发了足够数量的赠品,以扩大产品的市场占有率。由于制造企业不清楚每一位最终顾客的实际购买量,经销商就可能利用一些顾客的不知情,不按要求向它们发放赠品,从而影响促销效果。制造企业派驻在经销商处的代表看到的是赠品都已发放的事实,却不清楚有一部分赠品已被挪作他用。

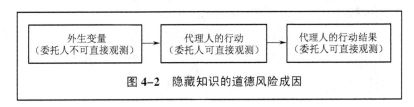

图4-2 隐藏知识的道德风险成因

4.3.3 供应链委托—代理问题的对策

4.3.3.1 信号传递机制与供应链合作伙伴的选择

针对供应链管理中的逆选择问题,核心企业需要在供应链构建过程中充分发挥信号传递机制的作用,实现对供应链合作伙伴的有效选择。

(1)信号传递机制的提出。信号传递理论的开创者斯宾塞(Spence,1974)以劳动力市场为例,提出信号传递(Signaling)机制这一解决逆选择问题的办法。斯宾塞认为,不同能力的雇员受教育程度是不同的,原因在于:教育通过提供对工作有用的信息、技能及各种基础性知识能够直接或间接地改进人的工作能力;即使教育不能改进人的工作能力,但由于工作能力较高的人更容易达到较高的教育水平,因而受教育程度与工作能力仍存在很强的正相关性。虽然雇主在录用雇员之前并不能直接知道雇员的能力,但却可以通过雇员的受教育程度判断其能力的大小。在这里,受教育程度具有强信号的性质,承担了有效信息传递的职能;而其他一些信号(如雇员应聘时的着装),由于与雇员的工作能力关系不大,属于弱信号,无法担当起有效信息传递的职能。

☞ **链　接**

信号传递模型的简单定义

迈克·斯宾塞(Michael Spence)教授第一个提出信号传递模型,对信息经济学的研究做出了开创性的贡献,由此荣获 2001 年诺贝尔经济学奖。

他认为,信号传递模型在本质上是一个动态不完全信息对策。

1. 两个参与人:sender 和 receiver。sender 拥有一些 receiver 所没有的、与参与人的效用或者支付相关的信息。

2. 两个阶段:

(A)sender 向 receiver 发出一个信息(message),或者叫一个信号(signal);这一阶段 receiver 只能看到 sender 发出的信号,而看不到 sender 所拥有的私人信息。

(B)receiver 接收到信号后做出一个行动,对策结束。这时两个参与人的效用就得到决定。他们的效用既是私人信息,又是传递的信号,同时也是 receiver 所选择的行动的函数。

(2)供应链合作伙伴选择的信号传递机制。信号传递机制对于优选供应链合作伙伴很有帮助。对于潜在合作伙伴而言,有必要借助各种信号向制造企业传递自己的质量优势;对于制造企业而言,要善于对接收到的各种信号进行判断和分析,区分出哪些信号属于强信号,哪些信号属于弱信号,借助各种强信号判断各潜在合作伙伴的属性,以便择优选择出供应链合作伙伴。在选择供应链合作伙伴时,能够充当质量水平的强信号的有关潜在合作伙伴的变量有以下两种:

第一,质量承诺。质量承诺是指潜在合作伙伴以今后将承担的维修费用或赔偿费用为代价,传递产品与服务的高质量特性。例如,供应商承诺,如果所加工的零部件不能达到样品的要求,制造企业可以拒绝收货,由此造成的零部件缺货损失由供应商按照所加工零部件货款的一定比例承担;经销商承诺,如果一定时间内在特定区域内不能完成一定的销售数量,制造企业可以取消对其所给予的促销支持;物流服务提供商承诺,配送不及时将按照货款的一定比例向制造企业按照滞后天数交纳罚款等。这种信号传

供应链管理概论

递机制必须借助较为健全的法律法规以确保其兑现。

第二，企业声誉。企业声誉有助于鉴别潜在合作伙伴的质量水平。企业声誉的机会成本包括沉淀成本和未来成本，其中，沉淀成本是指企业为建立自己良好的声誉所花费的成本，包括先期品牌推广成本、确保产品及服务质量水平的额外费用支出等；未来成本是指一旦企业被发现所传递的信息与事实不符而将蒙受的损失，包括政府有关部门的管制、市场机会的丧失而导致的损失等。由于破坏声誉的机会成本巨大，一般企业都倾向于维护自己的声誉。通常声誉较好的企业意味着较高的质量水平，尤其是当良好的企业声誉与明确的质量承诺结合使用时更是如此。

第三，第三方认可。政府有关部门、各种中介组织等的认可可以较为有效地传达企业的质量信息。如果某个潜在合作伙伴被政府有关部门或行业协会评为先进企业或信得过企业，其产品被评为名优产品或者通过了相关认证机构，如国际标准化组织 ISO 9000 质量管理体系、ISO 14000 环境管理体系的认证，则无疑向制造企业发出了质量水平较高的强信号。

☞ **链　接**

ISO 9000 质量管理体系和 ISO 14000 环境管理体系

ISO 9000 质量管理体系是指由国际标准化组织(ISO)所属的质量管理和质量保证技术委员会 ISO/TC176 工作委员会制定并颁布的关于质量管理体系的族标准的统称。ISO 9000 族标准中有用于指导各国企业建立质量管理体系并获取外部认证的标准(ISO 9001:2000)，有用于指导企业自身强化质量管理的标准(ISO 9004)，有用于统一各国质量术语的标准(ISO 9000)，也有用于规范质量审核的标准(ISO 19011)等等，所有这些标准构成了一个相对严密的标准系列，为质量管理界带来深远的意义。

ISO 14000 环境管理体系标准是由 ISO/TC207（国际环境管理技术委员会）负责制定的一个国际通行的环境管理体系标准。它包括环境管理体系、环境审核、环境标志、生命周期分析等国际环境管理领域内的许多焦点问题，其目的是指导各类组织（企业、公司）取得正确的环境行为，但不包括制定污染物试验方法标准、污染物及污水极限值标准及产品标准等。该标准不仅适用于制造业和加工业，而且适用于建筑、运输、废弃物管理、维修及咨询等服务业。该标准共预留 100 个标准号，共分 7 个系列，其编号为 ISO 14000—14100。

第四,被优秀供应链接纳。如果潜在合作伙伴已经被某一世界知名企业接纳为其供应链成员企业,则意味着它在质量方面有较强的可信度。

4.3.3.2　供应链协议与合作伙伴的激励及信息共享

为了有效防范合作伙伴的道德风险问题,核心企业需要重视完善供应链协议,主要可以从以下两方面进行重点突破:①对各供应链合作伙伴进行有效激励,以利益弱化代理人发生道德风险的动机;②建立并强化供应链信息共享机制,通过弱化信息的非对称基础减少道德风险发生的概率。

(1)有效激励:弱化道德风险发生的动机。在供应链协议设计过程中,核心企业必须贯彻激励兼容原则,即核心企业希望各合作伙伴所采取的行动只能通过使各合作伙伴利益最大化的行动来实现,各合作伙伴有足够的激励按照核心企业的意愿去行动。

第一,针对隐藏行动的道德风险的激励机制。首先,根据合作伙伴的行动结果确定其收益。由于合作伙伴的行动结果受其行动努力程度的影响,核心企业在拟订供应链协议时,首先应努力确保各合作伙伴的收益与其行动结果的对应关系,即行动结果越有利,收益就越高。假设 G_i、V_i 分别表示第 i 个合作伙伴的行动结果及其收益,则有:

$$\frac{\partial V_i}{\partial G_i} > 0 \tag{1}$$

其次,考虑到外生变量对行动结果的影响确定合作伙伴的收益。由于行动结果还取决于外生变量的影响,因此应对外生变量所引起的风险在核心企业与合作伙伴之间进行分摊。由于外生变量对于委托人与代理人双方都是不可控因素,因此,在拟订供应链协议时,核心企业应事先预估出自己与合作伙伴各自的风险系数。风险系数的确定可以依据核心企业以往的经验,也可以以本行业的平均风险水平为参照系。在考虑外生变量可能导致的风险的情况下,即使合作伙伴的行动结果较好,但如果它承受的风险较低,收益也不能确定得太高;即使合作伙伴的行动结果一般,但只要这一结果是在风险较大的情况下获得的,则该合作伙伴的收益也不能确定得太低。假设 R_i 表示第 i 个合作伙伴的风险系数,则有:

$$\frac{\partial V_i}{\partial R_i} > 0 \tag{2}$$

第二,针对隐藏知识的道德风险的激励机制。首先,以合作伙伴的行动努力程度作为其收益确定的主要变量。由于合作伙伴的行动努力程度很容易观察,核心企业首先应根据合作伙伴的努力程度确定它们的收益,各合作伙伴努力程度越高,所获得的收益越大。假设 A_i 表示第 i 个合作伙伴的行动努力程度,则有:

$$\frac{\partial V_i}{\partial A_i} > 0 \tag{3}$$

其次,以合作伙伴的行动结果作为其收益确定的辅助变量。由于合作伙伴的行动结果同样可以被观测到,核心企业就可以将合作伙伴的行动努力程度与行动结果进行比较,如果发现行动努力程度与行动结果出现明显的非对称,则要追究其原因。在前面所提到的例子中,如果经销商所有的促销赠品都发放完毕,但促销期间产品销售数量并不见增加,则制造企业就应认真核查其中的原因了。为了杜绝这种道德风险的发生,核心企业有必要进一步将合作伙伴的行动结果作为考察的辅助变量,使合作伙伴的行动结果与其收益呈现出较强的正相关性(见公式1),促使合作伙伴确实根据外生变量的实际发生情况选择核心企业所希望的行动。

(2)信息共享:弱化道德风险发生的信息非对称基础。在供应链管理环境下,可以通过建立和完善供应链节点企业之间的信息共享机制,减少供应链节点企业之间的信息非对称现象,动摇道德风险发生的基础。

对于制造企业而言,通过建立 ERP(Enterprise Resource Planning,企业资源计划)系统,注重对企业内部包括物料、设备、人力、资金、信息在内的所有制造资源进行总体计划和优化管理的同时,通过 EDI(Electronic Data Interchange,电子数据交换)或互联网实现与供应商、经销商、物流服务提供商乃至最终顾客的信息共享。ERP 系统通过定义事务处理相关的会计核算科目与核算方式,在事务处理的同时自动生成会计核算分录,保证资金流与物流的同步记录和数据的一致性,根据财务资金现状追溯资金的来龙去脉,并进一步追溯所发生的相关业务活动,改变资金信息滞后于物料信息的状况,实现对合作伙伴的实时控制。随着供应链管理的深化,ERP 系统将日臻完善,信息非对称现象将日益减少。

4.4 供应链合作伙伴的选择

4.4.1 选择供应链合作伙伴的必要性和原则

供应链合作伙伴的选择是企业间进行合作的第一步,也是关键的一步。选择良好的合作伙伴是建立供应链合作伙伴关系的重要条件。合作伙伴的评价与选择是供应链合作关系运行的基础。所选企业是否能和整个供应链的步调保持一致,关系到整个供应链竞争力的增强,为供应链上每个企业所关注。当今,合作伙伴的业绩对企业的影响越来越大,单个企业的业绩要依靠所有合作伙伴的精诚合作才能提高。因此,合作伙伴的选择是企业提高供应链业绩的首要的、基本的问题。

企业和供应商建立长期伙伴关系是出于对自身长期利益的考虑。以制造商及其供应商为例。制造商和供应商出于各自利益和长期发展的需要,建立起长期的合作关系,在这些长期合作中存在着两种不同的形式,一种是松散联盟形式,即供应商与制造商的长期关系是通过一次次相对独立的交易反复进行的形式维系的。另一种是长期合作伙伴关系,这种关系比松散联盟的形式要紧密一些,通常是通过签约的方式把合作伙伴关系固定下来,这种签约方式当然是为了获得长期稳定的合作关系,以提高供应商的生产经营积极性和产品质量。

下面以制造商对供应商的选择为例来论述合作伙伴的选择问题。韦伯(Weber)回顾了自1996年以来与供应商选择相关的74篇文献,他将注意力集中在供应商选择过程所采用的标准及分析方法上。供应商选择决策的复杂性在于,决策制定过程中各种标准都必须考虑,而供应商所涉及的标准却是如此之多。韦伯讨论了23条标准,涉及质量、配送、价格和态度等。而狄克森(Dickson)则认为,从大量的关于采购的文献中可以列出至少50条独立的标准作为供应商选择所必须考虑的依据。抽象地说,供应商选择的标准有以下两条:

(1)合作伙伴必须拥有各自的核心竞争力。惟有合作企业拥有各自的核心竞争力,并把各自的核心竞争力相整合,才能提高整条供应链的运作效率,从而为企业带来可观的收益。仅是单个企业具备核心竞争力或者合作企业具备的核心竞争力无法整合,是无法从宏观上提高整条供应链的运作效率的。供应链整体运作效率的提高所能带来的收益包括及时准确的市场信息、高效的新产品研制、成本的降低、快捷的物流、高质量的消费者服务等等。

(2)拥有相同的价值观和战略思想。企业价值观的差异主要表现在:是否存在官僚作风;是否强调投资的快速回收;是否采取长期的观点等。战略思想的差异则主要表现在:市场策略是否一致,注重质量还是注重价格等。若价值观和战略思想差距过大,合作必定以失败而告终。

企业之间的关系一般是买卖关系,注重的主要是价格、质量和交货期等。当企业要建立长期的伙伴关系时,选择供应商的长期标准主要还是评估供应商是否能提供长期而稳定的供应、其生产能力能否配合公司的成长相对扩展、供应商是否具有健全的企业体制、是否与公司有相近的经营理念、其产品未来的发展方向能否符合公司的需求以及是否具有长期合作的意愿等。

选择的原则可以归纳为如下3条:

(1)工艺与技术的连贯性。供应链合作伙伴关系的展开必须在技术上保持一致,包括产品设计上的连贯性和制造工艺中的连贯性。工艺上的差异或供应商现在、未来制造能力的局限都会限制供应商在被引入战略合作伙伴后的先进生产技术的引进,从而影响整个供应链的运作。当存在差异时,双方应该在平等互利的基础上进行协商,改进技术和工艺的适应性。

(2)企业的业绩和经营状况。一个企业在过去几年里的经营状况往往是选择长期合作伙伴的重要因素。在与某企业的交易过程中,该企业的产品价格、质量、交货状况决定了其在供应商市场的信誉和声望。过去业绩好的企业一般很容易被考虑,也很容易进入合作角色,但过去业绩差的企业也可能拥有合作的潜力,这是值得考虑的。

企业经营状况在供应链条件下的合作伙伴关系选择中更显重要。供应链企业的长期合作要求在经营上保持和谐的步骤。供应商的内部组织与管理是关系到日后供应商服务质量的重要因素。供应商内部组织机构是否合理会影响采购的效率及其质量。如果供应商组织机构设置混乱,采购的效率与质量就会下降,供应商部门之间的互相扯皮现象也会影响供应活动能否及时、高效地完成。另外,供应商的高层主管是否将采购单位视为主要客户也很重要,如果采购单位不被视为主要客户,那么,在面临供货紧张状况时,便无法取得优先处理的机会。

供应商的财务状况也会直接影响其交货和履约的绩效。如果供应商由于财务出现问题,导致破产,将会造成自身供料不足,甚至出现停工的危机。财务状况稳定的供应商在未来风险的保障上能给企业更多的信息和信任感。因此,我们认为,企业经营的各个方面都是影响供应商选择的重要因素。

(3)有效的交流和信息共享。选择高效的供应商依靠所有参与者积极的参与,这就要求双方进行有效的交流和信息共享。已有业务往来的供应商在信息交流方面比没有业务来往的企业有更多的优势。供应商在选择过程中,只有更好地与选择方交流,才能提供更多的战略信息,使评价过程和结果更具可信性和参考价值。

此外,必须注意的是,合作伙伴不必过多,重在少而精。若选择合作伙伴的目的性和针对性不强,过于广泛的合作可能导致资源、机会与成本的浪费。

4.4.2　供应链合作伙伴选择的方法和步骤

4.4.2.1　供应链合作伙伴选择的方法

选择合作伙伴是对企业输入物资的适当品质、适当期限、适当数量与适当价格的总体进行选择的起点与归宿。选择合作伙伴的方法较多,一般要根据供应单位的多少、对供应单位的了解程度以及对物资需要的时间是否紧迫等因素来确定。目前,国内外较常用的方法主要有以下几种:

(1)直观判断法。直观判断法是根据征询和调查所得的资料并结合有关人士的分析判断对合作伙伴进行分析、评价的一种方法。这种方法主要是倾听和采纳有经验的采购人员的意见,或者直接由采购人员凭经验作出判断。其主要用于选择企业非主要原材料的合作伙伴。

(2)招标法。当订购数量大、合作伙伴竞争激烈时,可采用招标法来选择适当的合作伙伴。它是由企业提出招标条件,各招标合作伙伴进行竞标,然后由企业决标,与提出最有利条件的合作伙伴签订合同或协议。

(3)协商选择法。协商选择法是指由企业先选出供应条件较为有利的几个合作伙伴,分别同他们进行协商,再确定适当的合作伙伴的方法。与招标法相比,协商方法由于供需双方能充分协商,在物资质量、交货日期和售后服务等方面较有保证。当采购时间紧迫、投标单位少、竞争程度小、订购物资规格和技术条件复杂时,协商选择法比招标法更为合适。

(4)采购成本比较法。采购成本比较法是通过计算各个不同合作伙伴的采购成本,选择采购成本较低的合作伙伴的一种方法。对质量和交货期都能满足要求的合作伙伴,则需要通过计算采购成本来进行比较分析。采购成本一般包括售价、采购费用、运输费用等各项支出的总和。

(5)层次分析法。该方法的基本原理是根据具有递阶结构的目标、子目标(准则)、约束条件、部门等来评价的方案,采用两两比较的方法确定判断矩阵,然后把与判断矩阵的最大特征相对应的特征向量的分量作为相应的系数,最后综合给出各方案的权重(优先程度)。它作为一种定性和定量相结合的工具,已在许多领域得到了广泛的应用。

(6)神经网络算法。该方法是指通过对给定样本模式的学习,获取评价专家的知识、经验、主观判断及对目标重要性的倾向,进而选择合作伙伴。这种方法可再现评价专家的知识、经验和直觉思维,从而实现定性和定量分析的结合,可较好地保证评价结果的客观性。

4.4.2.2　选择供应链合作伙伴的步骤

随着企业界对动态联盟实践的日益深入,越来越多的企业将在专用的企业网上公开自己的实力与优势,核心企业会发现有众多优秀的企业可供选择。当面临为数众多的潜在的合作伙伴时,对每一个或真或假,或夸大或隐藏其实力的企业都进行评估,显然是办不到的,核心企业首先通过一种快速过滤的方法,将候选合作伙伴的数目降到一个合适范围内,如何快速有效地筛选这些企业将成为这一阶段主要的研究问题。其次,企业可以采取定量化的综合评判方法,进一步缩小供应商的数目,在这一阶段,如何将众多的合作伙伴根据选择准则,进行有效的集成将成为主要问题。再次,通过某种方式确立一个最优的合作伙伴个数,建立正式的伙伴关系。最后则是评判和维持阶段,建立相应的评价机制,根据条件变化对合作伙伴加以评价,并采取相应措施。简言之,建立合作伙伴关系的步骤一般有:

(1)从企业战略的角度来检验是否需要建立供应商合作关系,以及建立哪个层次的供应商合作关系。

(2)确定挑选合作伙伴的准则,评估潜在的候选企业。

(3)正式建立合作伙伴关系。

(4)维持和精炼合作伙伴关系,包括增强彼此间的合作关系或解除合作伙伴关系。

上述四个阶段也可以简单的归纳成以下四个阶段:合作伙伴的粗筛选;合作伙伴的细筛选;合作伙伴的精炼和确认;合作伙伴的跟踪评价。

4.4.3　供应链合作伙伴的评价与选择

供应链合作伙伴的评价与选择是供应链合作关系运行的基础和前提条件。供应链合作伙伴的综合评价与选择可以归纳为以下7个步骤:

(1)需求和必要性分析。建立基于信任、合作、开放性交流的长期供应链合作关系,必须首先分析市场竞争环境,其目的在于找到针对目标产品市场开发何种供应链合作关系最恰当;其次,必须了解和把握现在的产品需求、产品类型和特征,以便确认用户的需求以及是否有建立供应链合作关系的必要。

(2)确立合作伙伴的选择目标。企业必须确定实质性、可操作的选择目标,其中,降低成本是主要目标之一。供应链合作伙伴的评价、选择并不是一个简单的评价、选择过程,它本身也是企业自身和企业与企业之间的一次业务流程重构过程,实施得好,就可带来一系列的利益。

(3)建立合作伙伴评价标准。供应链合作伙伴综合评价指标体系是企业对合作方进行综合评价的依据和标准,是反映企业本身和环境所构成的复杂系统不同属性的指标,是按隶属关系、层次结构有序组成的集合。根据系统全面性、简明科学性、稳定可比性、灵活可操作性的原则,建立集成化供应链管理环境下合作伙伴的综合评价指标体系。其主要内容有:技术水平、产品质量、可靠性(信誉)、技术开发、用户满意度、交货协议、快速响应能力等方面。

(4)建立评价小组。企业必须建立一个小组以控制和实施合作伙伴评价。组员以来自采购、质量、生产、工程等与供应链合作关系密切的部门为主,组员必须有团队合作精神、有一定的专业技能。评价小组必须同时得到制造商企业和供应商企业最高领导层的支持。

(5)合作伙伴参与。一旦企业决定实施合作伙伴评价,评价小组必须与初步选定的企业取得联系,以确认他们是否愿意与企业建立供应链合作关系,是否有获得更高业绩水平的愿望。企业应尽可能早地让合作伙伴参与到评价的设计过程中来。然而,由于企业的力量和资源是有限的,企业只能与少数关键的企业保持紧密地合作,所以参与的合作方应尽量少。

(6)评价供应链合作伙伴。评价供应链合作伙伴的主要工作是调查、收集有关信息,然后利用一定的工具和技术方法进行评价。

(7)实施供应链合作关系。即找出符合条件的企业,签订有关合作协议,建立供应链合作关系。

4.4.4 建立供应链合作伙伴关系需要注意的几个问题

作为一个由多个相互独立的合作伙伴构成的供应链,其中,供应链合作伙伴关系管理是关系到供应链运作成功与否的关键因素之一。因此,建立供应链合作伙伴关系必须注意以下几个问题:

4.4.4.1 相互信任

供应链合作伙伴之间信任关系的建立可以避免供应链管理的冲突,降低合作伙伴之间的交易成本。在供应链节点的各个企业,由于组织结构、文化背景等方面都存在较大差异,信任关系的建立,可以大大降低合作伙伴之间的协调工作量,并促使各合作伙伴以灵活的方式相互调整彼此的合作态度和行为,有利于形成稳定的供应链合作关系,使供应链管理总成本最小。

为了实现相互信任,供应链各合作伙伴之间应经常沟通,相互了解各自的企业组织结构和企业文化。此外,各伙伴之间还应始终保持信息共享和相互沟通所获取的最新的市场信息,了解顾客的需求变化。

4.4.4.2 信息共享

在合作过程中,如果能始终在合作伙伴之间保持信息共享,那么各方的信任度评价也会提高,合作效果也就越明显。为此,供应链各合作伙伴之间必须借助 Internet/EDI

技术构建供应链管理信息系统,使各合作伙伴之间能共享信息。制造商必须让供应商了解制造企业的生产程序和生产能力,使供应商能够清楚地知道企业所需要的产品或原材料的期限、质量和数量,向供应商提供自己的经营计划、经营策略及相应的措施,使供应商明确企业的希望,从而使自己能随时达到企业所要求的目标。

另外,各合作伙伴之间必须相互沟通所获取的最新的市场信息,了解顾客的需求变化,以调整各自的生产和经营计划,达到双赢或多赢效果。

4.4.4.3 权责明确

正如企业内部的分工要明确一样,合作伙伴之间也要明确各自的责任。企业在合作过程中不应将责任、风险、成本等转嫁给合作企业,而竭尽全力地将利益收归自己囊中,这种做法对供应链合作是极其不利的。合作伙伴必须无间合作,把共同成本降低,共同分享利润。如果供应链管理者一味地压榨供应商或对消费者抬高物价,造成的结果将是整个供应链的崩溃,或者在与其他供应链的竞争中被淘汰。

4.4.4.4 解决合作伙伴之间问题的方法和态度

在瞬息万变的市场环境中,供应链的高速运转不可能是一帆风顺的,供应链中的各企业由于工作目标不尽相同,其工作方法也会因组织管理方式以及组织文化等方面存在的差异而有所不同,在日程安排、成本的分摊及利益的分配等方面也可能存在分歧。这些问题如得不到及时、圆满的解决,整条供应链的运作效率将大打折扣。因此,企业最高层领导对于供应链合作伙伴关系的管理要给予足够的重视和支持,要有灵活、务实、宽容的态度,及时协调和解决可能发生的各种问题,促进供应链整体目标的实现。

4.5 本章小结

供应链的合作伙伴关系就是供应链中各节点企业之间的关系。对合作伙伴关系的形成起主要作用的是以下三个最基本的驱动力:核心竞争力、不断变化的顾客期望以及外包战略。建立供应链合作伙伴关系可以减小供应链上的不确定因素;降低库存;快速响应市场;加强企业的核心竞争力以及增加用户满意度。企业的核心竞争力的特点主要有:价值优越性;难替代性;差异性;可延伸性。

委托—代理理论是供应链关系管理的理论基础,进行供应链关系管理,实质是应用委托—代理理论加强供应链企业间的合作关系管理。供应链企业间委托—代理关系的特征主要有:①供应链企业间是一种"合作竞争"的关系;②供应链企业间的委托—代理问题是多阶段动态模型;③供应链企业间的委托—代理是多任务委托代理;④供应链企业间的委托—代理是逆向选择和道德风险两类问题并存的。委托—代理存在问题的对策:一是信号传递机制与供应链合作伙伴的选择;二是供应链协议与合作伙伴的激励及信息共享。

选择良好的合作伙伴是建立供应链合作伙伴关系的重要条件。供应商选择的标准主要有:拥有各自的核心竞争力;拥有相同的价值观和战略思想。选择的原则可以归纳为如下几条:工艺与技术的连贯性;企业的业绩和经营状况;有效的交流和信息共享。供应链合作伙伴选择的方法有直观判断法、招标法、协商选择法、采购成本比较法、层次分析法、神经网络算法。供应链合作伙伴选择的一般步骤如下:①合作伙伴的粗筛选;②合作伙伴的细筛选;③合作伙伴的精炼和确认;④合作伙伴的跟踪评价。供应链合作伙伴的综合评价选择可以归纳为以下几个步骤:①需求和必要性分析;②确立合作伙伴的选择目标;③建立合作伙伴评价标准;④建立评价小组;⑤合作伙伴参与;⑥评价供应链合作伙伴;⑦实施供应链合作关系。建立供应链合作伙伴关系需要注意的几个问题为:相互信任、信息共享、权责明确、解决合作伙伴之间问题的方法和态度。

本田公司与其供应商的合作伙伴关系①

案例分析

位于俄亥俄州的本田美国公司强调与供应商之间的长期战略合作伙伴关系。本田公司总成本的大约80%都是用在向供应商的采购上,这在全球范围是最高的。因为它选择离制造厂近的供应源,所以与供应商能建立更加紧密的合作关系,能更好地保证JIT供货。制造厂库存的平均周转周期不到3小时。

1982年,27个美国供应商为本田美国公司提供价值1 400万美元的零部件,而到了1990年,有175个美国的供应商为它提供超过22亿美元的零部件。大多数供应商与它的总装厂距离不超过150里。在俄亥俄州生产的汽车的零部件本地率达到90%(1997年),只有少数的零部件来自日本。强有力的本地化供应商的支持是本田公司成功的原因之一。

在本田公司与供应商之间是一种长期相互信赖的合作关系。如果供应商达到本田公司的业绩标准就可以成为它的终身供应商。本田公司也在以下几个方面提供支持帮助,使供应商成为世界一流的供应商:

(1)2名员工协助供应商改善员工管理;

(2)40名工程师在采购部门协助供应商提高生产率和质量;

(3)质量控制部门配备120名工程师解决进厂产品和供应商的质量问题;

(4)在塑造技术、焊接、模铸等领域为供应商提供技术支持;

---

① 案例来源:http://col.njtu.edu.cn/jingpinke/05jpsb/jgxy/gylgl/studysite/practice/practice_case_1_4.htm。

（5）成立特殊小组帮助供应商解决特定的难题；

（6）直接与供应商上层沟通，确保供应商的高质量；

（7）定期检查供应商的运作情况，包括财务和商业计划等；

（8）外派高层领导人到供应商所在地工作，以加深本田公司与供应商相互之间的了解及沟通。

本田与 Donnelly 公司的合作关系就是一个很好的例子。本田美国公司从1986 年开始选择 Donnelly 为它生产全部的内玻璃，当时 Donnelly 的核心能力就是生产车内玻璃，随着合作的加深，相互间的关系越来越密切（部分原因是相同的企业文化和价值观），本田公司开始建议 Donnelly 生产外玻璃（这不是Donnelly 的强项）。在本田公司的帮助下，Donnelly 建立了一个新厂生产本田的外玻璃。他们之间的交易额在第一年为 500 万美元，到 1997 年就达到 6 000万美元。

在俄亥俄州生产的汽车是本田公司在美国销量最好、品牌忠诚度最高的汽车。事实上，它在美国生产的汽车已经部分返销日本。本田公司与供应商之间的合作关系无疑是它成功的关键因素之一。

复习思考题

1. 简述供应链合作伙伴关系的定义。

2. 建立供应链合作伙伴关系的驱动因素有哪些？

3. 简述供应链关系管理的理论基础。

4. 供应链企业间的委托—代理关系有哪些特征？

5. 选择供应链合作伙伴的原则是什么？

6. 选择供应链合作伙伴的方法有哪些？

7. 简述供应链合作伙伴选择的一般步骤。

8. 如何对供应链合作伙伴进行评价？

9. 建立供应链合作伙伴关系需要注意哪些问题？

5

供应链网络设计与优化

学习目标

▶ 理解供应链网络的特征、结构模型

▶ 掌握供应链网络的模型

▶ 理解供应链的基本结构

▶ 了解网络设计决策在供应链中的作用

▶ 理解供应链网络设计的影响因素

▶ 掌握供应链网络设计的决策框架

▶ 理解供应链网络优化的理论基础

▶ 理解约束理论的定义及管理原则

▶ 了解约束理论的应用

▶ 了解供应链网络优化的模型化方法及实例

5.1 引言

供应链管理和优化所取得的社会效益和经济效益,以及由此而获得的竞争优势已为世人所瞩目。本章将全面阐述供应链网络模型、基本结构、网络设计决策在供应链中的作用、供应链网络设计的影响因素、决策框架、供应链网络优化的理论基础等方面的内容。

5.2 供应链网络概述

在供应链管理目标的驱动下,供应链管理进入了快速发展的轨道,供应链网络建模与优化技术成为供应链管理研究的热点问题。供应链网络模型抽象地反映了现实世界中供应链的运营状况、资源约束、流程优化等实际问题,从不同角度刻画了供应链管理体系的内在规律。供应链网络的优化程度综合反映了供应链的核心能力,体现了供应链整合社会资源、创新管理的综合能力。

5.2.1 供应链网络模型

5.2.1.1 供应链网络模型的概念

供应链网络是指产品生产和流通中涉及的物料供应商、生产商、销售商以及最终用户组成的供需网络。在这个网络中,每个合作伙伴既是其客户的供应商,又是其供应商的客户。他们既向其上游的合作伙伴订购产品,又向其下游的合作伙伴供应产品。在传统的供应链管理过程中,企业内部的供应协作关系掌控在企业内部,便于协调;企业外部的供应协作关系,由于受地域、时间、信息反馈在线机制等方面因素的制约,运作的效果不理想。随着网络技术的发展,核心企业与合作伙伴之间的协同成为了可能。供应链网络模型如图 5 - 1 所示。

5.2.1.2 供应链网络模型的结构

扩展的供应链、个性化生产、提前期的缩短以及业务量的增加,所有这些因素都迫使企业实现物流同步,以更加集成化且面向过程的方式运作。在业务流程集成管理的过程中,每个层次的企业都必须考虑供应链上的其他有关客户和供应商(如图 5 - 2 所示),因此,形成了一个联结着供应商和分销商的复杂供应链体系。

5.2.2 供应链网络的基本结构

对供应链网络结构的组成有一个明确的了解是至关重要的,从原材料供应商到最

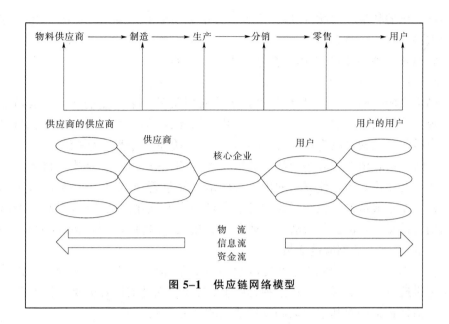

图 5-1 供应链网络模型

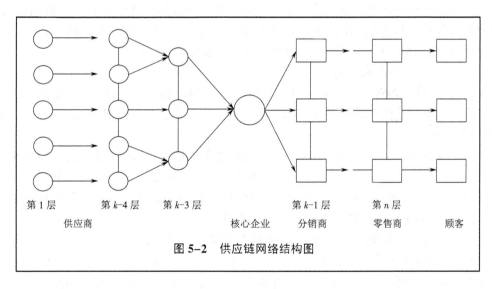

图 5-2 供应链网络结构图

终消费者,所有的企业都处在供应链中,供应链管理的难度取决于产品的复杂程度、有效供应商的数目以及原材料的利用程度等几个因素。供应链的节点不同,供应链与其节点的关联程度也不同,因此,管理时需要选择适宜特定供应链连接的协作层次。在整个供应链中,并不是所有连接的协调和整合程度都很高,最适宜的联系是那些最能适宜具体环境变化的联系。因此，供应链重点部分的确定必须仔细地对企业的生产能力和企业的重要性进行权衡。

具体而言，供应链网络是由三个基本方面组成的。

5.2.2.1 供应链成员

在确定供应链网络结构时，识别谁是供应链成员是非常必要的。但对成员进行全盘考虑很可能导致整个供应链网络的复杂化。因此，必须分类并确定哪些成员对公司以及供应链的成功起着决定作用，以便对它们给予关注和合理分配资源。

供应链成员是由与核心企业相连的组织构成的，这些组织直接或间接地与它们的供应商或顾客相连。为了使复杂的供应链网络更易于管理，有必要将基本成员与支持成员分开。基本成员是指在专门为顾客或市场提供专项输出的业务流程中，所有能进行价值增值活动的自治公司或战略企业单元。相反，支持成员则是指那些简单地提供资源、知识以及设施的供应链成员。

尽管基本成员与支持成员之间的区别并不明显，但这些微小的差异却可以简化管理并确定供应链的核心成员。在某种程度上，供应链成员的这种分类方法与迈克尔·波特的价值链框架中对基本活动和支持活动的区分类似。

供应链基本成员和支持成员的定义有助于理解供应链中起始点和消费点的定义。供应链的起始点和消费点出现在没有基本成员的位置，所有作为起始点的供应商仅是支持成员，而消费点不仅不会进一步产生附加值，还要消耗产品和服务。

5.2.2.2 网络结构变量

在描述、分析和管理供应链时，有三种最重要的网络结构，它们分别是水平结构、垂直结构和供应链范围内核心企业的水平位置，由此构成了供应链网络的结构维数（如图5-3所示）。

第一维，即水平结构是指供应链范围内的层次数目。供应链可能很长，拥有很多层，或很短，层次很少。第二维，即垂直结构是指每一层中供应商或顾客的数目。第三维，即指的是供应链范围内核心企业的水平位置。核心企业能最终被定位在供应源附近、终端顾客附近或供应链终端节点间的某个位置。

核心企业除了能创造特殊价值，长期控制比竞争对手更擅长的关键性业务工作以外，还要协调好整个供应链中从供应商、制造商、分销商直到最终客户之间的关系，控制好整个价值链的运行。为了能够管理好整个供应链，核心企业必然要成为整个供应链的信息集成中心、管理控制中心和物流中心。核心企业要将供应链作为一个不可分割的整体，打破存在于采购、生产和销售之间的障碍，做到供应链的统一和协调。所以，供应链的组织结构应当围绕核心企业来构建。

一般来说，成为核心企业的企业，要么为其他企业提供产品和服务，要么接受它们

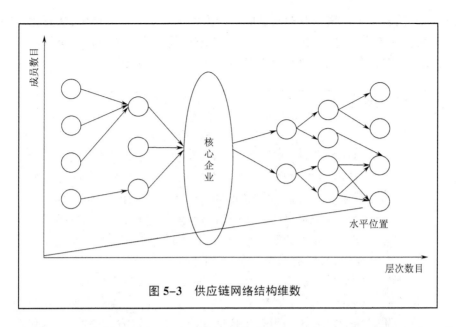

图 5-3　供应链网络结构维数

的产品和服务,要么在供应商与客户之间起连接作用。以核心企业为中心建立的组织结构有以下几种:

第一,核心企业作为客户企业的组织结构。作为客户企业的核心企业,它本身拥有强大的销售网络和产品设计等优势,销售、客户服务这些功能可以由核心企业自己的销售网络来完成。因此,供应链组织结构的构建主要集中在供应商这一部分。供应链管理的中心转移到供应商的选择。信息网络的设计、生产计划、生产作业计划、跟踪控制、库存管理以及供应商与采购管理等方面。

第二,核心企业作为产品和服务供应者的结构。这类核心企业本身享有供应和生产的特权,或者享有在制造、供应方面不可替代的优势,但其在分销、客户服务等方面则不具备竞争优势。因此,在这一结构中,供应链管理主要集中在经销商和客户的选择、信息网络的设计、需求预测计划与管理、分销渠道管理、客户管理与服务等方面。

第三,核心企业同时作为产品和服务的供应者与客户。这类核心企业主要具有产品设计、管理等方面的优势,但是,在原材料的供应、产品的销售及各市场客户的服务方面,缺乏足够的力量。因此,它必须通过寻求合适的供应商、制造商、分销商和客户构建成整个供应链。供应链管理主要是协调好采购、生产和销售的关系,如信息网络的设计、计划控制和支持管理、物流管理、信息流管理等。

第四,核心企业作为连接组织。这类核心企业往往具有良好的商誉和较大的规模,并且掌握着本行业大量的信息资源,它主要通过在众多中小经销企业和大的供应商之间建立联系,代表中小经销企业的利益取得与大的供应商平等的地位,从而建立起彼此合作的战略伙伴关系。因此,在这一结构中,供应链管理主要集中在中小经销企业与大的供应商之间的协调、信息交换和中小经销企业的控制等方面。

☞ **链 接**

MISUMI 公司的供应链

MISUMI(三住)公司是世界认可的知名品牌,具有良好的信誉。MISUMI 公司替将近 3 万家企业从 280 余家商品生产企业购买商品和服务,形成了以 MISUMI 公司为核心的供应链。作为一家流通企业,MISUMI 对客户的需求十分敏感,公司所做的就是按客户的需求要求生产企业保证优良品质、快速交货以及价格合理。MISUMI 公司的优势在于,它能从为消费者方便、及时地购买到价廉物美的所需商品出发,根据消费者的客观需求来委托关系企业,客观上帮助了生产企业,大大减少了供应链上企业的销售费用。MISUMI 公司利用其品牌信誉成为供需双方依赖的伙伴。因此,该公司巧妙地打破常规,在为众多客户带来相对丰厚利润的同时,带动了其他生产企业的发展,也为自身带来了巨大的利益。

COMPUSA 是美国最大的个人电脑零售商,面对竞争激烈、技术和市场变化都十分迅速的个人电脑市场,其成功之处在于,它能敏锐地洞察市场和技术的变化趋势,根据消费者的需求,与生产厂商密切合作,为消费者提供他们所需要的个人电脑。随着企业业绩和知名度的迅速提高,还通过 OEM(贴牌生产或委托加工业务)方式推出了自有品牌的个人电脑,不仅提高了自身的竞争力,那些 OEM 厂商也因此获得了源源不断的订单。

此外,已为广大消费者所熟知的耐克、阿迪达斯等公司也是典型的核心企业。这些企业本身并无生产线,其产品全部来自分布在世界各地的关系企业,尤其是中国等发展中国家。通过在这些国家生产产品,既可以降低生产成本,又可以使公司专注于产品设计、品牌推广和市场开拓,通过不断提高和强化自身形象来维系和推进供应链的生存和发展。通过这种方式,耐克、阿迪达斯等公司不但自身获得了巨大利益,也带动了那些缺乏产品设计和市场开拓能力的企业的发展。

5.2.2.3　供应链工序连接的方式

在众多研究中,我们可以发现不同的结构变量能够合并。有这样一个案例,供应商

供 应 链 管 理 概 论

那边是一个窄而长的网络结构,而顾客那边是一个宽而短的网络结构,但它们却联系在一起。在这一供应链中,增加或减少供应商和顾客的数目都会影响供应链的结构。例如,当一些公司从多源头供应商向单一源头供应商转变时,供应链可能变得越来越窄,开放物流、制造、销售以及产品开发活动是另一个很可能改变供应链结构的决策实例。因此,它们可能增加供应链的长度和宽度,并同样会影响供应链网络中核心企业的水平位置。

由于每个企业都将自己作为核心企业,并对其成员和网络结构有着不同的看法,所以,表面上供应链与每个企业的目标不一致。然而,因为每个企业都是供应链的一员,理解它们的地位关系和前景对每个企业的管理来说尤其重要。只有每个企业都清楚供应链的前景,才有可能成功实现跨企业边界的业务流程重组和管理优化。

5.3 供应链网络设计

5.3.1 供应链网络设计决策的作用

供应链网络设计决策的核心就是供应链设施决策。供应链设施决策包括生产、储藏或运输相关设施的区位及每样设备的容量和功能,它包括:

(1)设施功能。即每一设施有何作用? 在每一设施中将进行哪些作业流程?

(2)设施区位。即设施应在何处布局?

(3)容量配置。即每一设施应配置多大容量?

(4)市场和供给配置。即每一设施应服务于哪些市场? 每一设施由哪些供给源供货?

在制定决策时应明确,所有的供应链网络设计决策都是相互影响的。有关每一设施功能的决策事关重大,因为它们决定了供应链在满足客户需求中灵活性的大小。例如,丰田公司在全世界每一主要市场都设有工厂,1997 年以前,每一工厂只能满足当地市场,这在后来的亚洲经济危机中给公司带来了很大的损失,亚洲地区的工厂大量闲置而又不能用于其他供小于求的市场。丰田公司现已对每一工厂实行灵活性生产,而不仅局限于当地市场,这一决策大大改善了其全球市场状况。

设施区位决策对供应链的运营有着长期影响,废弃或迁移设施的代价是十分昂贵的。因此,作为企业必须对其区位有各方面的长远考虑,好的区位能帮助企业在较低成本下保证供应链的运营。以丰田公司为例,1998 年,它在美国肯塔基州的列克墨敦设立装配厂并沿用至今。该装配厂在日元升值的时候利润非常大,而在日本本土生产的汽车由于价格太高无法同在美国生产的汽车进行竞争,在降低成本的同时,这些装配厂也能对美国市场做出灵活反应。相反,设施区位决策的失误将给供应链的运营带来很大的困难。例如,亚马逊公司发现,当它在美国只有一个库房时,很难在全美国范围内做到在降低成本的同时做出灵活反应,最终,公司不得不在美国其他地方增设库房。

容量配置决策在供应链运营中同样重要,尽管容量配置比区位容易改变,但一般来说几年内容量决策并不会变化。在一个区位配置过高的容量,会导致设施利用效率低下,成本过高。相反,在一个区位配置过低的容量,又会导致对需求的反应能力过低(而需求得不到满足),或成本过高(即需求由远处的工厂来满足)。

设施的供应源及市场配置决策对供应链运营有重大作用,因为它影响整条供应链为满足客户需求所引发的生产、库存及运输的成本。该决策应当经合理论证、反复研究,这样其配置才会随市场状况或工厂容量的变化而变化。

网络设计决策对供应链运营有很大影响,因为它决定了供应链的构架,并为利用库存、运输和信息资源来降低供应链成本、提高其反应能力设置了限制因素。在市场需求扩大、现有构架变得过于昂贵或反应能力低下时,公司不得不强调其网络设计决策。以戴尔公司为例,当其在得克萨斯、爱尔兰和马来西亚的工厂不能取得最大效益时,公司立即在巴西建立一个设施以满足南美市场。当两个公司合并时,网络设计决策同样显得重要。因为合并前后其市场格局发生了变化,合并一些设施或将设施迁址,往往会降低供应链的成本或提高其响应能力。

5.3.2 供应链网络设计的影响因素

5.3.2.1 战略性因素

一个企业的竞争战略对供应链的网络设计决策有重要影响。强调生产成本的企业趋向于在成本最低的区位布局生产设施,即使这样做会使生产工厂远离其市场区。强调反应能力的企业趋向于在市场区附近布局生产设施。如果这种布局能使他们对市场需求的变化迅速做出反应,他们甚至不惜以高成本为代价。

全球化的供应链网络通过在不同国家布局不同职能的设施,更好地支持其战略目标的实现。例如,耐克公司在亚洲的很多国家都有生产厂,在中国和印度尼西亚的厂家多注意成本节约,着眼于大批量的廉价产品的生产。相反,在韩国和中国台湾地区的厂家则更注重反应能力,着眼于价格较高的新型号产品的生产。这些区别使耐克能够满足这种变化的市场需求并获得高额利润。

5.3.2.2 技术因素

产品技术特征对网络设计有显著的影响。如果生产技术能带来显著的规模经济效益,布局数量少但规模大的设施是最有效的。以电脑芯片的生产为例,由于电脑芯片的生产需要很大一笔投资,因此,大多数公司都建立数量极少但规模很大的芯片生产厂。

☞ 链　接

不同战略的网络设置

强调生产成本的企业　　　在成本最低的区位布局生产设施,即使
　　　　　　　　　　　　会使生产工厂远离其市场区

强调反应能力的企业　　　在市场区附近布局生产设施,有时甚
　　　　　　　　　　　　至不惜以高成本为代价

全球化的供应链网络　　　通过在不同国家或地区布局职能设
　　　　　　　　　　　　施,支持其不同战略目标的实现

相反,如果设施建设的固定成本较低,就应该建立为数众多的地方性生产设施,因为这样做有助于降低运输成本。例如,可口可乐瓶的生产厂固定成本较低,为了减少运费,可口可乐在世界各地都建有可口可乐瓶的生产厂,每一生产厂都能满足周边地区的市场需求。

另外,生产技术的灵活性也影响到网络进行联合生产的集中程度。如果生产技术很稳定,而且不同国家对产品的要求不同,就必然会在每一个国家建立地方性基地为该国的市场服务。相反,如果生产技术富有灵活性,在较少的几个大基地进行集中生产,则更简单易行。

5.3.2.3　宏观经济因素

宏观经济因素包括税收、关税、汇率和其他一些经济因素,这些因素是独立于单个企业的外部因素。随着贸易的增长和市场的全球化,宏观经济因素对供应链网络的成败产生了很大影响,因此,企业在进行供应链网络设计决策时必须考虑这些因素。

(1)关税和税收减让。关税是指当产品或设备经过国界、州界或城市边界时必须支付的税收。关税对供应链网络布局决策有很大的影响。如果一个国家关税高,企业要么放弃这个国家的市场,要么在该国建立生产厂以规避关税。高关税导致供应链网络在更多的地方布局生产,配置在每个地方的工厂生产能力都较小。随着世界贸易组织的成立和地区性协议的签订,关税已大大降低,企业现在可以通过建立在一国以外的厂家向该国提供产品而无须支付高额的关税。因此,企业开始集中布局其生产和配送基地。对全球企业来说,关税降低导致了生产基地的减少和每一生产基地生产能力的扩大。

税收减让是指国家、州或城市的关税或税收的削减,以鼓励企业布局于某一特定区域。许多国家不同地区之间的税收减让不一样,以鼓励企业在发展水平较低的地区投资,对许多工厂来说,这种减让往往是供应链布局决策的最终决定因素。

（2）汇率和需求风险。汇率波动对世界市场的供应链利润有显著影响。一家公司在美国销售其在日本生产的产品，就面临着日元升值的风险。在这种情形下，生产的成本用日元衡量，而收益却用美元衡量，因此日元升值将造成生产成本的增加，从而减少企业的利润。人们可以运用金融工具化解汇率风险，因为金融工具可以限制或规避汇率波动带来的损失。然而，设计良好的供应链网络提供了利用汇率波动增加利润的机会，一个有效的方法是在网络中多规划一部分生产能力，使生产能力具有灵活性，从而满足不同市场的需求。这种灵活性使企业可以在供应链中改变产品的流向，并在当前汇率下成本较低的基地生产更多的商品。

公司还必须考虑到由于经济波动而导致的需求波动。例如，亚洲经济在 1996～1998 年增速放慢，在亚洲拥有生产基地的企业，如果供应链网络中毫无灵活性，那么，这些企业在亚洲地区的部分生产能力就会闲置，而生产基地中具有较大灵活性的企业却能利用这部分生产能力来满足其他地区的高需求。

因此，进行供应链设计时，企业必须使之具有灵活性，以应付汇率波动和不同国家的经济波动。

5.3.2.4 政治因素

政治因素的考虑在布局中也起着重要作用。企业倾向于布局在政局稳定的国家，这些国家的经济贸易规则较为完善。拥有独立和明确法制的国家使企业觉得，一旦它们需要就能在法庭获得帮助，这容易使得公司在这些国家投资建厂。政治稳定很难量化，所以企业在设计供应链时只能进行主观的评价。

5.3.2.5 基础设施

良好的基础设施是在特定区域进行布局的先决条件。良好的基础设施能使企业在这一区域进行商务活动的成本减少。全球化的大企业愿意在中国的上海、天津和广州附近布局生产，尽管这些地区的劳动力成本不菲、地价较高，但这里基础设施较为完善。

关键的基础设施因素包括：场地的供给、劳动力的供给、靠近运输枢纽、铁路服务、靠近机场和码头、高速公路入口、交通密集和地方性公用事业等。

5.3.2.6 竞争性因素

设计供应链时，企业还必须考虑到竞争对手的战略、规模和布局。一项基本的决策便是，企业是临近还是远离竞争对手布局。决定这一决策的因素包括：企业如何进行竞争以及诸如原材料和劳动力等外部因素是否迫使其相互靠近等。

（1）企业间的积极外部性。积极外部性是指许多企业邻近布局使它们均受益。例如，汽油店和零售店倾向于靠近布局，因为这样做增加了总需求，使双方都受益。通过在一条商业街上集中布局相互竞争的零售店，方便了顾客，使他们只需要到一个地方就可以买到他们所需要的所有东西，这不仅增加了这条商业街顾客到访的人数，也增加了

供应链管理概论

所有布局在那里的商店的总需求。

另外,在一个待发展地区,一个竞争者的出现使合适的基础设施得到发展。比如,在印度,铃木公司是第一家在此设立生产基地的汽车厂商,这家公司费了很大的努力才建立了地方性供应网络。考虑到铃木公司在印度建设的良好供应基础,其竞争对手在那里也建立了装配厂,因为他们发现在印度生产汽车比从国外进口更合算。

(2)为瓜分市场而布局。在积极外部性不存在时,企业也可以集中布局,以攫取最大可能的市场份额。首先我们用豪特灵(Hotelling)提出的一个简单模型来解释隐藏在这一决策后面的机理。

当企业不能控制价格,而只是在与客户距离的远近上相互竞争时,它们就能通过相互接近的布局获取最大的市场份额。假设客户均匀地分布在(0,1)这个区间上,两个企业通过与客户距离的远近进行竞争,如图5-4所示。

图5-4 两家企业在直线上的布局

客户总是光顾最近的一家企业,而与两家企业距离相等的客户则在二者之间平均分配。如果总需求为1,企业1布局在点a,企业2布局在点$1-b$,那么两个企业的需求d_1和d_2分别是:

$$d_1 = \frac{1-b+a}{2} \text{ 和 } d_2 = \frac{1+b-a}{2}$$

显然,如果两家企业能更近地布局,最终使得$a=b=1/2$时,两家企业就能将自身的市场份额最大化。

假设两家企业布局在(0,1)的中间,那么与客户的平均距离是1/4;如果一家企业布局在1/4,而另一家企业布局在3/4,则与客户的平均距离减少到1/8。因此,竞争的结果使得两家企业在直线的中央邻近布局,尽管这样做增加了与客户之间的平均距离。

如果企业在价格上进行竞争,而且承担向客户送货的成本,那么最优的布局可能是二者尽可能离得远些,即企业1布局在0而企业2布局在1。相互远离的布局模式减少了价格竞争,有助于企业瓜分市场并实现利润最大化。

5.3.2.7 对顾客需求的反应时间

设计供应链网络时,企业必须考虑客户要求的反应时间。企业的目标客户若能容忍较长的反应时间,那么企业就能集中力量扩大每一个设施的生产能力;相反,如果企业的客户群认为较短的反应时间很重要,那么它就必须布局在离客户较近的地方,这类企业就应当设有许多生产基地,每个基地的生产能力较小,由此来缩短对客户需求的反应时间,增加供应链中设施的数量。(如图5-5所示)

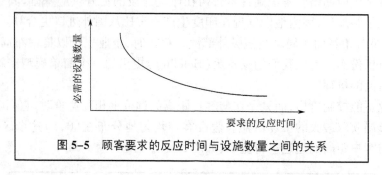

图5-5　顾客要求的反应时间与设施数量之间的关系

5.3.2.8　物流和设施成本

当供应链中的设施数量、设施布局和生产能力配置改变时,就会发生物流和设施成本。进行供应链网络设计时,企业必须考虑库存、运输和设施成本。

(1)库存成本。当供应链中设施数目增加时,库存及由此引起的库存成本就会增加(如图5-6所示)。为减少库存成本,企业会尽量合并设施以减少设施数量。

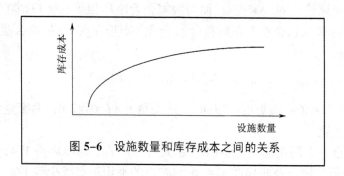

图5-6　设施数量和库存成本之间的关系

(2)运输成本。进货运输成本是指向设施运进原材料时发生的成本。送货运输成本是指从设施运出货物时发生的成本。单位送货成本一般比单位进货成本高,因为进货量一般较大。例如,在进货方面,亚马逊公司的仓库收到整车装运的书,但送货时却只向顾客寄出一个小包裹,一般只有几本书。增加仓库数量就能更接近顾客,从而减少进货距离,因此,增加设施数量就能减少运输费用,但如果设施数量增加到一定数目,使批量进货规模很小时,设施数量的增加也会使运输费用增多,如图5-7所示。随着自身的发展,亚马逊网上书店已经在其供应链网络中增加了仓库的数量,以便节省运费,

供应链管理概论

缩短反应时间。

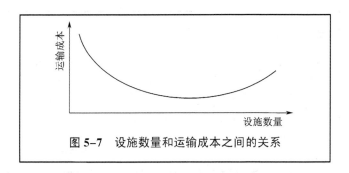

图 5-7　设施数量和运输成本之间的关系

如果随着加工过程的深化,原材料的重量和体积显著减小,那么在靠近原材料供应商处布局生产点将比靠近消费者布局好。比如说,利用铁矿石炼钢,产品重量只是投入的铁矿石的很小的一部分,因此在原料供应地附近布局钢铁厂就更合适,因为这样减少了大量运输铁矿石的距离。

（3）设施成本。任何企业在设施内消耗的成本分为两类:固定成本和可变成本。建设成本和租赁成本是固定成本,因为短期内它们并不随着通过设施的货流量的改变而改变。与生产或仓库运营相关的成本随加工或存储数量的变化而变化,因而被看做是可变成本。设施成本随着设施数量的减少而减少（如图 5-8 所示）,因为基地的合并能使企业在固定成本和可变成本两方面获取经济规模效益。

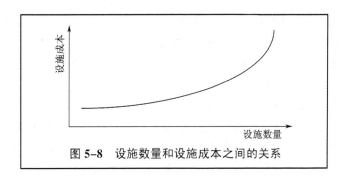

图 5-8　设施数量和设施成本之间的关系

物流总成本即供应链中库存、运输和设施成本之和。随着设施数目的增加,物流总成本先减后增,如图 5-9 所示。每家企业拥有最少设施数目,能使物流总成本最小化。例如,亚马逊网上书店已经在增加它的仓库数量,主要是为了减少物流成本并提高反应速度。作为一家想进一步缩短对顾客反应时间的公司,它可能不得不增加设施数量,以至超过最小物流成本对设施数量的要求。只有管理人员确信反应速度提高所带来的收益比额外的设施增加带来的成本要大时,企业才会在最低成本点以上仍增加设施数量。

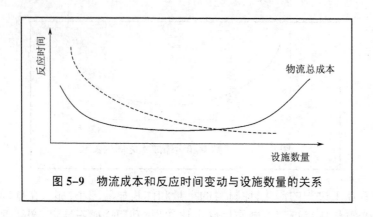

图 5-9　物流成本和反应时间变动与设施数量的关系

5.3.3　供应链网络设计决策框架

供应链网络设计决策分为 4 个步骤(如图 5-10 所示)。

5.3.3.1　明确供应链战略

供应链网络设计决策的第一步目标是,明确企业的供应链战略,即供应链战略详细说明以及供应链应该具备哪些功能,以支持企业竞争战略的实现。

第一阶段是从明确界定企业竞争战略开始的。企业竞争战略是指供应链要满足的一系列顾客需求。管理者必须预测全球性竞争的变化趋势,无论每一个市场区的竞争对手是地区性的还是全球性的厂商。管理者还必须明白可运用资本的限制,以及企业是否可以通过现有设施的利用、建设新设施或者设施的联合使用来实现发展。

管理者必须在企业竞争战略、竞争分析、任何规模经济或范围经济以及所有的限制条件基础之上决定供应链战略。

5.3.3.2　明确地区性设施的构架

网络设计第二步的目标是,选择设施布局的区域,明确设施的潜在作用及最大容量。

第二步的分析从每个国家的需求预测开始。这种预测必须包含对需求规模的估计,并确定各个国家之间的顾客要求是一致的,还是存在国际变化的。一致的需求对集中布局设施有利,而不同国家的不同需求则适合较小的地区性设施的布局。

接下来,决策者必须了解在既定生产技术下,规模经济或范围经济能否起到很大的作用,如果规模经济和范围经济效益明显,用较少的设施满足较多的市场可能更好一些。如果规模经济和范围经济效益微不足道,那么就比较适合每一市场拥有自己的供应源。例如,可口可乐公司在它的每一个市场区都有包装瓶生产厂,因为包装瓶的生产

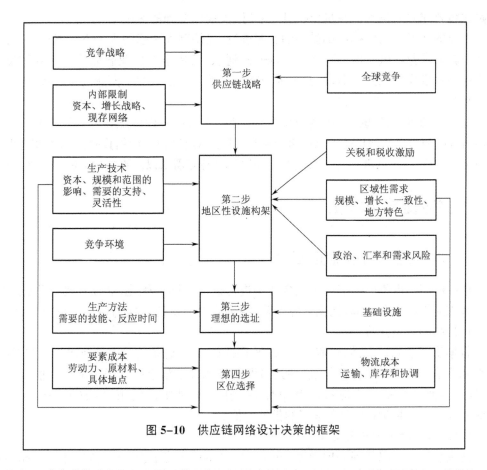

图 5-10　供应链网络设计决策的框架

并没有多大的规模经济。相反,像摩托罗拉之类的芯片生产商,考虑到生产中的规模经济,就只拥有少量的为全球市场服务的生产厂。

　　另外,管理者还要明确与不同地区市场相关的需求风险、汇率风险和政治风险,还必须认识到地区关税、地区对产品的特殊要求、税收减免以及每一市场的进出口限制。弄清楚每一地区内的竞争者并给出设施应当临近或远离竞争者布局的理由,还必须弄明白每一市场的理想反应时间。

　　依据上述信息,管理者将勾勒出供应链网络中地区性设施的构架。这种地区性构架将决定网络中设施的数量和设施的布局区位,并决定某项设施应当为网络中某个特定市场生产全部产品,还是应当生产所有市场需求的产品中的一部分。

　　5.3.3.3　选择合适的地点

　　第三步的目标是,在将要布局设施的区域范围内选择一系列的地点。理想的地点数量比将要建立的设施的数量要多，以便第四步找出精确的区位。

地点的选择应当依据基础设施的状况进行，以便确保预想的生产方式能正常进行。硬件设施要求包括供应商的存在、运输服务、通讯、公用事业以及仓储设施。软件设施要求包括可供雇佣的熟练劳动力、劳动力转换以及当地社区对工商业的接受程度。

5.3.3.4 选择布局区位

这一步的目标是选择精确的设施布局区位，并为每一设施配置容量。我们应从第三步所选出的一系列理想的地点中进行筛选，找出布局区位。网络设计是为了实现供应链总利润的最大化，并考虑每个市场的预期边际效益和需求以及不同的物流和设施成本。

5.4 供应链网络优化

5.4.1 供应链网络优化的理论基础

供应链网络由不同的节点企业构成。进行供应链网络优化，必须在动态优化过程中寻找供应链的薄弱环节，优化资源配置，将企业内的价值转换为供应链的价值链，以维持可持续的竞争优势。

根据物理学原理，我们知道，一条链子的强度，等于这条链子中最薄弱环节的强度，这意味着最弱的环节往往也是最强的，因为它蕴涵着使整个链条脱节的巨大能量。所以，应该全面考虑整套供应链的竞争优势。生产管理中的约束理论（Theory of Constraints，TOC）对供应链管理有很好的借鉴价值。

5.4.1.1 约束理论的定义

约束理论是由以色列物理学家 Eliyahu M. Goldratt 博士创立的，美国生产及库存管理协会（APICS）又称它为约束管理（Constraint Management）。约束理论可以应用到生产、分销、供应链和项目管理等领域，而且获得了很好的成效。

约束理论认为，任何一个由多个阶段构成的生产系统，如果其中一个阶段的产出取决于前面一个或几个阶段的产出的话，那么，某个产出率最低的阶段决定着整个系统的产出能力。换句话说，任何连续的系统都可以想像成一个环环相扣的链，这个系统的强度取决于链中最薄弱的环节，而不是最强的环节。因此可以说，在整个企业的经营流程中，任何一个阻碍企业有效扩大产出能力、降低库存和运行成本的环节，就是一个"约束"。"约束"是一个广义的概念，通常也称作"瓶颈"，约束主要由来自企业的"内部约束"和来自市场或外在环境的"外部约束"构成。任何系统至少存在着一个约束，否则它就可能获得无限的产出能力。因此，要提高一个系统的产出能力，必须要打破系统的"约束"。

我们可以以企业和供应链两个不同的视角来分析供应链的约束问题。在一个具有

n 个成员的供应链中,企业 $f(f=1,2,\cdots,n)$ 的业务活动集为 A_f^I,即:

$$A_f^I = A_f^1 Y A_f^2 Y \cdots Y A_f^m$$

定义1:如果企业只有一项业务活动,那么这项活动既是核心业务活动,也是约束。

定义2:如果企业内部业务活动可以构成一个网络结构,这个网络结构中存在一个关键路径,并且关键路径上的一个环节与 $A_f^i(i=1,2,\cdots,m)$ 能够聚集较大"能量",那么环节 A_f^i 就是企业业务活动的一个约束。

定义3:如果企业 f 是供应链的基本成员,并且在供应链运作过程中成为聚集较大"能量"的环节,那么企业 f 就是供应链的一个约束。

在观察企业 f 的活动过程中,重点考察 A_f^I 中的环节;而在观察供应链活动过程中,重点考察 A_s 中的环节。实际上,企业 f 之所以成为整个供应链的约束,可能也是由于 A_f^I 环节的约束。

对于企业,包含核心环节和瓶颈环节的业务流程,构成了企业价值增值的关键业务流程链。对于供应链网络,核心企业和瓶颈成员构成了供应链的关键企业链。约束不仅在供应链中存在,而且还会随着时间产生漂移。从一个业务活动转移到另一个业务活动,从一个基本成员转移到另一个基本成员,供应链上的任何一环都可能成为下一个最弱的环,成为瓶颈环节或瓶颈企业。因此,供应链管理的一项职能就是不断地对整个供应链进行诊断,及时发现将会成为下一个约束的环节或企业,从而制定克服这个新约束的决策。

5.4.1.2 约束理论的原则

约束理论的基本思想具体体现在它的管理原则上,已经成为实施约束理论的基石。约束理论的管理原则主要有:

(1)物流平衡代替生产能力平衡。追求生产能力的平衡是为了使企业的生产能力得到充分利用,因此,在设计一个新厂时,自然会追求生产过程中各环节生产能力的平衡。但是,对于一个已投产的企业,特别是生产多品种产品的企业,如果一定要追求生产能力的平衡,即使企业的生产能力充分利用,产品也并不都能恰好满足当时市场的需求,必然会造成一定数量的积压。

约束理论主张在企业内部平衡物流。所谓物流平衡就是使各个工序都与瓶颈设备同步,以求生产周期最短、在制品最少。约束理论认为,平衡生产能力实际是做不到的,因为波动是绝对的,市场每时每刻都在变化,生产能力总是相对稳定的,一味追求无法做到的事情将导致企业无法生存。因此,必须接受市场波动及其引起的相关事件这个现实,并在这一前提下追求物流平衡。

(2)系统的约束决定着非瓶颈资源的利用程度。系统的约束就是瓶颈。系统的产出是由所能经过瓶颈的量决定的,即瓶颈限制了产销量,而非瓶颈资源的充分利用不仅不能提高产销量,反而会使库存和运行成本增加。在图 5 – 11 所示的瓶颈与非瓶颈的四种基本关系中,关系 a,b,c 中非瓶颈资源的利用程度是由瓶颈资源决定的。

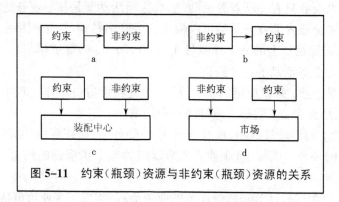

图 5-11　约束(瓶颈)资源与非约束(瓶颈)资源的关系

第一,关系 a。非瓶颈资源为后续工序,只能加工由瓶颈传送过来的工件,其使用率自然受瓶颈的制约。

第二,关系 b。虽然非瓶颈资源为前道工序,能够充分地使用,使用程度可以达到100%,但整个系统的产出是由后续工序,即瓶颈决定的,非瓶颈资源的充分使用只会造成在制品的连续增加,并不改变产出。

第三,关系 c。由于非瓶颈资源与瓶颈资源的后续工序均为装配,此时非瓶颈也能充分地使用,但受装配配套性的限制,由非瓶颈加工出来的工件其中能够进行装配的,必然受到瓶颈产出的制约,多余部分也只能增加在制品的库存。

第四,关系 d。非瓶颈资源的使用程度虽不受瓶颈的制约,但显然应由市场的需求来决定。

从以上分析可以看出,非瓶颈资源的使用率一般不应该达到100%。

(3)瓶颈上的损失则是整个系统的损失。一般而言,生产时间包括加工时间和调整准备时间。但在瓶颈资源与非瓶颈资源上的调整准备时间的意义是不同的。因为瓶颈控制了产销率,在瓶颈上中断一个小时,是没有附加的生产能力来补充的。而如果在瓶颈资源上节省一个小时的调整准备时间,则能增加一个小时的加工时间,相应地,整个系统也增加了一个小时的产出。所以,瓶颈必须保持100%的“利用”,尽量增大其产出。因此,对瓶颈还应采取特别的保护措施,不使其因管理不善而中断或窝工。

(4)非瓶颈获得的优化毫无意义。在非瓶颈资源上的生产时间除了加工时间和调整准备时间之外,还有闲置时间。节约一个小时的调整准备时间并不能增加产销率,而只能增加一个小时的闲置时间。当然,如果节约了一个小时的加工时间和调整准备时间,可以进一步减少加工批量,加大批次,以此降低在制品的库存和生产提前期。

供应链管理概论

（5）瓶颈控制了库存和产销率。产销率指的是单位时间内生产出来并销售出去的量，它受企业或供应链产能和市场需求量的制约。无论是企业还是供应链，产销率都是由瓶颈控制的。如果瓶颈存在于企业或供应链内部，表明企业或供应链的产能不足，因受到瓶颈能力的限制，产销率也会相应地受到限制。如果企业具有高于市场需求的产能，那么市场需求就成了瓶颈，即使企业能多生产，但由于市场承受能力不足，产销率也不能增加。同时，由于瓶颈控制了产销率，所以企业的非瓶颈应与瓶颈同步，它们的库存水平只要能维持瓶颈上的物流连续稳定即可，过多的库存只能是浪费。这样，瓶颈也就相应地控制了库存。

5.4.1.3　约束理论的应用

约束理论不仅突出了瓶颈的存在和影响，而且进一步强化了全局管理和动态优化的思想。

（1）方法论的形成。面对复杂的社会经济环境，供应链管理迫切需要优化供应链体系的方法论，以使物流以可预见的方式快速传递，从而有效地控制供应链节点企业的正常运行。根据约束理论，同一条链上的产品资源都是相互依存的环节，它们朝着创造利润的共同目标运转，这条链的强度由最薄弱的环节（瓶颈）决定，这些薄弱环节（瓶颈）作为关键资源限制了企业和供应链的正常运转。只有首先识别和排除这些瓶颈因素，才有可能合理地管理企业和供应链的产品流。

非瓶颈因素仅仅服务于这些瓶颈因素，亦即和着企业同步生产的节奏前进。在一个制造环境中，相对于生产能力而言，达到最大生产负荷的资源是一个瓶颈，它限制了其他资源的运转。在一个供应链体系中，成为瓶颈的节点企业，它内部的生产排程如果是优化的，那么生产节奏一定和着整条供应链的节奏。

传统的静态批量管理方法强调非瓶颈最优化与连续重排程等，它不仅引起了流程中的浮动瓶颈，而且加剧了供应链所有环节的内在波动。为了使企业和供应链能够获取最大利润和最优流程，应该合理地进行计划排序，确保瓶颈正常运行，保证生产不在非瓶颈资源上形成等待加工的在制品长队，以实现产销率最大化、产成品库存最小化、运行活动维持成本最低化的目标。

瓶颈本身并不能完全控制产销率，它还需要非瓶颈因素的支持。只要某一资源出现停滞，"非瓶颈"会暗示瓶颈可能濒于危险边缘。在优化实施过程中，不是通过对抗每一次动荡让企业和供应链忍受剧烈的不稳定性，而是设置时间缓冲区（Time - Buffers），保护关键资源，避开冲突。利用这些时间缓冲区，设计合理的时间延迟，只需确保关键资源能在规定的时间内抵达瓶颈，持续生产就实现了优化。

除了考虑供应链产销率最大化之外，还需要考虑客户需求的快速反应问题。如果不能精确预测市场需求，库存就会成为对抗不确定性的一种保险措施。但是设立一定容量的原料、工件和产成品库存需要大量的资金,而且,还会增加产品过时的风险。为满足客户需求建立库存,相对而言是一种极其昂贵的方式,只有保持企业和供应链物流畅通才是明智的选择,尤其当物流的排队时间占提前期的80%以上时,库存才不会成为流水线和物流的障碍。

在供应链管理方法的实施过程中,需要企业内部各组织部门之间以及供应链节点企业之间能建立起合作互利的双赢关系,协调与合作是供应链管理的核心。在产品供应链中,如果各个企业、部门间缺乏相互信任与合作,各个企业部门均以自己的利益为出发点进行决策,最终将会使所有的供应链节点企业的利益受到损害。牛鞭效应[①]很清楚地说明了这种影响,即由于企业间缺乏协调与合作的机制以及夸大的需求信息,所引起的企业存货成本、生产成本和固定投资的增加,这不仅极大地影响了企业的竞争力,也给社会带来巨大的浪费。

压缩客户提前期有助于产生一个更加精确可靠的预测,甚至可以免去预测。在客户需求中,来自企业的可靠运输会使客户其他无谓要求减至最小,由此解脱出来的宝贵能量将投入到加强深层次的配合中。在不改变大批量订货的前提下,加速物料流动,保持物流与客户实际需求的同步,将使企业对供应商的需求趋于稳定,也让供应商在流程中更加配合。制造商必须控制执行与排序,二者同等重要。

(2)企业管理的应用。对于一个生产企业来说,它的整个经营过程是由若干个相互联系的环节组成的链条。从市场营销、接受订单、采购原材料、生产加工、产品包装直到产品发运,一环扣一环,一个环节的产出受其前面环节的制约。

面对企业中越来越复杂的环节组合,传统的管理模式习惯于将链条断开,对每个环节进行局部优化。这种管理模式认为,对任何一个环节的改进就是对整个链条的改进,系统的整体改进等于各个分环节改进之和。在这种管理模式的驱动下,每个部门的管理人员都在同时抢夺系统的资源。他们都想使自己环节的能力最大化,因为他们相信这样做能使整个系统的有效性最大化。下面我们以一家出版公司为例来具体分析。

书籍出版的一个中间环节是印刷,印刷部门向出版公司总经理提交了一份建议书,提议公司只要花20万元,就能采用一种新方法,使印刷部门的生产率提高25%,而且立竿见影。总经理感觉不错,就在即将签字时,有人提出:印刷部门的产出会去向哪里? 下一个生产环节的在制品多不多? 调查发现,下一个生产环节的在制品已经堆积起来了,也就是说,这家公司花20万元买来的,将是延长下一个生产环节在制品的排队等待时间达25%以上这样一个结果,这20万元的花费其

---

① 牛鞭效应是指需求信息以订单的方式从零售端沿供应链的环节向上游传递时,产生的逐级放大的波动现象。

实不会给公司带来任何利润。

在企业管理应用过程中,应该注意这样一些现实:对大多数环节所进行的大多数改进对整个链条可能是无益的,系统的整体改进不等于各个环节的改进之和,企业的经营业绩应该以链条的"力量",而不是"能力"来衡量,这就要通过加强最薄弱环节来实现。这种管理模式的应用可以缓解企业内部各部门之间的资源冲突。一旦识别出最薄弱的环节,即企业的"约束",那么企业的资源就应该投入到改进这个约束上。

(3)供应链管理的应用。在共同的远景和契约约束下,供应商、制造商、分销商、零售商和客户形成了供应链,对于基本供应链成员和支持供应链成员,物流、信息流和资金流的流动过程展现了整条供应链的核心能力,在这条复杂的供应链上,协调衔接的难度非常大,更容易断裂。

围绕核心企业所形成的供应链,基本成员都有可能成为供应链上最薄弱的环节,而且,在发现约束——改进约束——发现约束的动态过程中,支持成员也可能会成为整个供应链的约束,而成为基本成员。从整条供应链的角度来看,单一企业约束的改进并不一定能改进整条供应链的效率。

在供应链的关键企业链上,成为约束的供应链基本成员不仅应该是供应链关注的焦点,而且该企业还应该更加关注企业内部的约束。供应链的优化过程将成为供应链成员的优化过程。

约束理论引导供应链管理者寻找关键企业链上的最薄弱环节。假如发现物流企业是最薄弱的一环,那么,即使生产制造企业可以获得充足的订单,并且能够生产出充足的产品,但是,由于无法及时送到客户手中,同样不能增强整条供应链的核心竞争能力。只有解决供应链的物流约束问题,才能真正改进供应链的绩效,获得竞争优势。

在供应链管理应用过程中,一旦识别出最薄弱的一环,即供应链的"约束",就应该注意约束企业,并将关键的社会资源配置到约束企业中,从而加强那个最薄弱环节。这种管理模式的应用,不仅可以平衡社会资源的优化配置、解决资源冲突而且可以通过利益分配机制的调整,动态地优化供应链的成员结构。

5.4.2　供应链网络优化实例

供应链网络优化通常包括几个阶段,涉及供应商、生产厂、仓库和市场。一个典型的供应链网络如图 5-12 所示。

一般来说,供应链网络优化包括设施布局优化和容量配置优化。在进行设施布局时,管理者需要考虑市场在仓库之间的划分以及仓库在工厂之间的配置问题。配置决策将随着不同成本的变化和市场发展而进行有规则的调整。进行网络优化时,区位决策和配置决策是联合进行的。

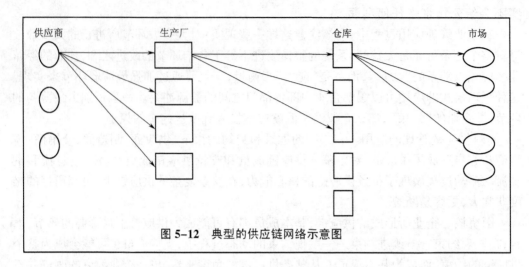

图 5-12　典型的供应链网络示意图

下面我们以两家生产光缆通讯设施的厂商为例来说明供应链网络的优化。吉百利（TelecomOne）公司和哈奥普蒂克（Highoptic）公司都是新一代通讯设备制造商。吉百利着眼于美国东半部的市场,它在巴尔蒂摩（B）、孟菲斯（M）和堪萨斯州的威奇托（W）都有自己的生产厂,服务的市场包括亚特兰大、波士顿和芝加哥。哈奥普蒂克公司瞄准美国西半部的市场,服务的市场包括丹佛、内布拉斯加州的奥马哈和俄勒冈州的波特兰。哈奥普蒂克公司的几个工厂分别位于怀俄明州的肖肖尼（C）和盐湖城（S）。

工厂的生产能力、市场需求、每 1 000 单位产量的生产成本和运输成本以及每个工厂每月的固定成本见表 5-1。

表 5-1　吉百利公司和哈奥普蒂克公司的生产能力、市场需求和成本

供应城市	需求城市 每 1 000 单位的生产和运输成本（千美元）						生产能力	月固定成本
	亚特兰大	波士顿	芝加哥	丹佛	奥马哈	波特兰		
巴尔蒂摩（B）	1 675	400	685	1 630	1 160	2 800	18	7 650
肖肖尼（C）	1 460	1 940	970	100	495	1 200	24	3 500
盐湖城（S）	1 925	2 400	1 425	500	950	800	27	5 000
孟菲斯（M）	380	1 355	543	1 045	665	2 321	22	4 100
威奇托（W）	922	1 646	700	508	311	1 797	31	2 200
月需求量 D_j	10	8	14	6	7	11		

5.4.2.1　需求量在工厂之间的分配

从表5-1可以看到,吉百利每月的总生产能力为71 000单位,总需求量为32 000单位。而哈奥普蒂克公司每月的产量为51 000单位,总需求量为24 000单位。两个公司都必须考虑在工厂之间进行需求分配,这种分配决策随着成本和需求的变化,每年都要重新进行调整。需求分配问题可以用网络优化模型解决。这一模型需要输入以下数据:

n = 工厂区位的数目

m = 市场或需求地的数量

D_j = 市场 j 的年需求量

K_i = 工厂 i 的年生产能力

C_{ij} = i 工厂生产一单位产品并送到 j 市场的成本(包括生产成本、库存成本和运输成本)

向不同工厂分配不同市场和需求的目标是使设施成本、运输成本和库存成本之和最小。对决策变量做如下定义:

$$x_{ij} = 每年从工厂 i 到市场 j 的运量$$

这一问题构成了下面这一线性模型:

$$\text{Min} \sum_{i=1}^{n} \sum_{j=1}^{m} C_{ij} x_{ij}$$

限制条件为:

$$\sum_{i=1}^{n} x_{ij} = D_j \qquad j = 1, \cdots, m \qquad (5.1)$$

$$\sum_{j=1}^{m} x_{ij} \leqslant K_i \qquad i = 1, \cdots, n \qquad (5.2)$$

公式(5.1)的限制保证了每一市场的需求得以满足,而公式(5.2)的限制则确保了每一工厂不能超过其生产能力进行生产。对这两家公司来说,可以运用 Excel 的 Solver 工具进行市场分配。表5-2给出了最佳需求分配方案。

表5-2　吉百利公司和哈奥普蒂克公司的最优需求配置

		亚特兰大	波士顿	芝加哥	丹佛	奥马哈	波特兰
吉百利公司 哈奥普蒂克公司	巴尔蒂摩(B)	0	8	2			
	孟菲斯(M)	10	0	12			
	威奇托(W)	0	0	0			
	盐湖城(S)		0	0	11		
	肖肖尼(C)				6	7	0

我们注意到,虽然威奇托是最佳工厂区位,且吉百利位于威奇托的工厂可以运营,但该工厂却已停止生产。表5-2给出的需求分配表明,吉百利每月消耗的可变成本是14 886 000美元,月固定成本为13 950 000美元,月总成本为28 836 000美元;哈奥普蒂克公司的月可变成本为12 865 000美元,月固定成本为85 000 00美元,月总成本为21 365 000美元。

5.4.2.2 工厂布局:生产能力既定的工厂布局模型

吉百利公司和哈奥普蒂克公司的经理们已经决定将这两家公司合并成一个名为吉百利–奥普蒂克的新公司。他们认为,如果两个供应网络恰当地合并,将获益匪浅。新公司将拥有5个生产厂,服务于6个市场。管理者正在讨论是否每个工厂都是必需的。他们已经指派了一个供应链小组来研究供应网络,以明确哪些工厂应当关闭。供应链小组决定使用布局的网络优化模型来解决这一问题。这一模型需要输入以下数据:

n——潜在的工厂布局区位数量

m——市场或需求点的总数量

D_j——市场j的年需求量

K_i——工厂的潜在年生产能力

F_i——工厂i运营中按年分摊的固定成本

C_{ij}——工厂i生产一单位产品并将之送到j市场的成本(包括生产成本)

该小组的目标是决定工厂的区位,然后将市场需求分配到每一个正在运营的工厂中,以减少设施成本、运输成本和库存成本。决策变量的定义如下:

$$y_i = 1 \quad 如果工厂i运营,否则为0$$

$$x_{ij} = 每年从工厂i运送至市场j的货物数量$$

这一问题构成以下整数模型:

$$\text{Min} \sum_{i=1}^{n} f_i y_i + \sum_{i=1}^{n} \sum_{j=1}^{m} C_{ij} x_{ij}$$

限制条件为:

$$\sum_{i=1}^{n} x_{ij} = D_j \qquad j = 1, \cdots, m \tag{5.3}$$

$$\sum_{j=1}^{m} x_{ij} \leq K_i y_i \qquad i = 1, \cdots, n \tag{5.4}$$

$$y_i \in \{0,1\} \qquad i = 1, \cdots, n \tag{5.5}$$

目标方程是使网络建设和运营总成本(包括固定成本和可变成本)最小化。公式(5.3)的限制条件确保了所有需求得到满足。公式(5.4)确保了每一工厂的生产不超过其生产能力(显然,如果工厂被关闭,则生产能力为0;如果工厂运营,则生产能力为K_i,$K_i y_i$恰当地表明了这一点)。公式(5.5)的限制条件将工厂分为运营($y_i = 1$)或关闭($y_i = 0$)两类。这一解决方案将明确哪些工厂将继续运营,并将市场需求划分到这些工厂中去。

合并后的新公司吉百利—奥普蒂克所属不同工厂的生产能力和需求资料以及生产、运输和库存费用见表 5 – 1。供应链小组决定用 Excel 的 Solver 工具求解工厂区位模型,求解结果见表 5 – 3。

表 5 – 3　合并后的新公司吉百利—奥普蒂克的最优需求配置

	运营/关闭	亚特兰大	波士顿	芝加哥	丹佛	奥马哈	波特兰
巴尔蒂摩(B)	1	0	8	2	0	0	0
肖肖尼(C)	1	0	0	0	6	7	11
盐湖城(S)	0	0	0	0	0	0	0
孟菲斯(M)	1	10	0	12	0	0	0
威奇托(W)	0	0	0	0	0	0	0

通过求解,供应链小组得出结论:吉百利—奥普蒂克公司的最佳选择是关闭在盐湖城和威奇托两地的工厂,而继续运行巴尔蒂摩、肖肖尼和孟菲斯的工厂。每月的网络和运营成本为 47 401 000 美元。这一成本比吉百利公司和哈奥普蒂克公司独立运营时成本节省了近 3 000 000 美元。

5.4.2.3　工厂和仓库同时布局

如果要设计从供应商到顾客的整个供应链网络,就要考虑更一般的工厂布局模型了。我们看看这样一个供应链网络:供应商向工厂提供原材料,工厂设有为市场服务的仓库,我们必须为工厂和仓库同时做出布局和容量配置决策,大量的仓库用于满足市场,大量的工厂用于更新库存。在这一模型中,我们同样假设计算单位被适当调整,因而,来自供应商的每一单位的投入能生产出一单位的最终产品。这一模型要求输入以下数据:

m——市场或需求点的数量

n——潜在的工厂区位数量

l——供应商的数量

t——潜在的仓库区位数量

D_j——顾客 j 的年需求量

K_i——布局于 i 点的工厂的生产能力

S_h——供应商 h 的年供应能力

W_e——布局于 e 点的仓库的年仓储能力

f_i——布局于 i 点的工厂的年固定成本

f_e——在 e 点布局一家仓库的年固定成本

C_{hi}——从供应源 h 运送单位货物到工厂 i 的成本

C_{ie}——i 点的工厂生产单位产品并运送到 e 点的仓库的成本

C_{ej}——从 e 点的仓库为 j 点的顾客送单位货物的成本

这一模型的目标是确定工厂和仓库的区位以及不同地点之间的运输数量,以减少总的固定成本和可变成本。定义如下决策变量:

$y_i = 1$ 如果工厂布局在 i 点,否则为 0

$y_e = 1$ 如果仓库布局在 e 点,否则为 0

$x_{ej} =$ 每年从 e 点的仓库运到市场 j 的货物的数量

$x_{ie} =$ 每年从 i 点的工厂运到 e 点的仓库的货物数量

$x_{hi} =$ 每年从 h 点的供应商运到 i 点的工厂的原材料数量

于是,这一问题构建了以下整数模型:

$$\text{Min} \sum_{i=1}^{n} f_i y_i + \sum_{e=1}^{t} f_e y_e + \sum_{h=1}^{l} \sum_{i=1}^{n} c_{hi} x_{hi} + \sum_{i=1}^{t} \sum_{e=1}^{t} c_{ie} x_{ie} + \sum_{e=1}^{t} \sum_{j=1}^{m} c_{ej} x_{ej}$$

限制条件是:

$$\sum_{i=1}^{n} x_{hi} \leq S_h \quad h = 1, \cdots, l \tag{5.6}$$

$$\sum_{h=1}^{l} x_{hi} - \sum_{e=1}^{t} x_{ie} \geq 0 \quad i = 1, \cdots, n \tag{5.7}$$

$$\sum_{e=1}^{t} x_{ie} \leq K_i y_i \quad i = 1, \cdots, n \tag{5.8}$$

$$\sum_{i=1}^{n} x_{ie} - \sum_{j=1}^{m} x_{ej} \geq 0 \quad e = 1, \cdots, t \tag{5.9}$$

$$\sum_{j=1}^{m} x_{ej} \leq W_e y_e \quad e = 1, \cdots, t \tag{5.10}$$

$$\sum_{e=1}^{t} x_{ej} = D_j \quad j = 1, \cdots, m \tag{5.11}$$

$$y_i, y_e \in \{0,1\} \tag{5.12}$$

目标模型是使总的固定成本和可变成本最小。公式(5.6)的条件限制表明,从供应商运到工厂的原材料不能超过供应商的生产能力。公式(5.7)的限制条件表明,工厂运出货物的数量不能大于原材料的输入量。公式(5.8)的限制条件表明,工厂的产量不能超过其生产能力。公式(5.9)的限制条件表明,仓库的发货量不能超过来自工厂的货物总量。公式(5.10)的限制条件表明,经过仓库的货物总量不能超过其仓库容量。公式(5.11)的限制条件表明,所有的客户需求都将得到满足。公式(5.12)的限制条件表明,工厂或仓库要么关闭要么运营。

将讨论的模型修改一下就可以使工厂和市场之间进行直接运送。这里讨论的所有模型通过修改也都能囊括生产、运输和库存中的规模经济,但这些要求使模型更难以求解。

5.5　本章小结

现代的供应链概念注重与其他企业的联系和供应链的外部环境,倾向于将供应链定义为一个通过链中不同企业的制造、组装、分销、零售等过程,将原材料转换成产品销售给最终客户,形成了一个范围更大、更系统的概念。供应链网络结构由三个基本方面组成:供应链成员、网络结构变量、供应链工序连接的方式。

供应链网络设计决策的核心就是供应链设施决策。供应链设施决策包括生产、储藏或运输相关设施的区位及每样设备的容量和功能,它包括:设施功能、设施区位、容量配置、市场和供给配置。供应链网络设计的影响因素有:战略性因素、技术因素、宏观经济因素、政治因素、基础设施因素、竞争性因素、对顾客需求的反应时间、物流和设施成本。供应链网络设计决策分为 4 个步骤:①明确供应链战略;②明确地区性设施的构架;③选择合适的地点;④选择布局区位。

约束理论是由以色列物理学家 Eliyahu M. Goldratt 博士创立的,美国生产及库存管理协会又称它为约束管理。它可以应用到生产、分销、供应链和项目管理等领域,而且获得了很好的成效。约束理论认为,任何一个由多个阶段构成的生产系统,如果其中一个阶段的产出取决于前面一个或几个阶段产出的话,那么,某个产出率最低的阶段决定着整个系统的产出能力。约束理论的管理原则主要有:①物流平衡代替生产能力平衡;②系统的约束决定着非瓶颈资源的利用程度;③瓶颈上的损失是整个系统的损失;④非瓶颈获得的优化毫无意义;⑤瓶颈控制了库存和产销率。

案例分析

美国通用配件公司的网络规划[①]

美国通用配件公司(Genuine Parts Company,GPC)是一家生产和经营汽车配件产品、工业用品、办公用品、电器及电子设备等多种产品的大型集团公司,是纽约股票交易所上市公司(NYSE)和道·琼斯工业指数(DJI)成分股公司之一,在 2002 年美国"财富 500"强中名列第 235 位。

一、GPC 的网络现状

GPC 每年都生产和销售数目惊人的各类产品,其业务主要由四个子集团来完成:汽车配件集团 NAPA(National Automotive Parts Association)通过和

---

① 案例引自蒋长兵编著:《现代物流管理案例集》,中国物资出版社 2005 年版。

其他相关机构分销近 300 000 种的汽车配件产品。目前 NAPA 业已成为世界上最大的汽车配件及汽车用品分销商,在美国拥有 61 家分销中心,5 800 家汽配连锁店,10 800 个连锁的维修站、养护中心及事故车维修中心等,常备库存能提供 300 000 种以上产品进行销售,这些产品涵盖美国、日本、德国和其他欧洲、亚洲及世界各地厂商生产的各种车型的配件、维修工具与装备、汽车养护用品、油品、化学品和其他附属用品等;工业配件集团每年分销 2 000 000 件以上的产品给各类用户;办公用品集团通过下属公司 SPR(S. P. Richards Company)分销数以千计的商务和办公性产品;电子和电器设备集团也设有下属子公司 EIS,分销 75 000 件以上的产品。汽车配件和汽车用品是 GPC 公司的主要产品。

GPC 汽车配件产品和办公用品等产品的分销方式如下:GPC 是 Rayloc 的母公司,后者拥有 Rayloc 商品配送服务(Rayloc Merchandise Distribution Service,RMDS),负责将 GPC 的产品从供应商配送到各配送中心。RMDS 拥有自己的运输车队和配送中心,主要是利用公司自行拥有的条件完成配送任务,在极少的情况下才借助第三方的力量。RMDS 建立了多处配送中心,在奥特兰大的配送中心和印第安纳波利斯的配送中心,还分别建立了五个 Rayloc 分销中心,提供与配送中心类似的业务。RMDS 根据每周的计划安排,主要使用自己的运输工具,完成给定的配送任务。

二、RDMS 的业务流程

通常,RMDS 的运输车队负责将配送中心的产品分发到一个或多个 GPC 配送中心。当产品运送到配送中心后,车队将开往下一个计划的供应商处或是其他的供应商处,装载客户定购的产品,再返回到配送中心,将产品卸载到配送中心,再根据商品目的地的差异,有条理地存放这些产品,安排适当的运输车辆,以便完成下一次的运输业务。车队还经常从配送中心挑选出少量的频繁使用的产品和零部件,分别运送产品给供应商,运送零部件到工厂。每个 GPC 配送中心都要独立管理自己的车队,并与 RDMS 运输系统相独立,负责运送配送中心的产品给具体客户。

配送中心的典型操作流程是:客户(批发商和零售商)提供订单给配送中心;配送中心根据得到的订单中的商品清单,挑选出客户指定的商品,组织运输车辆,装载运输。配送中心每天有两次主要的运输安排。如果客户的订单下得早,商品中午就会运送出去,当天即可送到客户的手中。如果订单下的晚,车辆则要下午出发,午夜才能运送到客户处。

在每次运货的时候,车队都要从配送中心运送商品到多个客户处。有些配送中心(例如 NAPA 分销中心)有时也搭便车,运送少量的急需产品到零售商店,甚至是车间。在配送中心,借助第三方单位的车辆仅仅是需要运送一些小商品时才采用。

三、GPC 供应链网络存在的问题

如果我们仔细观察 GPC 的供应链网络,很快就会发现存在大量问题。基本产品仓库贮存问题是 GPC 网络系统的一个严重的问题。在这里,我们自然会考虑以下两个问题:

(1)GPC 拥有众多的产品,那么在每个配送中心里要存放什么样的产品?

(2)每类产品的数量应是多少?

现在,GPC 制定了一项服务标准,即 GPC 承诺客户所定购的商品要在 24 小时内送到。为此,在每一个配送中心都不得不存放数量巨大的各类商品。这样的方式是许多行业采用的,是一种经典的方式,但已与实际需求有所差距。

GPC 的许多配送中心的产品存放量是非常有限的,如果有计划地挑选一定数量的产品,将有可能更好地有利用配送中心。因此,关键的问题是对配送中心的库存产品进行分类和挑选。

为此,GPC 网络的运行模式有许多需要改进的地方:

(1)滞留产品可以保存在更少的配送中心里面。当一个配送中心接到一个客户的订单而这个配送中心的产品目录中恰恰没有这种产品时,这份订单可以被送到有这类产品的配送中心去,再由这个配送中心直接运送产品到客户处;配送中心也可以通过第三方单位代理;或者是送产品到离客户最近的配送中心,再按常规途径运送产品给客户。

(2)选择何种运送方式是一个比较困难的抉择,因为 GPC 要维护 24 小时内送货上门的承诺。解决这个问题的一种方式是允许客户在下订单的时候根据自己的实际需求选择运送的时间或者运送的方式,然后配送中心再根据客户的选择安排运送事宜。例如,当客户定购一个在这个配送中心内没有的滞留产品时,他可以选择付费加快送递的方式。这也是现在的大多数互联网零售商常采用的方式。

(3)另外,有时也会出现 GPC 的下属集团在相同的城市内分别建有自己的配送中心的情况。如果能将这些配送中心有机联合起来,将会降低运输费用。

在上面,我们提到配送中心的库存量有限的问题,这是许多配送中心不得不考虑的问题。下面有两种解决方法:

（1）需求量大的产品保存在每个配送中心内。但是，由于配送中心库存容量的限制，这种做法意味着其他产品的数量必须减少。

（2）需求量大的产品仅仅保存在某些特定的配送中心内，定购这些设备的订单将被送到这些配送中心。正像上面提及的，在这种情况下，维持24小时送货的承诺将是件困难的事情。但是，我们现在知道，很多的客户并不要求一定在24小时内送货上门，特别是对于大数量的订单，这些客户往往喜欢低廉的运送费用，哪怕是加长运送时间。

四、还需考虑的问题

在这个案例中，大量的问题涉及网络的设计与优化。对于一个以产品配送为主导业务的网络，下面的问题应该重点考虑：

（1）配送中心的数量和地理位置分布；

（2）产品清单管理办法，包括每一个配送中心的产品选择、补给产品及数量；

（3）订单的运送时间由客户选择，客户可以选择不同的服务类型。

在产品运输上还有大量相关的问题值得我们研究：例如，公司如何管理好自己的运输车队；在一个车队中需要有多少车辆，需要什么类型的车辆；什么样的工作任务需要公司自己的车队完成，什么样的任务需要借助第三方的力量完成；需要多少个配送中心，它们应该如何分布；应该遵守怎样的运送标准（例如以星期为单位固定周期运送）。

（4）第三方单位采用怎样的运货方式。在每次产品运送中，什么样的第三方单位要介入；第三方单位采用什么样的运送方式，是比本单位效率低的，还是比本单位效率高的，一定要相匹配。

复习思考题

1. 简述供应链网络的基本特征。
2. 描述供应链网络的基本结构。
3. 说明核心企业的作用以及由核心企业建立的组织结构类型。
4. 供应链网络设计的影响因素有哪些？
5. 简述供应链网络设计的一般步骤。

6. 什么是约束理论？

7. 如何理解约束理论的管理原则？

8. 分析约束理论在供应链管理中的应用。

6

供应链与采购管理

6.1　引言

加强采购管理对提高企业管理水平、降低产品成本有着重要的作用。尤其是在当代,供应链及供应链管理学科的出现更引起了人们对供应链管理环境下采购管理的研究兴趣。本章系统地阐述了供应链下的采购管理,包括传统的采购模式与供应链管理下采购模式的区别、新的采购模式的特点、采购与供应商的关系以及如何加强在采购过程中对供应商的管理等方面内容。

6.2　供应链管理环境下的采购管理概述

6.2.1　传统的采购模式

6.2.1.1　询价采购

所谓询价采购,就是向选定的若干个供应商发询价函件,让他们报价,采购商根据各个供应商的报价选定供应商进行采购的方法。询价采购具有以下特点:

(1)选择供应商。选择供应商不是面向整个社会所有的供应商,而是在对供应商进行充分调查的基础上,筛选一些比较有实力的供应商。

(2)供应商少而精。所选择的供应商数量不是很多,但是产品质量好、价格低、企业实力强、服务好、信用度高,企业对向他们采购比较放心。

(3)采购过程比较简单、工作量小。因为数量少、范围窄,所以无论是通讯联系还是采购进货都比较方便、灵活,采购程序比较简单、工作量小、采购成本低、效率高。

(4)邀请性询价方式。即通常是分别向各个供应商发询价函,供应商并不是面对面的竞争,因此各自的产品价格与质量都比较客观、正常地反映出来,避免了面对面竞争时常常发生的价格扭曲、质量走样的事情。

正是询价采购的这些特点,它才被广泛地应用于政府采购活动之中。尽管询价采购具有上述优点,但仍有一些局限性,即所选供应商数量少、范围窄,可能选中的供应商不一定是最优的。与其他几种采购方式相比,询价采购较适用于数量少、价值低或急需商品的采购。

6.2.1.2　比价采购

比价采购是指物资供应部门在自己的资源市场成员内对三家以上的供应商提供的报价进行比较,将最理想的报价作为订货价格,以确保价格具有竞争性的采购方式。这种采购方式适合市场价格较乱或价格透明度不高的单台小型设备、工具及批量物资的采购。例如,山东潍坊亚星集团有限公司自 1994 年开始实施比价采购,在 6 000 多种物资的采购过程中,至 1999 年,5 年累计节约采购成本 7 092 万元,其采购成本与国内同行业厂家相比平均要低 8%。

6.2.1.3 招标采购

招标采购是指通过在一定范围内公开购买信息,说明拟采购物品或项目的交易条件,邀请供应商或承包商在规定的期限内提出报价,经过比较分析后,按既定标准确定最优惠条件的投标人并与其签订采购合同的一种高度组织化采购方式。招标采购是在众多的供应商中选择最佳供应商的有效方法,它体现了公平、公开和公正的原则。企业采购通过招标程序,可以最大限度地吸引和扩大投标方之间的竞争,从而使招标方有可能以更低的价格采购到所需要的物资或服务,更充分地获得市场利益。招标采购方式通常用于比较重大的建设工程项目、新企业寻找长期物资供应商、政府采购或采购批量比较大等场合。

6.2.2 传统采购模式的主要特点

传统采购的重点一般放在如何与供应商进行商业交易的活动上,比较重视交易过程中供应商的价格比较,通过供应商的多头竞争,从中选择价格最低的供应商作为合作者。虽然质量、交货期也是采购过程中的重要考虑因素,但在传统的采购模式下,质量、交货期等都是通过事后把关的办法进行控制的,如到货验收等,交易过程的重点放在价格的谈判上。因此,在供应商与采购部门之间经常要进行报价、询价、还价等来回的谈判,并且多头进行,最后从多个供应商中选择一个价格最低的供应商签订合同。传统采购模式的特点主要表现在以下几个方面:

6.2.2.1 传统采购过程是典型的非信息对称博弈过程

在传统的采购活动中,选择供应商是首要的任务。在采购过程中,采购方为了能够从多个竞争的供应商中选择一个最佳供应商,往往会保留私有信息,因为给供应商提供的信息越多,供应商的竞争筹码就越大,这样对采购方不利,因此采购方尽量保留私有信息,而供应商也在和其他的供应商竞争中隐瞒自己的信息。这样,采购、供应双方都不能进行有效的信息沟通,这就是非信息对称的博弈过程。

6.2.2.2 验收检查是采购部门的一个重要的事后把关工作,质量控制的难度大

质量与交货期是采购方要考虑的另外两个重要因素,但是在传统的采购模式下,要有效控制质量和交货期只能采取事后把关的办法,因为采购一方很难参与供应商的生产组织过程和有关质量控制的活动,相互的工作是不透明的,因此需要通过各种有关标准(如国际标准、国家标准等)进行检查验收。缺乏合作的质量控制会增大采购部门对

采购物品质量控制的难度。

6.2.2.3　供需关系是临时的或短时期的合作关系,而且竞争多于合作

在传统的采购模式中,供应与需求之间的关系是临时性的或者短时性的合作,而且竞争多于合作。由于缺乏合作与协调,采购过程中容易相互扯皮,产生诸多抱怨,大量时间都消耗在解决这些问题上,而没有更多的时间用来做长期预测与计划工作,供应与需求之间这种缺乏合作的气氛增加了运作中的不确定性。

6.2.2.4　响应用户需求能力迟钝

由于供应与采购双方在信息的沟通方面缺乏及时的信息反馈,在市场需求发生变化的情况下,采购方不能改变供应方已有的订货合同,因此采购方在需求减少时库存增加,需求增加时,则出现供不应求的情况,而重新订货又要增加谈判过程,因此,供需之间对用户需求的响应不能同步进行,缺乏应付需求变化的能力。

6.2.3　传统采购模式与供应链管理下采购模式的差异

在供应链管理环境下,企业的采购方式和传统的采购方式有所不同。这些差异主要体现在以下3个方面:

6.2.3.1　从为库存而采购向为订单而采购转变

在传统采购模式中,采购的目的很简单,就是为了补充库存,即为库存而采购。采购部门并不关心企业的生产过程,不了解生产的进度和产品需求的变化,因此采购过程缺乏主动性,采购部门制定的采购计划很难适应制造需求的变化。在供应链管理模式下,采购活动是以订单驱动的方式进行的,制造订单是在用户需求订单的驱动下产生的,进而,制造订单驱动采购订单,采购订单再驱动供应商。这种即时的订单驱动模式,使供应链系统得以准时地响应用户的需求,从而降低了库存成本,提高了物流的速度和库存周转率。订单驱动的采购方式有以下特点:

(1)由于供应商与制造商建立了战略合作伙伴关系,签订供应合同的手续大大简化,不再需要双方的询盘和报盘的反复协商,交易成本也因此大为降低。

(2)在同步化供应链计划的协调下,制造计划、采购计划、供应计划能够同时进行,缩短了用户响应的时间,实现了供应链的同步化运作。采购与供应的重点在于协调各种计划的执行。

(3)采购物资直接进入制造部门,减少了采购部门的工作压力和不增加价值的活动,实现了供应链的精细化运作。

(4)信息传递方式发生了变化。在传统采购方式中,供应商对制造过程的信息不了解,也无需关心制造商的生产活动。但在供应链管理环境下,供应商能共享制造部门的信息,提高了供应商的应变能力,减少信息失真。同时,在订货过程中不断进行信息反馈,修正订货计划,使订货与需求保持同步。

(5)实现了面向过程的作业管理模式的转变。订单驱动的采购方式简化了采购工作流程,采购部门的作用主要是沟通供应与制造部门之间的联系,协调供应与制造的关系,为实现精细采购提供基础保障。

6.2.3.2 从采购管理向外部资源管理转变

外部资源管理就是将采购活动渗透到供应商的产品设计和产品质量控制过程。

(1)实施外部资源管理的必要性。传统采购管理的不足之处就是,与供应商之间缺乏合作,缺乏柔性和对需求快速响应的能力。准时制思想出现以后,对企业的物流管理提出了严峻的挑战,需要改变传统的单纯为库存而采购的管理模式,提高采购的柔性和市场响应能力,增加与供应商的信息联系以及相互之间的合作,建立一种新的供需合作模式。一方面,在传统的采购模式中,供应商对采购部门的要求不能得到实时的响应,另一方面,关于产品的质量控制也只能进行事后把关,不能进行实时控制,这些缺陷使供应链企业无法实现同步化运作。

实施外部资源管理也是实施精细化生产、零库存生产的要求。供应链管理中的一个重要思想就是,在生产控制中采用基于订单流的准时制生产模式,使供应链企业的业务流程朝着精细化生产努力,即实现生产过程的几个"零"化管理:零缺陷、零库存、零交货期、零故障、零(无)纸文书、零废料、零事故、零人力资源浪费。

外部资源管理是实现上述供应链管理思想的一个重要步骤。从供应链企业集成的过程来看,它是供应链企业从内部集成走向外部集成的重要一步。

(2)制造商实施外部资源管理的要点。要实现有效的外部资源管理,制造商的采购活动应从以下5个方面进行改进。

第一,与供应商建立一种长期的、互惠互利的合作关系。这种合作关系保证了供需双方有合作的诚意以及参与双方共同解决问题的积极性。

第二,通过提供反馈信息和教育培训支持,在供应商之间促进质量改善和质量保证。传统采购管理的不足在于,没有给予供应商在有关产品质量保证方面的技术支持和反馈信息。产品的质量是由顾客的要求决定的,而不是简单地通过事后把关所能解决的。在这种情况下,质量管理工作需要在下游企业提供相关质量要求的同时,及时把产品质量问题反馈给供应商,以便及时改进。对个性化的产品质量要提供有关技术培训,使供应商能够按照要求提供合格的产品和服务。

第三,参与供应商的产品设计和产品质量控制过程。同步化运营是供应链管理的一个重要思想。通过同步化的供应链计划使供应链各企业在响应需求方面取得一致性的行动,增加供应链的敏捷性。实现同步化运营的措施是个并行工程,制造商企业应该参与供应商的产品设计和质量控制过程,共同制定有关产品质量标准等,使需求信息能较好地在供应商的业务活动中体现出来。

第四,协调供应商的计划。一个供应商有可能同时参与多条供应链的业务活动,在资源有限的情况下必然会造成多方需求争夺供应商资源的局面。在这种情况下,下游企业的采购部门应主动参与供应商的协调计划,保证供应链的正常供应关系,维护企业的利益。

第五,建立一种新的、有不同层次的供应商网络,并通过逐步减少供应商的数量,致力于与供应商建立合作伙伴关系。一般而言,供应商越少越有利于双方的合作。但是,企业的产品对零部件或原材料的需求是多样的,因此,不同的企业,供应商的数目不同,企业应该根据自己的情况选择适当数量的供应商,建立供应商网络,并逐步减少供应商的数量,致力于和少数供应商建立战略伙伴关系。

外部资源管理并不是采购方(下游企业)单方面的努力就能取得成效的,而需要供应商的配合与支持,为此,供应商也应该从以下几个方面提供协作:①帮助拓展用户(下游企业)的多种战略;②保证高质量的售后服务;③对下游企业的问题做出快速反应;④及时报告所发现的可能影响用户服务的内部问题;⑤基于用户的需求,不断改进产品和服务质量;⑥在满足自己的能力需求的前提下提供一部分能力给下游企业,即能力外援。

6.2.3.3 从一般买卖关系向战略协作伙伴关系转变

在传统的采购模式中,供应商与需求企业之间是一种简单的买卖关系,因此,无法解决某些涉及全局性、战略性的供应链问题,而基于战略伙伴关系的采购方式为解决这些问题创造了条件。

第一,库存问题。在传统的采购模式下,供应链的各个企业都无法共享库存信息,各个节点企业都独立地采用订货点技术进行库存决策,不可避免地会产生需求信息扭曲的现象,因此,供应链的整体效率得不到充分提高。但在供应链管理模式下,通过双方的战略协作伙伴关系,供需双方可以共享库存数据,因此采购的决策过程变得更加透明,减少了需求信息的失真现象。

第二,风险问题。供需双方通过战略性协作伙伴关系,可以降低由不可预测的需求变化带来的风险,比如,运输过程中的风险、信用的风险、产品质量的风险等。

第三,便利问题。通过战略协作伙伴关系可以为双方共同解决问题提供便利条件,通过战略协作伙伴关系,双方可以为制定战略性的采购供应计划共同协商,而不必为日常琐事消耗时间与精力。

第四,降低采购成本问题。通过合作伙伴关系,供需双方都从降低交易成本中获得了好处。由于避免了许多不必要的手续和谈判过程,信息的共享避免了信息不对称决策可能造成的成本损失。

供应链管理概论

第五,组织障碍问题。战略性协作伙伴关系消除了供应过程中的组织障碍,为实现即时化采购创造了条件。

6.2.4 供应链管理环境下采购的特点

从以上的分析中可以看出,随着供应链管理的出现,采购发生了很大的变化,下面我们从不同的角度对这些变化加以具体分析。

6.2.4.1 从采购的性质来看

供应链管理环境下的采购是一种基于需求的采购,需要多少就采购多少,什么时候需要就什么时候采购,采购回来的货物直接送需求点进入消费。而传统的采购则是基于库存的采购,采购回来的货物直接进入库存,等待消费。这也是前面所讲的从为库存而采购转变成为需求而采购。

供应链管理环境下的采购又是一种供应商主动型采购。由于供应链的需求者的需求信息随时都传送给供应商,所以供应商能够随时掌握用户的需求信息、需求状况和变化趋势,及时调整生产计划、补充货物,主动跟踪用户需求,适时适量地满足用户需要。由于双方是友好合作的利益共同体,如果需求方的产品质量不好,供应商也会蒙受损失,因此供应商会主动关心产品质量,自觉把好质量关,保证需求方的产品质量,需求方完全不用操心采购的事情,只要按时支付货款。对需求方来说,这是一种无采购操作的采购方式。而传统的采购则必须靠用户自己主动承担全部采购任务。因为他的需求信息供应商不知道、供应商的信息他也不知道,所以他必须自己主动去采购,这就要花费很多时间去调查供应商、产品和价格,然后选择供应商,和供应商洽谈、订合同,联系进货,进行严格的货检。对需求方来说,这是一种全采购操作的采购方式,而供应商则完全处于被动的地位。

供应链采购是一种合作型采购。为了产品能在市场上占有一席之地、获得更大的经济效益,双方从不同的角度互相配合、各尽其力,在采购上也是互相协调配合,提高采购工作的效率,最大限度地降低采购成本,最好的保证供应。而传统采购是一种对抗性采购。由于双方是一种对抗性竞争关系,交易双方互相保密,只顾自己获取利益,甚至还互相算计对方,因此,交易谈判、货物检验等都难以进行。双方不是互相配合,而是互相不负责任,甚至互相坑害,以次充好、低价高卖。需求方必须时时小心、处处小心,因此,花在采购上的时间、精力、费用确实很高。

6.2.4.2 从采购的环境来看

供应链管理环境下的采购是在一种友好合作的环境下进行的。而传统采购则是在一种利益互斥、对抗性竞争环境下进行的,这是两种采购制度的根本区别。供应链采购的根本特征就是有一种友好合作的采购环境,这也是它最大的优点。

6.2.4.3 从信息情况看

供应链管理环境下的采购的一个重要特点就是供应链企业之间实现了信息连通、信息共享,供应商能随时掌握用户的需求信息,根据用户需求情况和需求变化情况,主动调整自己的生产计划和送货计划。供应链各个企业可以通过网络进行信息沟通和业务活动,这样,足不出户就可以方便地处理相互之间的业务活动。例如,发订货单、发发货单、支付货款等。

当然,信息传输、信息共享首先要求每个企业内部的业务数据要信息化、电子化,也就是要用计算机处理各种业务数据和存储业务数据;没有企业内部的信息网络,也就不可能实现企业间的数据传递和数据共享。因此,供应链采购的基础就是要实现企业的信息化、企业间的信息共享,也就是要建立企业内部网络(Intranet)和企业外部网络(Extranet),并且和因特网连通,建立企业管理信息系统。

6.2.4.4 从库存情况看

供应链管理环境下的采购是由供应商管理用户的库存。用户没有库存即零库存,这意味着,用户无需设库存、无需关心库存。这样做的好处有:首先,用户零库存可以节省费用、降低成本、专心致志地搞好工作,发挥核心竞争力,提高效率,因而可以提高企业的经济效益,也可以提高供应链的整体效益。其次,供应商掌握库存自主权,可以根据需求变动情况,适时地调整生产计划和送货计划,既可以避免盲目生产造成的浪费,也可以避免库存积压、库存过高造成的浪费以及风险。同时,由于这种机制把供应商的责任(产品质量好坏)与利益(销售利润的多少)联系在一起,因此,强化了供应商的责任,促进供应商自觉提高服务水平,使供需双方共同获益。而传统的采购由于卖方设置仓库、管理库存,一方面容易造成库存过高,另一方面又可能造成缺货、不能保证供应,同时还可能造成精力分散,使服务水平、工作效率、经济效益受到严重影响。

6.2.4.5 从送货情况看

供应链管理环境下的采购是由供应商负责送货,而且是连续地小批量多频次地送货。由于这种送货方式的目的是直接满足需要。因而既可以降低库存费用,又能满足需要,还可以根据需求的变化,随时调整生产计划,因而节省了原材料费用和加工费用;同时,由于紧紧跟踪市场需求的变化,所以能够灵活适应市场变化、避免库存风险。而传统采购是大批量少频次地订货进货,所以库存量大、费用高、风险也大。

6.2.4.6 从双方关系看

供应链管理环境下的采购中,买方和卖方是一种友好合作的战略伙伴关系,互相协调、互相配合、互相支持,因此有利于各方面工作的顺利开展,提高工作效率,实现双赢。而传统采购中,买方和卖方是一种对抗性的买卖关系,双方互相防备、互相封锁、互不信任甚至互相坑害,因此办什么事都很困难,工作效率低下。

6.2.4.7 从货检情况看

供应链管理环境下的采购,由于供应商自己的责任与利润相连,所以能够自我约束、保证质量,货物可以免检,这样就大大节约了费用,降低了成本。而传统采购由于是一种对抗关系,所以供货方供货时常常以次充好,甚至伪劣假冒、缺斤少两,所以买方进行货检的力度较大,工作量大,成本高。

从以上的比较可以看出,供应链管理环境下的采购与传统的采购相比,无论在观念上、做法上都有着革命性的变化和显著的优越性,如表6-1所示。

表6-1 传统采购模式与供应链下采购模式的主要区别

	传统采购管理	供应链采购管理
供应商/买方关系	相互对立	合作伙伴
合作关系	可变的	长期的
合同期限	短	长
采购数量	大批量	小批量
运输策略	单一品种整车发送	多品种整车发送
质量问题	检验\再检验	无需入库检验
与供应商的信息沟通	采购订单	网络
信息沟通频率	离散的	连续的
对库存的认识	资产	祸害
供应商数量	多,越多越好	少,甚至一个
设计流程	先设计产品后询价	供应商参与产品设计
产量	大量	少量
交货安排	每月	每周或每天
供应商地理分布	很广的区域	尽可能靠近
仓库	大,自动化	小,灵活

6.3 即时采购与供应链管理

即时采购是20世纪90年代受即时制生产管理思想的启发而出现的。即时制生产方式最初是由日本丰田汽车公司在20世纪60年代率先使用的,在1973年爆发的经济危机中,这种生产方式使丰田公司度过了难关,因此受到了日本国内和其他国家生产企业的重视,并逐渐引起了欧洲和美国的日资企业及其他企业的效仿,并获得了一定的成功。近年来,即时制模式不仅作为一种生产方式,也作为一种采购模式开始流行起来。

6.3.1 即时采购的概念及意义

6.3.1.1 即时采购的概念

即时制生产的基本思想是"彻底杜绝浪费"、"只在需要的时间,按需要的量,生产所需要的产品",这种生产方式的核心是追求一种无库存生产系统,或是库存量达到最小的生产系统。即时制的管理思想目前已经被运用到采购、运输、储存以及预测等领域。这种特性能够大大减少在制品库存。

即时采购是一种先进的采购模式,它的基本思想是:在恰当的时间、恰当的地点,以恰当的数量、恰当的质量提供恰当的物品。它是从即时生产发展而来的,是为了消除库存和不必要的浪费而进行持续性改进。要进行即时生产必须有即时的供应,因此,即时采购是即时生产管理模式的必然要求。它和传统的采购方法在质量控制、供需关系、供应商的数目、交货期的管理等方面有许多的不同,其中,供应商的选择、质量控制是其核心内容。

即时采购对即时生产思想的继承也在于对"零库存"的要求,它的不同之处在于,与供应商签订在需要的时候提供需要的数量的原材料的协议。这意味着可能一天一次、一天两次、甚至每小时好几次提供采购物资。这个方法的主要目的是为了解决生产过程连续步骤中的瓶颈问题,最终为每种物资或几种物资建立单一可靠的供应渠道。其核心要素包括减少批量、频繁而可靠的交货、提前期压缩并且高度可靠以及保持采购物资的高质量。

6.3.1.2 即时采购的意义

即时采购对于供应链管理思想的贯彻实施有重要的意义。从前面的论述中可以看到,供应链环境下的采购模式和传统的采购模式的不同之处在于,供应链环境下的采购模式是采用订单驱动的方式。订单驱动使供需双方都围绕订单运作,即实现了即时化、同步化运作。要实现同步化运作,采购方式就必须是并行的。当采购部门产生一个订单时,供应商即开始着手物品的准备工作,与此同时,采购部门编制详细的采购计划,制造部门也开始进行生产的准备工作,当采购部门把详细的采购单提供给供应商时,供应商就能很快地将物资在较短的时间内交给用户。当用户需求发生改变时,制造订单又促使采购订单发生改变,这一快速的改变过程,如果没有即时的采购方法,供应链企业很难适应多变的市场需求,因此,即时采购增加了供应链的柔性和敏捷性。即时采购策略体现了供应链管理的协调性、同步性和集成性,供应链管理需要即时采购来保证供应链整体的同步化运作。

6.3.2　即时采购与传统采购的比较

即时采购模式追求的是零库存。即时采购与传统采购的不同主要表现在以下几方面。

6.3.2.1　对供应商数量的选择不同

即时采购采用的是较少的供应商,甚至只选择一个供应商,且与供应商的关系是长期合作关系;而传统的采购模式通常采用多头采购,供应商的数目较多,企业与供应商的关系是通过价格竞争而选择供应商的短期合作关系。

6.3.2.2　对交货即时性的要求不同

即时采购的一个重要特点是要求即时交货。能否即时交货是用户评价供应商的重要标准。即时交货取决于供应商的生产与运输条件,作为供应商来说,要使交货即时,可从以下几个方面着手:一方面不断改进企业的生产条件,提高生产的可靠性和稳定性,减少由于生产过程的不稳定而导致延迟交货或误点现象。作为即时化供应链管理的一部分,供应商同样应该采用即时化的生产管理模式,以提高生产过程的即时性。另一方面,为了提高交货即时性,运输问题亦不可忽视。在物流管理中,运输问题是一个很重要的问题,它决定即时交货的可能性。特别是全球的供应链系统,由于运输过程长,而且可能要先后经过不同的运输工具,需要中转运输等,因此,有必要进行有效的运输计划与管理,使运输过程准确无误。

6.3.2.3　对供应商选择的标准不同

在即时采购模式中,由于供应商和用户是长期的合作关系,供应商的合作能力将影响企业的长期经济利益,因此,对供应商的要求较高。在选择供应商时,需要对供应商进行综合的评价,而对供应商的评价必须依据一定的标准。这些标准应包括产品质量、交货期、价格、技术能力、应变能力、批量柔性、交货期与价格的均衡、价格与批量的均衡、地理位置等。但在传统的采购模式中,供应商是通过价格竞争而选择的,供应商与用户的关系是短期的合作关系,当发现供应商不合适时,可以通过市场竞争的方式重新选择供应商。

6.3.2.4　制定采购批量的策略不同

即时生产需要减少生产批量,直至实现"一个流生产",因此,采购的物资也应采用小批量。由于企业生产对原材料和外购件的需求是不确定的,而即时采购又旨在消除原材料和外购件的库存,为了保证即时、按质按量供应所需的原材料和外购件,采购必然是小批量的。在传统采购模式下,采购批量一般是以月或季度为单位进行大批量采购。

6.3.2.5　对送货和包装的要求不同

由于即时采购消除了原材料和外购件的缓冲库存,供应商交货的失误和送货的延迟必将导致企业生产线的停工待料。因此,可靠的送货是实施即时采购的前提条件。而送货的可靠性,常取决于供应商的生产能力和运输条件,一些不可预料的因素,如恶劣的气候条件、交通堵塞、运输工具的故障等,都可能引起送货迟延。当然,最理想的送货是直接将货送到生产线上。在传统采购模式下,送货只是送到企业,货物的接收程序麻烦,工作程序复杂。

6.3.2.6　对信息交流的需求不同

即时采购要求供应与需求双方信息高度共享,保证供应与需求信息的准确性和实时性。只有供需双方进行可靠而快速的双向信息交流,才能保证所需的原材料和外购件即时按量供应。同时,充分的信息交换可以增强供应商的应变能力,因此,实施即时采购就要求供应商和制造商之间进行有效的信息交换。信息交换的内容包括生产作业计划、产品设计、工程数据、质量、成本、交货期等。信息交换的手段包括电报、电传、电话、信函、卫星通讯等。现代信息技术的发展也为有效的信息交换提供了有力的支持。在传统采购模式下,一般较少使用现代信息技术,只是通过单据来传递信息。

6.3.3　即时采购的优点

即时采购是关于物资采购的一种全新的思路,企业实施即时采购具有重要的意义。

6.3.3.1　大幅度减少原材料和外购件的库存

根据国外一些实施即时采购策略的企业测算,即时采购可以使原材料和外购件的库存降低 40% ~85% 。原材料和外购件库存的降低有利于减少流动资金的占用,加速流动资金的周转,同时也有利于节省原材料和外购件库存占用的空间,从而降低库存成本。从成本的角度看,采取单源供应比多头供应好,一方面,对供应商的管理比较方便,而且可以使供应商获得内部规模效益和长期订货,从而使购买的原材料和外购件的价格降低,有利于降低采购成本;另一方面,单源供应可以使制造商成为供应商的一个非常重要的客户,因而加强了制造商与供应商之间的相互依赖关系,有利于供需之间建立长期稳定的合作关系,质量上比较容易保证。

是否能选择到合格的供应商是即时采购能否成功实施的关键。合格的供应商具有较好的技术、设备条件和较高的管理水平,可以保障采购的原材料和外购件的质量,保证即时按量供货。在大多数情况下,其他标准较好的供应商,其价格可能也是较低的,即使不是这样,双方建立起互利合作关系后,制造商也可以帮助供应商找出减少成本的方法,从而使价格降低。而且,当双方建立了良好的合作关系后,很多工作可以简化以至消除,如订货、修改订货、点数统计、品质检验等,从而减少浪费。

6.3.3.2 提高采购物资的质量

实施即时采购后,企业的原材料和外购件的库存几乎很少甚至为零,因此,为了保障企业生产经营的顺利进行,采购物资的质量必须从根源上抓起。也就是说,购买的原材料和外购件的质量保证应由供应商负责,而不是企业的物资采购部门负责。即时采购就是要供应商承担质量责任,从根源上保障采购质量。为此,供应商必须参与制造商的产品设计过程,制造商也应帮助供应商提高技术能力和管理水平。

在现阶段,我国主要是由制造商来负责监督购买物资的质量,验收部门负责购买物资的接收、确认、点数统计,并将不合格的物资退回给供应商,因而增加了采购成本。实施即时采购后,从根源上保证了采购质量,购买的原材料和外购件就能够实行免检,而直接由供应商将货送到生产线,从而大大减少了购货环节,降低了采购成本。

一般来说,实施即时采购可以使购买的原材料和外购件的质量提高 2 ~ 3 倍,而原材料和外购件质量的提高又会导致质量成本的降低。据预测,推行即时采购可使质量成本减少 26% ~ 63% 。

6.3.3.3 降低原材料和外购件的采购价格

由于供应商和制造商的密切合作以及内部规模效益与长期订货,再加上消除了采购过程中的一些浪费(如订货手续、装卸环节、检验手续等),使购买的原材料和外购件的价格得以降低。例如,生产复印机的美国施乐(Xerox)公司,通过实施即时采购策略,使其采购物资的价格下降了 40% ~ 50% 。

此外,推行即时采购策略,不仅缩短了交货时间,节约了采购过程所需的资源(包括人力、资金、设备等),而且提高了企业的劳动生产率,增强了企业的适应能力。

6.3.4 即时采购中的问题及其解决办法

6.3.4.1 小批量采购的问题及其解决

小批量采购必然增加运输次数和运输成本,对供应商来说,这是很为难的事情,特别是供应商距离较远的情形,在这种情况下实施即时采购的难度很大。解决这一问题的方法有 4 种:一是使供应商在地理位置上靠近制造商,如日本汽车制造商扩展到哪里,其供应商就跟到哪里;二是供应商在制造商附近建立临时仓库,实质上,这只是将负担转嫁给了供应商,并未从根本上解决问题;三是由一个专门的承包运输商或第三方物流企业负责送货,按照事先达成的协议,搜集分布在不同地方的供应商的小批量物料,即时按量送到制造商的生产线上;四是让一个供应商负责供应多种原材料和外购件。

6.3.4.2 采用单源供应带来的风险

采用单源供应会带来一系列的风险,例如,供应商有可能因意外原因中断交货。另外,采取单源供应也会使企业不能得到竞争性的采购价格,会对供应商的依赖性过大。因此,必须与供应商建立长期互利合作的新型伙伴关系。在日本,98%的即时采购企业都采取单源供应,但实际上,一些企业常采用同一原材料或外购件由两个供应商供货的方法,其中一个供应商为主供应商,另一个供应商为辅供应商。许多企业也不愿意成为单一供应商。原因很简单,一方面供应商是独立性较强的商业竞争者,不愿意把自己的成本数据披露给用户;另一方面供应商也不愿意为用户储存产品,实施即时采购,需要减少库存,而库存成本原先是在用户一边,现在却转移到供应商一边。

工业企业在实施即时采购时,一个重要环节就是减少库存和缩短生产周期。要做到这两点,采购及供应商的管理至关重要。事实上,控制和减少原材料的库存、缩短原材料的交货周期、在原材料供应过程中实施即时采购,相对于在企业内部实施即时生产来说见效更快,而且实施起来更容易,一方面能为本企业实施即时采购打下基础,另一方面也能推动企业整体供应链的优化。

6.3.5 即时采购实施的关键因素及步骤

6.3.5.1 即时采购实施的影响因素

实施即时采购关键要要注意以下几个方面的因素:①选择最佳的供应商,并对供应商进行有效的管理是即时采购成功的基石。②供应商与用户的紧密合作是即时采购成功的钥匙。③卓有成效的采购过程和质量控制是即时采购成功的保证。除了以上几个关键因素外,即时采购的成功实施还需要具备一定的前提条件,这些条件同样是决定即时采购成功与否的关键。

(1)距离越近越好。供应商和用户企业的空间距离越近越好。距离太远使操作不方便,发挥不了即时采购的优越性,很难实现零库存。

(2)制造商和供应商建立互利合作的战略伙伴关系。即时采购策略的推行有赖于制造商和供应商之间建立起长期的、互利合作的新型关系,相互信任,相互支持,共同获益。

(3)注重基础设施的建设。良好的交通运输和通讯条件是实施即时采购策略的重要保证,企业间通用标准的基础设施建设对即时采购的推行也至关重要。所以,要成功实施即时采购策略,制造商和供应商都应注重基础设施的建设。诚然,这些条件的改善,不仅仅取决于制造商和供应商的努力,各级政府也须加大投入。

(4)强调供应商的参与。即时采购不只是企业物资采购部门的事,它也离不开供应商的积极参与。供应商的参与不仅体现在即时、按质、按量供应制造商所需的原材料和外购件上,而且体现在积极参与制造商的产品开发设计过程中。另外,制造商还有义务帮助供应商改善产品质量,提高劳动生产率,降低供货成本。

（5）建立实施即时采购策略的组织。企业领导必须从战略高度来认识即时采购的意义，并建立相应的企业组织来保证该采购策略的成功实施。这一组织的构成不仅应有企业的物资采购部门，还应包括产品设计部门、生产部门、质量部门、财务部门等。其任务是：提出实施方案，具体组织实施，对实施效果进行评价，并进行连续不断的改进。

（6）制造商向供应商提供综合的、稳定的生产计划和作业数据。综合的、稳定的生产计划和作业数据可以使供应商及早准备，精心安排其生产，确保准时、按质、按量交货。否则，供应商就不得不求助缓冲库存，从而增加供货成本。有些供应商在制造商工厂附近建立仓库以满足制造商的即时采购要求，实质上，这不是真正的即时采购，而只是负担转移。

（7）注重教育与培训。通过教育和培训，使制造商和供应商充分认识到实施即时采购的意义，并使他们掌握即时采购的技术和标准，以便对即时采购进行不断的改进。

（8）加强信息技术的应用。即时采购是建立在有效信息交换基础上的，信息技术的应用可以保证制造商和供应商之间的信息交换。因此，制造商和供应商都必须加强对信息技术，特别是电子数据交换技术的应用投资，以更加有效地推行即时采购策略。

> ☞ **链　接**
>
> **实施 JIT 成功的关键在于信息交换**
>
> 在 JIT 生产模式下，很重要的一点就是进行密切的、经常性的信息交换。供应商需要知道采购方较长时间内的生产计划。供应商要给采购方提供每天的生产变更情况、生产安排以及存在的问题等。

6.3.5.2　即时采购的实践分析

美国加利弗尼亚州立大学的研究生做了一次对汽车、电子、机械等企业的经营者即时采购的效果问卷调查，共调查了 67 家美国公司。这些公司有大有小，其中包括著名的 3COM 公司、惠普公司、苹果计算机公司等。这些公司有的是制造商，有的是分销商，有的是服务业，调查的对象为公司的采购与物料管理经理。调查内容及结果见表 6－2 至表 6－5。

表 6 - 2　即时采购成功的关键因素

调查问题	肯定回答（%）
和供应商的相互关系	51.5
管理的措施	31.8
适当的计划	30.3
部门协调	25.8
进货质量	19.7
长期的合同协议	16.7
采购的物品类型	13.6
特殊的政策与惯例	10.6

表 6 - 3　即时采购解决的问题

调查问题	肯定回答（%）
空间减少	44.8
成本减少	34.5
改进用户服务	34.5
及时交货	34.5
解决缺货问题	17.2
改进资金流	17.2
减短提前期	10.3

表 6 - 4　实施即时采购的困难因素

调查问题	肯定回答（%）
缺乏供应商的支持	23.6
部门之间协调性差	20.0
缺乏对供应商的激励	18.2
采购物品的类型较少	16.4
进货物品质量差	12.7
特殊政策与惯例	7.1

表 6–5　与供应商有关的即时采购问题

调查问题	肯定回答(%)
很难找到好的供应商	35.6
供应商不可靠	31.1
供应商太远	26.7
供应商太多	26.4
供应商不想频繁交货	17.8

根据调查结果,他们总结了以下内容:

(1)即时采购成功的关键是与供应商的关系,而最困难的问题也是缺乏供应商的合作。供应链管理所倡导的战略合作伙伴关系为实施即时采购提供了基础性条件,因此,在供应链环境下实施即时采购比传统管理模式下实施即时采购更加有现实意义。

(2)难找到"好"的合作伙伴是影响即时采购的第二个重要因素。在传统的采购模式下,企业之间的关系不稳定,具有风险性,影响了合作目标的实现。供应链管理模式下的企业是协作性战略伙伴,因此为即时采购奠定了基础。

(3)缺乏对供应商的激励是即时采购的另一个影响因素。要成功地实施即时采购,必须建立一套有效的供应商激励机制,使供应商和用户一起分享即时采购所带来的利益。

(4)即时采购不单是采购部门的事情,企业的各部门都应为实施即时采购创造有利的条件,为实施即时采购而努力。

在我国同样存在着企业与供应商关系的问题,如何选择供应商、如何管理供应商是首先要解决的问题,我们将在下一节中对这个问题进行详细的论述。

6.3.5.3　即时采购的实施步骤

(1)创建即时采购团队。专业化的高素质采购队伍对实施即时采购至关重要。世界一流企业的专业采购人员有三个责任:寻找货源、商定价格、发展与供应商的协作关系并不断改进。因此,创建即时采购团队首先要成立两个团队,一个是专门处理供应商事务的团队,该团队的主要任务是认定和评估供应商的信誉与能力或与供应商谈判签订即时订货合同,向供应商发放免检签证等,同时该团队还要负责供应商的培训与教育。另外一个团队则专门负责消除采购中的浪费。这些团队中的人员应该对即时采购的方法有充分的了解和认识,必要时还要进行培训。

(2)分析现状、确定供应商。根据采购物品的分类模块,选择价值量大、体积大的主要原材料及零部件,并结合供应商的关系,明确选择伙伴型或优先型供应商进行即时采购可行性分析,从而确定实施供应商。分析采购物品及供应商情况时要考虑的因素有原材料或零部件的采购量、年采购额、物品的重要性(对本公司产品生产、质量等的影响)、供应商的合作态度、供应商的地理位置、物品的包装及运输方式、物品的存贮条件及存放周期、供应商现有供应管理水平、供应商参与改进的主动性、该物品的供应周期、供应商生产该物品的生产周期及重要原材料采购周期、供应商现有的送货频次、该物品的库存量等。然后要根据现状,进一步分析问题以及导致该问题产生的原因。

(3)设定目标。针对供应商目前的供应状态,提出改进目标。改进目标包括供货周期、供货频次、库存等,改进目标应有时间要求。签订协议,详细规定了上述改进目标的需求和条件,促进双方间的交互作用,形成一种长期互惠的合作伙伴关系。

(4)制定实施计划。实施计划要明确主要的行动点、行动负责人、完成时间、进度检查方法及时间、进度考核指标等,其中包括本公司内的主要行动。

第一,将原来的固定订单改为开口订单,订单的订购量分成两部分,一部分是已确定的、供应商必须按时按量交货的部分,另一部分是可能因市场变化而增减的,供应商准备原材料、安排生产计划参考的预测采购量。两部分的时间跨度取决于本公司的生产周期、供应商的生产交货周期、最小生产批量等。

第二,调整相应的运作程序及参数设置;在公司内相关人员之间进行沟通、交流,统一认识,协调行动。

第三,确定相应人员的职责及任务分工等。

第四,在供应商方面,需要对供应商进行沟通、培训,使供应商接受即时采购的理念,确认本公司提出的改进目标(包括缩短供应时间、增加供应频次、保持合适的原材料、在制品及成品的库存等)。同时,供应商也要相应认可有关的配合人员的责任、行动完成时间等。

(5)改进行动实施。改进行动实施的前提是供应原材料的质量改进和保障,同时为改善供应还要考虑采用标准的、可循环使用的包装、周转材料与器具,以缩短送货的装卸、出入库时间。改进行动实施的主要环节是将原来独立开具固定订单改成滚动下单,并将订单与预测结合起来。首先,可定期(如每季)向供应商提供半年或全年采购预测,以便供应商提前安排物料采购与生产;其次,定期定时(如每周或每月)向供应商提供每月、每半月或每月、每季的流动订单。流动订单包括固定和可变的两部分,供应商按流动订单的要求定期、定量送货。为更好地衔接供应商在整体供应链之间的关系,供应商最好定期(每周、每半月或每月)向本公司提供库存(含原材料、在制品、成品)报告,以便本公司在接受客户订单及订单调整时能准确、迅速、清楚地了解供应商的反应能力。实施即时采购还应注意改进行政效率,充分利用电话、传真及电子邮件等手段进行信息传递以充分保证信息传递的及时性、准确性、可靠性。在开展即时采购的过程中,最重要的是要有纪律性,要严格按确定的时间做该做的事情(如开具采购预测、订单、库存报告等),同时要有合作精神与团队意识。只有采购、计划、仓管、运输、收验货、供应商等密切配合,才能保证即时采购的顺利实施。

(6)绩效衡量。衡量即时采购实施效绩要定期检查进度,以绩效指标来控制实施过程。采购部门或即时采购实施改进小组要定期对照计划检查各项行动的进展情况、各项工作指标、主要目标的完成情况,并用书面形式采用图表等方式报告出来,对于未如期完成的部分应重新提出进一步的跟进行动,调整工作方法,必要时还可以调整工作目标。

6.4　供应链中的供应商管理

供应商管理是供应链采购管理中的一个重要问题,它在实现即时采购过程中起着重要的作用。从供应商与客户关系的特征来看,传统企业的关系表现为三种:竞争性关系、合同性关系(法律关系)、合作性关系。供应链管理环境下的供应商关系已经从传统的非竞争性竞争走向合资、合作与竞争并存,这是当今企业关系发展的一个趋势。

6.4.1　供应链上的供应商选择与评估程序

供应链上供应商选择与评估程序如图 6–1 所示。

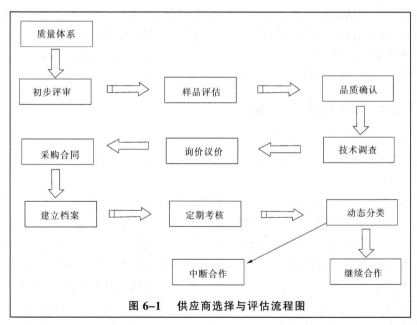

图 6–1　供应商选择与评估流程图

按照图 6 - 1 的流程对供应商进行选择和评估,第一步就是要对它的质量体系进行全面、深入、认真地调研,因为质量体系是质量稳定的保障。质量得到保证以后,第二步就是进行初步评审。按照企业的发展状况,需要什么样的质量支撑,必须对质量体系进行初步评审,评审完以后,对合格品可进行样品评估。评估结果可能有两种情况:一种是产品不合格,中断合作;另一种是产品合格。对于合格产品接下来就是进行品质的确认,要出具确认书。品质确认在实践操作中要特别注意封样制度,在封口上还可以用签名制度。第三步就是到厂家去做技术调研,目的是调查样品是不是供应商生产出来的,并重点研究其工艺是否可靠。在此基础上,就可以询价议价了。谈价格要有技巧,首先要了解市场的平均价格,还要了解其成本组成、大概毛利是多少,按照工人的工资、现有的设备状况、工厂的销售规模、生产能力,可以大概知道其利润空间有多少。价格谈好以后,就进入采购合同阶段。为了减少纠纷,合同一定要详尽,条目不能过于简单,还要有很多附件。虽然质量方面有封样制度,但是具体的合作过程和细节问题还必须清楚地写在合同中,另外,最好有中文和英文两份,因为英文是一种解释性语言,能够把问题写得更清楚。合同签好以后,要建立一个档案并进行专门的保管。进行定期的供应商考核,每次考核的结果都放在档案里。由于一次考核只是某个时间点的静态结果,随着时间的变化,供应商的情况也会有变化,所以要连续考核,进行动态分类。动态分类也有两个结果:继续合作或中断合作。

整个供应商的选择和评估都按照这样的流程进行。这一流程使人事变动不至于对工作造成太大影响,这是流程化管理的一大优点。中国企业的平均寿命只有 6.9 年,而欧洲的企业寿命达到 20 年左右,美国则可以达到 40 年左右,对这一现象进行分析,其原因有很多,流程化管理是其中重要的一个因素。

6.4.2　选择供应商的主要指标

6.4.2.1　供应商选择的短期标准

选择供应商的短期标准一般是:商品质量合适、价格水平低、交易费用少、交货及时、整体服务水平好。

(1)商品质量合适。采购物品的质量是否符合采购单位的要求是企业生产经营活动正常进行的必要条件,是采购单位进行商品采购时要考虑的首要因素。质量次、价格偏低的商品,虽然采购成本低,但实际上导致了企业总成本的增加。因为质量不合格的产品在企业投入使用的过程中,往往会影响生产的连续性和产成品的质量,这些最终都将会反映到企业总成本中去。但是质量过高也并不意味着采购物品适合企业生产所用,如果质量过高,远远超过了生产要求的质量,对于企业而言也是一种浪费。因此,对于采购物品质量的要求应是符合企业生产所需,要求过高或过低都是错误的。评价供应商产品的质量,不仅要从商品检验入手,而且还要从供应商企业的内部去考察。例如,企业内部的质量检测系统是否完善、是否已经通过了 ISO 9000 认证等。

(2)成本低。对供应商的报价单进行成本分析是有效甄选供应商的方式之一。不过成本不仅包括采购价格,而且还包括原料或零部件使用过程中或生命周期结束后所发生的一切支出。采购价格低对降低企业生产经营成本,提高竞争力和增加利润有着明显的作用,因而它是选择供应商的一个重要条件。但是价格最低的供应商不一定就是最合适的,因为在产品质量、交货时间上达不到要求,或者由于地理位置过远而造成运输费用增加。因此,总成本最低才是选择供应商时要考虑的主要因素。

(3)交货及时。供应商能否按约定的交货期限和交货条件组织供货,直接影响企业生产和供应活动的连续性,因此交货时间也是选择供应商时所要考虑的因素之一。企业在考虑交货时间时,一方面要降低原料的库存数量,另一方面又要减小断料停工的风险,因此要审慎决定供应商的交货时间,以决定其是否能成为公司往来的对象。影响供应商交货时间的因素主要有:①供应商从取得原料、加工到包装所需的生产周期;②供应商生产计划的规划与弹性;③供应商的库存准备;④所采购原料或零部件在生产过程中所需要的供应商数目与阶层(上下游);⑤运输条件及能力,供应商交货的及时性一般用合同完成率或委托任务完成率来表示。

(4)整体服务水平好。供应商的整体服务水平是指供应商内部各作业环节能够配合购买者的能力与态度,如各种技术服务项目、方便订购者的措施、为订购者节约费用的措施等。评价供应整体服务水平的主要指标有以下几点。

第一,安装服务。对于采购者来讲,安装服务是一大便利。通过安装服务,采购商可以缩短设备的投产时间或应用时间。供应商能否提供完善的安装服务是评价供应商好坏的一个重要指标,同时也是认证人员对供应商进行认证的重要依据。

第二,培训服务。对于采购者来讲,会不会使用所采购的物品决定着该采购过程是否结束。如果采购者对如何使用所采购的物品不甚了解,供应商就有责任向采购者传授所卖产品的使用知识。每一个新产品的问世都应该有相应的辅助活动推出。供应商对产品售前与售后的培训工作情况也会大大影响采购方对供应商的选择。

第三,维修服务。供应商对所售产品一般都会做出免费保修一段时间的承诺。免费维修是对买方利益的保护,同时也对供应商提供的产品提出了更高的质量要求。供应商会想方设法提高产品质量,避免或减少免费维修情况的出现。

第四,升级服务。这也是一种常见的售后服务形式,尤其是信息时代的产品,更需要升级服务的支持。信息时代的产品更新换代非常快,各种新产品层出不穷,功能越来越强大,价格越来越低廉,供应商提供免费或者有偿的升级服务对采购者是一大诱惑,也是供应商竞争力的体现。例如,各种各样的杀毒软件一般都要提供升级服务,只要购买了公司的产品就可以随时在网上得到免费升级的服务。

第五,技术支持服务。这是供应商寻求广泛合作的一种手段。采购者有时非常想了解在其产品系统中究竟什么样参数的器件最合适,有时浪费大量的时间和费用也不一定能够找到合适的解决办法。这时,如果供应商向采购者提供相应的技术支持,供应商在替采购者解决难题的同时也销售了自己的产品。这种双赢的合作方式是现代采购工作中经常采用的。

(5)履行合同的能力。企业在进行采购时,确定供应商有无履行合同的能力时要考虑以下几个因素:①要先确认供应商对采购的项目、订单金额及数量是否感兴趣。订单数量大,供应商可能生产能力不足,而订单数量少,供应商可能缺乏兴趣。②供应商处理订单的时间。③供应商在需要采购的项目上是否具有核心能力。④供应商是否具有自行研发产品的能力。⑤供应商目前的闲置设备状况,以了解其接单情况和生产设备的利用率。

6.4.2.2 供应商选择的长期标准

选择供应商的长期标准主要在于评估供应商是否能提供长期而稳定的供应、其生产能力是否能配合公司的成长而相应扩展、供应商是否具有健全的企业体制、与公司的经营理念是否相近、其产品未来的发展方向能否符合公司的需求,以及是否具有长期合作的意愿等。

(1)供应商的财务状况是否稳定。供应商的财务状况直接影响到其交货和履约的绩效。如果供应商的财务出现问题,周转不灵,将会造成自身供料不足,甚至出现停工的严重危机。因此,供应商的财务状况是考虑供应商长期供货能力的一个重要指标。虽然企业不容易判断一家供应商的财务状况,但是可以利用资产负债表来考核供应商一段时期营运的成果,观察其所拥有的资产和负债情况;通过损益表考察供应商一段时期内的销售业绩与成本费用情况。如果供应商是上市公司还可以利用公司年度报表中的信息来计算各种财务比率,以观察其现金流动情况、应收应付账款的状况、库存周转率以及获利能力等。

(2)供应商内部组织与管理是否良好。供应商内部组织与管理是关系供应商服务质量的重要因素。供应商内部组织机构设置是否合理会影响采购的效率及质量,如果供应商组织机构设置混乱,采购的效率与质量就会下降,供应商各部门之间的互相扯皮也会影响供应活动及时地、高质量地完成。另外,供应商的高层主管是否将采购单位视为主要客户也是影响供应质量的一个因素。如果供应商的高层主管没有将买主视为主要客户,在面临一些突发情况时,便无法取得优先处理的机会。

除此之外,还可以从供应商机器设备的新旧程度及保养状况看出管理者对生产工具、产品质量的重视程度以及内部管理的好坏。另外,还可以参照供应商同业之间的评价及其在所属产业中的地位。对客户满意程度的认知、对工厂的管理、对采购原材料来源的掌握、对生产流程的控制,也是评估供应商内部管理水平的指标。

(3)供应商员工的状况是否稳定。供应商员工的平均年龄也是反映企业管理中是否存在问题的一个重要指标。若平均年龄偏高,则表明供应商员工的流动率较低,相反,也可能显示出供应商无法吸收新员工的加入,缺乏新观念、新技术的引进。另外,供应商员工的工作态度及受培训的水平也会直接影响其产出的效能。

6.4.3 与供应商建立双赢的采购模式

在供应商与制造商的关系中存在两种典型的关系模式:一是传统的竞争关系模式。竞争关系模式是由价格驱动的,这种关系的采购策略表现为买方同时向若干供应商购货,通过供应商之间的竞争获得价格好处,同时也保证供应的连续性;买方通过在供应商之间分配采购数量对供应商加以控制;买方与供应商之间是一种短期的合同关系。二是合作关系模式,即双赢关系模式。双赢关系模式是一种合作的关系,它强调在合作的供应商和生产商之间共同分享信息,通过合作和协商协调相互的行为。比如,制造商对供应商予以帮助,帮助供应商降低成本、改进质量、加快产品开发速度;通过建立相互信任的关系提高效率,此即现代供应链采购关系。在采购管理中体现供应链的思想,对供应商的管理就应集中在如何与供应商建立双赢关系以及如何维护和保持双赢关系上。

第一,建立信息交流与共享机制。信息交流有助于减少投机行为,有助于促进重要生产信息的自由流动。为加强供应商与制造商之间的信息交流,可以从以下几个方面着手:首先,供应商与制造商之间经常进行有关成本、作业计划、质量控制信息的交流与沟通,保持信息的一致性和准确性。其次,实施并行工程。制造商在产品设计阶段让供应商参与进来,这样供应商可以在原材料和零部件的功能方面提供有关信息,为实施产品质量和功能开发创造条件,把用户的价值需求及时转化为供应商的原材料和零部件的质量与功能要求。再次,建立联合的任务小组解决共同关心的问题。供应商与制造商之间应建立一个基于团队的工作小组,双方的有关人员共同解决供应过程以及制造过程中遇到的各种问题。其四,供应商和制造商经常互访,及时发现和解决各自在合作过程中出现的问题和困难,建立良好的合作气氛。最后,使用电子数据交换系统和因特网技术进行快速的数据传输。

第二,形成一种供应商的激励机制。要保持长期的双赢关系,没有对供应商有效的激励机制,就不可能建立良好的供应关系。在激励机制的设计上,要体现公平、一致的原则。例如,给予供应商价格折扣和柔性合同,以及采用赠送股权等方式使供应商和制造商分享效益,同时也使供应商从合作中体会到双赢机制的好处。

第三,以合理的方法和手段评价供应商的业绩。实施供应商激励机制就必须对供应商的业绩进行评价,使供应商不断改进工作。没有合理的评价方法,就不可能对供应商的合作效果进行评价,因而将大大挫伤供应商的合作积极性和合作的稳定性。对供应商的评价要抓住主要指标或问题,比如,交货质量是否改善了,提前期是否缩短了,交货的及时率是否提高了等。通过评价,把结果反馈给供应商,与供应商一起探讨问题产生的根源,并采用相应的措施予以改进。

6.4.4 供应商绩效考核

供应商绩效考核是指对现有供应商的日常表现进行定期监控和考核。虽然我们一直在进行供应商的考核工作,但是一般都只是对重要供应商的来货质量进行定期检查,而没有一整套的规范和程式。随着采购管理在企业中的地位越来越重要,供应商的管理水平也不断上升,原有的考核方法已不再适应企业管理的需要。

6.4.4.1 供应商绩效考核的目的、原则、范围及准备工作

(1)供应商绩效考核的目的。供应商绩效考核的主要目的是确保供应商供应的质量,同时在供应商之间进行比较,继续同优秀的供应商合作,淘汰绩效差的供应商。供应商的绩效管理同时也能了解供应商的不足之处,并将不足之处反馈给供应商,促使供应商改善业绩,为日后更好地完成供应活动打下基础。

(2)供应商绩效考核的基本原则

第一,供应商绩效考核必须持续进行,要定期地检查目标达成的程度。当供应商知道会定期地被评估时,会自觉致力于改善自身的绩效,从而提高供应质量。

第二,要从供应商和企业各自的整体运作来进行评估,以确立整体的目标。

第三,供应商的绩效总会受到各种外来因素的影响,因此,对供应商的绩效进行评估时,要考虑到外在因素带来的影响,而不能仅仅衡量绩效。

(3)供应商绩效考核的范围。不同的单位针对供应商的考评要求不同,相应的考评指标也不一样,最简单的做法是仅衡量供应商的交货质量,成熟一些的除考核交货质量外,还会跟踪供应商的交货表现。较先进的系统则进一步扩展到对供应商的支持与服务、供应商参与本公司产品开发等表现的考评,即从考评订单交单实现过程延伸到产品开发过程。

(4)供应商绩效考核的准备工作。要实施供应商考评,就必须制定一个供应商考评办法或工作程序,有关部门或人员依文件实施考核工作。实施过程中要对供应商的表现(如质量、交货、服务等)进行监测记录,为考评提供量化依据。考评前还要选定被考评的供应商,将考评做法、标准及要求同相应的供应商进行充分沟通,并在本公司内

对参与考评的部门或人员做好沟通协调。供应商考评工作常由采购人员组织,品质、企划等人员共同参与。

6.4.4.2 供应商绩效考核的指标体系

为了科学、客观地反映供应商供应活动的运作情况,应该建立与之相适应的供应商绩效考核指标体系。在制定考核指标体系时,应突出重点,对关键指标进行重点分析,尽可能地采用实时分析与考核的方法,把绩效度量范围扩大到能反映供应活动时间运营的信息上去,因为这比事后分析有价值得多。评估供应商绩效的因素主要有质量、供应、经济、服务指标等。

(1)质量指标。供应商考核的质量指标是供应商绩效考核的最基本指标,包括来料批次合格率、来料抽检缺陷率、来料在线报废率、供应商来料免检率等。

$$来料批次合格率 = (合格来料批次 ÷ 来料总批次) × 100\%$$

$$来料抽检缺陷率 = (抽检缺陷总数 ÷ 抽检样品总数) × 100\%$$

$$来料在线报废率 = [来料总报废数(含在线生产时发现的) ÷ 来料总数] × 100\%$$

$$来料免检率 = (来料免检的种类数 ÷ 该供应商供应的产品总种类数) × 100\%$$

其中,来料批次合格率是最为常用的质量考核指标。此外,有的公司还将供应商体系、质量信息、供应商是否及如何将 SPC 适用于质量控制等也纳入考核范围,比如,供应商是否通过了 ISO 9000 认证或供应商的质量体系审核是否达到一定的水平。还有些公司要求供应商在提供产品的同时还要提供相应的质量文件,如过程质量检验报告、出货质量检验报告、产品成分性能测试报告等。

(2)供应指标。供应指标又称企业指标,是同供应商的交货表现以及供应商企划管理水平相关的考核因素,其中最主要的是准时交货率、交货周期、订单变化接受率等。

$$准时交货率 = (按时按量交货的实际批次 ÷ 订单确认的交货总批次) × 100\%$$

订货周期:即自订单开出之日到收货之时的时间长度,一般以天为单位。

订单变化接受率:这是衡量供应商对订单变化灵活性反应的一个指标,是指在双方确认的交货周期中可接受的订单增加或减少的比率。

$$订单变化接受率 = (订单增加或减少的交货数量 ÷ 订单原定的交货数量) × 100\%$$

值得一提的是,供应商能够接受的订单增加接受率与订单减少接受率往往不同,前者取决于供应商生产能力的弹性、生产计划安排与反应快慢以及库存状态(原材料、半成0品或成品)与大小;后者主要取决于供应商的反应、库存(包括原材料与在制品)大小以及因减单带来的可能损失的承受力。

(3)经济指标。供应商考核的经济指标总是和采购价格与成本相联系的。与质量及供应指标不同的是,质量与供应考核通常每月进行一次,而经济指标的考核则相对稳定,多数企业是每季度考核一次,此外,经济指标往往都是定性的,难以量化。具体考核点有:①价格水平,这一类往往同本公司所掌握的市场行情比较或根据供应商的实际成本结构及利润率进行判断;②报价是否及时、报价单是否客观、具体、透明(包括原材料费用、加工费用、包装费用、运输费用、税金、利润等以及相对应的交货与付款条件);③降低成本的态度及行动:是否真诚地配合本公司或主动地开展降低成本活动,制定改进计划,实施改进行动,是否定期与本公司协商价格;④分享降价成果是否将降低成本的好处也让利给顾客(本公司);⑤付款,即是否积极响应本公司提出的付款要求与办法,开出付款发票是否准确、及时、符合有关财税要求。

有些单位还将供应商的财务管理水平与手段、财务状况以及对整体成本的认识也纳入考核范围。

(4)支持、配合与服务指标。与经济指标一样,考核供应商在支持、配合与服务方面的表现通常也是定性的考核,每季度一次,相关的指标有反应与沟通、合作态度、参与本公司的改进与开发项目、售后服务等。

第一,反应表现,即对订单、交货、质量投诉等反应是否及时、迅速,答复是否完整,对退货是否及时处理。

第二,沟通手段,即是否有合适的人员与本公司沟通,沟通手段是否符合本公司的要求(电话、传真、电子邮件以及文件书写所用软件与本公司的匹配程度等)。

第三,合作态度,即是否将本公司看成是重要客户,供应商高层领导或关键人物是否重视本公司的要求,供应商内部沟通协作(如市场、生产、计划、工程、质量等部门)是否能整体理解并满足本公司的要求。

第四,共同改进,即是否积极参与或主动参与本公司相关的质量、供应、成本等改进项目或活动,或推行新的管理做法等,是否积极组织参与本公司召开的供应商改进会议、配合本公司开展的质量体系审核等。

第五,售后服务,即是否主动征询顾客(本公司)的意见、主动访问本公司、主动解决或预防问题。

第六,参与开发,即是否参与本公司的各种相关开发项目、如何参与本公司的产品或业务开发过程。

第七,其他支持,即是否积极接纳本公司提出的有关参观、访问事宜,是否积极提供本公司要求的新产品报价与送样,是否妥善保存与本公司相关的文件等,是否保证不与影响到公司切身利益的相关公司或单位进行合作等。

6.4.5 建立现代供应链采购新理念

6.4.5.1 变"节流开源"为"开源节流"

采购节省一元就等于替公司节省一元,但销售增加一元,却无法多得一元的利润。因此,企业中常有着"会卖不如会买"的说法。从成本的角度来看,采购人员应当以较低的成本取得原材料和机器设备等,这种思考方式并没有错误,但在现代供应链管理模式下会大大限制采购人员思考的方向及采购行为。

今天,企业面临的外资环境和以往有很大差别,价格已经不是考虑的主要因素,质量是最重要的标准,这种质量不单指产品的质量,还包括工作质量、交货质量、技术质量等多方面内容。若单从成本控制的角度来看采购功能,并不能达到企业的目的。而对服务机构的目的——提高服务水平来说,也不能以控制成本为唯一的标准。因此,供应链管理环境下的采购是即时化的订单驱动模式,使供应链系统得以即时响应用户的需求。在同步化供应链计划的协调下,制造计划、采购计划、供应计划能够及时并行,缩短用户响应时间,实现供应链同步化运作,以增强系统柔性和对需求快速响应的能力。采购理念从"成本观"到"开源观"的转变纠正了传统认为采购只会花钱不会帮忙赚钱的狭隘观念。只要采购功能支持了企业的运作,管理控制的重点就应是评估采购对开源的贡献而不是成本节约所带来的效益。

6.4.5.2 把降低成本作为采购的手段而不是目的

降低成本究竟是采购的目的还是手段?从传统的定义来看,采购的功能是确保产品或服务以适当的数量、适当的质量和适当的价格购得,并在正确的时间送到正确的地点。这个定义是从作业面来看待采购功能的,采购功能主要在服务和满足内部使用者(请购单位和使用者)短期的需求,一旦使用者的需要满足,采购任务就算完成,而企业组织及机构营运的目的与采购就没有太直接的关系,采购部门的行为因此陷入被动(有请购单来才行动)、短视(近期的需求)、以成本为导向的行为模式,此时降低成本便成为采购目的。

从现代供应链整体的角度来看,任何企业组织或机构都有一个共同的目标,即增大有效的产出。供应链企业的目标在于供应链企业成员共同赢利的最大化,非赢利机构也是以提供更好的服务为目的,采购属于企业组织和机构的一项重要功能,因此应优先考虑协助企业或机构达成追求企业更大产出的目标,而降低采购成本则应视策略的应用作为达到目标的一种手段。

举例来说,当经济好转时,企业的销量和产量随之增加,供应来源也应配合增加以确保生产可以持续进行。因为大部分的资源是有限的,某些关键零部件、原材料的供应更是有限,再加上竞争者的争夺,使来源的取得更加困难。此时,采购应优先确保供应来源或增加供应。当经济不景气时,市场竞争剧烈,采购则可以从竞争的策略来思考应采取哪些措施,以提高企业的竞争能力。这些措施包括:寻求新的供应来源、新的替代品,节省采购流程中所发生的浪费等。例如,采购成本下降反映到产品售价上,就可以以较低的价格赢得更多客户的订单。换句话说,此时的采购策略虽是节流,但仍应以支持开源为终极目的。

6.4.5.3 导入电子采购机制

企业在供应链中所进行的与上下游整合的过程中,生产性原材料的采购是最主要的活动之一。由于生产性原材料的采购直接涉及下游需求预测、企业生产进程以及上游供应商的产能安排等问题,因此也提高了整个采购过程的复杂度。以制造、生产为主的企业在激烈的商业竞争中,除了加强研发与生产能力、提升品质之外,有效利用信息系统帮助企业在生产管理与计划时做到即时供给与成本掌握也是相当重要的。通过控制采购成本所得到的效益会比增加销售量而提高的利润来得直接,所以,如何通过更有效率的方式节省在采购过程中浪费的人力及时间成本,并且通过自动化方式帮助供应商节省成本进而降低售价是一个现实的问题。

采购作业包含从购买行为的发生到协调购买产品的出货以至收货验收及最后付款的活动。生产性原料采购的特性是:采购品为原料或半成品;根据生产进程制定采购需求;通常由专业采购部门或生产计划部门负责;拥有一定的自主权,可以根据采购的数量进行有权限的控制;自动化及系统整合需求高;采购过程中涉及采购部门与供应商之间密切的互动与协调;通过纸张、传真及电话的方式进行比价、议价及订单交易等行为必定耗费大量的人力与时间成本。如何能将无效的购买、繁复的流程等转变成高效益的流程,关键在于掌握有效采购策略与企业流程紧密结合的机制,导入适当的电子商务技术才能充分运用最少的人力资源并缩短处理时间。

电子化采购项目的执行可分为两种,其一被称为间接采购(indirect purchases),主要是指对消费品、文具用品、旅行用品、电脑、日常维护用品等的采购;其二是直接采购,是指制造商使用电子系统进行生产原理的采购。下面重点阐述间接采购。

买方采用电子化采购要求更多的价值回报,这些回报既来自于供应商特定的价格所提供的特定的产品,也来自于供应商所提供的服务。买方需要支持电子目录内容的形式和接入动态价格、有效和结构化的信息。如果卖方提供这种支持,买方就可以节约相关的购物成本。卖方完全可以支持电子化采购,但是他们往往没有这么做。一些公司如同中间人一样向其他公司提供采购信息,这些公司在技术上担负起责任,使买卖双方都能接触到很多的供应商和客户。通过这些公司,电子化采购使买卖双方都不会产生困难,同时这种方式有明确的效益。中介公司有能力对采购中的关键模块和业务模式进行定义,这些中介公司在买卖关系中起到了重要的作用。

☞ 链　接

运用电子采购前后的采购流程成本比较

(1) 施乐(下降83%)

(2) 通用汽车(下降90%)

(3) 万事达信用卡(下降68%)

三大公司采购流程成本控制比较

电子化采购从根本上改变了贸易模式,特别是在间接货物和服务方面。如果供应商不能和买方协作,电子化采购的执行就不可能。通过电子化采购驱动的买卖双方关系的变化使电子化采购预测成为巨大的收益来源。因此,企业的领导层必须清楚地知道为什么要进行电子化采购、如何进行电子化采购,以及如何对此产生反应。我们将执行电子化采购的前后情况进行比较分析,如表6-6所示。

表6-6　电子化采购带来的变化

	执行电子化采购前	执行电子化采购后
买方公司使用者	通过电话联系采购	通过在线目录
买方公司	高水平的单一采购 大供货商基础 低效、浪费 没有可见度、控制性合同	单一的采购被减少或限制 巩固的供应商基础 降低采购成本比单位成本更重要 在线实时报告 有效的报告
供应商	大量低价的订单	客户和订单数量固定 单位成本的重要性低于业务 的规模

随着电子商务的导入,买主和卖主通过电子网络连接,商业交易开始变得具有无缝性。其结果是十分惊人的:交易过程很大程度上都变得自动化;与供应商的关系通过电子网络而紧密联系;服务品质得到改善;成本得以削减。这些变化都是全新的采购环境的一部分。导入电子商务后,企业间的商务行为均可通过互联网来完成,交易的过程以网页页面及资料交换的方式,提供销售、采购及售后服务等信息。通过网上交易,企业间信息可直接、即时地传送至企业后台系统处理。通过电子采购,以电子化方式整合企业与供应商,除了提高效率之外,也能确保交易的正确性,将需求和供给等信息通过

互联网即时更新,帮助企业降低采购处理成本及时间,供应商也能在最快的时间内取得信息并及时回复。通过电子采购的建立,提供给企业与供应商间更安全、更方便的交易平台与信息交换的通道。对企业而言,电子采购机制是具有代表性意义的机制,它使企业与交易伙伴更紧密的连接在一起;在供应链的整体串联方面,电子采购机制也提供了一组实际操作的机制,而且导入时,相关厂商、部门间的配合也是其成功的关键因素。

6.5　本章小结

传统的采购模式主要有以下几种类型:询价采购、比价采购、招标采购。传统采购模式的主要特点表现在:①传统采购过程是典型的信息不对称博弈过程;②验收检查是采购部门的一个重要的事后把关工作,质量控制的难度大;③供需关系是临时的或短时期的合作关系,而且竞争多于合作;④响应用户需求能力迟钝。

在供应链管理环境下,企业的采购方式和传统采购方式的差异主要体现在:从为库存而采购到为订单而采购的转变、从采购管理向外部资源管理转变、从一般买卖关系向战略协作伙伴关系转变。

随着供应链管理的出现,采购发生了很多变化,它的主要特点有:①从采购的性质来看,这是一种基于需求的采购;②从采购环境来看,这是在一种友好合作环境下的采购;③从信息情况看,供应链管理环境下的采购的一个重要特点就是供应链企业之间实现了信息连通、信息共享;④从库存情况看,供应链管理环境下的采购是由供应商管理用户的库存;⑤从送货情况看,供应链管理环境下的采购是由供应商负责送货,而且是连续小批量多频次地送货;⑥从双方关系看,供应链管理环境下的采购中,买方企业和卖方企业是一种友好合作的战略伙伴关系;⑦从货检情况看,由于供应商自己责任与利润相连,所以自我约束、保证质量,货物可以免检。

即时采购是一种先进的采购模式,它的基本思想是:在恰当的时间、恰当的地点、以恰当的数量、恰当的质量提供恰当的物品。即时采购与传统采购的不同主要表现在以下方面:①对供应商数量的选择不同;②对交货即时性的要求不同;③对供应商进行选择的标准不同;④制定采购批量的策略不同;⑤对送货和包装的要求不同;⑥对信息交流的需求不同。即时采购的小批量采购和单源供应会带来一定的问题和风险,解决这些问题有多种途径。

实施即时采购关键是要注意以下几个方面的问题:①选择最佳的供应商,并对供应商进行有效的管理,这是准时化采购成功的基石;②供应商与用户的紧密合作是即时采购成功的钥匙;③卓有成效的采购过程质量控制是即时采购成功的保证。开展即时采

供应链管理概论

购包括以下步骤:创建即时采购团队;分析现状、确定供应商;设定目标;制定实施计划;改进行动实施;绩效衡量。

选择供应商的指标有短期标准和长期标准。供应商的长期指标,即绩效考核的指标体系包括:质量指标、供应指标、经济指标、支持、配合与服务指标。现代供应链采购又出现了一些新思想、新理念:变"节流开源"为"开源节流";把降低成本作为采购手段而不是目的;导入电子采购机制等。

案例分析

联想供应链管理与采购战略[①]

在供应链和采购方面,联想是采取一体化的运作体系,联想集团是把采购、生产、分销以及物流整合成一个统一的系统,在整个联想集团负责生产的管控包括生产制造系统的管理,从战略层、执行层到整个集团都有一个统一的策略、统一的协调。另外,从联想的供应链来看,我们有300多家的供应商,要管理整个国内的客户渠道有5 000多家。在联想内部也分布有北京、上海和惠阳三个工厂,目前生产的主要产品除了台式电脑、笔记本、服务器之外,还有MP3等其他数码产品,应该说是一个非常复杂的供应链体系。这是联想供应链的一个全程图,联想的物料应该也主要分为国际性采购的物料和国内采购的物料,这些国际性的物料,基本上都是通过香港,然后分别转到国内的惠阳、上海和北京,在国内的物料会直接发到我们的各个工厂,然后由各个工厂制作成成品,发到代理商和最终的用户。这是联想的供应链双链的模型,通过接收链和交互链很好的协同,来达到更好的相应供应的变化,以满足客户的需求。目前,联想在运作模式上并不是一个完全按订单生产的企业,这也是与我们面对的客户群有关。联想目前主要的客户60% ~ 70%来自于个人和中小型企业。所以,联想的运作模式采取的是一种安全库存结合按订单生产的方式,即会有1 ~ 2天成品的安全库存,更多的是会根据用户的订单来快速的响应客户和市场的需求。

在这样的供应链管理模式之下,主要是解决四个方面的问题:首先是怎么样保证准确的预测;第二是怎么样保证在预测出现偏差的时候,能够快速调整;第三是怎么样满足客户差异化的需求,怎么样满足客户定制的需求;第四是怎么样很好地完成供应商在采购方面的协同。这四个问题可能也是很多企业目前需要面对的主要问题。

---

① 案例来源:襁春磊在2003年第二届中国企业采购国际论坛上的讲话。

首先,给大家介绍一下联想在预测方面怎么样保证一个比较准确的预测。预测最基本的条件是要基于历史数据,因为联想从市场和代理商当中积累了大量的历史数据,我们通过对销售的历史数据进行分析会发现产品的销量跟很多的实践因素相关,比如说跟市场自然的增长、季节的因素、联想做一些优惠活动、新产品的推出等等,都会影响市场的销量。所以,针对每一个实践的因素都会牵动一个数字的算法、一个数学的模式,通过准线的分析和线性的回归对这些因素进行线性的评估,从而确定在运算方面的一个模型。通过这种预测模式,再加上对代理商和区域市场对客户的预测,同时得出联想在短期和长期以及非产品对整个市场多维度的预测。由于这个预测是多维度的,它包括了对产品在不同的区域、不同的时期、不同渠道的预测;另外,这是一个受很多因素、很多事件影响的模型,它会受到一些像节假日、新品促销等的影响;另外,在预测方面也是应用了很多算法,像指数平滑法、加权平均、线性回归,联想通过一些销售的体系使我们预测方面的准确性提高了30%。

　　其次,给大家简单的介绍一下在预测出现偏差的时候,我们怎么样进行快速调整。预测偏差的调整涉及两个方面的内容,一是采购计划方面怎么样快速调整;二是在生产计划方面怎么样进行快速调整。采购计划的调整,除了刚才讲到的需要根据预测的调整之外,还要根据这种采购的提前量、安全库存的策略以及采购批量等因素的影响,另外还要根据联想在国内多个工厂、多个库存地的实施计划,从而确定我们采购计划应该怎样进行调整和改变。目前,当销售发生调整或者供应商的状况发生变化的时候,联想可以做到在几个小时之内,把几十种产品、几千种物料、面对几百家供应商的计划调整完毕,加快了对市场反映的变化和应对的能力。

　　再次,给大家简单介绍一下再生产计划方面的调整。目前,联想通过电子商务和主要的代理伙伴及代理商和分销商进行合作,基本上每年会有两千多张订单进入联想,联想也是通过这种生产计划系统快速地完成生产计划地制定,并且可以很快的根据这种生产计划提供给供应商比较准确的送料的计划,以达到和供应商的协同,这是联想在生产计划方面的一个实际的状况。另外,通过生产计划系统,联想还能看到在产能方面的状况。目前,最高的部分在产能方面可能会出现瓶颈,联想也可以通过调整、加班等方式,满足客户的订单需求,这是第二部分,联想怎么样在预测和供应商之间波动时能够很好的调整计划。另外刚才介绍过通过销售的预测以及采购计划和销售计划的调整,联想可以实现内部快速对市场供应的变化的调整。另一方面,联想通过需求协同,更好地使客户得到整个分销渠道的库存和协调的状况。通过供应商的系统可以更好的和供应商实现交货的计划和采购订单和预测等方面信息的协同，从而可以保证从客户端一直到联想内部的系统和供应商端实现整体的信息协同和同步。第三部分，对于客户定制方面联想的一些做法，客户可以根据他自己的选择，自动的进行配置，系统可以自动的提供报价，这样客户就可以在网上选择产品，并且可以得到最新的价格以及供货的时间，这是联想客户订单系统的实际情况。通过销售预测联想可以比较准确地把握市场的变化和用户的需求。通过采购计划、生产计划，联想可以更好的协调在供应市场和销售市场发生变化时的应对，通过需求协同和供应商的协同达到市场的需求以及供应商的供应状况和联想整个的统筹中心，另外，通过客户自动的配置系统，来更好地满足客户差异化的需求，这是联想在整个供应链管理方面的一个全景图。通过这种供应链的管理，通过销售订单以及各方面的物料、运输、采购、生产资源信息，联想可以更好的来协调联想的采购、生产、配送和订单的交付，从而可以更好地满足客户的需求。

最后，简单介绍一下联想如何与供应商进行协同。在供应商的协同方面我们主要介绍以下两点：一点是做到全程协同，包括在产品研发过程当中要和供应商进行同步开发，另外在品质和供应弹性以及成本方面，需要进行一个持续的改善；另一点是在采购价格方面需要供应商能够保持最佳的竞争力，采取全程紧密的策略，首先在供应商端实现优胜劣汰，寻找有竞争力的合作伙伴，另外在供应商端设立相应的采购平台，加强日常管理，对于这种突发问题的解决以及持续改善项目的推进，联想进行供应商协同一个主要的目的，就是要确保在业界自由的供应商争夺以及采购资源的争夺中，能够保持一种有利的战略位置。因为当前的竞争已经不单纯是一个企业和企业之间的竞争，而是企业和企业之间供应链的竞争。基于供应商协同的一个理念，联想会定期的对采购的策略进行一些相应的制定，制定整体的采购策略，并且根据采购策略的情况确定是否需要导入新的供应商，进行供应商策略的调整。另外，日常对供应商的管理和绩效会定期进行一个评估，根据这种评估的结果和供应商进行一些日常的采购的管理，这是联想在供应商管理方面的一个系统，通过这个系统就可以实现对供应商管理的规范化和流程化的管理，从而更好的考评供应商的状况，更好的和采购量挂钩。这是联想对供应商策略以及对物料采购的策略，也是根据采购金额和物料的风险确定的四大类的策略，即战略型、杠杆型、关键型和策略型，针对不同类型的供应商、不同的物料采取不同的策略，从而达到在不同情况下采购资源的最大化。

基于刚才的介绍,联想的采购组织除了目前的采购本部是在北京,另外在上海、香港、深圳和台北,在 IT 这个行业供应商比较集中的工厂所在地,也建立了相应的采购平台,从而加强对供应商本地的监控,以及相应的一些日常管理,以及出现问题的时候,一些项目的推进和改进的工作。所以在供应商协同方面主要有这么几大部分的工作,第一,要确定供应商的总体策略,包括价格成本以及采购比例的控制;在一些研发的协同,怎么样在研发当中更好地为成本制造提供更多更方便的服务,以及定期的和供应商之间这种互惠的制作,更好的推进合作。第二,主要是在品质产品方面的服务,即包括新品供应商的掌控,品质的管理,对于一些重要零部件上游供应商的管控,定期的对供应商工厂生产线进行一些审核的工作。第三,是对供应商供应能力方面的一些管理,在供货方面的管理主要涉及新品进入过程当中的管控,在新品导入的时候,怎么样能够上市、上量方面的管控,另外是物料退出的时候的一些管理和控制。第四,是对供应商服务方面的管理,主要涉及这种在索赔和维修服务方面的支持的管控,对供应商财务状况的分析,以及对日常方面的索赔和物料导控方面的管理,这是联想和供应商之间共同合作的工作。

复习思考题

1. 即时采购指的是什么?它与传统采购主要存在哪些区别?
2. 试述即时采购所带来的问题及解决办法。
3. 评价供应商的主要指标有哪些?
4. 供应商绩效考核的指标体系包括哪些内容?

7

供应链与生产管理

7.1　引言

本章全面阐述了生产管理的含义、供应链管理环境下生产管理的特点、要求和技术、供应链管理环境下的生产计划与控制、面向供应链的生产组织计划模式、供应链管理环境下的生产计划与控制系统总体模型以及供应链管理环境下的生产组织新思想——延迟制造。

7.2　供应链管理环境下的生产管理概述

7.2.1　供应链管理环境下生产管理的含义

生产活动是一个价值增值的过程,是一个社会组织向社会提供有用产品的过程。要想实现价值增值,要想向社会提供"有用"的产品,其必要条件是,生产运作过程提供的产品,无论有形还是无形,必须有一定的使用价值。产品的使用价值是指它能够满足顾客某种需求的功效。人的需求是多种多样的,当某种产品在人需要的时候满足了人的某种要求,则实现了其使用价值。产品使用价值的支配条件主要是产品质量和产品提供的适时性。产品质量包括产品的使用功能(functional quality)、操作性能(quality of operability)、社会性能(quality of sociability,指产品的安全性能、环境性能以及空间性能)和保全性能(maintainability,包括可靠性、修复性以及日常保养性能)等,这是生产价值实现的首要要素。产品提供的适时性是指在顾客需要的时候提供给顾客的产品的时间价值,如果超过了必要的时期,就会失去价值,在服务业中尤其如此。二者构成了生产价值实现的必不可少的两大"功效"要素。而产品的成本以产品价格的形式最后决定了产品是否能被顾客所接受或承受,只有当回答是肯定的时候,生产价值的实现才能最终完成。

由此可见,作为产品使用价值支配条件的质量、适时性和成本构成了生产运作价值的实现条件。这些条件决定了企业生产管理的目标必然或只能是"在需要的时候,以适宜的价格,向顾客提供具有适当质量的产品和服务"。

生产管理的根本问题就是如何实现生产管理目标的问题。从生产管理的目标与生产价值的实现条件引申出生产管理中的三个基本问题:

第一,如何保证和提高质量。产品的使用功能、操作性能等特性,相应地转化为生产管理中产品的设计质量、制造质量和服务质量问题,即质量管理(Quality Management)。

第二,如何保证适时适量地将产品投放市场。产品的时间价值转变为生产管理中的产品数量与交货期控制问题。在现代化大生产中,生产所涉及的人员、物料、设备、资金等资源成千上万,如何将全部资源要素在它们需要的时候组织起来、筹措到位是一项十分复杂的系统工程,这也是生产管理所要解决的一个最主要问题,即进度管理(Delivery Management)。

第三,如何才能使产品的价格既为顾客所接受,同时又为企业带来一定的利润。这涉及人、物料、设备、能源、土地等资源的合理配置和利用,涉及生产率的提高,还涉及企业资金的运用和管理,归根结底就是努力降低产品的生产成本,即成本管理(Cost Management)。

以上三个问题简称为 QDC 管理。QDC 管理是生产管理的基本问题,但并不意味着是生产管理的全部内容。生产管理的另一大基本内容是资源要素管理,包括设备管理、物料管理以及人力资源管理。事实上,生产管理中的 QDC 管理与资源要素管理这两大类管理是相互关联、相互作用的。质量保证离不开物料质量、设备性能以及人的劳动技能水平和工作态度,成本降低也取决于人、物料、设备的合理利用,反过来,对设备与物料本身,也有 QDC 管理的要求。因此,生产管理中的 QDC 管理与资源要素管理是一个有机整体,应当以系统的、集成的观点来看待和处理这些不同的分支管理之间的相互关系和相互作用。

7.2.2 供应链管理环境下生产管理的特点

7.2.2.1 决策信息多源化

生产计划的制定要依据一定的决策信息,即基础数据。在传统的生产计划决策模式中,计划决策的信息来自两个方面,一方面是需求信息,另一方面是资源信息;需求信息又来自两个方面,一个是用户订单,另一个是需求预测;资源信息则是指生产计划决策的约束条件,通过对这两方面信息的综合,得到制定生产计划所需的需求信息。信息多源化是供应链管理环境下的主要特征,多源信息是供应链环境下生产计划的特点。另外,在供应链环境下,资源信息不仅来自企业内部,还来自供应商、分销商和用户。约束条件的放宽、资源的扩展使生产计划的优化空间扩大了。

7.2.2.2 群体决策

传统的生产计划决策模式是一种集中式决策模式,而供应链管理环境下的决策模式是分布式的群体决策过程。基于多个代理的供应链系统是立体的网络,各个节点企业具有相同的地位,有本地数据库和领域知识库,在形成供应链时,各节点企业拥有暂时性的监视权和决策权,每个节点企业的生产计划决策都受到其他企业生产计划决策的影响,因此,需要一种协调机制和冲突解决机制,当一个企业的生产计划发生改变时需要其他企业的计划也做出相应的改变,这样,供应链才能获得同步化的响应。

7.2.2.3 信息反馈机制多样性

企业的生产计划能否得到很好的贯彻执行需要有效的监督控制机制作为保证,要进行有效的监督控制必须建立一种信息反馈机制。传统生产计划的信息反馈机制是一种链式反馈机制,也就是说,信息反馈是企业内部从一个部门到另一个部门的直线性的传递,由于层级组织结构的特点,信息的传递一般是从底层向高层信息处理中心(权力中心)反馈,形成与组织结构平行的信息层级的传递模式。

供应链管理环境下的信息传递模式和传统的信息传递模式不同,以团队工作为特征的多代理组织模式使供应链具有网络化结构的特征,因此供应链管理模式不是层级管理,也不是矩阵管理,而是网络化管理。生产计划信息的传递不是沿着企业内部的递阶结构(权力结构)而是沿着供应链不同的节点方向(网络结构)传递。为了做到供应链的同步化运作,供应链企业之间信息的交互频率也比传统企业信息传递的频率快得多,因此应采用并行化信息传递模式。

7.2.2.4 计划运行的动态环境

供应链管理的目的是使企业能够适应复杂多变的市场环境的需要。复杂多变的环境增加了企业生产计划运行的不确定性和动态性因素。供应链管理环境下的生产计划是在不稳定的运行环境下进行的,因此要求生产计划与控制系统具有更高的柔性和敏捷性,例如,提前期的柔性,生产批量的柔性等。供应链管理环境下的生产计划涉及的多是订单化生产,这种生产模式动态性更强,因此生产计划与控制要更多地考虑不确定性和动态性因素,使生产计划具有更高的柔性和敏捷性,使企业能对市场变化做出快速反应。

7.2.3 供应链管理环境下生产管理的要求

7.2.3.1 同步化供需

供应链管理系统应在计划时间内,平衡需求、供应和约束条件,同时看到供应链上发生的其他问题。由于实时、双方向的双重计划能力,计划员有能力执行各种模拟以满足优化计划。这些模拟提供实时响应,如安全库存水平应是多少? 这是最低成本计划吗? 使用的资源已经优化了吗? 这个计划满足客户服务水平了吗? 已经利润最大化了吗?

在供应链里的每一个阶段都会把最终用户的需求(实际)传递回去。因此,一旦实际需求发生变化,所有环节都知道,并实时产生适当的行动。

同步化供需是服务和成本的一个重要目标。同步化的供应与需求是提高服务水平和降低成本的重要途径。影响供需匹配的因素主要有:

供 应 链 管 理 概 论

（1）大批量。

批量增大，供应水平提高，而需求是小批量的可能性很大，所以大批量的生产方式造成供需不匹配。

（2）生产上维持高效率，而不是满足客户需求。

生产上高效率低成本的生产方式就是大批量生产，客户的需求可能是多样化、个性化的，高效率造成供需不同步。

（3）缺少同步，使库存水平高且变化频繁。

大批量、高效率生产出客户并不需要的产品，这样会使库存水平升高，而客户需要的产品不能满足需要，导致库存水平急剧降低。

可靠的、灵活的运作是同步化的关键。可靠、灵活的运作应该主要集中于生产、物流管理、库存控制、分销。销售与市场的角色是开拓需求。

7.2.3.2　与供应商集成

大部分经营引起生产的失败，除了内部的不稳定性，就是供应的不稳定性。应鼓励供应商去寻求减少供应链总成本的方法，与供应商共享利益。

7.2.3.3　供应链的能力必须是战略的管理

必须直接控制关键能力达到从需求到供应的震动减弱。要考虑库存地点，运输的路径。一旦产品需求发生变化，可以并发考虑所有供应链约束。当每一次改变出现时，就要同时检查能力约束、原料约束、需求约束，这就保证了供应链计划在任何时候都有效，实时优化供应地点，或分销地，运输路线，避免库存超储，工厂的供应波动过大。

7.2.4　供应链管理环境下的生产管理技术

7.2.4.1　生产管理技术的发展过程

生产管理技术是指用于生产管理的技术。生产管理技术从点效率、线效率、面效率到体效率的发展过程就是追求竞争优势的过程。

1970 年，Joseph A. Orlicky，George W. Plossl 和 Oliver W. Wight 三人在 APICS 的学术年会上，首先提出了物料需求计划（Material Requirements Planning）的概念和基本框架，并得到该协会的大力支持和推广。物料需求计划是根据市场需求预测和顾客订单制定产品的生产计划，然后基于产品生产计划组成产品的材料结构表和库存状况，通过计算机计算所需材料的需求量和需求时间，从而确定材料的加工进度和订货日程的一种实用技术。

与市场需求相适应的销售计划是 MRP 成功的最基本要素。如果销售领域能准确、及时地提供每个时间段的最终产品需求的数量和时间，企业就能充分发挥 MRP 的功能，有效地实现 MRP 的目标。从这一思路出发，人们把 MRP 的原理应用到流通领域，发展出营销渠道需求计划 DRP(Distribution Requirement Planning)。

☞ **链　接**

生产管理的发展历程

	代表人物 或企业	内　容	特　点	关键技术
点效率	泰勒	科学管理:动作标准化、激励工资、进行培训而提高生产率	关注每个生产点的效率	生产标准化
线效率	福特汽车	汽车流水生产线:提高整个流水线的生产率	在单点的基础上关注多点整体线性效率	生产线平衡
面效率	日本汽车	大规模定制:提高多品种、系列化流水线生产率	在线性基础上加上多品种形成对生产面的管理	柔性生产系统 JIT、全面质量管理等
体效率		供应链管理:提高多个具有供求关系企业之间所形成的体系的效率	在单个企业基础上关注多个企业之间形成的体系效率	价值链分析、信息共享、流程再造、敏捷制造等

1981 年,Oliver W. Wight 在物料需求计划的基础上,将 MRP 的领域由生产、材料和库存管理扩大到营销、财务和人事管理等方面,进一步提出了制造资源计划(Manufacturing Resource Planning,简称 MRPⅡ)。

即时生产(JIT)方式最早由日本丰田汽车从"看板"管理中开发出来,并应用于生产制造系统,其后 JIT 方式的"即时"哲学被广泛地接受并大力推广。近年来,在供应链管理中,特别是由制造业和零售企业组成的生产销售联盟中,各企业极其重视"即时"哲学。即时生产、即时管理、即时采购等概念都是在"即时"哲学的影响下产生的。应该指出的是,即时管理方式与物料需求计划在经营目标、生产要求方面是一致的,但在管理思想上是不同的。MRP 讲求推动概念和计划性,而 JIT 讲求拉动概念和即时性;MRP 认为库存必要,而 JIT 则认为一切库存都是浪费。

随着经济全球化的形成,社会消费水平和消费结构发生了深刻的变革,产品呈现出多样性、个性化、系统化和国际化的特征,以面向企业内部信息集成为主,单纯强调离散制造环境和流程环境的 MRPⅡ 系统已不能满足全球化经营管理的要求。随着网络通信技术的迅速发展和广泛应用,为了实现柔性制造,迅速占领市场,取得高回报率,生产企业必须转换经营管理模式,改变传统的"面向生产经营"的管理方式,转向"面向市场和顾客生产"的管理方式,更加注重产品的研究开发、质量控制、市场营销和售后服务等环节,把经营过程的所有参与者,如供应商、客户、制造工厂、分销商网络等,纳入一个紧密的供应链中。企业资源规划(ERP,Enterprise Resource Planning)就是在 MRP Ⅱ和 JIT 的基础上,通过前馈的物流以及反馈的信息流和资金流,把客户需求和企业内部的生产活动以及供应商的制造资源结合在一起,体现了完全按用户需求制造的一种供应链管理思想的功能网链结构模式。

作为一项重要的供应链管理的运作技术,ERP 在整个供应链管理过程中更注重对信息流和资金流的控制,同时,通过企业员工的工作和业务流程,促进资金、材料的流动和价值的增值,并决定了各种流的流量和流速。ERP 已打破了 MRP Ⅱ只局限在传统制造业的格局,把它的触角伸向各行各业,如金融业、高科技产业、通信业、零售业等,从而使 ERP 的应用范围大大扩展。为给企业提供更好的管理模式和管理工具,ERP 还不断地吸收先进的管理技术和 IT 技术,如人工智能、精益生产、并行工程、Internet/Intranet、数据库等。未来的 ERP 将在动态性、集成性、优化性和广泛性方面得到更大的发展。若将 ERP 与卖方管理库存技术(VMI)相结合,可以开发出下一代的 ERP 产品——供应链规划(Supply Chain Planning,简称 SCP),它可以将企业所在的供应链中的所有职能都集成到一个单一的框架中,使整个供应链就像一个扩展企业一样运作。

优秀的管理方案就是优秀的管理技术,就是用科学的管理制度、工艺流程、标准和方法对生产现场的诸要素进行合理配置,对生产全过程进行有效计划、组织指挥、协调和控制,建立良好的生产秩序,使人流、物流、信息流合理高效的运作,实行均衡、安全、文明生产,达到优质、低耗、高效的目的。下面我们将具体介绍这几种重要的管理技术。

7.2.4.2 物料需求计划(MRP)

物料需求计划是依据市场需求预测和顾客订单制定产品生产计划,然后基于产品生产进度组成产品的材料结构表和库存状况,通过计算机计算出所需材料的需求量和需求时间,从而确定材料的加工进度和订货日程的一种实用技术。"物料"一词是指在生产过程中所使用的各种材料,不仅包括与生产直接相关的原材料和零部件,还包括与生产间接相关的材料如燃料、机械工具、办公用品等。广义的"物料"概念还包括在制品和制成品。物料需求计划的基本目的是,在合理利用、组织资源保持生产流程畅通的前提下维持最低的库存水平。

(1)MRP 的处理逻辑。MRP 系统有关计算项目的含义主要有:①总需求量,即每个时期的预计生产量、耗用量或出库量,独立需求项目等于主生产计划中的数量,相对需求项目则由它的母体得出;②预计到达量,即已经订货(生产或采购)物料的数量和时间;③预计库存量,即满足需求后的期末库存量;④净需求量,即总需求量减去预计到达量和上期预计库存量;⑤计划订货到达量,即计划订货的数量和时间,根据计算出的净需求量,按生产或采购批量调整;⑥计划订货发出量,即应当发出订单的时间和订货数量。

(2)MRP 的基本结构。MRP 的基本结构包括 MRP 的输入、MRP 的实行和 MRP 的输出等三个部分,用来解决需求什么、需求多少、何时需求这三个问题,以便确定所需材料的生产或订货日程和进度,保证按生产进度的需求进行生产,同时维持最低的库存水平。

第一,MRP 的输入信息。MRP 有主生产计划、库存状态和产品结构信息三种输入信息。

①主生产计划。产品生产计划是根据市场预期与用户订单来确定的,但它并不等同于预测,因为预测没有考虑企业的生产能力,而计划则要进行生产能力平衡后才能确定;预测的需求量可能随时间起伏变化,而计划则可通过提高或降低库存水平作为缓冲,使实际各周期的生产量趋于一致,以达到均衡稳定生产。产品主生产计划是 MRP 的基本输入,MRP 根据主生产计划展开,导出构成这些产品的零部件与材料在各周期的需求量。依据客户订单和需求预测,主生产计划驱动整个 MRP 系统。主生产计划描述了最终产品需要何时生产、何时装配、何时交货等问题。

②产品结构信息。产品结构信息说明了生产或装配一件最终产品所需要的材料、零部件的数量。结合最终产品的需求量就可以计算出各零部件的毛需求量,同时还能够指出使用这些零部件的确切时间。产品结构信息还表明了各种零部件之间的数量关系,以及它们各自的重要程度。

③库存状态信息。库存状态信息应保存所有产品、零部件、在制品、原材料(以下统称项目)的库存状态信息,主要包括以下内容:当前库存量,即工厂仓库中实际存放的可用库存量。计划入库量,即根据正在执行中的采购订单或生产订单,在未来某个时间周期项目的入库量。在这些项目入库的那个周期内,把它们视为库存可用量。提前期,即执行某项任务由开始到完成所消耗的时间;对采购件来说,是从向供应商提出对某个项目的订货,到该项目到货入库所消耗的时间,对于制造或装配件来说,则是从下达工作单到制造或装配完毕所消耗的时间。订货(生产)批量,即在某个时间周期向供应商订购(或要求生产部门生产)某项目的数量。安全库存量,即为了预防需求或供应方面不可预测的波动,在仓库中应经常保持的最低库存数量。此外,还应保存组装废品系数、零件废品系数、材料利用率等信息。

第二,MRP 的实行过程。狭义的 MRP 是在完整准确的 MPS 材料清单和库存状况记录的基础上,通过计算求得每个时间段上各种材料的净需求数量,同时确定材料订货的数量、订货时间、订货批量和零部件的加工组装时间等内容。具体的计算步骤有:

供应链管理概论

①总需求量计算。根据 MPS 材料清单、库存水平计算出时间段内所需各种材料的总需求量和需求的日期。

②净需求量计算。净需求量是指从总需求量中减去该材料的可用库存(包括现有库存和在途库存)后的差额。在考虑安全库存的情况下:

净需求量 = 总需求量 − 有效库存 = 总需求量 − (可用库存 − 安全库存)

如果在时间段内总需求量小于该材料的有效库存,则净需求量为零。

③材料订货(加工)批量和指令发出时间的确定。在求出每个时间段的材料净需求量之后,根据每种材料本身的特点确定采购订货方式。采购订货方式有定量订货方式和定期订货方式,具体采用哪种方式由材料的特点和企业的采购政策决定。另外,在制定采购批量时还应考虑生产加工的要求,如采购批量不应小于最小制造批量。在采购订货时,在考虑供应商的情况和交货周期的基础上确定材料的订货时间,即指令发出时间,同时确定预定交货的时间。即:

一般指令发出时间(订货时间) = 计划需求时间 − 交纳周期

在生产制造时,在考虑工序生产能力和加工周期的基础上确定材料的加工开始时间。即:

指令发出的时间(加工开始时间) = 计划完成时间 − 作业加工时间

由材料清单的最低层次的物品开始,依次向上一层次的材料展开,直到所有层次材料的结果安排出来为止。

④制定材料需求计划。通过平衡、整合时间段内各个层次所有的材料需求数量、订货(或加工)批量、指令发出时间等,制定出材料需求计划。同时通过生产能力需求计划(Capacity Requirement Planning,简称为 CRP)对材料需求计划进行调整。CRP 是 RCP 的具体化,它通过详细地计算出每一个工作日的工序负荷能力和状况来判断人员和设备是否能满足 MRP 的要求。

⑤发出指令。依据材料需求发出订货指令或生产指令,进行采购/生产现场控制(Shop Floor Control,简称为 SFC)。

第三,MRP 的输出信息。MRP 系统可以为企业各部门的管理者提供几种信息,主要有:订货数量和时间;是否需要改变所需产品的数量和时间;是否需要取消产品的需求;MRP 系统自身的状态等等。根据这些信息,MRP 系统提出的报告分为两种:基本报告和补充报告。

基本报告的内容主要有:计划订货日程进度表、进度计划的执行和订货计划的修正调整及优先次序的变更。其中,计划订货日程进度表包括将来的材料订购数量和订购时间,材料加工的数量和加工时间等。进度计划的执行包括材料品种、规格、数量及到货时间、加工结束时间等规定事项。订货计划的修正调整及优先次序的变更包括到货日期、订购数量的调整、订单的取消、材料订货优先次序的改变等事项。基本报告主要为采购部门和生产部门的决策提供依据。

补充报告的内容主要有：成果检验报告、生产能力需求计划报告和例外报告。其中，成果检验报告包括物流成本效果、供应商信誉、是否按时到货、材料质量、数量是否符合要求，预测是否准确等；生产能力需求计划报告包括设备人员的需求预测、工序能力负荷是否满足需求等；例外报告是专门针对重大事项提出的报告，为高层管理人员提供管理上的参考和借鉴。例如，发生到货时间迟延严重影响生产进度造成重大损失时，就到货延期产生的主要原因以及防范应变措施提出的报告。

在关于 MRP 的讨论中，可以将产品（数量）进行排程，但是除了配件外，每个产品还需要其他资源。这些额外的资源包括工时、机时和应付账款（现金）。正如我们在 MRP 公式中使用数量一样，这些资源也可以在 MRP 公式中使用。将这些需求与其产能（即工时、机时和现金等）相比较，作业管理人员就能制定可行的排程。

例如，某一段时间，康柏休斯敦公司的规划和生产控制经理卡尔·蒙蒂斯正在逐步停产某款康柏个人电脑。这时，他被告知康柏公司低估了需求，新的安排要求他再生产 10 000 台个人电脑。他能做到吗？蒙蒂斯面临的问题包括：手头上有哪些零件？要订购哪些零件？可获得哪些劳动力？工厂有能力完成任务吗？买主有能力购买吗？应对哪些生产线进行重排？传统上，积累这些信息不仅需要 MRP 报表，还需要各式附加报表，即使是那样，也只是在部分信息的基础上做出反应。

新开发推出的包含综合空白表格程序、查询语言程序和报表书写程序的软件使蒙蒂斯能够查找庞大的数据库，提出相关数据（客户订单、预测、库存和生产能力）以及进行快速计算。结果是康柏公司有能力进行时程调整，使收入又增加了数百万美元。除此之外，大多数 MRP Ⅱ 计算机程序与其他为 MRP 系统提供数据或从 MRP 系统中接收数据的计算机程序相连，其中包括订单项目、托运、开账单、采购、生产排程、生产能力规划和货仓管理等。

（3）实施 MRP 系统的注意事项。顺利地运行 MRP 系统必须处理好以下几个主要事项：

第一，必须使生产与营销紧密地结合起来，这是确保 MRP 有效性的基本条件。因为通过 MRP 系统制定物料需求计划需要花大量的时间和资源。如果在时间段内销售信息经常发生变化，就需要不断修改 MRP，这样不仅会花费大量的时间和资源，而且难以保证 MRP 的有效性。

第二，正确及时的库存状况信息是保持 MRP 系统有效的重要条件。对库存状况信息进行及时、准确的更新极为重要。通常采用两种更新方法：一种是定期更新方式，即每隔一定的时间更新库存数据，根据更新后的结果对 MRP 进行修正。这种方式成本较低,适用于较为稳定的系统,但其最大的缺点是,可能导致库存数据与实际库存状况相背离的情况发生,即库存状况和库存记录之间存在着时间差。另一种是即时更新方式,即时更新方式是一旦发生库存变动的情况马上就更新库存数据的方式,这是一种连续更新方式,它适用于动态型系统。由于库存数据的即时更新往往会导致 MRP 的即时更新,它的优点是,能即时反映实际情况并迅速做出反应,缺点是,这种方式需要投入大量的资源和花费大量的时间,成本较高。

第三,材料清单、生产流程、工序能力、交纳周期等基本数据必须准确完备,并根据需求及时更新。只有这些基本数据准确完备才能保证 MRP 系统的顺利运行。

第四,必须与其他部门紧密联系才能保证 MRP 目标的实现。MRP 必须与企业的销售系统、物流系统、采购系统、研究开发系统、财务系统、人事系统等紧密协作,才能有效地实现物料需求计划的基本目标,即在合理利用组织资源保持生产流程畅通的前提下维持最低的库存水平。

当然,MRP 系统的运行还会涉及其他一些方面的内容,但以上 4 个方面应该是最主要的,只有将这 4 个方面做好了,MRP 系统的运行才能真正有所保证。

7.2.4.3 即时生产管理方式(JIT 管理方式)

为了提高生产效率,企业只在下一道工序有需求时才开始按需求用量生产,采取平准化计划,按日产量采购和投产,把库存降到最低限度。在库存记录上采取反冲的方法,以减少记录库存的事务处理工作量。实施 JIT 必须要用到工业工程的许多技术和方法。

JIT 管理方式(又称看板管理方式)的核心是:消除一切无效劳动与浪费,在市场竞争中永无止境地追求尽善尽美。JIT 十分重视客户的个性化需求,重视全面治理管理,重视设备的预防性维护,重视对物流的控制,重视人的作用,主张授权员工参与管理和解决实际问题。任何企业都可以而且应当采用 JIT 管理方式。

JIT 管理方式的基本理念是彻底消除浪费,在日本丰田汽车制造公司的看板管理方式中,采用拉动概念,通过即时化和目标管理来实现彻底消除浪费,从而使库存减少到尽可能低的水平。JIT 管理方式的两个支柱是即时化和目标管理。即时化就是依据拉动原理,生产系统的下一道作业在其需求的时间,向上一道作业提取所需数量的材料,换句话说,上一道作业按照下一道作业所需要的材料、数量和时间即时供应,以保证生产系统连续顺畅地运行。目标管理就是生产现场的工作人员在生产设备、生产过程、材料加工质量等方面出现异常情况时,能依据规定自行判断查明原因并采取适当的改进措施,以保证产品的质量和提高生产效率。具体而言,JIT 管理方式可以分为以下 4 个部分:平准化生产、看板方式、消除浪费的具体措施和目标管理方法。

(1)平准化生产。多品种生产方式一般有两种,一种是混流生产方式,又称为平准化生产方式;另一种是生产线切换方式。为了即时应对市场变化,在即时管理系统中应采用平准化生产方式。

链　接

平准化生产方式和生产线切换方式的比较

	平准化方式	切换生产方式
生产方式的特征	以平准化的方式,在生产线上同时加工由多个品种组成的生产批量	把同一品种集中起来进行加工。对不同的品种进行加工时,必须调整切换生产线
生产计划	以天为单位制定每个品种的生产计划(有弹性)	制定不同品种的生产顺序,以月为单位制定每个品种的生产计划(无弹性)
外加工订单指令	对 X 供应商的订货:1 号至 30 号。 零部件 a:每天平均交货 5 个 零部件 b:每天平均交货 6 个 零部件 c:每天平均交货 10 个	对 X 供应商的订货:1 号至 30 号。 零部件 a:1 号交货 150 个 零部件 b:10 号交货 180 个 零部件 c:20 号交货 300 个
生产工程	各种零部件被放置在生产线旁指定的位置 不同的零部件以小批量的方式混合装载搬运 (组装生产线的流程) 1 号 2 号……30 号 生产品种 ABC ABC……ABC	如果生产线的产品品种发生变化,相应的零部件也发生变化 相同的零部件以大批量的方式装载和搬运 1 号…10 号…20 号 生产品种 AA…ABB…BCC

（2）看板方式。看板是一种作为信号性或指令性的传递卡片,应用于生产过程的各个环节,是控制和掌握零部件在各生产环节之间的生产时间、数量、进程的一种凭证或依据。看板管理是把原先由前工序向后工序送货制,改成后工序向前工序取货制,去掉了生产工序向后工序送货制,去掉了生产工序间不必要的贮存零件,去掉了中间仓库内的贮存零件,达到了即时化生产要求,减少了资金的占用,提高了生产效率。采用看板管理法控制零部件生产,要求厂内每一个后工序在必要的时间向前工序去取必要的零部件品种、数量,而前工序及时按被后工序取走的那部分零部件的品种和数量进行生产。

看板管理是把看板作为"生产指令"、"取货指令"、"运输指令",用以控制生产量和调节生产计划的一种方法。它是在生产过程中,由下道工序(要货单位)根据看板卡片规定的品种、数量、时间,到上道工序(供货单位)领取原材料、零部件,确保各生产环节准时、合理、协调地进行的一种控制方法。

第一，看板的应用范围。看板按其应用范围，可分为厂内运行看板和外协看板两大类，厂内运行看板又称"工序内看板"，它在本工序、本工段、本车间内执行，是工序或工段或车间内的指令。厂内运行看板一般分为3种，即在制品看板、信号看板和外协看板。在制品看板是指示前道工序加工制造一定数量在制品时用的看板，一般适用于流水线之间和流水线与仓库之间。在批量生产条件下，一般适用于车间之间或作业组之间。这种看板通常是塑料夹内装卡片的形式，卡片上的主要内容有：产品名称、零件号、零件名称、每台件数、生产量、生产时间、生产方法、运送量、运送时间、运送目的地、存放地点、运送工具、运送容器及运送件数等。信号看板是指凡是能作为信号式、指令式的，可以看得清楚、明白的东西。按订货顺序进行生产时，表示正在按计划批量进行生产的各种可作为指令的东西。一般适用于生产线内部或相邻工序之间，它的形式多种多样，可以是卡片、料箱，也可以是用管道、导轨或天线传递各种形式的铁片等有标志性的物品。

外协看板是在订货厂与外协厂（供应厂）之间运行，指导外协厂送货的指令。外协看板一般都是用塑料夹内装卡片的形式，根据企业应用电子计算机的情况，也有在卡片中间带横条，以横条为代码，进行记账、结算的。

第二，看板的使用。在实际生产中，可以用以下事例来说明看板的具体运用：在组装生产线上正在组装A,B,C,D四种产品。为了组装这些产品，需要零件甲、乙等的组装线和制造零件的加工生产线互相分开。加工零件的生产线有3条，其中有一条生产线制造零件甲和乙。加工生产线把制造的零件甲和乙堆放在加工生产线的后面，这种堆放处叫堆栈。每次加工好后就挂上几张看板。堆栈好比一个无人售货商店，后道工序来领取工件就像顾客来买东西一样。看板有一条规则——"不把次品送往下一道工序"，这就如同不把次品卖给顾客一样。为了达到100%的正品，可以建立某种系统，当发现次品时，会立刻自动通知前一道工序，即建立使生产次品的工序感到痛处的系统，如果出现次品，后一道工序接到次品就关闭生产线，这样，谁都可以清楚地知道出了事故，而马上把次品退回前一道工序，这是为了防止再出现次品。堆栈的位置是确定的，由于用黄线或架子将堆栈明显地隔开，堆放零件时绝对不能超出这个界线，堆放的零件也不多，现场一目了然，便于实现目视管理。在组装线上，为了组装，就要到加工生产线去领取组装时所需的零件甲，领取时要带组装看板，然后，在甲堆栈按需要量领取零件箱，摘下附在上面的看板（即工序内看板），把带来的组装看板（即领取看板）挂在领取的零件甲的箱子上再拿出。

在加工线的堆栈摘下后道工序——组装线领走的零件上的工序内看板，加工线只是按照工序内看板记载的数量生产零件然后再补充到"无人售货商店"去。如果出了什么毛病，堆栈没有可供领取的零件甲时，该怎么办呢？这时，可将组装看板交给前道工序,于是,在加工线上不论正在进行什么作业,都要立刻停下来,十万火急地生产短缺的零件甲,一生产出来,就应马上给后道工序送去,不过,这种情况绝少发生。

(3)消除浪费的具体措施。

第一,生产数量过多所造成的浪费。如在生产制造过程生产出的成品或半成品超过需求的数量,或提前生产出下道作业所需要的材料。

第二,闲置等待所造成的浪费。如上道作业没有在下道作业需要的时间提供材料,造成下道作业的设备和人员闲置等待。

第三,库存所造成的浪费。特别是由从供应商采购的原材料或零部件所形成的库存,即时管理方式认为库存是一种浪费。

第四,搬运所造成的浪费。搬运是一种不产生附加价值的活动,因此,应尽量减少搬运所造成的浪费。

第五,生产制造流程所造成的浪费。不良的生产制造流程会造成生产加工周期延长,消耗更多的材料等,这是一种结构性浪费。

第六,人力资源浪费。人力资源的浪费大多是指没有对员工进行岗位培训,没有培养员工的多种技能,没有赋予员工在生产现场处理问题的职责等。

第七,不良品所造成的浪费。不良品不仅增加企业的成本,而且影响企业的信誉。

(4)目标管理方法。目标管理是指生产现场的所有工作人员具有及时发现生产过程中出现的问题,查明原因并加以改善的责任和能力。具体的方法是在生产线的每个工序上安装具有红黄绿三种颜色的指示灯。亮绿灯表示生产线作业正常;亮黄灯表示该工序作业进度落后,需要支援,当黄灯出现后就会有其他员工来支援,改善作业瓶颈;亮红灯表示该工序出现异常情况,要求停止生产线作业,找出原因并加以改善,当红灯出现后,停止整个生产线生产,这样就不会造成其他工序继续作业而导致出现大量在制品等待库存的现象。同时,各个工序共同协作来解决问题,这种方法的好处在于:能赋予员工高度的责任心,有利于发挥团体精神,相互协作来解决问题,防止出现不良品,避免发生大量在制品库存等。

7.2.4.4 精益生产方式

精益生产是美国麻省理工学院 1985～1989 年进行的国际汽车计划的研究成果,是学院的援救小组在对日本和欧美汽车生产的差异进行分析后,赋予日本的生产方式的名称,是日本丰田汽车的生产方式,是即时制生产的发展和延续。

精益生产方式是从产品设计和工程设计开始,延伸到远远超出企业的范围,直到最终用户。精益生产的实质是:发挥人的具有调整性的创造能力,不断关注增值流程的改进,加强与合作伙伴的协同交流,以满足消费者不断变化的个性化需求。这个观点的精神与供应链管理是完全一致的。精益生产是从即时生产发展起来的,因此必然包含了

即时生产的许多特点,与供应链管理的原理也有许多相似之处,主要体现在以下几个方面:

(1)体现增值链的概念,消除一切不增值的作用和活动。例如,先合理化再自动化的原则,产品开发与试制的同步工程。

(2)提供快速响应能力。例如,发挥员工的创造性,授予权责对问题快速反应和处理,为产品创造价值;通过简单而综合的信息显示,在车间建立协同工作的动态小组等。

(3)强调合作伙伴关系,发挥各自的核心竞争优势(包括产品开发、零部件供应等),然后进行整合。

(4)以满足顾客需求为前提,按照客户需求实现拉动式的个性化产品生产,改变了传统的大批量生产方式。

7.3　供应链管理环境下的生产计划与控制

7.3.1　供应链管理环境下生产计划与控制概述

7.3.1.1　供应链管理环境下生产计划的新要求

供应链管理环境下的生产计划与传统的生产计划有显著的不同。在供应链管理环境下,与企业具有战略伙伴关系的企业的资源通过物流、信息流和资金流的紧密合作成为企业制造资源的拓展,在制定生产计划的过程中,主要面临以下三方面的问题。

(1)柔性约束。柔性实际上是对承诺的一种完善。承诺是企业对合作伙伴的保证,只有在承诺的基础上企业间才能具有基本的信任,合作伙伴也因此获得了相对稳定的需求信息。然而,由于承诺的下达在时间上早于承诺本身付诸实施的时间,因此,尽管承诺方一般来讲都尽力使承诺与未来的实际情况接近,误差也是难以避免的。柔性思想的提出为承诺方缓解了这一矛盾,使承诺方有可能修正原有的承诺。可见,承诺与柔性是供应合同签订的关键要素。对生产计划而言,柔性具有多重含义:

第一,仅根据承诺的数量来制定计划是容易的,但是,柔性的存在使这一过程变得复杂了。柔性是双方共同制定的一个合同要素,对于需方而言,它代表着对未来变化的预期;而对供方而言,它是对自身所能承受的需求波动的估计。本质上,供应合同使用有限的可预知的需求波动代替了可以预测但不可控制的需求波动。

第二,下游企业的柔性对企业的计划产量造成的影响在于:企业必须选择一个在已知的需求波动下最为合理的产量。企业的产量不可能覆盖整个需求的变化区域,否则会造成不可避免的库存费用。在库存费用与缺货费用之间取得一个均衡点是确定产量的标准。

第三，供应链是首尾相通的，企业在确定生产计划时还必须考虑上游企业的利益。在与上游企业的供应合同之中，上游企业表达的含义除了对自身所能承受的需求波动的估计外，还表达了对自身生产能力的权衡。可以认为，与上游企业的供应合同中反映的是相对于该下游企业的最优产量。因此，下游企业在制定生产计划时应该尽量使需求与合同的承诺量接近，帮助供应企业达到最优产量。

（2）生产进度。生产进度信息是企业检查生产计划执行状况的重要依据，也是滚动制定生产计划过程中用于修正原有计划和制定新计划的重要信息。在供应链管理环境下，生产进度计划属于可共享的信息，这一信息的作用在于：

第一，供应链上游企业通过了解对方的生产进度情况实现即时供应，企业的生产计划是在对未来需求做出的预测的基础上制定的，它与生产过程的实际进度不同，生产计划信息不可能实时反映物流的运动状态。供应链企业可以借助现代网络技术使实时的生产进度信息能为合作方所共享。上游企业可以通过网络和双方通用的软件了解下游企业真实需求信息，并即时提供物资，这种情况下，下游企业可以避免不必要的库存，而上游企业可以灵活主动地安排生产和调拨物资。

第二，原材料和零部件的供应是企业进行生产的首要条件之一，供应链上游企业修正原有计划时应该考虑到下游企业的生产状况。在供应链管理环境下，企业可以了解上游企业的生产进度，然后适当地调节生产计划，使供应链上的各个环节紧密地衔接在一起，其意义在于，可以避免企业与企业之间出现供需脱节的现象，从而保证供应链的整体利益。

（3）生产能力。企业完成一份订单不能脱离上游企业的支持，因此，在编制生产计划时要尽可能借助外部资源，有必要考虑如何利用上游企业的生产能力。任何企业在现有的技术水平和组织条件下都具有一个最大的生产能力，但最大的生产能力并不等于最优的生产负荷。当上下游企业间稳定的供应关系形成后，上游企业从自身利益出发，更希望所有与之相关的下游企业在同一时期的总需求与自身的生产能力相匹配。上游企业的这种对生产负荷量的期望可以通过合同、协议等形式反映出来，即上游企业提供给每一个相关的下游企业一定的生产能力，并允许一定程度的浮动，这样，在下游企业编制生产计划时就必须考虑到上游企业这一能力上的约束。

7.3.1.2　供应链管理环境下生产计划制定的特点

在供应链管理环境下，企业的生产计划固定过程有了较大的变动，在原有的生产计划制定过程的基础上增添了一些新的特点，主要有：

（1）具有纵向和横向的信息集成过程。这里的纵向是指供应链自下游向上游的信息集成，而横向是指生产相同或类似产品的企业之间的信息共享。在生产计划制定过程中，上游企业的生产能力信息在生产计划的能力分析中独立发挥作用，通过在主生产计划和投入产出计划中分别进行的粗、细能力平衡,上游企业承接订单的能力和意愿都反映到下游企业的生产计划中。同时,上游企业的生产进度信息也和下游企业的生产进度信息一道作为滚动编制计划的依据,其目的在于,保持上下游企业间生产活动的同步。外包决策和外包生产进度分析是集中体现供应链横向集成的环节,在外包中所涉及的企业都能够生产相同或类似的产品,或者说在供应链网络上是属于同一产品级别的企业。同时,由于企业对该订单的客户有着直接的责任,因此,也需要根据外包的企业的生产进度信息来确保对客户的供应。

（2）丰富了能力平衡在计划中的作用。在通常的概念中,能力平衡只是一种分析生产任务与生产能力之间差距的手段,企业可再根据能力平衡的结果对计划进行修正。在供应链管理环境下制定生产计划时,能力平衡发挥了以下作用:①为修正主生产计划和投入产出计划提供依据,这也是能力平衡的传统作用;②能力平衡是进行外包决策和零部件（原材料）急件外购的决策依据;③在主生产计划和投入产出计划中所使用的上游企业能力数据,反映了其在合作中所愿意承担的生产负荷,可以为供应链管理的高效运作提供保证;④在信息技术的支持下,对本企业和上游企业的能力状态的实时更新使生产计划具有较高的可行性。

7.3.1.3　供应链管理环境下生产控制的新特点

供应链管理环境下的企业生产控制和传统的企业生产控制模式不同,前者需要更多的协调机制（企业内部和企业之间的协调）,体现了供应链的战略伙伴关系原则。供应链管理环境下的生产协调控制包括如下几个方面的内容:

（1）生产节奏。供应链的同步化计划需要解决供应链企业之间的生产同步化问题,只有各供应链企业之间以及企业内部各部门之间保持步调一致时,供应链的同步化才能实现。供应链形成的即时生产系统要求上游企业即时为下游企业提供必需的零部件。如果供应链中任何一个企业不能准时交货,都会导致供应链不稳定或中断,导致供应链对用户的响应性下降,因此,严格控制供应链的生产节奏对供应链的敏捷性是十分重要的。

（2）库存和在制品。库存在应付需求不确定性时有其积极的作用,但是库存又是一种资源浪费。在供应链管理模式下,实施多级、多点、多方管理库存的策略,对提高供应链管理环境下的库存管理水平、降低制造成本有着重要意义。这种库存管理模式涉及的部门不仅仅是企业内部。基于即时的供应与采购,供应商管理库存（Vendor Managed Inventory,VMI）、联合库存管理等是供应链库存管理的新方法,对降低库存具有重要作用,因此,建立供应链管理环境下的库存控制体系和运作模式对提高供应链的库存管理水平有重要作用,它也是供应链企业生产控制的重要手段。

（3）生产进度。生产进度控制的目的在于,依据生产作业计划,检查零部件的投入和产出数量、产出时间和配套性,保证产品能准时装配出厂。供应链管理环境下的进度控制与传统生产模式的进度控制不同,因为许多产品是协作生产和转包业务,和传统的企业内部的进度控制比较起来,其控制的难度更大,必须建立一种有效的跟踪机制进行生产进度信息的跟踪和反馈。生产进度控制在供应链管理中有重要作用,因此,必须研究解决供应链企业之间的信息跟踪机制和快速反应机制。

(4)提前期。基于时间的竞争是 20 世纪 90 年代出现的一种新的竞争策略,具体到企业的运作层,主要体现为提前期的管理,这是实现 QCR、ECR 策略的重要内容。供应链环境下的生产控制中,提前期管理是实现快速响应用户需求的有效途径。缩小提前期,提高交货期的即时性是保证供应链获得柔性和敏捷性的关键。缺乏对供应商不确定性的有效控制是供应链提前期管理中的一大难点,因此,建立有效的供应提前期的管理模式和交货期的设置系统是供应链提前期管理中值得研究的问题。

7.3.2　面向供应链的生产组织计划模式

随着社会的发展,人类对产品的需求越来越多样化、个性化,产品的品种越来越多、批量越来越小、生命周期越来越短。企业面临着不断缩短交货期、提高质量、降低成本和改进服务的压力。为了在激烈的市场竞争中立于不败之地,企业必须以低成本产品快速响应市场需求。

当前,许多大型制造企业都是按照这样一种形式来运营的:公司下设专业化的总装分厂和零部件生产分厂,总装分厂按公司计划组织生产,并面向地区制造资源配套;零部件分厂的生产任务由总装分厂下达,并面向市场提供配套。在目前的市场环境下,既存在产品批量生产,又存在产品定制生产,如何构建企业的敏捷的生产组织计划模式,有效地利用企业和地区制造资源,对于降低产品成本,提高企业的敏捷性以及企业利润的最大化无疑有着重要意义。

从供应链的角度来看,制造企业主要是将原料转化为产品,企业的利润来源于制造过程中产品的增值,而产品的增值主要是依靠科学的管理,包括生产计划、生产管理和生产控制。制造企业传统采用 MRP Ⅱ 或 JIT 进行生产计划的组织和控制。MRP Ⅱ 是西方生产管理的核心,由于它是根据企业的现有资源来制定未来生产计划,因此又称为推式管理,MRP Ⅱ 一般按经济批量来组织生产,为了保证生产的顺利进行,减少生产与需求之间的不平衡,采用保持原材料、零部件、半成品、成品的安全库存量,增加工件的工序库存,这样,库存必然占用一定资金,增加产品成本。JIT 是日本丰田公司创造的一种生产管理模式,它是根据落实的订单按"总装配——部件装配——零件加工"的反工艺路线次序安排生产,所以又称为拉式管理。它的基本思想是只在需要的时候,按需要的量,生产需要的产品,其核心是追求一种零库存生产系统或使库存达到最小的生产系统。JIT 不允许在生产中存在瓶颈,而采用增加生产能力和培养多面手来保证生产的均衡化和同步化,而增加生产能力容易造成生产能力的浪费,使产品成本增加。

由于 MRP Ⅱ 与 JIT 各有长短,所以结合 MRP Ⅱ 与 JIT 优点的 MRP Ⅱ/JIT 生产管理模式得到了广泛应用。以该生产管理模式为基础,提出 Internet/Intranet(企业内部网)平台上的面向供应链生产组织计划模式,该计划模式的实施可以减少生产波动,降低产品成本,缩短反应时间,从而提高企业的敏捷性与竞争力。

7.3.2.1 面向供应链的生产组织计划模式概述

目前,我国市场环境下,围绕某一产品或用户定制要求迅速建立企业动态联盟是比较困难的,但企业可以充分利用地区制造资源,围绕某一产品或用户定制要求,以本企业为核心,根据自身资源短缺与响应度不足的状况,通过计算机网络寻找不同层次的协作企业,建立起异地制造资源互补供应链,达到围绕某一产品或用户定制要求迅速调动相关的各种制造资源,快速完成该产品或项目的目的。

以企业分厂为核心,各专业分厂与一些固定的协作配套厂家组成的制造资源互补的供应链网络可以采用一种以顾客需求驱动的面向供应链的生产组织计划模式来组织生产。该模式采用 MRP Ⅱ 与 JIT 相结合的计划管理策略,该策略应用 MRP Ⅱ 管理的生产计划思想,企业按照市场需求预测和客户订单来制定主生产计划,根据主生产计划来制定装配计划,根据装配进度编制各生产分厂的物料交货日期,各个分厂根据交货日期来实行 JIT 方式拉动生产,生产进度控制由分厂制造执行系统来完成。即在生产计划和物料需求方面采用 MRP Ⅱ 方式,在生产过程控制方面采用 JIT 方式。同样,在分厂与使用企业内部,分厂根据物料需求计划编制车间生产计划,各车间根据车间物料交货日期来实行拉动生产。另外,计划执行过程中,系统可以通过 Internet/Intranet 监控各分厂及协作厂家生产计划的执行情况,对有可能推迟交货的物料及零部件提前给出异常信息,从而能快速修正生产计划,使供应链中处于该节点下游的各个节点企业能够迅速做出反应,避免生产的波动。

7.3.2.2 面向供应链的生产组织计划模式的实施

面向供应链的生产组织计划模式体现了"事前计划、事中控制"的总体指导思想,体现了纵向和横向信息的集成。纵向信息是指"企业——分厂——车间——班组"4 级计划分解和下达中传递和共享的信息,横向信息是指供应链上、下游企业间传递和共享的信息。

基于面向供应链的生产组织计划模式的生产计划系统,其实施可分为计划制定、计划执行、生产控制和计划考核 4 个主要阶段。

(1)计划制定。

第一,以销定产,建立主生产计划。主生产计划是企业销售计划和生产日程计划连接的纽带。主生产计划要将销售计划具体化，是以产品数量和日期表示的生产计划。其中主要作用是把产品的市场需求转化为对企业生产的实际需求，实现销售计划与生产计划的同步，做到以销定产。主生产计划的对象是最终销售产品和相关需求的产品。

根据销售计划计算出主生产计划数量以后，需要根据主生产计划历史数据和销售统计数据来判断该计划是否合理，并提出初步意见，然后根据供应链上分厂资源情况进行粗能力平衡，同时对供应链配套厂家的配套系统进行相应平衡和协调，避免出现盲目生产的现象。

企业进行粗能力平衡后，进行外包决策，并制定外包工程计划，在执行过程中对外包生产进度进行分析和控制。企业在制定主生产计划时所面临的订单，在两种情况下可能转向外包：一是企业本身或其上游企业的生产能力无法承受需求波动所带来的负荷；二是所承接的订单通过外包所获得的利润大于企业自己进行生产的利润。无论何种情况都需要承接外包的企业的基本数据来论证企业的获利分析，以确定是否外包。

第二，编制日装配计划，将生产任务细化到日。日装配计划主要是用来保证企业每月均衡生产、零部件按日配套而设立的。日装配计划是根据装配线生产能力将主生产计划分解到各日，在编制日装配计划时需要考虑装配线的生产能力及配套件生产的衔接，还要考虑上游配套企业承接订单的能力及生产进度，并进行生产进度分析，上、下游企业的生产进度信息一起作为滚动编制计划的依据以保证产品装配之前有所需的零部件和配套件。

第三，制定物料需求计划保证零部件配套。根据产品装配计划进行企业能力需求分析，即细能力平衡。考虑到企业物料库存，生成物料需求计划即零部件配套计划并以订单的形式向各分厂及配套厂家下达。另外，为了保证零部件按优先级供应、配套及时到位、装配供应协调，可以在各分厂仓库设立监控点，控制上游分厂、零部件供应部门和配套厂家按物料需求按时、按量向下游分厂仓库送料。这样既保证了整个供应链网络的正常生产，又保证了供应链上各分厂、配套厂家适时适量按需生产。

企业物料需求计划的作用是给各个分厂和采购部门提出具体需求的时间和数量，各分厂根据企业物料需求计划生成分厂生产计划。

第四，计划修正。物料需求计划是在经过企业能力平衡的前提下制定的，在生成物料需求计划后，需要将供应链订单下发到各个分厂、采购部门和配套厂家征求意见，计划部门根据各分厂、采购部门和配套厂家的反馈意见对主生产计划、装配计划、物料需求计划进行调整。在各分厂、采购部门和配套厂家根据自己的能力保障按时按量交货后，计划便正式开始实行。

（2）计划执行。企业订单下达到供应链上各个分厂、采购部门和配套厂家后，各分厂进一步进行细能力平衡，制定分厂生产计划。计划开始执行后，需要对生产计划的执行情况进行实时监控,分析将来可能出现的生产问题。在系统中采取以下方法来保证计划的顺利执行。

第一,依靠计算机网络,全面了解生产信息。企业的各种生产决策都离不开准确的信息,为了实现生产信息共享,需要建立一个不仅能覆盖企业各部门、各分厂,而且能与各配套生产厂家、外部销售人员进行信息交流的整个供应链的计算机网络。可以采用 Intranet 技术来建立企业内部网络,其优点在于,它既具备传统局域网的特点,又具备互联网的开放性和灵活性,可以与互联网无缝连接,在提供企业内部应用服务的同时,又能对外部进行信息发布。建立 Internet/Intranet 网上电子看板,供应链网络上的每一企业可以通过 Internet 访问上游企业的电子看板上的生产指令信息,从而制定自己的详细进度计划。

第二,建立在线分析处理系统,实现生产异常预报。系统可以通过企业 Intranet 网和数据复制技术来达到企业内部各部门之间的数据同步,利用 Intranet 提供的 Web、E-mail、FTP 等服务来为各配套生产厂家、远程用户提供各种生产信息,了解配套件的生产情况和市场信息。在了解各方面生产信息的基础上,系统建立了基于企业 Intranet 的在线分析处理系统,可以分析企业的生产状况、物料使用情况和库存情况,及时报告生产异常,预防生产问题的出现,保证生产的顺利进行。

第三,制定信息录入制度,确保信息的准确性。信息管理系统所有工作的出发点是信息准确无误、及时,为了防止系统出现信息"垃圾进、垃圾出"的现象,企业必须制定一套完善的信息录入制度,系统应提供多方位的审计功能,对部门之间信息不一致的现象和可能出现的生产问题及时给出警报。

(3)生产控制。供应链管理环境下的企业生产控制模式和传统的企业生产控制模式不同,它需要更多的协调机制(企业内部和企业之间的协调),体现了供应链的战略伙伴关系原则。供应链管理环境下的生产控制的内容主要有:

第一,生产异常控制。企业的生产是一个闭环系统,生产计划人员需要向有关责任单位提出建议,变事后补救为事前控制,针对无法克服的生产问题,计划人员需要在考虑各种因素后重新修订生产计划。

第二,生产进度控制。生产进度控制的目的在于,依据生产作业计划,检查零部件的投入、产出的数量、时间和配套性,保证产品能准时装配出厂。由于供应链管理环境下许多产品是协作生产和转包业务,其进度控制的难度较大,必须建立一种有效的跟踪机制进行生产进度信息的跟踪和反馈。供应链管理在生产进度控制中有重要的作用,依靠建立的供应链 Internet/Intranet(企业内部网)网络平台和制定的信息录入制度,通过供应链管理系统实现供应链企业之间的信息跟踪机制和快速反应机制。

(4)计划考核。计划执行只有监控没有考核,监控将流于形式。企业计划主管部门必须制定严格的计划考核制度,计划考核必须与责任人员的直接利益挂钩,可以根据实际情况奖励计划执行情况好的单位和个人,对于计划执行情况差的,严重影响企业生产进度的单位和个人必须给予处理。

面向供应链的生产组织计划模式以 MRP Ⅱ/JIT 结合的生产管理模式为基础,以 Internet/Intranet 为平台,实现对整个供应链的管理,并能对计划执行过程进行监控,对生产过程进行控制,进而实现企业生产系统的敏捷性,提高企业的制造柔性,保证企业以较低成本快速生产出市场和用户需要的产品。

7.3.3 供应链管理环境下的生产计划与控制系统总体模型

供应链管理环境下的生产计划与控制系统总体模型如图 7-1 所示。

7.3.3.1 供应链管理环境下生产管理组织模式

在供应链管理环境下的生产管理组织模式与现行生产管理组织模式有一个显著的不同,就是供应链管理环境下的生产管理是开放性的、以团队工作为组织单元的多代理制。在供应链联盟中,企业之间以合作的方式进行生产,企业生产决策信息通过 EDI/Internet 实时地在供应链联盟中由企业代理通过协商决定,企业建立一个合作公告栏,实时地与合作企业进行信息交流。在供应链中要实现委托代理机制,企业应建立一些行为规则加以约束各自的行为,包括自勉规则、鼓励规则、激励规则、信托规则和最佳伙伴规则。

企业内部也是基于多代理制的团队工作模式,团队有一主管,负责团队与团队之间的协调。协调是供应链管理的核心内容之一,供应链管理的协调主要有三种形式,即供应——生产协调、生产——分销协调、库存——销售协调。

7.3.3.2 供应链管理环境下生产计划的信息组织与决策特征

(1)开放性。经济全球化使企业进入全球开放市场,不管是基于虚拟企业的供应链还是基于供应链的虚拟企业,开放性是当今企业组织发展的趋势。供应链是一种网络化组织,供应链管理环境下的企业生产计划信息已跨越了组织的界限,形成了开放性的信息系统。决策的信息资源来自企业的内部和外部,并与其他组织共享。

(2)动态性。供应链环境下的生产计划信息具有动态的特性,这是市场经济发展的必然结果。为了适应不断变化的顾客需求,使企业具有柔性和敏捷性,生产计划的信息应随着市场需求的更新而变化。模糊的提前期和模糊的需求量要求生产计划具有更多的柔性和敏捷性。

(3)集成性。供应链是集成的企业,是扩展的企业模型,因此供应链管理环境下的企业生产计划信息是不同信息源的信息集成,集成了供应商、分销商的信息,甚至消费者和竞争对手的信息。

(4)群体性。供应链是分布式的网络化组织,具有网络化管理的特征,因此,供应

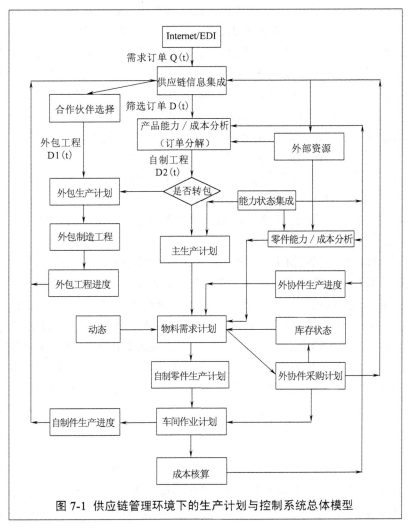

图 7-1 供应链管理环境下的生产计划与控制系统总体模型

链管理环境下的生产计划决策过程具有群体性的特征。供应链企业的生产计划决策过程是一种群体协商过程。企业在制定生产计划时不但要考虑企业本身的能力和利益，同时还要考虑合作企业的需求与利益，是群体协商决策的过程。

(5)分布性。供应链企业的信息来源是分布性的，信息资源跨越部门和企业，甚至全球化。通过 Internet/Intranet、EDI 等信息通信和交流工具，企业能够把分布在不同区域和不同组织的信息进行有机地集成与协调，使供应链中各企业的生产活动同步进行。

7.3.3.3 供应链的信息跟踪机制

供应链各个代理之间的关系是服务与被服务的关系，服务信号的跟踪和反馈机制可使企业生产与供应关系同步进行,消除不确定性对供应链的影响,因此,应该在供应链系统中建立服务跟踪机制以降低不确定性对供应链同步化的影响。供应链的服务跟踪机制提供给供应链两方面的协调辅助:信息协调和非信息协调。非信息协调主要是指完善供应链运作的实物供需条件,采用 JIT 生产与采购、运输调度等;信息协调主要是通过企业之间的生产进度的跟踪与反馈来协调各个企业的生产进度,保证按时完成用户的订单,及时交货。供应链企业在生产系统中使用跟踪机制的根本目的是保证对下游企业的服务质量。在企业集成化管理的条件下,跟踪机制才能够发挥其最大的作用,跟踪机制在企业内部表现为客户(下游企业)的相关信息在企业生产系统中的渗透。其中,客户的需求信息(订单)成为贯穿企业生产系统的一条线索,成为生产计划、生产控制、物资供应相互衔接、相互协调的手段。

(1)跟踪机制的外部运行环境。跟踪机制的提出与对供应链管理的深入研究密不可分。供应链管理环境下企业间的信息集成可以从以下 3 个部门展开。

第一,采购部门与销售部门。采购部门与销售部门是企业间传递需求信息的接口,需求信息总是沿着供应链从下游传至上游,从一个企业的采购部门传至另一个企业的销售部门。由于现在讨论的是供应链管理环境下的销售与采购环节,稳定而长期的供应关系是必备的前提,所以可将注意力集中在需求信息的传递上。一般而言,企业的销售部门应该对产品交货的全过程负责,即从订单下达到企业开始,直到交货完毕的全过程。然而,在供应链管理环境下的战略伙伴关系建立以后,销售部门的职能简化了,销售部门在供应链上下游企业之间的作用仅仅是一个信息的接口,它负责接收和管理有关下游企业需求的一切信息。除了单纯意义上的订单外,还有下游企业对产品的个性化要求,如质量、规格、交货渠道、交货方式等。这些信息是企业其他部门的工作所必需的。

同销售部门一样,采购部门的职责也得以简化。采购部门原有的工作是保证生产所需的物资供应,它不仅要下达采购订单,还要确保采购的物资保质保量按时入库。在供应链管理环境下,采购部门的主要工作是将生产计划系统的采购计划转换为需求信息,以电子订单的形式传达给上游企业。同时,它还要从销售部门获取与所采购的零部件和原材料相关的客户的个性化要求,并传达给上游企业。

第二,制造部门。制造部门的任务不仅仅是生产,还包括对采购物资的接收以及按计划对下游企业配套件的供应。在这里,制造部门实际上兼具运输服务和仓储管理两项辅助功能。制造部门能够完成如此复杂的工作,原因在于,生产计划部门对上下游企业的信息集成,同时也依赖于战略伙伴关系中的质量保证体系。此外,制造部门还担负着在制造过程中实时收集订单的生产进度信息,经过分析后提供给生产计划部门的任务。

第三,生产计划部门。在集成化管理中,企业的生产计划部门肩负着大量的工作,集成了来自上下游生产计划部门、企业自身的销售部门和制造部门的信息。其主要功能有:

①滚动编制生产计划。来自销售部门的新增订单信息,来自企业制造部门的订单生产进度信息和来自上游企业的外购物资的生产计划信息,以及来自上游企业的需求变动信息,这四部分信息共同构成了企业滚动编制生产计划的信息支柱。

②保证对下游企业的产品供应。下游企业的订单并非一成不变。从订单到达时起,供方和需方的内外环境就一直不断地变化着,最终的供应时间实际上是双方不断协调的结果,其协调的工具就是双方不断滚动更新的生产计划。生产计划部门按照最终的协议指示制造部门对下游企业进行供应,这种供应是与下游企业生产计划相匹配的准时供应。由于生产出来的产品不断发往下游企业,制造部门不会有过多的在制品和成品库存压力。

③保证上游企业对本企业的供应。这一功能是与上一功能相对应的。生产计划部门在制造部门提供的实时生产进度分析的基础上,结合上游企业传来的生产计划(生产进度分析)信息,与上游企业协商确定各批订单的准确供货时间。上游企业将按照约定的时间将物资发送到本企业,采购零部件和原材料的即时供应降低了制造部门的库存压力。

(2)生产计划中的跟踪机制。

第一,在接到下游企业的订单后,建立针对上游企业的订单档案,其中包含了用户对产品的个性化要求,如规格、质量、交货期、交货方式等具体内容。

第二,对主生产计划进行外包分析,将订单分解为外包子订单和自制件子订单。订单与子订单的关系在于:订单通常是一个用户提出的订货要求,在同一个用户提出的要求中,可能有多个订货项,可以将同一订单中不同的订货项定义为子订单,如表7-1所示的订单就包含了3个子订单。

表7-1　一份订单的3个子订单(子项信息)

产品编号	出产日期	……
BJ101	2004/07/11	
BJ102	2004/07/30	⋮
BJ103	2004/07/30	

第三,主生产计划对子订单进行规划、改变子订单在期与量上的设定,但保持了子订单与订单的对应关系。

第四，投入产出计划中涉及的跟踪机制步骤如下：

①子订单的分解。即结合产品结构文件和工艺文件以及提前期数据，安排编制生产计划。对不同的子订单独立计算，不允许进行跨子订单的计划记录合并。

②库存的分配。本步骤与第一个步骤是同时进行的，将计划期内可利用的库存分配给不同的子订单，在库存分配记录上注明子订单信息，保证专货专用。

③能力占用。结合工艺文件和设备组文件计算各子订单计划周期内的能力占用。这一步骤使单独评价子订单对生产负荷的影响成为可能。在调整子订单时也无需重新计算整个计划所有记录的能力占用数据，仅需调整子订单的相关能力数据。

④调整。结合历史数据对整个计划周期内的能力占用状况进行评价，找出可能的瓶颈。对于在一定时间段内所形成的能力瓶颈，可采取两种办法解决：一是调整子订单的出产日期和出产数量；一是将子订单细分为更小的批量，分别设定出产日期和出产数量。当然，必须保持细分后的子订单与原订单的对应关系。

经过调整的子订单（子子订单）和上一周期计划中未对生产产生实际影响的子订单（子子订单）都可重新进行分解以产生新的计划。

⑤修正。本步骤实际上是在第一至第四步骤之前进行的，它是对前一周期内投入产出计划执行状况的总结。同通常的计划滚动过程一样，前一周期的生产进度数据和库存数据是必不可少的，不同的是，可以准确地按子订单检查计划的执行情况，同时调整相应子订单的数量设定以适应生产的实际情况。能够完成这一功能的原因在于，在整个生产系统中都通过子订单形成了内在的联系。

第五，车间作业计划。车间作业计划用于指导具体的生产活动，具有高度的复杂性，一般很难严格按子订单的划分来调度生产，但可要求在加工路线单上注明本批生产任务的相关子订单信息和相关度信息。在整个生产过程中实时地收集和反馈子订单的生产数据，为跟踪机制的运行提供了来自基层的数据。

第六，采购计划。采购部门接收的是按子订单下达的采购信息，可以使用不同的采购策略来完成采购计划。子订单的作用主要体现在以下几个方面：

①将采购部门与销售部门联系起来。下游企业在需求上的个性化要求可能涉及原材料和零部件的采购，采购部门可以利用子订单查询这一信息，并提供给上游企业。

②建立需求与生产间的联系。采购部门的重要任务之一就是建立上游企业的生产过程与本企业子订单的对应关系。在这一条件下，企业可以了解到子订单生产所需要的物资在上游企业中的生产情况，还可以提供给上游企业准确的供货时间。

（3）生产进度控制中的跟踪机制。生产进度控制是生产管理的重要职能，是实现生产计划和生产作业管理的重要手段。虽然生产计划和生产作业计划对生产活动已作了比较周密而具体的安排，但随着时间的推移，市场需求往往会发生变化。此外，由于各种生产准备工作不周全或生产现场偶然因素的影响,也会使计划产量和实际产量之间产生差异。因此,必须及时对生产过程进行监督和检查,发现偏差,进行调节和校正工作,以保证计划目标的实现。生产控制有着许多具体的内容,下面仅以具有普遍意义的生产进度控制作为讨论的对象。

生产进度控制的主要任务是依照预先制定的作业计划,检查各种零部件的投入和产出时间、数量以及配套性,保证产品能准时产出,按照订单上承诺的交货期将产品准时送到用户手中。

由于建立了生产计划中的跟踪机制,生产进度控制中的相应工作就是在加工路线单中保留子订单信息。此外,在生产进度控制中运用了多种分析方法,如在生产预计分析中的差额推算法,生产均衡性控制中的均衡系数法,生产成套性控制中的甘特图等等,这些方法同样可以运用到跟踪机制中,只不过分析的目标不再仅是计划的执行状况,还包括了对各子订单的分析。在没有跟踪机制的生产系统中,由于生产计划中隐去了子订单信息,生产控制系统无法识别生产过程与子订单的关系,也无法将不同的子订单区别开来,因此仅能控制产品的按计划投入和产出。使用跟踪机制的作用在于对订单的生产实施控制,保证对客户的服务质量。

第一,控制优先级,保证对客户的产品供应。子订单是订单的细化,只有保证子订单的准时完工才能保证订单的准时完工,这也就意味着对客户服务质量的保证。在一个企业中,不同的子订单总是有着大量的相同或类似的零部件同时进行加工,在车间生产的复杂情况下,由于生产实际与生产计划的偏差,在制品未能按时到位的情况经常发生,在产品结构树中低层的零部件的缺件破坏了生产的成套性,必将导致高层零部件的生产计划无法执行,这是一个逐层向上的恶性循环。

较好的办法是,将这种可能产生的混乱限制在优先级较低的子订单内,保证优先级较高的子订单的生产成套性。在发生意外情况时,总是认为意外发生在优先级别较低的子订单内,优先级较高的子订单能够获得物资上的保证。在优先级较低订单的优先级不断上升的情况下,总是优先保证优先级较高的订单,必然能够保证对客户的服务质量。相反,在不能区分子订单的条件下无法实现这种办法,"拆东墙补西墙"式的生产调度会导致在同一时间加工却在不同时间使用的零部件互相挤占,为后续生产造成隐患。

第二,保证在企业间集成化管理的条件下下游企业所需要的实时计划信息。对于本企业而言,这一要求意味着使用精确实时的生产进度数据修正订单项对应的每一个子订单的相关计划记录,保持生产计划的有效性,在没有相应的跟踪机制的情况下,同一个生产计划、同一批半成品都可能对应着多份订单,实际上,无法度量具体订单的生产进度。可见,生产控制系统必须建立跟踪机制才能实现面向订单的数据搜集,生产计划系统才能够获得必要的信息以实现面向用户的实时计划修正。

7.4 供应链管理环境下的生产组织新思想——延迟制造

7.4.1 延迟的概念及形式

7.4.1.1 延迟策略的概念

延迟(Postponement)的概念早已有之,但是直到最近,延迟战略在物流运作中才得到真正的运用。所谓供应链管理的延迟策略是指:尽量延迟产品的生产和最终产品的组装时间,也就是尽量延长产品的一般性,推迟其个性实现的时间。这种技术基于这样一个事实:一般情况下,随着预测点与需求发生点的接近,对需求量的预测就会越准确。这是因为,随着时间的延迟,我们可以获得更多关于实际需求的信息,从而降低不确定性,提高预测准确度,减少不必要的库存积压和缺货。

延迟战略也可以减少物流预测的风险。在传统的物流运作安排中,运输和储存是通过对未来业务量的预测来进行的,如果将产品的最后制造和配送延迟到收到客户订单后再进行,那么,由于预测风险带来的库存就可以减少甚至消除。但是在用户需求多样化的今天,如果想满足用户的需求,就必须采用产品多样化策略,而产品的多样化,必然带来库存的增加。在过去的物流管理系统中,分销中心的任务是仓储和分销。当增加产品品种时,库存也随之增加,这对企业来说是一笔很大的投资,物流成本增加可能会削弱产品多样化策略的优势,为此,人们提出了延迟策略。在延迟策略中,地区性顾客化产品是到达用户所在地之后以模块化方式组装的,分销中心没有必要储备所有的顾客化产品,只储备产品的通用组件,库存成本大为降低,因此,分销中心的功能也发生了转变。为实现延迟策略,物流系统中运输方式也必须跟着发生变化,如采用比较有代表性的通过式(Cross Docking)运输方式,通过式运输是将仓库或分销中心接到的货物不作为存货,而是为紧接着的下一次货物发送做准备的一种分销系统。

7.4.1.2 延迟策略的形式

(1)生产延迟。全球化竞争迫切要求企业具有能增加灵活性而保持成本及质量不变的新的生产技术。灵活生产的思想产生于对客户反应的重视,以反应为基础的生产能力将重点放在适应客户要求的灵活性上。生产延迟主张根据订单安排生产,在获知客户的精确要求和购买意向之前,不做任何准备工作或采购部件。按照订单生产的想法并不是新的,其新颖之处在于,灵活的生产能够取得这种反应而不牺牲效率。技术如能满足按市场要求进行灵活生产战略的要求,企业将可以摆脱物流对销售预测的依赖。

在现实情况中,生产批量的经济性是不能忽视的,其挑战在于采购、生产及物流之间的定量交换成本,预估生产和由于引入柔性程序而失去规模经济之间的成本和风险的利益互换。生产批量的大小要求流水线结构以及相关的采购费用与之相配,在有关产成品库存的堆积中找到成本与风险的平衡点。在传统的职能管理中,生产计划用来实现最低的单位生产成本,从综合的角度看,是以最低总成本达到客户期望的满意度,这就要求延迟生产以促使整个企业更有效率。

生产延迟的目标在于,尽量使产品保持中性及非委托状态,理想的延迟是制造相当数量的标准产品或基础产品以实现规模化经济,而将最后的要求,如颜色等,推迟到收到客户的订单以后实现。在受延迟驱动的生产中,物流流程中节约主要体现在以标准产品或基础产品去适应不同客户的独特需要。

这类生产延迟的例子都有一个相同之处,就是在保留大批量生产的规模经济效益的同时,减少了存货数量,直到产品被最后确定,它具有向许多不同客户服务的潜力。

生产延迟的影响有两个方面。首先,销售预估的不同产品的种类可以减少,物流故障的风险较低。其次,更多的使用物流设施和渠道关系来进行简单生产和最后的集中组装。在某种程度上,专门化的或者高度限制的规模经济并不存在于制造生产中,产品的客户化也许最好在最接近客户终点市场的地方被授权和完成。在某些行业中,传统物流库存的使命正在迅速地被改变,以适应生产延迟。

(2)物流延迟。物流延迟和生产延迟正好相反。物流延迟的基本观念是在一个或多个战略地点对全部货品进行预估,而进一步将库存部署延迟到收到客户订单后。一旦物流程序被启动,所有的努力都将被用来尽快将产品直接向客户方向移动,在这种概念上,配送的预估性质就被彻底的删除,而同时保留着大生产的规模经济。

物流延迟的应用包括服务供给部分,关键的和高成本的部件保存在中央库存内以确保所有潜在用户的使用。当某一种部件的需求发生时,订单通过电子通信传送到中央库存系统,使用快速、可靠的运输方式直接装运到服务设施,结果是以较少的总体库存投资改进了服务。

物流延迟的潜力随着加工和传送能力的增长,以及具有高度精确性和快速的订单发送而得到提高。物流延迟以快速的订单和发送代替在当地市场仓库里预估库存的部署。与生产延迟不同,系统利用物流延迟,在保持完全的生产规模经济的同时,使用直接装运的能力来满足客户服务要求。

生产及物流延迟共同提供了用不同方法来制止预期生产与市场的承诺,直到收到客户订单为止,两者均服务于减少商务的预估性质。然而,这两种延迟模式以不同的方式减少了风险。生产延迟集中于产品,在物流系统中移动无差别部件并根据客户在发送时间前的特殊要求修改。物流延迟集中于时间,在中央地区储存不同产品,当收到客户订单时做出快速反应。集中库存减少了用来满足所有市场区域高水平使用而需要的存货数量,倾向于哪种形式的延迟取决于数量、价值、竞争主动性、规模经济,以及客户期望的发送速度和一致性。在某些情况下,两种不同类型的延迟能够结合于一个物流战略中,两种形式一起代表着对于传统预估物流实践的有力挑战。

另外还有一些形式的延迟策略:①形式延迟策略。改变产品的基本结构,重新设计某些零件或流程,使其标准化和简单化,也就是在使用时具有共性,以简化存货管理,使产品具有一致性、规模性的特点。②完全延迟策略。对于单一顾客需求的订单,直接由零售店传送到生产工厂执行,并直接运送给顾客或零售商,顾客的订购点已移至生产流程阶段,生产和物流活动完全由订单驱动。

7.4.1.3 实现延迟策略的条件

(1)零部件标准化。将产品的零部件标准化,使产品生产时得以使用共同的零部件。其优点是:降低生产系统的复杂程度,增加在制品库存的弹性并改善顾客的服务水平。

(2)模组化设计。将产品分成几个子模块,使其可以容易地组装在一起,这使得制造商可以延迟特定产品的组装,进而达到产品差异点的延迟。

(3)流程再造。将产品的所有制造流程分解成共同流程与差异化流程两部分,并将差异化流程延迟至下游的分销点进行生产。

延迟策略在戴尔、松下、福特、惠普、耐克等公司得到了广泛的应用。例如,惠普公司在台式打印机的供应链管理中实施延迟策略,将台式打印机的最后组装延迟至各地的分销中心进行,取得了显著的效益:安全库存周期减少为5周,从而减少了18%的库存总投资,仅这一项改进每年便可节省3 000万美元的存储费用。由于通用打印机的价格低于同类客户化产品,因此又进一步节省了运输、关税等费用。除了降低成本,客户化延迟使得产品在企业内的生命周期缩短,从而对需求预测不准确或外界的需求变化都具有很好的适应性,一旦发现决策错误,可以在不影响顾客利益的情况下,以较小的损失较快地加以纠正。

7.4.2 延迟制造

7.4.2.1 延迟制造的思想

延迟制造的核心思想是制造商只生产通用化、模块化的产品,尽量使产品保持中间状态,以实现规模化生产,并且通过集中库存减少库存成本,从而缩短提前期,使顾客化活动更接近顾客,增强了应对个性化需求的灵活性,其目标是使恰当的产品在恰当的时间送到恰当的位置。

具体而言,延迟制造是由制造商事先只生产中间产品或模块化部件,在最终用户对产品的功能、外观、数量等提出具体要求后才完成生产与包装的最后环节。例如,IBM公司事先生产出不同型号的硬盘、键盘等各种电脑配件,在接到订单后再按客户要求进行装配。在很多企业,最终的制造活动被放在离顾客很近的地方进行,如由配送中心或第三方物流中心完成,在时间和地点上都与大规模的中间产品或部件生产相分离,这样企业就能以最快的响应速度来满足顾客的要求。

延迟制造分为成型延迟、时间延迟和地点延迟三种。成型延迟是指推迟形成最终产品的过程,在获知客户的精确要求和购买意向之前,仅制造基础产品或模块化的部件,在收到客户的订单后,才按客户的具体要求从事具体产品的生产。时间延迟指的是最终制造和处理过程被推迟到收到顾客订单以后进行。地点延迟是指推迟产品向供应链下游的位置移动,接到订单后再以供应链的操作中心为起点进行进一步的位移与加工处理。延迟制造是三种延迟的综合运用。

7.4.2.2 延迟制造的分界点

一般而言,供应链结构分为推动式和拉动式两种,推动式供应链企业根据对顾客需求的预测进行生产,然后将产品推向下游经销商,再由经销商逐级推向市场。在推动式供应链中,分销商和零售商处于被动接受的地位,企业间信息沟通少、协调性差、提前期长、快速响应市场的能力弱、库存量大,而且往往会产生供应链中的存货数量逐级放大的牛鞭效应,但推动式供应链能利用制造和运输的规模效应为供应链上的企业带来规模经济的效益,还能利用库存来平衡供需之间的不平衡现象(参见图7-2)。

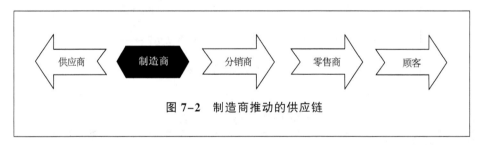

图7-2 制造商推动的供应链

拉动式供应链通常按订单进行生产,由顾客需求来激发最终产品的供给,制造部门可以根据用户的时间需求来生产定制化的产品,降低了库存量,缩短了提前期,能更好地满足顾客的个性化需求,并有效地提高服务水平和市场占有率,但缺点是生产批量小、作业更换频繁、设备的利用率不高、管理复杂程度高,难以获得规模经济(参见图7-3)。

延迟制造是上述两种供应链模式的整合,通过两种模式的结合,扬长避短。运用延迟制造的生产过程可分为推动阶段和拉动阶段,通过对产品的设计与生产采用标准化、模块化和通用化的技术,产品可以由具有兼容性和统一性的不同模块组合而成。在推动阶段,制造商根据预测,大规模生产半成品或通用化的各种模块,获得大量生产的规模效应。在拉动阶段,产品才实现差别化,根据订单需要,将各种模块进行有效的组合,或将通用化的半成品根据要求进行进一步加工,从而实现定制化的服务。

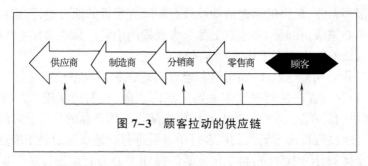

图 7-3　顾客拉动的供应链

我们将推动阶段和拉动接到的分界点称为顾客需求切入点（CODP ，the Customer Order Decoupling Point），在 CODP 之前是由需求预测驱动的推动式的大规模的活动，一般面向全球性市场，产品具有标准化、中性化的特点，实行大批量、规模化生产，生产效率高。CODP 之后的活动由顾客订单驱动，一般面向地区性市场，而且产品具有个性化、柔性化的特点，实行小批量加工处理，单位产品的加工成本较高（如图 7-4 所示）。

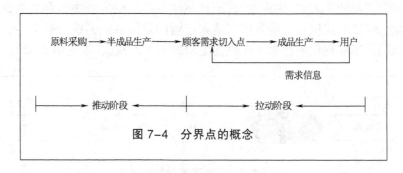

图 7-4　分界点的概念

表 7-2　分界点的影响

相关因素 分离点位置	延迟活动规模	延迟类型	顾客化方式
制造商	大	延迟制造 延迟组装	通用件顾客化
分销商	中	延迟包装	配送服务顾客化
零售商	小	时间延迟	零售渠道调整

分界点的定位与延迟活动的规模、延迟类型、顾客化方式均有密切关系（如表 7-2 所示）。从表 7-2 可知，分界点位置越靠近顾客，延迟活动规模越小，顾客化活动复杂程度越低，因而快速响应能力（在已有的产品品种范围内）越高，但由于顾客化程度低，

供应链管理概论

产品品种较少,企业柔性较小,应对个性化需求的能力也不强。然而,在需求多样化趋势明显增强的今天,产品柔性是决定企业生存和发展的关键因素,因此,分界点及延迟化策略定位必须把企业柔性放到极其重要的位置(如图7-5所示)。

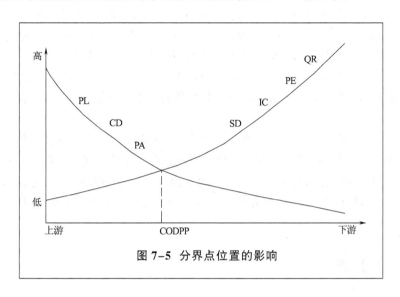

图7-5 分界点位置的影响

CODPP:分界点位置

PL:延迟水平(即延迟活动的规模)

CD:顾客化程度

PA:产品柔性

SD:标准化程度

IC:库存成本

PE:生产效率

QR:快速响应能力

7.4.2.3 延迟制造的实施条件

延迟制造生产模式虽然有诸多优势,但它并不适用于所有行业,有些产品的生产过程决定了它不可能采用延迟制造这种生产模式,还有些产品的特点使得采用延迟制造带来的收益不能弥补生产过程复杂化所增加的成本。一般来说,生产与制造过程应当具有以下条件。

(1)可分离性。制造过程能被分离为中间产品生产和最终产品加工两个阶段,这样才有可能将最终产品的加工阶段进行延迟。

(2)可模块化。产品应能够分解为有限的模块,这些模块组合后能形成多样化的最终

193

产品,或产品由通用化的基础产品构成,基础产品经过加工,能提供给顾客更多的选择。

（3）最终加工过程的易执行性。延迟制造将最终产品生产和中间产品生产分离,最终产品的生产很可能被放在离顾客很近的地方执行,这就要求最终的加工过程的技术复杂性和加工范围应当有限,易于执行,加工时间短,无需耗费过多的人力。

（4）产品的重量、体积和品种在最终加工中的增加程度大。延迟制造会增加产品的制造成本,除非延迟制造的收益能弥补增加的成本,延迟制造没有执行的必要。如果产品的重量、体积和品种在最终加工中增加很多,推迟最终的产品加工成型工作能节省大量的运输成本和减少库存产品的成本,简化管理工作,降低物流故障,有利于延迟制造的进行。

（5）适当的交货提前期。通常来说,过短的提前期不利于延迟制造,因为延迟制造要求给最终的生产与加工过程留有一定的时间余地,过长的提前期则无需延迟制造。

（6）市场的不确定程度高。市场的不确定程度高,细分市场多,顾客的需求难以预测,产品的销售量、配置、规格、包装尺寸不能事先确定,采用延迟制造有利于减少市场风险。

7.5 本章小结

生产管理的目标是在需要的时候,以适宜的价格,向顾客提供适当质量的产品和服务。供应链管理环境下生产管理的特点有:①决策信息多源化;②群体决策;③信息反馈机制多样性;④计划运行的动态环境。供应链管理环境下生产管理的要求:①需求信息和服务需求应该是以最小的变形传递给上游并共享;②同步化供需是对服务和成本的一个重要目标;③可靠的、灵活的运作是同步化的关键;④与供应商集成;⑤供应链的能力必须是战略的管理。生产管理的相关技术包括物料需求计划（MRP）、即时生产管理技术（JIT）、精益生产方式。

在制定生产计划的过程中,主要面临以下三方面的问题:柔性约束、生产进度和生产能力。供应链管理环境下生产计划制定的特点有:①具有纵向和横向的信息集成过程;②丰富了能力平衡在计划中的作用。供应链生产控制的新特点表现在生产节奏、库存和在制品、生产进度、提前期几个方面。基于面向供应链的生产组织计划模式的生产计划系统实施可分为计划制定、计划执行、计划控制和计划考核4个主要阶段。

供应链管理的延迟策略是指:尽量延迟产品的生产和最终产品的组装时间,也就是,尽量延长产品的一般性,推迟其个性实现的时间。两种主要的延迟策略是生产延迟和物流延迟。延迟制造的核心思想是制造商只生产通用化、模块化的产品,尽量使产品保持中间状态,以实现规模化生产,并且通过集中库存减少库存成本,从而缩短提前期,使顾客化活动更接近顾客,增强了应对个性化需求的灵活性。为了实现延迟策略,需要具备以下几项条件:零部件标准化、模块化设计和流程再造。

推动阶段和拉动阶段的分界点又称为顾客需求切入点,在切入点之前,是由需求预测驱动的推动式的大规模的活动,一般面向全球性市场,产品具有标准化、中性化的特点,实行大批量、规模化生产,生产效率高。分界点之后的活动由顾客订单驱动,一般面向地区性市场,且产品具有个性化、柔性化的特点。

案例分析

上海汽车齿轮总厂实施MRPⅡ的成功经验[①]

上海汽车工业(集团)总公司下属的大型汽车变速箱专业生产企业——上海汽车齿轮总厂,主要生产桑塔纳四挡、五挡变速器,同时还生产十五吨卡车变速箱,以及一些外贸出口产品。几年来,汽车齿轮总厂紧扣技术与管理同步发展的集约化经营主线,在进行大规模技术改造的同时,又积极推进先进管理技术的实施。在技术进步的同时,运用现代化的企业管理技术——MRPⅡ,致力于企业管理过程的改造与重组,增强了企业的竞争能力,连续几年保持高速发展的势头,企业的综合实力得到了明显的提高。

1.寻找企业的问题

自"八五"以来,上海汽车齿轮总厂进行了大规模的技术改造,使企业的装备同国际先进水平的差距明显缩短,也使企业的产品能够很快推向市场,取得了优良的经济效益。随着社会主义市场经济体制的逐步建立,市场竞争的形式与重点已不仅是设备"硬件"方面,同时还有质量、成本、信息、交货期、服务、技术领先等"软件"方面。如果说"八五"期间企业引进了设备与技术,那么,"九五"期间企业则引进了管理。实施BPCS正是适应了上海齿轮总厂的这种需要。具体地说,这种需求可及如下诸多方面:

(1)计划灵活性差,跟不上市场的变化。

(2)物流不能同资金流整合,库存量不能正确地反映实际到货量,由此也影响了计划的准确性。

(3)库存的账面数与实际到货数不相符合,资金账不能反映全部的实际存货,资金流不统一于物流,造成资金流不能跟踪与及时控制全部的物流。

(4)企业内部信息没有有效的集成,信息流形式不统一,相互间信息不共享,信息传递的渠道不畅通,信息反馈滞后于物流,无法滚动指挥物流,未能在整体上进行有效的整合。

[①] 案例来源:《计算机杂志》,2001年第46期。

(5)高速发展的企业和相对滞后的业务管理流程,在相当程度上阻碍了企业在一个整体的高度进行管理重组。

上述种种情况,都需要企业从单纯局部的优化和具体管理的优化中跳出,致力于整体、宏观的管理优化。实质上,上海齿轮总厂的物流、信息流与资金流必须通过新的管理模式加以规范,企业内部资源应按市场经济的要求加以配置。

为有效地解决企业面临的问题,使企业的科学管理再上一个新台阶,企业高层决心实施当今世界最为流行的制造资源计划——MRPⅡ。其实施定位是:引进先进的管理思想和手段,以制造企业的企业管理哲学——MRPⅡ为灵魂,以当今世界最先进的计算机技术和软件工程为手段,使企业的制造、财务和分销流程在符合世界制造业标准的基础上提高其整合度,实现企业的管理重整,以适应企业不断发展的需要,确立企业在同行业中的竞争优势。

2. MRPⅡ系统的实施

从1994年7月开始,上海齿轮总厂通过对几家公司背景、产品功能、服务支持能力和拥有成功的中国用户群等方面进行调查了解,最终确定SSA公司作为上海齿轮总厂实施MRPⅡ的合作伙伴。系统实施主要从以下三方面入手。

(1)项目的组织遵循"第一把手工程"原则。实现企业管理现代化,首先要对现代化管理方法和定义在思想上有超前的认识,在观念上有深刻转变,同时在决策时要有开拓气魄,只有这样,计算机开发应用才有思想基础。上海齿轮总厂陈因达厂长认为,实施MRPⅡ是企业"三大管理工程"之一,是企业科学管理上一个新台阶的必由之路,是企业的"腾飞之路"。他率领整个MRPⅡ领导小组对企业应用MRPⅡ的范围、目标做出决策,批准并监控MRPⅡ总体及各主要阶段的实施计划,从整个企业的高度总体协调项目在各业务部室的实施进程,并对企业推行MRPⅡ所需的资源(人、才、物等)提供组织保证。厂长的参与对项目的实施来说是关键的关键。

(2)项目实施采用科学的方法。按照BASIS方法并结合上海齿轮总厂的具体情况进行有效的项目实施控制,进行先制造、分销,后财务的二期实施方法。第一期按库存、计划、车间控制、采购、分销模块的顺序进行实施。第二期实施财务模块,并使应付账和应收账模块与制造模块的采购与分销进行集成,最终完成MRPⅡ的闭环运作。

BASIS(BPCS Advanced System Implementation Strategy)即BPCS高级系统

实施策略是一种被证明能使用户快速成功地实施MRPⅡ的方法。依照BASIS并结合上海齿轮总厂的具体情况，按照培训、项目定义备忘录、产品安装、现场诊断检查、建立原型、开发修改、领航员测试、培训最终用户、系统切换及跟踪维护等十大步骤，企业同SSA共同制定实施计划详案，提出了一个合理的服务天/人数的支持计划，具体指明每一个阶段的工作目标、任务、时间、人员、成果核定等内容。在实施过程中，一方面，企业严格按BASIS要求进行，另一方面，结合企业的具体情况进行适当地调整，保证了项目实施监控工作的有效进行。

（3）同其他先进管理方式的融合与互补。MRPⅡ作为世界制造业先进的管理模式，同其他先进的管理模式之间相互联系、相互补充、相互融合，都是企业科学管理中的一个方面。项目实施过程中，企业通过比较分析，及时明确其内在联系，从而能够为整体管理优化提供相互促进的精确切入点。

上海齿轮总厂推行精益生产的零库存及拉动式管理，致力于以最少、最佳形式安排的物流，依靠准确的信息流来实现最大限度的资金流。ISO 9002则从建立与完善质量保证体系的角度来最大限度地保持合理的物流，从而最大限度地实现企业资金流。MRPⅡ则注重于以准确而灵活的信息流来指导物流与资金流，并在此基础上强调物流、信息流和资金流的集成与统一。

3. MRPⅡ的实施效果

MRPⅡ实施两年多以后，上海齿轮总厂上线的模块已有14个，业务覆盖制造、财务、分销三大部分。全厂终端用户已经达到80多个。按时完成原定的"分二期实施制造、分销、财务集成上线"的计划，MRPⅡ的总体构架已经形成。在近两年的实施过程中，上海齿轮总厂在人员观念、物流、资金流、信息流等方面发生了较大的变化。作为管理信息集成的效果，绝不是简单的数量叠加，而是使管理水平和素质在质量上实现了飞跃。信息集成和规范化管理是相辅相成的，规范化管理是MRPⅡ运行的目标。通过上述工作的完成，上海齿轮总厂取得了较好的效果，可从定量和定性两方面来分析。

（1）企业的物流、资金流和信息流发生积极变化。通过MRPⅡ的实施，库存有所降低，盘点准确性大大提高，极大地提高了仓库管理人员的积极性。

在计划方面，通过MRPⅡ的实施，桑塔纳车生产计划的编制由原来的6天缩减到2个小时。计划部的工作正在向周计划靠拢，每周滚动一次计划即将成为现实。计划的运转尽可能放在每月的月底，缩短了计划截止期。同时，由于全厂的外购件、外协件、自制件都挂在BOM上，缩短了计划截止日期，只要修改以下客户订单即可重新运转MRPⅡ，产生新的计划，而且全部零件计划同步生产,为计划职能的集中创造了有利条件。

合理利用资源,生产周期缩短,使劳动生产率提高。MRPⅡ实施以后,制造部每天的在制品日报只需运行一个报表即可,每天可提前一个小时看到在制品信息,这样他们就有充分的时间去做分析工作,从而提高了工作质量。由于计划周期的缩短,减少库存资金,增加了利润;通过对 MRPⅡ 计划的严格控制,进行适时供货,减少了采购费,从而降低了成本。MRPⅡ 系统与财务系统的集成,减少了财务收支上的差异或延误,减少了经济损失。特别是仓库按实物做账,自动产生原材料暂估,保证了物流、资金流和信息流的准确性。

(2)企业管理模式和思想观念发生了深刻变化。由于计划的自动生成、各项生产报表的自动生成、信息的自动传递、各项考核报表的完成和领导决策查询系统的产生,极大地节约了管理人员的作业时间,信息反馈的速度及质量也得到了进一步提高,信息的形式和发送渠道也得以规范。同时,通过制造、分销和财务模块的上线,形成了一个闭环的 MRPⅡ,使得采购和应付账模块集成在一起,分销和应收账模块集成在一起,完成了物流、资金流和信息流的整合,杜绝了账外物流,使资金流可对物流进行及时跟踪。

复习思考题

1. 简述供应链下生产管理的特点。
2. 简述供应链下几种主要生产管理技术的核心思想。
3. 延迟制造的分界点指的是什么?
4. 延迟制造实施的条件是什么?

8

供应链与物流管理

8.1　引言

物流贯穿于整个供应链,连接着供应链上的各个企业,是企业间相互合作的纽带。供应链管理赋予了物流管理新的意义和作用,如何有效地管理供应链的物流过程,使供应链将物流、信息流、资金流有效集成并保持高效运作,是供应链管理要解决的一个重要问题。本章全面阐述了供应链管理环境下物流管理的特征、运输决策的内容及影响因素、运输网络的设计方案、基于供应链的运输决策的要点、供应链管理环境下的库存问题以及控制策略。

8.2　物流与供应链管理

8.2.1　物流概述

1998 年,美国物流管理协会(Council Of Logistics Management,CLM)对物流(logistics)的定义是:物流是供应链过程的一部分,是以满足客户需求为目的,以高效和经济的手段来组织产品、服务以及相关信息从供应到消费的运动和存储的计划、执行和控制的过程。我国《物流术语》国家标准将物流定义为:物品从供应地向接收地的实体流动过程,根据实际需要,将运输、储蓄、装卸、搬运、包装、加工、配送、信息处理等基本功能实施有机结合。

> ☞ **链　接**
>
> **物流的分类**
> 　　根据物流的范畴,物流可以分为社会物流和企业物流;根据作用领域的不同,物流可以分为生产领域的物流和流通领域的物流;根据发展的历史进程,物流可以分为传统物流、综合物流和现代物流;根据提供服务的主体不同,物流可以分为代理物流和企业内部物流;根据物流的流向不同,物流还可以分为流入物流和流出物流。

一般认为,物流通常具有运输功能、储存功能、配送功能、装卸搬运功能、包装功能、流通加工功能和信息处理功能。

8.2.2 供应链管理环境下物流管理的特征

由于供应链管理下物流环境的改变,新的物流管理和传统的物流管理相比有了许多不同的特点,这些特点反映了供应链管理思想的要求和企业竞争的新策略。

首先,我们来考察一下传统的物流管理的情况(见图8-1)。在传统的物流系统中,需求信息和供应信息(反馈信息)是逐级传递的,因此上级供应商不能及时地掌握市场信息,对市场的信息反馈速度比较慢,从而导致需求信息的扭曲。

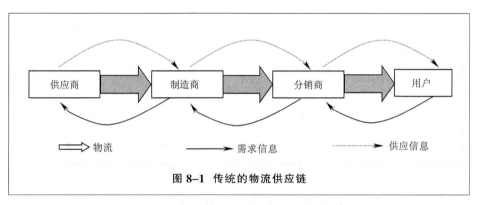

图 8-1 传统的物流供应链

另外,传统的物流系统没有从整体角度进行物流规划,常常导致一方面库存不断增加,另一方面当需求出现时却又无法满足。这样,企业就会因为物流系统管理不善而丧失市场机会。1994年,康柏公司就因为流通渠道没有跟上而导致了1亿美元的损失,康柏财务经理说,我们在制造、市场开拓、广告等方面做了大量的努力,但是物流管理没有跟上,这是最大的损失。简言之,传统物流管理的主要特点有:①纵向一体化的物流系统;②不稳定的供需关系,缺乏合作;③资源的利用率低,没有充分利用企业的有用资源;④信息的利用率低,没有共享有关的需求资源,需求信息扭曲现象严重。

图8-2为供应链管理环境下的物流系统模型。与传统的纵向一体化物流系统相比,供应链管理环境下的物流系统的信息流量大大增加。需求信息和反馈信息不是逐级传递,而是网络式传递的,企业通过EDI/Internet①可以很快掌握供应链上不同环节的供求信息和市场信息。因此,在供应链管理环境下的物流系统有三种信息在其中运行:需求信息、供应信息和共享信息。

---

① EDI/Internet 是 EDI 与 Internet 技术的相互结合,也称 Web – EDI,即把 EDI 技术建在 Internet 平台上。

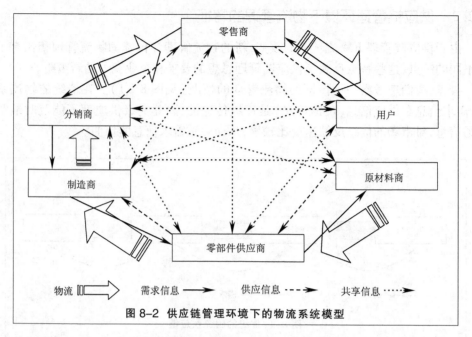

图 8-2 供应链管理环境下的物流系统模型

共享信息的增加对供应链管理非常重要。由于可以做到信息共享,供应链上任何节点的企业都能及时地掌握市场的需求信息和整个供应链的运行情况,每个环节的物流信息都能透明地与其他环节进行交流与共享,从而避免了需求信息的失真。

对物流网络规划能力的增强也反映了供应链管理环境下物流管理的特征。它充分利用第三方物流系统、代理运输等多种形式的运输和交货手段,降低了库存的压力和安全库存水平。

作业流程的快速重组能力极大地提高了物流系统的敏捷性。通过消除不增加价值的过程和时间,使供应链的物流系统进一步降低了成本,为实现供应链的敏捷性、精细化运作提供了基础性保障。

对信息跟踪能力的提高,使供应链物流过程更加透明化,也为实时控制物流过程提供了条件。在传统的物流系统中,许多企业有能力跟踪企业内部的物流过程,但没有能力跟踪企业外部的物流过程,这是因为没有共享的信息系统和信息反馈机制。

合作性与协调性是供应链管理的一个重要特点,但如果没有物流系统的无缝连接,运输的货物逾期未到,顾客的需求不能得到及时满足,采购的物资常常在途受阻,这都会使供应链的合作性大打折扣。因此,无缝连接的供应链物流系统是使供应链协调运作的前提条件。

灵活多样的物流服务提高了用户的满意度。通过制造商和运输部门的实时信息交换,及时地把用户关于运输、包装和装卸方面的要求反映给相关部门,提高了供应链管理系统对用户个性化响应的能力。

归纳起来,供应链管理环境下的物流管理的特点可以用如下几个术语简要概括:①信息—共享;②过程—同步;③合作—互利;④交货—准时;⑤响应—敏捷;⑥服务—满意。

8.3 基于供应链的运输管理

8.3.1 运输决策的内容及影响因素

8.3.1.1 运输决策的内容

(1)运输方式。运输方式是指将产品从供应链网络的一个位置移动到另一个位置所采取的方式。一般有6种基本运输方式可供选择:航空运输、公路运输、铁路运输、水路运输、管道运输和电子运输。每一种运输方式在速度、货运规模、货运成本和灵活性方面均有不同特点,这些决定了企业对某种特定运输方式的选择。

> ☞ **链 接**
>
> **不同运输方式的特点**
> - 航空运输:最昂贵、最快捷的运输方式。
> - 公路运输:较快速、较廉价、高度灵活的运输方式。
> - 铁路运输:适用于大宗货物的廉价运输方式。
> - 水路运输:最慢的运输方式,通常是大宗海外货运唯一的经济选择。
> - 管道运输:主要用于输送石油和天然气。
> - 电子运输:一种最新的、电子化的、通过互联网完成的"运输"方式,可"输送"诸如音乐之类原先只以物态形式流通的商品。

(2)路径和网络选择。管理者必须做出的另一个主要决策是产品运输的路径和网络。路径是指产品运输的路线;网络是指产品运输的地点与路径的总和。例如,企业需要决定是直接将产品送到顾客手中还是利用第三方配送企业送到顾客手中。企业在供应链设计阶段就要作出运输路径决策,此外还要作出日常或短期决策。

（3）内部化还是依靠外部资源。传统上，大部分运输职能是在公司内部完成的。但是，现在许多运输（甚至整个物流体系）职能却是依靠外部提供。当企业在决策运输体系时，他们不得不在部分运输内部化或依靠外部资源之间做出选择，这引发了另一方面的决策难题。

（4）反应能力与赢利水平的全面权衡。关于运输的最根本的权衡就是某一给定产品的运输费用（赢利水平）与运输速度（反应能力）之间的权衡。

8.3.1.2 影响运输决策的因素

在供应链的任何运输中都存在两个非常重要的角色，即托运人和承运人。托运人要求货物在供应链的两点之间发生位移，而承运人则要按照托运人的要求进行货物的移动或运输。在做出有关运输的决策时，由于托运人和承运人的角度不同，所以他们考虑的影响运输的因素也不一样。作为承运人，他主要是进行运输设备（如铁路、机车、卡车、飞机等）的投资决策和运营决策，并努力从这些资产中牟取最大回报。相反，托运人考虑的则是如何使用合适的运输方式以降低总成本（包括运输、库存、信息和设施所耗费的成本），并以合适的速度对消费者的需求做出反应。

（1）影响承运人决策的因素。承运人的目标是做出投资决策，并运用合理的经营策略使其投资取得最大回报。承运人在进行固定资产投资、制定价格以及运营策略时，必须考虑到以下几项成本：

第一，与运输工具相关的成本。这是指承运人购买或者租赁运输工具所发生的成本，这项成本不论运输工具使用与否都会产生。承运人在短期运营决策中把它当作固定成本，但当制定长期战略或中期计划时，这些成本是可变的，购买或者租赁运输工具的数量是承运人要做出的一个选择。与运输工具相关的成本与购买和租赁运输工具的数量成正比例。

第二，固定运输成本。这项成本包括运输枢纽建设成本、机场建设成本及与运输是否发生无关的劳动力成本，如货运终点站和机场的建设。这些成本与进入终点站的货车数量或使用机场的飞机数量无关。如果司机的工资与其出车安排无关，则其工资也应当计入该项成本。对于运营决策来说，这项成本是固定的，但对设施选址、设施规模的规划和战略决策而言，这项成本是可变的。此外，固定运营成本通常与运输设施的规模成正比。

第三，与运距有关的成本。此项成本与运输路途长短以及运输持续时间是相关的，但它与运输产品的数量无关。在进行战略或规划决策时，此项成本被视为变动的，在做出影响运距和运输持续时间的经营决策时，此成本也是可变的。

第四，与运量有关的成本。此项成本包括货物装卸费用以及与运量相关的燃料费用。在运输决策的过程中，这些费用通常是变动的，除非装卸货物的劳动力成本是固定的。

第五,运营成本。这项成本包括设计、安排运输网络的费用以及任何有关的信息技术投资。当货运公司投资于一种有助于管理者进行运输线路决策的线路规划软件时,对软件的投资以及软件维护、操作的费用就属于经营成本。航运公司也要将飞机和机组人员工作日程安排成本和线路规划费用计入经营成本。

承运人的大部分成本与货车、火车或轮船装载的运量无关,而取决于运输线路设计与运输工具安排。承运人应当在战略和规划决策时,将上述所有成本视为可变的;而在运营决策时,把大多数成本看做固定不变的。

承运人的决策还受到以下两个因素的影响:一是其所追求的对目标市场的迅速反应能力;二是市场能承受的价格。例如,联邦快递公司采用航空运输网,以提供快速、可靠的包裹递送服务。相反,美国联合包裹递送中心则采用航空和公路运输相结合的方式,提供相对廉价但速度也较慢的服务。这两大运输网络的差别在服务价格表上得到了体现。联邦快递公司主要依据包裹的大小来收费,而美国联合包裹递送中心则依据包裹大小和目的地两个因素来确定价格。从供应链的角度来看,当价格与目的地无关而且运输的速度非常重要的时候,航空运输网络是比较适合的;而当价格随目的地而变化且较慢的运输速度可以被接受时,公路运输网就比较适合了。

(2)影响托运人决策的因素。托运人决策包括三项内容:运输网设计、运输工具选择以及对不同客户采取不同的运输方式。托运人的目标是在以承诺的速度满足客户需求的同时,使总成本最小化。托运人进行决策时,必须考虑以下成本:

第一,运输成本。这包括为将货物运送到消费者手中而向不同承运人支付的总费用。这项成本主要取决于不同的承运人的报价以及托运人选择的运输方式,即选择廉价但较慢的运输方式还是选择高价但较快的运输方式。当承运人独立于托运人时,运输成本就是可变的。

第二,库存成本。这是指在托运人的供应链网络中保管库存货物所耗费的成本。库存成本在短期运输决策中是不变的,而在设计运输网络或制定运营策略时则是变化的。

第三,设施成本。这是指托运人的供应链网络中的各种设施的成本。设施成本只有供应链管理者在做出战略规划决策时才是可变的,而在进行其他运输决策时均被视为固定的。

第四,作业成本。这是进行货物装卸及其他与运输相关的作业所带来的成本。在所有的运输决策中,此项成本都被视为可变的。

第五,服务水平成本。这是在没有完成货物运送义务时所承担的费用。在某些情况下,这项费用可能在合同中详细列明,而在其他情况中,则表现为客户的满意程度。

在进行战略规划和运营决策时都应当考虑此项成本。

在进行运输决策时,托运人应权衡以上各项成本。托运人的决策还会受以下两个因素的影响:即它所需要满足的客户对反应灵敏度的要求和它从不同商品和服务中得到的利润。例如,网路先锋是一家网上零售店,它向客户承诺,以客户选定的时间为基础,在30分钟以内送货上门。美国联合包裹递送中心则不是依据客户选定的时间,而只是在工作时间送货。两家公司设计的运输网络以及与需求相关的运输工具的数量反映了二者在战略上的差异。

8.3.2　运输网络的设计方案

运输网络的设计是要建立一个框架结构,以便在其中做出关于运输线路和运输日程安排的运输营运决策,从而影响整条供应链的运营。设计良好的运输网络有助于供应链以较低的成本达到理想的反应能力水平。假设在零售供应链中有很多零售商和几个供应商,下面我们将讨论这类供应链中运输网络的设计方案及每一种方案的优势与不足。

8.3.2.1　直接运输网络

在直接运输网络中,零售供应链的运输网络是这样构造的。零售供应链使所有货物直接从供应商处运达零售店(如图8-3所示),每一次运输的线路都是指定的,供应链管理者只需决定运输的数量并选择运输方式。要做出这一选择,供应链管理者必须在运输费用和库存费用之间进行权衡。

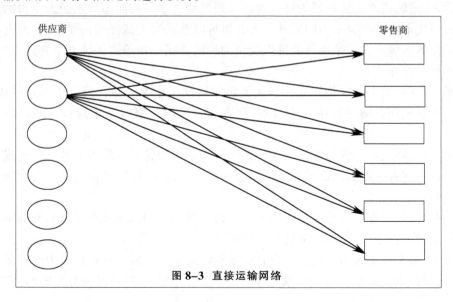

图8-3　直接运输网络

直接运输网络的优势主要在于无需中介仓库,而且在操作和协调上简单易行;运输决策完全是地方性的,一次运输决策不影响别的货物运输;同时,由于每次运输都是直接的,从供应商到零售商的运输时间较短。

如果零售店的规模足够大,对供应商和零售店来说,每次的最佳补给规模都与卡车的最大装载量相接近,那么直接运输网络就是行之有效的。但对于规模较小的零售店来说,直接运输网络的成本过高,在直接运输网络中如果是满载承运,由于每辆卡车的固定成本相对较高,从供应商到零售店的货运必然是大批量进行的,这必然导致供应链中库存水平提高。相反,如果是非满载承运,尽管库存量较少,但却要花费较高的运输费用和较长的运输时间。如果使用包裹承运,运输成本会非常高,而且由于每个供应商必须单独运送每件货物,因此供应商的直接运送将导致较高的货物接收成本。

8.3.2.2 利用"送奶线路"的直接运输

"送奶线路"是指一辆卡车将从一个供应商那里提取的货物送到多个零售店时所经过的线路,或者从多个供应商那里提取货物送至一个零售店时所经过的线路(如图8-4所示)。在这种运输体系中,供应商通过一辆卡车直接向多个零售店供货,或者由一辆卡车从多个供应商那里装载要运送到一家零售店的货物。一旦选择这种运输体系,供应链管理者就必须对每条送奶线路进行规划。

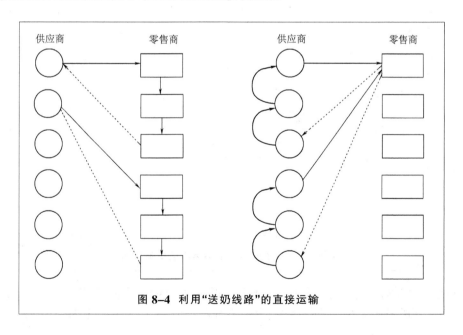

图8-4 利用"送奶线路"的直接运输

直接运输具有无需中介仓库的好处,而"送奶线路"通过多家零售店在一辆卡车上的联合运输降低了运输成本。例如,由于每家零售店的库存补给规模较小,这就要求使用非满载承运进行直接运送,而"送奶线路"使多家零售店的货物运送可以在同一辆卡车上进行,从而更好地利用了卡车并降低了运输成本。如果有规律地进行经常性、小规模的运送,而且一系列的供应商或零售店在空间上非常接近,送奶线路的使用将显著地降低成本。比如说,丰田公司利用"送奶线路"运输来维持其在美国和日本的即时制造系统。在日本,丰田公司的许多装配厂在空间上很接近,因而可以利用"送奶线路"从单个供应商运送零配件到多个工厂;而在美国则相反,丰田公司利用送奶线路将多个供应商的零配件运往位于肯德基州的一家汽车装配厂。

8.3.2.3 所有货物通过配送中心的运输网络

在这种运输系统中,供应商并不直接将货物运送到零售店,而是先运到配送中心,再运到零售店。零售供应链依据空间位置将零售店划分区域,并在每个区域建立一个配送中心,供应商将货物送至配送中心,然后由配送中心选择合适的运输方式,将货物送至零售店(如图 8−5 所示)。

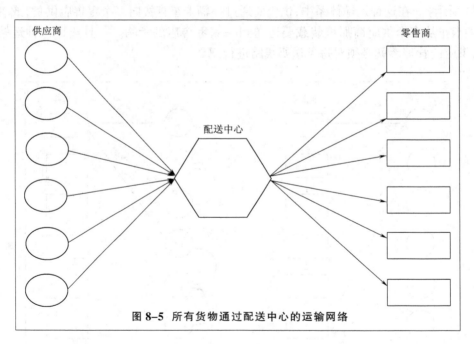

图 8-5 所有货物通过配送中心的运输网络

在这一运输体系中,配送中心是供应商和零售商之间的中间环节,发挥着两种不同作用:一方面配送中心进行货物保管;另一方面配送中心又起着转运点的作用。当供应

供应链管理概论

商和零售店之间的距离较远、运费较高时,通过配送中心保存和转运货物有利于减少供应链中的成本耗费。通过使进货地点靠近最终目的地,配送中心使供应链获取了规模经济效益,因为每个供应商都将中心管辖范围内所有商店的进货送至该配送中心。配送中心的送货费并不会太高,因为它只为附近的商店送货。

如果要求区域内大批量地进货,那么配送中心就保有这些库存,并为零售店更新库存进行小批量进货。例如,沃尔玛商店在从海外供应商处进货的同时,把产品保存在配送中心,因为中心的批量进货规模远比附近的沃尔玛商店的进货规模大。如果商店的库存更新规模大到足以获取进货规模经济效益,配送中心就没有必要为其保有库存了。在这种情形下,配送中心通过把进货分拆成运送到每一家商店的较小份额,将来自许多不同供应商处的产品进行对接。当配送中心进行产品对接时,每辆进货卡车上装有来自同一个供应商并将运送到多个零售店的产品,而每辆送货卡车则装有来自不同供应商并将被送至同一家商店的产品。货物对接的主要优势是无需进行库存,加快了供应链中产品的流通速度。货物对接也减少了处理成本,因为它无需从仓库中搬进搬出,但成功的货物对接常常需要高度的协调性和进出货物步调的高度一致。

货物对接适用于大规模的可预测商品,要求建立配送中心,以使进出货物两个方面的运输都能获取规模经济。沃尔玛已经成功地运用货物对接,在没有增加运输成本的条件下,减少了供应链中的库存量。沃尔玛在某一区域内建立了许多由一个配送中心支持的商店。因此,在进货方面,所有商店从供应商处的进货能装满卡车并获取规模经济。而在送货方面,为了获取规模经济,他们把从不同供应商运往同一零售店的货物装在同一辆卡车上。

8.3.2.4 通过配送中心利用"送奶线路"的运送

如图 8 - 6 所示,如果每家商店的进货规模较小,配送中心就可以使用"送奶线路"向零售商送货了。"送奶线路"通过联合的小批量运送减少了送货成本,例如,日本的 7 - 11 公司将来自新鲜食品供应商的货物在配送中心进行对接,并通过"送奶线路"向商店送货。因为单个商店向所有供应商的进货还不足以装满一辆卡车,货物对接和"送奶线路"的利用使该公司在向每一家连锁店提供库存商品时降低了成本。利用货物对接和"送奶线路"要求配送中心对"送奶线路"的合理规划和安排以及配送中心与零售商之间、同一线路上的零售商之间高度的协调。许多网上商店在向客户送货时,也通过配送中心利用"送奶线路"以减少小规模送货上门的运输成本。

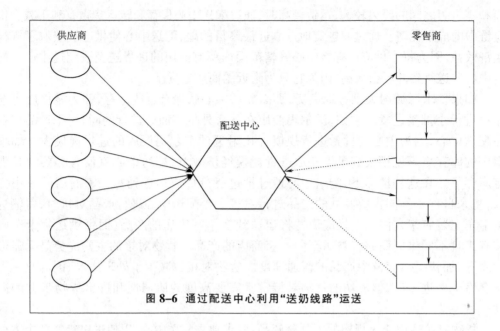

图 8-6 通过配送中心利用"送奶线路"运送

8.3.2.5 量身定做的运输网络

量身定做的运输网络是上述运输体系的综合利用,它在运输过程中综合利用货物对接、"送奶线路"、满载和非满载承运,甚至在某些情况下使用包裹递送,目的是根据具体情况,采用合适的运输方案。送到大商店的大批量产品可以直接运送,送到小商店的小批量产品可以通过配送中心运送。这种运输体系的管理是很复杂的,因为大量不同的产品和商店要使用不同的运送程序。量身定做的运输网络的运营,要求较多的信息基础设施及其引致的投资,以便进行协调。但同时,这种运输网也可以有选择地使用进货方法减少运输成本和库存成本。

以上各种不同运输网络的优缺点可以参见表 8-1。

表 8-1　不同运输网络的优点和缺点

网络结构	优点	缺点
直接运输	·无需中间仓库 ·简单的协作	·库存水平高(货物批量大) ·巨大的接收费用
利用"送奶线路"的 直接运送	·小批量货物较低的运输成本 ·较低的库存水平	·协调的复杂性加大
所有货物通过配送 中心运送	·通过联合降低了进货运输成本	·增加了库存成本 ·增加了配送中心的处理费用

供应链管理概论

网络结构	优点	缺点
所有货物通过配送中心对接运送	·必备库存水平很低 ·通过联合降低了运输成本	·协调的复杂性加大
通过配送中心利用"送奶线路"的运送	·小批量货物送货成本较低	·协调的复杂性进一步加大
量身定做的运输网络	·运输选择与单个产品和商店的需求十分匹配	·协调的复杂性最大

8.3.3 基于供应链的运输决策的要点

8.3.3.1 使运输战略与竞争战略保持一致

管理人员必须确保运输战略有利于竞争战略的实施,为实现这一目标,管理人员应当设计各种运输激励机制。过去企业内的运输职能通常以它能在多大程度上节约运输费用来衡量,这种运输决策虽能降低运输成本,但也降低了企业为客户服务的反应能力,甚至可能增加企业的总成本。如果单纯用卡车的装载量来评价配送中心工作人员的工作效率的话,那么,为了能增加每次运输的运量,他可能会延迟发货,从而降低企业的反应能力。在衡量运输职能时,企业应当综合考虑以下因素:运输成本、其他费用(如受运输决策影响的库存成本)以及对客户需求的反应能力。

8.3.3.2 将内部运输和外部运输结合起来

企业必须将公司的内部运输和外部运输结合起来,以满足自身运输的需要。这种决策必须建立在企业运营运输业务的能力和运输对企业实现成功的战略重要性基础之上。通常,外部运输是运量较小时的一种较好选择,而自己拥有运输队伍则是当运量较大而且反应能力要求较高时的较好选择。例如,沃尔玛公司已经在供应链中使用反应型运输方式。考虑到运输对企业成功的重要性,有些公司拥有自己的运输力量并自己进行经营,因为公司的运量一般较大,因而能很好地利用其运输资产。相反,某些公司向客户小批量地发货,它们成功的关键在于库存管理而不是运输,第三方承运人将其产品与其他公司产品联合运输,能为它们降低成本,因此公司使用第三方承运人来进行货物运输。

8.3.3.3 设计适应电子商务需要的运输网络

随着电子商务的发展,B to C 企业的运输规模变小,送货上门服务也随之发展起来。适应新经济要求的快速反应型运输系统应当寻求一切机会进行联合运送,在某些情况下,甚至与竞争对手进行联合,以降低小批量送货的成本。尽管库存更新订货是大批量的,可以使用铁路或者货车满载运输,但考虑到送货的规模,大多数电子商务送货要求使用较昂贵的包裹运送或非满载运送。即时制造的发展和对减少库存、频繁更新库存的关注,增加了处理小批量运货的需求,如果管理者在进行运输网络设计时不将这些因素考虑在内,那么企业的运输成本将显著增加,对客户需求的反应能力也将下降。

8.3.3.4 运用信息技术改善运输经营水平

管理者必须在供应链中采用可行的信息技术,降低运输成本、增强反应能力。很多公司提供的软件都有助于制定运输计划、选择运输方式和安排运输线路。可行的信息技术使管理者能清楚地知道每一运输工具的准确位置及其所运载的货物;卫星通讯系统使承运人与运输队伍中的运输工具保持联系,这些技术使承运人变得非常灵敏,有助于通过货物和运输工具之间更好的匹配来降低成本,也有助于企业应付由于天气变化或其他不可预测因素引起的无法预见的变化。

8.3.3.5 运输网络设计必须具有弹性

进行运输网络设计时,管理者必须考虑到需求的不确定性和运输的可行性。忽视不确定性所导致的管理者大量使用廉价且缺乏弹性的运输方式,这些运输方式在一切顺利时运行良好,但一旦计划改变,就表现得非常糟糕。如果管理者考虑了需求的不确定性,他们就会在供应链中采用尽管昂贵但具有弹性的运输方式。对某一次特定运输来说,这种方式是昂贵的,但是将这些因素考虑到运输方案中,将有助于企业减少对客户需求反应的总成本。

8.4 基于供应链的库存管理

8.4.1 供应链管理环境下的库存问题

8.4.1.1 库存控制问题分析

供应链管理环境下的库存控制问题包括信息类问题、供应链运营问题以及供应链的战略与规划问题,具体表现在以下几方面。

(1)缺乏供应链的系统观念。虽然供应链的整体绩效取决于供应链各个节点的绩效,但是,由于各个部门都是独立的单元,都有各自独立的目标与使命,有些目标与供应链的整体目标是不相干的,甚至有可能是相互冲突的,因此,这种各自为政的行为必然导致供应链整体效率低下。例如,美国北加利福尼亚的计算机制造商将每笔订货费作为绩效评价的指标,并把该企业的精力放在降低订货成本上,这种政策对于一个单一企业而言无可厚非,但是它没有考虑对供应链体系中其他制造商和分销商的影响,结果一些制造商不得不维持较高的库存量。

大多数供应链系统都没有建立针对全局的绩效评价指标,这是供应链中普遍存在的问题。有些企业将库存周转率作为供应链库存管理的绩效评价指标,但是没有考虑对客户的反应时间与服务水平。实际上,客户满意度应该始终是供应链整体绩效评价的一项重要指标。

(2)对客户服务水平理解上的偏差。供应链管理绩效的好坏应该由客户来评价,或者用对客户的反应能力来评价。但是,由于对客户服务水平理解上的差异,导致了客户服务水平上的差异。许多企业用订货满足率来评估客户服务水平,这虽然是一种比较好的客户服务考核指标,但是订货满足率本身并不能反映企业的运营问题。如一家计算机工作站的制造商要满足一份包含多种产品的订单需求,产品来自各个不同的供应商,客户要求一次性交货,因此制造商要在各个供应商的产品都到齐后才一次性装运给客户。这时,用总的订货满足率来评价制造商的客户服务水平是恰当的,但是这种评价指标并不能帮助制造商发现哪家供应商的交货是迟了还是早了。传统的订货满足率评价指标并不能评价订货的延迟水平。例如,两家都具有90%的订货满足率的供应链,在如何迅速补给余下的10%的订货要求方面差别是很大的。除了订货满足率之外,其他的服务指标也不容忽视,如总订货周转时间、平均再订货率、平均延迟时间、提前或延迟交货时间等。

(3)缺乏准确的交货状态信息。当顾客下订单时,他们总是希望知道什么时候能交货。在等待交货过程中,他们可能会对订单交货状态进行修改,特别是当交货延迟以后。一次性交货非常重要,但是必须看到,许多企业并没有及时而准确地将推迟订单而引起交货延迟的信息提供给客户,这当然会导致客户的不满和再订货率的下降。

(4)低效率的信息传递系统。在供应链中,各个供应链节点企业之间的需求预测、库存状态、生产计划等都是供应链管理的重要数据,这些数据分布在不同的供应链节点企业之间,要快速有效地响应客户需求,必须实时传递这些数据。为此,需要改善供应链信息系统模型,通过系统集成的方法,使供应链中的库存数据能够实时、快速地传递。但是,目前许多企业的信息系统并没有实现集成,当供应商需要了解客户需求信息时,获得的常常是延迟的信息和不准确的信息。由于信息延迟而引起的需求预测的误差和对库存量精确度的影响,都会给短期生产计划的实施带来困难。例如,企业为了制定一个生产计划,需要获得关于需求预测、当前库存状态、供应商的运输能力、生产能力等的信息,这些信息需要从不同的供应链节点企业的数据库中获得,数据调用的工作量很大,数据整理完后制定主生产计划,然后运用相关管理系统软件制定物料需求计划,这样一个过程一般需要很长时间。时间越长,预测误差越大,制造商对最新订货信息的有效反应能力也就越差,生产出过时的产品和造成过高的库存也就不足为奇了。

(5)忽略不确定性对库存的影响。供应链运营过程中存在诸多的不确定因素,如订货的前置时间、货物的运输状况、原材料的质量、生产过程的时间、运输时间、需求的变化等。为减少不确定性对供应链的影响,首先应了解不确定性的来源和影响程度。很多企业并没有认真研究不确定性的来源和影响,错误估计供应链中物料的流动时间,造成有的物品库存增加,而有的物品库存却不足的现象。

(6)库存控制策略简单化。无论是生产企业还是物流企业,库存控制的目的都是为了保证供应链运行的连续性和应付不确定性需求,在了解和跟踪不确定性状态因素的前提下,利用跟踪到的信息制定相应的库存控制策略。库存控制策略制定的过程是一个动态的过程,而且在库存控制策略中应该反映不确定性动态变化的特性。

许多企业对所有的物资采用统一的库存控制策略,物资的分类没有反映供应与需求的不确定性。传统的库存控制策略,多数是面向单一企业的,采用的信息基本上来自企业内部,库存控制策略没有体现供应链管理的思想。因此,如何制定有效的库存控制策略,并能体现供应链管理的思想,是供应链库存管理的重要内容。

(7)缺乏合作与协调性。供应链是一个整体,需要协调各节点企业的活动才能获得最满意的运营效果。协调的目的是使满足一定服务质量要求的信息可以无缝地、流畅地在供应链中传递,从而使供应链能够实时响应客户的需求,形成更为合理的供需关系和适应复杂多变的市场环境。供应链各节点企业为了应付不确定性都设有一定的安全库存作为应急措施。在供应链体系中,组织的协调涉及更多的利益群体,相互之间缺乏信任和信息透明度,为了应付市场的波动,企业不得不维持一个较高的安全库存而付出更高的代价。

组织之间存在的障碍可能使库存控制变得更加困难,因为各自都有不同的目标绩效评价尺度,谁也不愿意帮助其他部门共享资源。在分布式的组织体系中,组织之间的障碍对库存集中控制的阻力更大。要进行有效的合作与协调,组织之间需要建立一种有效的合作激励机制和信任机制。信任风险的存在加深了问题的严重性而相互之间缺乏有效的监督机制和激励机制是供应链节点企业之间合作不稳固的主要原因。

(8)忽略了产品流程设计的影响。现代产品设计与先进制造技术的出现,使产品的生产效率大幅度提高,而且具有较高的成本效益,因此常常忽视供应链库存的复杂性。结果使所有节省下来的成本都被供应链上的分销与库存成本抵消了。同样,在引进新产品时,如果不进行供应链规划,也会产生诸如运输时间过长、库存成本高等现象而无法获得利润。例如,美国的一家计算机外部设备制造商为世界各国分销商生产打印机。打印机具有一些有销售国特色的配件,如电源、说明书等,该制造商按需求预测生产,但是随着时间的推移,当打印机到达各地区分销中心时,需求已经发生了变化。由于打印机是为特定国家而生产的,分销商没有办法应付需求的变化,这样的供应链缺乏柔性,结果造成产品积压,产生了高库存。后来,重新设计了供应链结构,主要改变了打印机的装配过程,工厂只生产打印机的通用组件,分销中心根据所在国家的需求特点加入相应的特色组件,从而大大降低了库存,增强了供应链的柔性。这就是"为产品设计供应链管理流程"的思想,这一思想也充分体现了时间延迟策略。

8.4.1.2　供应链的需求变异加速放大原理与库存波动

"需求变异加速放大原理"是美国著名的供应链管理专家 Hau L. Lee(李效良)教授对需求信息扭曲在供应链中传递的一种形象描述,其基本思想是:当供应链各节点企业只根据来自其相邻的下游企业的需求信息进行生产或供应决策时,需求信息的不真实性会沿着供应链逆流而上,产生逐级放大效果的现象,到达最源头的供应商时,其获得的需求信息和实际消费市场中的顾客需求信息发生了很大的偏差,需求变异系数比分销商和零售商的需求变异系数大得多。由于这种需求放大效应的影响,上游供应商往往维持比下游供应商更高的库存水平。这种现象反映了供应链上需求的不同步现象,它说明了供应链库存管理中的一个普遍现象,即"看到的是非实际的"。图 8 - 7 显示了"需求变异加速放大"的原理及其过程。

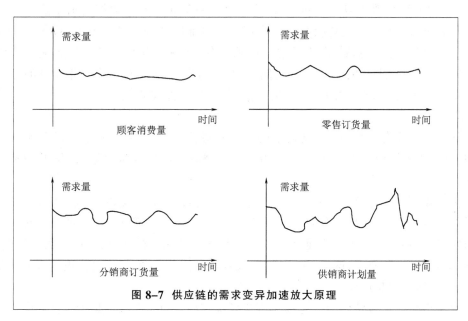

图 8-7　供应链的需求变异加速放大原理

需求放大效应最先由宝洁公司发现。宝洁公司在考察该公司最畅销的产品——一次性尿布的订货规律时,发现零售商销售的波动性并不大,但当他们考察分销中心向宝洁公司的订货时,吃惊地发现波动性明显增大了,有趣的是,他们进一步考察宝洁公司向其供应商,如3M 公司的订货时,他们发现其订货的变化更大。其他公司如惠普公司在考察其打印机的销售状况时也曾发现这一现象。

需求放大效应是需求信息扭曲的结果,在供应链中,每一个供应链节点企业的信息都有一个信息的扭曲,这样逐级而上,即产生信息扭曲的放大。图8-8显示了一个销售商实际的销售量和订货量的差异以及实际的销售量与订货量不同步。

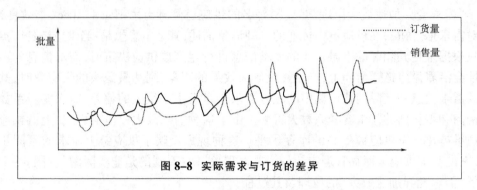

图8-8 实际需求与订货的差异

早在1961年,弗雷斯特(Forrester)[1]就通过一系列的实际案例揭示了这种工业组织的动态学特性和时间变化行为。在库存管理的研究中,斯特曼(Sterman)[2]在1989年通过一个"啤酒分销游戏"验证了这一现象。在实验中,有4个参与者形成一个供应链,各自独立进行库存决策而不和其他的成员协商,决策仅依赖其毗邻成员的订货信息。斯特曼把这种现象解释为供应链成员的系统性非理性行为的结果,即"反馈误解"。

1994～1997年,美国斯坦福大学的李效良教授对需求放大现象进行了深入的研究,把其产生的原因归纳为4个方面:需求预测修正、订货批量决策、价格波动和短缺博弈。

需求预测修正是指当供应链的成员采用其直接的下游订货数据作为市场需求信号时,即产生需求放大。举一个简单的例子,当你作为库存管理人员,需要决定向供应商的订货量时,你可以采用一些简单的需求预测方法,如指数平滑法。在指数平滑法中,未来的需求被连续修正,这样,送到供应商的需求订单反映的是经过修正的未来库存补给量,安全库存也是这样。

订货批量决策包括周期性订货决策和订单推动。周期性订货是指当公司向供应商订货时,不是来一个需求下一个订单,而是考虑到库存的原因,采用周期性分批订货。分批订货在企业中普遍存在,MRP(制造资源计划)系统是分批订货,DRP(物资资源配

---

① Forrster. J. ,系统动力学的创始人,美国麻省理工学院教授,著作有 Industrial Dynamic。

② Sterman. J D,美国麻省理工大学教授,著作有:Modeling managerial behavior:Misperceptions of feedback in a dynamic decision making experiment。

供应链管理概论

送计划)系统也是如此。用 MRP 批量订货出现的需求放大现象,称为"MRP 紧张"。

价格波动反映了一种商业行为——"预先购买"(Forward Buy)。价格波动是由一些促销手段造成的,如价格折扣、数量折扣、赠票等,这种商业促销行为使许多推销人员预先采购的订货量大于实际的需求量。因为如果库存成本小于由于价格折扣所获得的利益,销售人员当然愿意预先多买,这样的订货当然没有真实反映需求的变化,从而产生需求放大现象。

短缺博弈反映的是用户订货时的一种现象:当需求量大于供应量时,供应者理性的决策是按照用户的订货量比例分配现有的库存供应量,比如,总的供应量只有订货量的50%,合理的配给办法是所有的用户获得其订货的50%,此时,用户为了获得更大份额的配给量会故意夸大其订货需求,当需求降温时,订货又突然消失。这种由个体参与的组织的完全理性经济决策导致的需求信息的扭曲最终导致了需求放大。

我们在这里解释需求放大现象的本质特征,目的就是想说明供应链管理中库存波动的渊源和库存管理的新特点。采用传统的库存管理模式不可能解决诸如需求放大现象这样一些新的库存问题。因此,探讨新的适应供应链管理的库存管理新模式对供应链管理思想能否很好实施起着关键作用。

☞ **链　接**

有效消除"需求变异加速放大"的方法

1.提高预测的精确度。这需要考虑历史资料、定价、季节、促销和销售额等因素,及时获得这些数据,提高预测的准确性。

2.实现信息共享。

3.业务集成。供应链成员间实现业务紧密集成,形成顺畅的业务流。

4.订货分级管理。根据"二八定律"划分分销商,对他们区别对待,实行订货分级管理。

5.合理分担库存。

6.缩短提前期。一般来说,订货提前期越短,订量越准确。

7.采用业务外包。

8.建立伙伴关系。相互都了解对方的供需情况和能力,避免短缺情况下的博弈行为。

8.4.1.3 供应链中的不确定性与库存

(1)供应链中的不确定性。从需求放大现象中我们看到,供应链的库存与供应链的不确定性有很密切的关系。从供应链整体的角度看,供应链上的库存有两种,一种是生产制造过程中的库存,一种是物流过程中的库存。库存存在的客观原因是为了应付各种各样的不确定性,保持供应链系统的正常和稳定,但同时也产生和掩盖了管理中的一些问题。

供应链上的不确定性主要有两种表现形式:一是衔接不确定性(Uncertainty of Interface)。企业之间(或部门之间)的不确定性,可以说是供应链的衔接不确定性,这种衔接不确定性主要表现在合作性上,为了消除衔接不确定性,需要增加企业之间(或部门之间)的合作性。二是运作不确定性(Uncertainty of Operation)。系统运行不稳定是由于组织内部缺乏有效的控制机制所致,控制失效是组织管理不稳定和不确定性的根源。为了消除运行中的不确定性需要增加组织的控制,提高系统的可靠性。

供应链不确定性的主要来源有:供应商的不确定性、生产者的不确定性和顾客的不确定性。不同的原因造成的不确定性其表现形式是不同的。

供应商的不确定性表现为提前期的不确定性、订货量的不确定性等。供应商不确定性的原因是多方面的,如供应商的生产系统发生故障延迟生产、供应商的供应延迟、意外的交通事故导致的运输延迟等等。

生产者不确定性主要缘于制造商本身的生产系统的可靠性、机器的故障、计划执行的偏差等。造成生产者生产过程中在制品库存的原因也表现为其对需求的处理方式上。生产计划是一种根据当前生产系统的状态和未来情况做出的对生产过程的模拟,用计划的形式表达模拟的结果,用计划来驱动生产的管理方法,但是生产过程的复杂性使生产计划并不能精确地反映企业的实际生产条件和预测生产环境的改变,不可避免地造成计划与实际执行的偏差。生产控制的有效措施能够对生产的偏差给予一定的修补,但是生产控制必须建立在对生产信息的实时采集与处理上,使信息及时、准确、快速地转化为生产控制的有效信息。

顾客不确定性的原因主要有需求预测的偏差、购买力的波动、从众心理和个性特征等。通常需求预测的方法都有一定的模式或假设条件,假设需求按照一定的规律运行或表现为一定的规律特征,但是任何需求预测方法都存在这样或那样的缺陷,无法确切地预测需求的波动和顾客的心理反应。在供应链中,不同的节点企业相互之间的需求预测的偏差进一步加剧了供应链的放大效应及信息的扭曲。

本质上,供应链上的不确定性不管出自哪方面,都是由以下三方面原因造成的:首先,需求预测水平造成的不确定性。预测水平与预测时间的长度有关,预测时间越长,预测精度则越差,另外,预测的方法对预测也会产生一定的影响。其次,决策信息的可

供应链管理概论

获得性、透明性和可靠性。信息的准确性对预测同样造成影响，下游企业与顾客接触的机会多，可获得的有用信息就多；远离顾客需求，信息可获性和准确性就越差，因而预测的可靠性也越差。最后，决策过程的影响，特别是决策人心理的影响。需求计划的取舍与修订、对信息的要求与共享，无不反映个人的心理偏好。

（2）供应链中的不确定性与库存的关系。

第一，衔接不确定性对库存的影响。传统供应链的衔接不确定性普遍存在，而且集中表现为企业之间的独立信息体系（信息孤岛现象）。为了获得竞争优势，企业总是为了各自的利益而进行资源（包括物质资源和信息资源）的自我封闭，企业之间的合作仅仅是贸易上的短时性合作，由于人为地增加了企业之间的信息壁垒和沟通障碍，企业不得不为应付不测而建立库存，实际上，库存的存在就是信息的堵塞与封闭造成的。虽然企业各个部门和企业之间都有信息的交流与沟通，但这远远不够，企业的信息交流更多的是在企业内部而非企业之间进行交流，信息共享程度差是传统供应链不确定性增加的一个主要原因。

传统供应链中，信息是逐级传递的，即上游供应链企业根据下游供应链企业的需求信息做出生产或供应的决策。在集成的供应链系统中，每个供应链企业都能够共享顾客的需求信息，信息不再是线性的传递过程而是网络的传递过程和多信息源的反馈过程。建立了合作伙伴关系的新型的企业合作模式，以及跨组织的信息系统为供应链的各个合作企业提供了共同的需求信息，有利于推动企业之间的信息交流与沟通。企业有了确定的需求信息，在制定生产计划时，就可以减少为了吸收需求波动而设立的库存，使生产计划更加精确、可行。对于下游企业而言，合作性伙伴关系的供应链或供应链联盟为企业提供了综合的、稳定的供应信息，无论上游企业能否按期交货，下游企业都能预先得到相关信息而采取相应的措施，这样，企业就无需过多设立库存。

第二，运作不确定性对库存的影响。供应链企业之间的衔接不确定性通过建立战略伙伴关系的供应链联盟或供应链协作体而得以消减，同样，这种合作关系可以消除运作不确定性对库存的影响，当企业之间的合作关系改善时，企业的内部生产管理也得以改善。企业之间的衔接不确定性因素减少，企业的生产控制系统就能摆脱这种不确定性因素的影响，使生产系统的控制实时、准确，也只有在供应链条件下，企业才能获得对生产系统进行有效控制的有利条件，消除生产过程中不必要的库存。

在传统的企业生产决策过程中，供应商或分销商的信息是生产决策的外生变量，因而无法预见到外在需求或供应的变化信息，至少是延迟的信息；同时，库存管理的策略也是考虑独立的库存点而不是采用共享的信息，因而，库存成了维系生产正常运行的必要条件。当生产系统形成网络时，不确定性就像瘟疫一样在生产网络中传播，几乎所有的生产者都希望用库存来应付生产系统内外的不测变化，由于无法预测不确定性的大小和影响程度,人们只好按照保守的方法设立库存,对付不确定性。在不确定性较大的情形下,为了维护一定的用户服务水平,企业也常常维持一定的库存,以提高服务水平。在不确定性存在的情况下,高服务水平必然带来高库存水平。

8.4.2 供应链管理环境下的库存控制策略

8.4.2.1 供应商管理库存策略

长期以来,流通中的库存都是各自为政,流通环节中的每一个部门都是各自管理自己的库存,零售商、批发商、供应商都有各自的库存,且供应链各个环节都有自己的库存控制策略。由于各自的库存控制策略不同,因此不可避免地会产生一些需求扭曲的现象,即所谓的需求放大现象,无法使供应商快速地响应用户的需求。在供应链管理环境下,供应链各个环节的活动都应该是同步进行的,而传统的库存控制方法无法满足这一要求。近年来,在国外出现了一种新的供应链库存管理方法——供应商管理库存(Vendor Managed Inventory, VMI),这种方法打破了传统各自为政的库存管理模式,体现了供应链的集成化管理思想,适应市场变化的要求,是一种新型的有代表性的库存管理思想。

(1)供应商管理库存的基本思想。传统上,库存是由库存拥有者管理的。由于无法确切知道用户需求与供应的匹配状态,所以需要库存、库存设置与管理由同一组织完成。这种库存管理模式并不总是最优的。例如,一个供应商用库存来应付不可预测的或某一用户(这里的用户不是指最终用户,而是指分销商或批发商)不稳定的需求,用户也设立库存来应付不稳定的内部需求或供应链的不确定性。供应链中每一个组织都独立地寻求保护其在供应链的利益不受意外干扰,因而可能影响供应链的优化运行。供应链的各个不同组织根据各自的需要独立运作,导致重复建立库存,因而无法达到供应链整体的最低成本,整个供应链系统的库存会随着供应链长度的增加发生需求扭曲。供应商库存管理策略突破了传统的条块分割的库存管理模式,以系统的、集成的管理思想进行库存管理,使供应链系统能够获得同步化的运作。

VMI 是一种很好的供应链库存管理策略。国外有学者认为,VMI 是一种在用户和供应商之间的合作性策略,以对双方来说都是最低的成本优化产品的可获性,在一个相互同意的目标框架下由供应商管理库存,这样的目标框架被经常性监督和修正,以产生一种连续改进的环境。关于 VMI 还有其他的不同定义,但归纳起来,该策略的关键措施主要体现在如下几个原则中:

第一,合作精神(合作性原则)。在实施该策略时,相互信任与信息透明是很重要的,供应商和用户(零售商)要有较好的合作精神,才能够保持较好的合作。

第二,使双方成本最小(互惠原则)。VMI不是关于成本如何分配或由谁来支付的问题,而是关于减少成本的问题,通过该策略,双方的成本都会降低。

第三,框架协议(目标一致性原则)。双方都明白各自的责任,观念上达成一致的目标。如库存放在哪里,什么时候支付,是否要管理费,要花费多少等问题都要回答,并且体现在框架协议中。

第四,连续改进原则。即使供需双方能共享利益和消除浪费。VMI的主要思想是,供应商在用户的允许下设立库存,确定库存水平和补给策略,拥有库存控制权。精心设计与开发的VMI系统,不仅可以降低供应链的库存水平,降低成本,而且,用户还可获得高水平的服务,改善资金流,与供应商共享需求变化的透明性并获得更高的用户信任度。

(2)实施供应商管理库存的好处。

第一,成本缩减。需求的易变性是大部分供应链面临的主要问题,它既影响了服务质量也减少了产品收入。在过去的零售情况下,管理政策常常导致销售的波动幅度增大。由于需求的不确定性、有冲突的执行标准、用户行为的互相孤立、产品短缺造成的订货膨胀等原因,订购的方式可能会更坏。

许多供应商被VMI吸引正是因为它缓和了需求的不确定性。来自消费组织的少有的大订单迫使生产商维持剩余的能力或超额的成品存货量,这虽能确保响应顾客服务的要求,但也是一种成本很高的方法。VMI可以削弱产量的峰值和谷值,允许小规模的生产能力和存货水平。

用户被VMI吸引是因为它解决了有冲突的执行标准带来的两难状况。比如,月末的存货水平对于作为零售商的用户是很重要的,但顾客服务水平也是必要的,而这些标准又是相互冲突的。零售商在月初储备货物以保证高水平的顾客服务,然后使存货水平在月末下降以达到库存目标(而不管它对服务水平的影响)。在季末涉及财政报告时,这种不利的影响将更加明显。

在VMI中,补货频率通常由每月提高到每周(甚至每天),这使双方都受益。供应商在工厂可以看到更流畅的需求信号,由于对生产及运输资源更好的利用,降低了成本,也降低了对大容量的作为缓冲的存货的需求,供应商可以做出与需求相协调的补货决定,而且提高了"需求倾向趋势"意识。消费组织从合理的低水平库存流转中受益,即使用户将所有权(物主身份)让渡给供应商,改善了的运输和仓储效率也会产生许多好处。此外,月末或季末的服务水平也会得到提高。

在零售供应链中,不同用户间的订货很少能相互协调,订单经常同时下达,这就使及时实现所有的递送请求变得不可能。在VMI中,更大的协调将支持供应商对平稳生产的需求,而不必牺牲对购买者的服务和存储目标。

最后,VMI将使运输成本减少。如果处理得好,这种方法将会增加低成本的满载运输的比例而减少高成本的未满载货的比例,这可以通过供应商协调补给过程来实现,而不是收到订单时再被动回应。另一个值得注意的方案是更有效的路线规划。例如,一辆专用的货车可以在途中停车多次,为某几位邻近的顾客补货。

第二,服务改善。在零售商看来,服务好坏常常由产品的可得性来衡量。这来自于一个很简单的想法,即当顾客走进商店时,想买的产品却没有,这桩买卖就失去了,其结果相当严重,因为失去一桩生意的"成本"可能是失去"信誉"。所以,零售商希望供应商是可信任的、可靠的。在商品销售计划中,零售商更希望供应商拥有极具吸引力的货架空间。因此,以可靠著称的供应商可以获得更高的收入。在其他条件相同的情况下,人人都可以从改善了的服务中受益。

在 VMI 中,由于有能力平衡所有合作伙伴的需求,供应商可以改善系统的工作状况而不用使任何的个体顾客冒险。他们向顾客保证:顾客最主要的需求将会受到最密切的关注。如果没有 VMI,供应商将很难有效地安排顾客需求的先后顺序。

扩大有效解决现有问题的范围能够使服务得到进一步改善。比如,在缺货的时候,在一个用户的配送中心(或多个用户的配送中心之间)平衡存货是十分必要的。如果没有 VMI,这通常很难做到,因为供应商和顾客都看不到整体的存货配置(分布)。而在 VMI 下,当用户将货物返还给供应商,而供应商可以将其供给另一位用户时,就实现了存货平衡。这种方法最大的弊端也只是多了一些运输成本而已。

另外,VMI 可以使产品更新更加方便,这有利于减少旧货在系统中流通,避免顾客抢购。此外,新产品的上架速度会加快,由于有信息共享,货物更新时不用为推销而着急,而且零售商可以保持"时尚"的好名誉。

(3)供应商管理库存的实施方法。实施 VMI 策略首先要改变订单的处理方式,建立基于标准的托付订单处理模式。供应商和批发商一起确定供应商订单业务处理过程中所需要的信息和库存控制参数,然后建立一种标准的订单处理模式(如 EDI 标准报文),最后把订货、交货和票据处理各个业务功能集成在供应商一边。

库存状态透明性(对供应商)是实施供应商管理库存的关键。供应商能够随时跟踪和检查销售商的库存状态,从而快速地响应市场需求的变化,对企业的生产(供应)做出相应的调整。为此需要建立一种能够使供应商和用户(分销商、批发商)的库存信息系统透明连接的方法。具体而言,供应商管理库存的策略可以分为以下几个步骤:

第一,建立顾客情报信息系统。要有效地管理销售库存,供应商必须能够获得顾客的有关信息。通过建立顾客信息库,供应商能够掌握需求变化的有关情况,把由批发商(分销商)进行的需求预测与分析功能集成到供应商的系统中来。

第二,建立销售网络管理系统。供应商要很好地管理库存,必须建立起完善的销售网络管理系统,保证自己产品的需求信息和物流的畅通。要做到这一点,首先要保证自己产品条码的可读性和唯一性;其次要解决产品分类、编码的标准化问题;最后还要解决产品存储运输过程中的识别问题。目前,已有许多企业开始采用MRP Ⅱ或ERP企业资源计划系统,这些软件系统集成了销售管理的功能,通过对这些功能的扩展,可以建立完善的销售网络管理系统。

第三,建立供应商与分销商(批发商)的合作框架协议。供应商和销售商(批发商)通过协商,共同确定处理订单的业务流程、控制库存的有关参数(如再订货点、最低库存水平等)、库存信息的传递方式(如EDI或Internet)等。

第四,组织机构的变革。VMI策略改变了供应商的组织模式。过去一般由会计经理处理与用户有关的事情,引入VMI策略后,订货部门产生了一个新的职能,即负责用户的库存控制、库存补给和服务水平。

一般而言,在以下情况下适合实施VMI策略:零售商或批发商没有计算机系统或基础设施来有效管理他们的库存;制造商实力雄厚并且比零售商市场信息量大;有较高的直接存储交货水平,制造商能够有效规划运输。

8.4.2.2 联合库存管理策略

(1)联合库存管理的基本思想。联合库存管理(Joint Managed Inventory,JMI)是一种基于协调中心的库存管理方法,是为了解决供应链体系中的牛鞭效应(即需求变异加速放大现象),提高供应链的同步化程度而提出的。联合库存管理是一种风险分担的库存管理模式。

联合库存管理的思想可以从分销中心的联合库存功能谈起,地区分销中心体现了一种简单的联合库存管理思想。传统的分销模式是分销商根据市场需求直接向工厂订货,例如,汽车分销商(或批发商)根据用户对车型、款式、颜色、价格等的不同需求向汽车制造商订的货,需要经过较长时间才能达到,由于顾客不想等待这么久的时间,因此各个推销商不得不进行库存备货,这样大量的库存使推销商难以承受,以至于破产。而建立地区分销中心可大大减缓库存浪费的现象。图8-9为传统的分销模式,每个销售商直接向工厂订货,每个销售商都有自己的库存,而图8-10为采用分销中心后的销售方式,各个销售商只需要少量的库存,大量的库存由地区分销中心储备,也就是各个销售商把其库存的一部分交给地区分销中心负责,从而减轻了销售商的库存压力。分销中心起到了联合库存管理的功能,它既是一个商品的联合库存中心,同时也是需求信息的交流与传递枢纽。

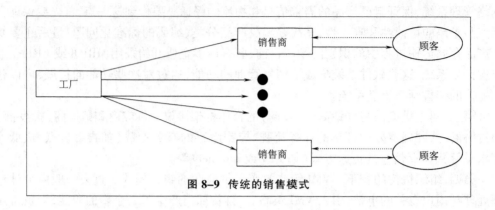

图 8-9 传统的销售模式

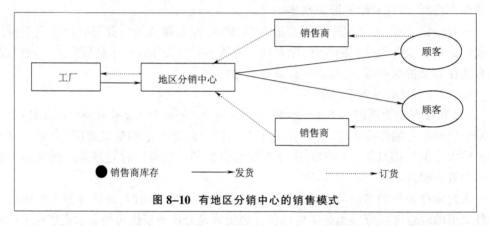

● 销售商库存　　——→ 发货　　　　┄┄→ 订货

图 8-10 有地区分销中心的销售模式

从分销中心的功能我们得到启发,对现有的供应链库存管理模式进行了新的拓展和重构,提出了联合库存管理新模式——基于协调中心的联合库存管理系统。

近年来,供应链企业之间的合作更加强调双方的互利合作关系,联合库存管理体现了战略供应商联盟的这种新型企业合作关系。传统的库存管理把库存分为相关需求和独立需求两种库存模式来进行管理。相关需求库存问题采用物料需求计划(MRP)处理,独立需求问题则采用订货点办法处理。一般来说,产成品库存管理为独立需求库存问题,而在制品、零部件以及原材料的库存控制问题为相关需求库存问题。如图8-11所示的传统供应链活动过程模型。在整个供应链过程中,从供应商、制造商到分销商,各个供应链节点企业都有自己的库存。供应商作为独立的企业,其库存(即其产品库存)为独立需求库存;制造商的原材料库存、半成品库存为相关需求库存,而制造商的产品库存为独立的需求库存;分销商为了应付顾客需求的不确定性也需要库存,其库存也为独立需求库存。

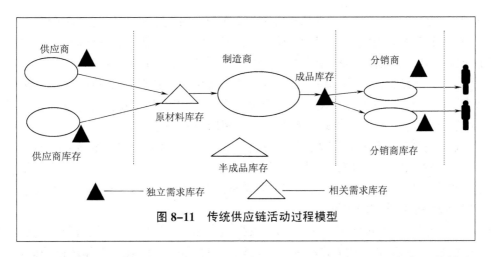

图 8-11　传统供应链活动过程模型

联合库存管理是解决供应链系统中由于各节点企业相互独立的库存运作模式导致的需求变异放大现象,提高供应链的同步化程度的一种有效方法。联合库存管理和供应商管理用户库存不同,它强调双方同时参与,共同制定库存计划,使供应链过程中的每个库存管理者(供应商、制造商、分销商)都从相互之间的协调性考虑,使供应链相邻的两个节点企业之间的库存管理者对需求的预期保持一致,从而消除了需求变异放大现象。任何相邻节点需求的确定都是供需双方相互协调的结果,库存管理不再是各自为政的独立运作过程,而是供需连接的纽带和协调中心。图 8-12 为基于协调中心联合库存管理的供应链过程模型。

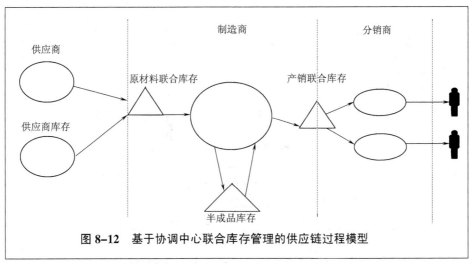

图 8-12　基于协调中心联合库存管理的供应链过程模型

（2）联合库存管理的优点。基于协调中心的联合库存管理和传统的库存管理模式相比，有以下5方面的优点：①为实现供应链的同步化运作提供了条件和保证；②减少了供应链中的需求扭曲现象，降低了库存的不确定性，提高了供应链的稳定性；③库存作为供需双方信息交流和协调的纽带，有利于发现供应链管理中的缺陷，为改进供应链管理水平提供了依据；④为实现零库存管理、即时采购以及精细化供应链管理创造了条件；⑤进一步体现了供应链管理的资源共享和风险分担的原则。

联合库存管理系统把供应链系统管理进一步集成为上游和下游两个协调管理中心，从而部分消除了由于供于应链环节之间的不确定性和需求信息扭曲现象而导致的供应链的库存波动。通过协调管理中心，供需双方共享需求信息，提高了供应链运作的稳定性。

（3）联合库存管理的实施策略。

第一，建立供需协调管理机制。为了发挥联合库存管理的作用，供需双方应从合作的精神出发，建立供需协调管理机制，明确各自的目标和责任，建立合作沟通的渠道，为供应链的联合库存管理提供有效的方式。没有一个协调的管理机制，就不可能进行有效的联合库存管理，图8-13为供应商与分销商协调管理机制模型。

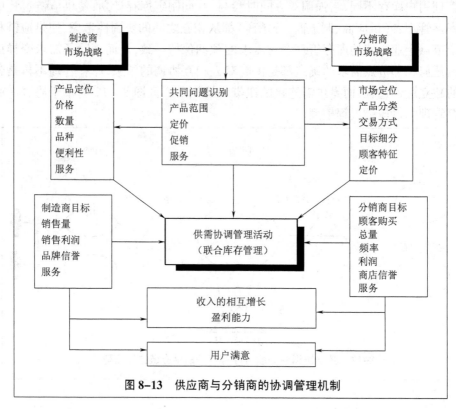

图8-13　供应商与分销商的协调管理机制

建立供需协调管理机制要从以下 4 个方面着手：

①建立共同合作目标。首先供需双方必须本着互惠互利的原则,建立共同的合作目标。为此,要理解供需双方在市场目标中的共同之处和冲突点,通过协商形成共同的目标,如用户满意度、利润的共同增长和风险的减少等。

②建立联合库存的协调控制方法。联合库存管理中心担负着协调供需双方利益的角色,起协调控制器的作用,因此需要对库存优化的方法进行明确确定。这些内容包括库存如何在多个需求方之间调节与分配,库存的最大量、最低库存水平和安全库存的确定,需求的预测等等。

③建立一种信息沟通的渠道或系统。信息共享是供应链管理的特色之一,为了提高整个供应链需求信息的一致性和稳定性,减少由于多重预测导致的需求信息扭曲,应该增加供应链各方对需求信息获得的及时性和透明性。为此应建立一种信息沟通的渠道或系统,以保证需求信息在供应链中的畅通和准确性,要将条码技术、扫描技术、POS系统和 EDI 集成起来,并且要充分利用互联网的优势,在供需双方之间建立一个畅通的信息沟通的桥梁和联系的纽带。

④建立利益的分配、激励机制。要有效运行基于协调中心的库存管理,必须建立一种公平的利益分配制度,并对参与协调库存管理中心的各个企业(供应商、制造商、分销商或批发商)进行有效的激励,防止机会主义行为,增加协作性和协调性。

第二,发挥两种资源计划系统的作用。为了发挥联合库存管理的作用,在供应链库存管理中应充分利用目前比较成熟的两种资源管理系统:制造资源计划系统(MRPⅡ)和物资资源配送计划系统(DRP)。原材料库存协调管理中心应采用制造资源计划系统,而在产品联合库存协调管理中心则应采用物资资源配送计划系统,在供应链系统中把两种资源计划系统很好地结合起来。

第三,建立快速响应系统。快速响应系统(QR)是 20 世纪 80 年代末在美国服装行业中发展起来的一种供应链管理策略,其目的在于减少供应链中从原材料到用户过程的时间和库存,最大限度地提高供应链的运作效率。

快速响应系统在美国等西方国家的供应链管理中被认为是一种有效的管理策略,它主要经历了三个发展阶段。第一阶段为商品条码化,即通过对商品的标准化识别处理加快订单的传输速度;第二阶段是内部业务处理的自动化,即采用自动补库与 EDI 数据交换系统提高业务自动化水平;第三阶段是采用更有效的企业间的合作,消除供应链组织之间的障碍,提高供应链整体的效率,如通过供需双方合作确定库存水平和销售策略等。

目前,在西方国家,QR 系统的应用已到达第三阶段,通过联合计划、预测与补货等策略进行有效的用户需求反应。美国的 Kurt Salmon[①] 协会调查分析认为,实施快速响应系统后供应链效率大有提高,缺货大大减少;通过供应商与零售商的联合协作保证 24 小时供货,库存周转速度提高了 1 ~ 2 倍;通过敏捷制造技术,企业的产品中有20% ~ 30%是根据用户的需求制造的。快速响应系统需要供需双方的密切合作,因此协调库存管理中心的建立为快速响应系统发挥更大的作用创造了有利的条件。

第四,发挥第三方物流系统的作用。第三方物流系统(Third Party Logistics, TPL)是供应链集成的一种技术手段。第三方物流系统也叫做物流服务提供者(Logistics Service Provider, LSP),它为用户提供各种服务,如产品运输、订单选择、库存管理等。第三方物流系统的产生是由一些大的公共仓储公司通过提供更多的附加服务演变而来,或者由一些制造企业的运输和分销部门演变而来(如图8 - 14所示)。

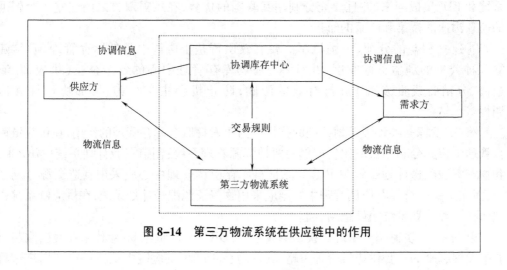

图 8-14 第三方物流系统在供应链中的作用

把库存管理的部分功能交给第三方物流系统管理,可以使企业集中精力于自己的核心业务,第三方物流系统起到了供应商和用户之间联系的桥梁作用,使企业获得诸多利益。

---

① Kurt Salmon Association (KSA),国际资讯管理机构。

第三方物流系统给企业带来的利益

◆ 减少成本；
◆ 使企业集中于核心业务；
◆ 获得更多的市场信息；
◆ 获得一流的物流咨询；
◆ 改进服务质量；
◆ 快速进入国际市场。

面向协调中心的第三方物流系统使供需双方都取消了各自独立的库存，增加了供应链的敏捷性和协调性，并且能够大大改善供应链的用户服务水平和运作效率。

8.5　本章小结

供应链环境下的物流管理的特点可以用如下几个术语简要概括：①信息—共享；②过程—同步；③合作—互利；④交货—准时；⑤响应—敏捷；⑥服务—满意。

运输决策的内容包括：运输方式、路径和网络选择、内部化还是依靠外部资源、反应能力与赢利水平的全面权衡。影响承运人决策的因素有：与运输工具相关的成本、固定运输成本、与运距有关的成本、与运量有关的成本和运营成本。影响托运人决策的因素有：运输成本、库存成本、设施成本、作业成本和服务水平成本。

运输网络的设计方案有以下几种：①直接运输网络；②利用"送奶线路"的直接运送；③所有货物通过配送中心的运输网络；④通过配送中心使用"送奶线路"的运送；⑤量身定做的运输网络。在供应链中进行运输决策时，必须注意以下几点：使运输战略与竞争战略保持一致、考虑内部运输和外部运输、设计能适应电子商务需要的运输网络、运用信息技术来改善运输经营、运输网络设计必须具有弹性。

传统库存控制存在的问题主要有，缺乏供应链的系统观念、对客户服务水平理解上的偏差、缺乏准确的交货状态信息、低效率的信息传递系统、忽略不确定性对库存的影响、缺乏合作与协调性、库存控制策略简单化、忽略了产品流程设计的影响。

需求变异加速放大原理的基本思想是：当供应链的各节点企业只根据来自其相邻的下级企业的需求信息进行生产或供应决策时，需求信息的不真实性会沿着供应链逆流而上，产生逐级放大的现象，达到最源头的供应商时，其获得的需求信息和实际消费市场中的顾客需求信息发生了很大的偏差，需求变异系数比分销商和零售商的需求变异系数大得多。需求放大现象产生的原因有：需求预测修正、订货批量决策、价格波动以及短缺博弈。

供应链上的不确定性表现形式有两种：衔接不确定性和运作不确定性。其来源主要有三个方面：供应者不确定性、生产者不确定性和顾客不确定性。衔接不确定性与运作不确定性都对库存有一定的影响。

供应商管理库存是一种在用户和供应商之间的合作性策略，以对双方来说都是最低的成本优化产品的可获性，在一个相互同意的目标框架下由供应商管理库存，这样的目标框架由用户经常性监督而使双方经常性地对它进行修正，以产生一种连续改进的环境。联合库存管理是一种基于协调中心的库存管理方法，是为解决供应链体系中的牛鞭效应，提高供应链的同步化程度而提出的。联合库存管理是一种风险分担的库存管理模式。

案例分析

家乐福：从 VMI 中受益无穷①

　　VMI 是 QR 系统的一种重要物流运作模式，也是 QR 系统走向高级阶段的重要标志。VMI 的核心思想在于，零售商放弃商品库存控制权，而由供应商掌握供应链上的商品库存动向，即由供应商依据零售商提供的每日商品销售资料和库存情况来集中管理库存，替零售商下订单或连续补货，从而实现对顾客需求变化的快速反应。VMI 不仅可以大幅改进 QR 系统的运作效率，即加快整个供应链面对市场的回应时间，较早地得知市场准确的销售信息；而且可以最大化地降低整个供应链的物流运作成本，即降低供应商与零售商因市场变化带来的不必要库存，达到挖潜增效、开源节流的目的。

　　正是看到了 VMI 的上述特殊功效，家乐福在引进 QR 系统后，一直努力寻找合适的战略伙伴以实施 VMI 计划。经过慎重挑选，家乐福最后选择了其供应商雀巢公司。就家乐福与雀巢公司的既有关系而言，双方只是单纯的买卖关系，唯一特殊的是，家乐福对雀巢来说是一个重要的零售商客户。在双方的业务往来中，家乐福具有绝对的决定权，决定购买哪些产品及其数量。

　　经协商，两家公司决定由雀巢建立整个 VMI 计划的机制，总目标是增加商品的供应效率，降低家乐福的库存天数，缩短订货前置时间，以及降低双方物流作业的成本。

　　由于双方各自有独立的内部 ERP 系统，彼此并不相容，因此家乐福决定

---

① 案例来源：案例分析_专家论坛_锦程物流网（http：//www.jctrans.com/luntan/topic.asp？topicid = 871&topictype = 11）。

与雀巢以 EDI 连线方式来实施 VMI 计划。在 VMI 系统的经费投入上,家乐福主要负责 EDI 系统建设的费用,没有其他额外的投入;雀巢公司除了 EDI 建设外,还引进了一套 VMI 系统。经过近半年的 VMI 实际运作后,雀巢对家乐福配送中心产品的到货率由原来的 80% 左右提升至 95%(超越了目标值)。家乐福配送中心对零售店铺产品到货率也由 70% 提升至 90% 左右,并仍在继续改善中;库存天数由原来的 25 天左右下降至 15 天以下,在订单修改方面也由 60%～70% 下降至现在的 10% 以下,每日商品销售额则上升了 20% 左右。总体而言,VMI 使家乐福受益无穷,极大地提升了其市场反应能力和市场竞争能力。

相对家乐福的受益而言,雀巢公司也受益匪浅,最大的收获便是在与家乐福的关系改善方面。过去雀巢与家乐福只是单向买卖关系,所以家乐福要什么就给它什么,甚至是尽可能地推销产品,彼此都忽略了真正的市场需求,导致好卖的商品经常缺货,而不畅销的商品却有很多存货。这次合作使双方愿意共同解决问题,从而有利于从根本上改进供应链的整体运作效率,并使雀巢容易掌握家乐福的销售资料和库存动态,以更好地进行市场需求预测并采取有效的库存补货计划。

复习思考题

1. 供应链管理环境下的物流管理有何特征?
2. 影响运输决策的因素有哪些?
3. 请比较不同的运输网络的特点。
4. 供应链中的库存控制问题有哪些?
5. 供应链中的需求变异放大原理产生的原因是什么?
6. 供应商管理库存的基本思想是什么? 如何实施供应商管理库存?
7. 联合库存管理的基本思想是什么? 如何实施联合库存管理?

9

供应链与信息管理

学习目标

- ▶ 了解供应链中的信息构成
- ▶ 掌握供应链中有效信息的特征
- ▶ 了解供应链中的信息流的特点
- ▶ 掌握供应链中的信息流的几种控制模式
- ▶ 了解信息技术的发展状况
- ▶ 掌握信息技术在供应链管理中应用的几个方面
- ▶ 了解供应链管理与信息系统的关系
- ▶ 了解企业内供应链信息系统的逻辑结构
- ▶ 掌握供应链企业间的信息系统的构建方法

9.1　引言

本章全面阐述了供应链中的信息构成、有效信息的特征、信息流、信息流控制、现代信息技术的发展、信息技术在供应链管理中的应用、供应链管理与信息系统的关系、企业内供应链信息系统的逻辑结构以及企业间的信息系统。

9.2　供应链中的信息流管理

9.2.1　供应链中的信息构成

供应链中的信息可以从不同的角度进行划分。

9.2.1.1　从供应链环节的角度划分

根据供应链的不同阶段,信息可以包括:

(1)供应源信息。即能在多长的订货供货期内,以什么样的价格,购买到什么样的产品,产品能被送到何处。供应源信息包括订货状态、更改以及支付安排。

(2)生产信息。即能生产什么样的产品,数量多少,在哪些工厂进行生产,需要多长的供货期,需要进行哪些权衡,成本多少,批量订货规模多大。

(3)配送和零售信息。即哪些货物需要运送到什么地方,数量多少,采用什么方式,价格如何,在每一地点的库存是多少,供货期有多长。

(4)需求信息。即哪些人将购买什么货物,在哪里购买,数量多少,价格多少。需求信息包括需求预测和需求分布的有关信息。

9.2.1.2　从供应链层次结构的角度划分

从层次结构的角度看,供应链中的信息可以包括 4 个层次,如图 9 - 1 所示。

9.2.2　供应链中有效信息的特征

制定供应链决策时,有效信息应具有以下特征:

(1)信息必须正确。没有描述供应链真实状况的信息就很难做出科学的决策。这并非要求所有信息都百分之百的正确,而是要求所有得到信息描述的事实至少没有方向性的错误。

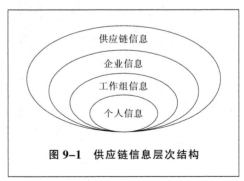

图 9-1　供应链信息层次结构

供应链管理概论

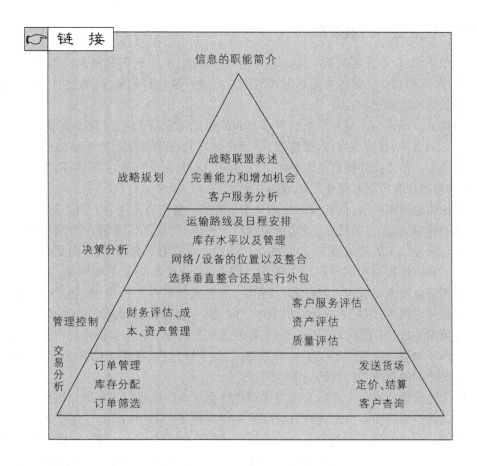

链 接

信息的职能简介

战略联盟表述
完善能力和增加机会
客户服务分析

战略规划

运输路线及日程安排
库存水平以及管理
网络/设备的位置以及整合
选择垂直整合还是实行外包

决策分析

管理控制

财务评估、成
本、资产管理

客户服务评估
资产评估
质量评估

交易分析

订单管理
库存分配
订单筛选

发送货场
定价、结算
客户查询

(2)信息必须能及时获取。准确的信息常常存在,但这些信息或者已经过时,或者虽然没有过时,但其形式却不适用。要做出科学的决策,管理者需要的是及时且可利用的信息。

(3)信息必须恰好是必需的。决策者需要他们能够利用的信息。企业通常有大量对决策无益的信息,因此,企业必须考虑哪些信息应该保留,以便使宝贵的资源不被浪费在搜集无用数据上,而重要信息却被遗漏了。

一个成功的供应链信息系统应该使企业内形成优化的作业流程,企业间形成一种无缝的链接。创造企业间流程和完全的链接,使企业间有效传递分销、财务、采购、运输等各种信息流,使企业间的客户、供应商、运输者、零售商都通过供应链连接在一起。因此,企业应转变观念,将信息技术纳入企业战略范围考虑,通过在供应链上的信息共享而达到企业的市场目标。

9.2.3　供应链中的信息流

一般来说,企业管理的基本结构可分为三个层次,从上至下分别为决策层、管理层与操作层,其中操作层是各类信息形成的主要环境。信息的采集、传递和加工处理过程就是信息流的形成过程。

以物流管理为例。信息是对物料状态的描述,信息流是物流过程的流动影像,物流是信息流的载体,其特点为:在操作层,物流是显式的;在管理层,物流是隐式的而信息流是显式的。信息流伴随物流而产生又反过来控制和调节物流,仅当信息流与物流同步时,才可实现管理层对操作层的透明管理。

采用信息技术前后,信息流的特点是不一样的。传统方式下,由于信息的采集与传递方式的影响,信息流的特点为:信息流滞后于物流;信息加工通常在部门与部门交接处存在着重复加工处理的情况;信息在层层传递中存在着失真的现象;滞后和失真的信息达不到有效地控制和调节物流的效果。因此,企业决策层仅了解结果,而不了解过程。采用信息技术以后,与传统的方式相比,信息流具有以下特点:信息流的采集与物流的过程同时发生;信息采用计算机集中存储,统一加工处理,消除了部门与部门交接处的冗余加工处理;用计算机传递、加工处理信息及时、准确;能够快速反馈信息并由此控制和调节物流。决策层不仅了解结果,而且也了解过程,实现了信息的可追溯性,从而能做出准确的判断和实时的决策。

供应链管理环境下企业信息流模式和传统企业的信息流模式不同。以团队工作为特征的多代理组织模式使供应链具有网络化结构特征,因此供应链管理模式是一种网络化管理。信息的传递不是沿着企业内部的递阶结构(权力结构)传递,而是沿着供应链不同的节点方向(网络结构)传递。为了做到供应链的同步化运作,供应链企业之间信息的交互频率比传统企业信息的传递频率大得多,其信息流模式也是并行的。

信息流的实现需要一个技术上的平台,与管理信息系统一样,物流信息系统的职能是将供、产、销各个环节中的信号、数据、消息、情况等通过电子计算机技术,进行系统的信息处理,并配合决策支持技术,对所涉及的供应链中各部门发出协调指令,从而实现供应链管理和决策的高效率、高质量以及低产品成本的目标。该信息系统具有以下几个特点:首先,它能按需提供信息,为管理人员强化管理提供了方便;其次,它能跨越组织边界将供应链中各相关的组织单位联结起来,并协调各组织间的关系和运行;由于各组织的协调运行直接通过实时信息交换进行,无须人工干预,因而它的有效控制和协作范围均较以前有所扩大;再次,它可将运行合作关系扩大到各外部组织单位之间,并可对合作方的分离做出反应,鼓励进一步向第三者寻求外援;最后,它在集中控制的同时,还能将决策能力分散给各地区组织,它允许各地区组织互相了解它们决策后产生的相互影响。

信息网络的设计对于供应链的成功管理具有相当重要的作用,在信息技术的推动下,信息系统围绕特定的信息流重新组织工作活动。这种变化对于组织的要求很高,它要求快速和灵活的通讯,要求信息共享,要求能方便地创建文件并得到实用和可操作的决策支持。这种变化是一种由孤立的应用到将各企业集为一体的集成信息系统的应用的变化。

供应链信息系统就是要建立一个有价值的网络,在此网络中,各个分离的企业通过信息共享网络,创建长期的和动态的超级组织,其目的就是要将供货者和客户双方融合为一体,实现组织间的高度合作并提高运行效率。因此,研究信息流的特性并由此设计业务流程就显得非常的重要。

9.2.4　供应链管理环境下的信息流控制

9.2.4.1　信息流的控制模式

从地理上看,供应链企业的信息来源是分布式的,信息资源跨越部门和企业,通过 Internet/Intranet、EDI 等信息通信和交流工具,供应链中的核心企业能够把分布在不同区域和不同组织的信息进行有机地集成与协调,使供应链活动同步进行。而在网络的关键点,如生产集中点和物流集中点输入过多的信息和决策内容,则有可能使关键点过载,于是,将信息分散控制还是集中控制便成为目前争论的焦点。一般情况下,供应链管理中信息流的控制模式可分为分散控制、集中控制和综合协调控制三种。

(1)分散控制。即信息在部门之间传递,且由部门决定信息传递的方向及内容。这种信息流的控制主要分散在各个部门,形成分散控制模式(如图 9-2 所示),如部门 A 与部门 B、部门 C、部门 D 之间可以互相交流,部门 B 与部门 A、部门 C、部门 D 之间也可以互相交流等等。

该模式的特点是:各部门对信息的流向及内容有决定权,能灵活掌握信息需求及信息传播的时间、地点和方式,但企业不能从整体上把握信息的流向及内容,缺乏宏观调控能力并导致信息流的混乱及无序,管理效率下降,严重的将会导致管理失控。

这种模式主要应用于部门之间文档的传送,包括意见、建议、说明及要求等,采用的形式一般为电子邮件、电子公告板等。

(2)集中控制。另一个典型的模式是所有的信息在传递过程中必须经过中央数据库再到达目的地,这时信息的内容及流向由中央数据库集中控制,构成信息流的集中控制模式(如图 9-3 所示)。这种情况下,部门 A 的信息全部送往中央数据库,

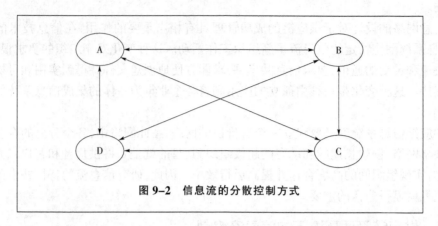

图 9-2　信息流的分散控制方式

这些信息中哪些能送往部门 B、哪些能送往部门 C、哪些能送往部门 D 由中央控制部门决定。

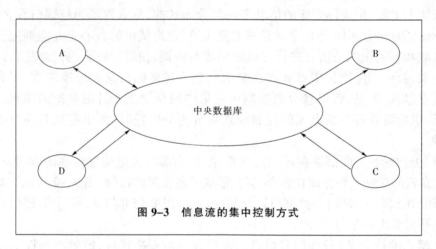

图 9-3　信息流的集中控制方式

采用这种模式时,信息的流向及内容完全由一个中心所控制,大部分情况下,信息流是固定的,如果需要改变信息流,无论是改变信息的内容或是流向,都需要经过中心的同意,缺乏信息流动的灵活性。

该模式主要应用于研发、生产及销售等数据信息。目前,企业采用的 MRP、ERP 等系统,其信息流模式便是这种集中控制方式。

(3)综合协调控制。实际上,企业在供应链管理中所使用的方式不会单纯地采用分散控制模式或集中控制模式,而往往会综合协调使用,将两种方式的优点结合起来,以达到最佳的管理效果(如图 9 - 4 所示)。图中甲、乙为两个企业,其中部门 A、部门 B

属于甲企业,部门 C 属于乙企业,单箭头表示部门与中央数据库的信息交流。双箭头表示两端的部门有该信息流的控制权。

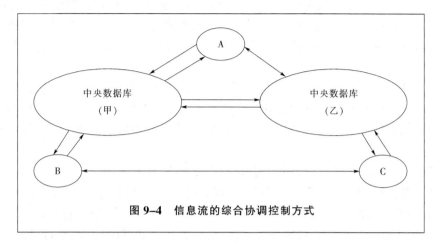

图 9-4　信息流的综合协调控制方式

假设甲企业为核心企业,乙企业是以甲企业为核心的供应链中的上游企业,这两企业的部门之间、部门与中央数据库之间的信息交流为分散控制模式,如果 A 为销售部门,B,C 为研发部门,则 A 部门可向乙企业中央数据库传递销售预测信息,B 部门可向 C 部门传递产品(零部件)开发的要求、建议等信息。而对于甲企业的中央数据库来说,乙企业可视做与 A,B 一样的部门,集中控制信息的流向,如产品(零部件)需求信息、物料的在途信息等。

该控制方式具有两个显著的特点:首先,它兼具分散控制的灵活性以及集中控制的宏观协调能力,使管理效率得到了极大的提高。其次,它符合供应链管理的群体决策机制,物流、信息流能够顺畅、快捷地流动,无论是物质还是信息,都可使正确的人在正确的时间和正确的地点以正确的方式获得。

供应链管理思想对企业管理的最大影响是对现行计划与控制模式的挑战,因为企业的经营活动是以顾客需求为驱动、以计划与控制活动为中心而展开的,只有通过建立面向供应链管理的计划与控制系统,企业才能真正地从传统的管理模式转向供应链管理模式。

9.2.4.2　信息流控制的特征

供应链是一种网络化组织,供应链管理环境下的信息流跨越了组织的界限,形成了开放的信息系统。信息资源既有企业内部的,也有企业外部的,而且,这些信息随着市场的变化而变化,形成了信息流控制的分布性、群体性和动态性的特征。

(1)分布性。供应链管理环境下的企业从地理上看是分布在全球各地的,信息资源通过网络连在了一起,各个企业根据自己的具体情况对信息流进行控制,因此,从整体上看,供应链管理的信息流控制具有分布式的特征。

(2)群体性。由于供应链企业的决策过程是一个群体协商的过程,企业在制定生产计划时不但要考虑企业本身的能力和利益,还要考虑合作企业的需求与利益,因此,在对信息流进行控制时,也必须考虑到合作企业的需求,从而形成了信息流控制的群体性特征。

(3)动态性。由于顾客需求是在不断变化着的,为了适应这一变化,使企业更具有敏捷性和柔性,就要求供应链管理的核心企业随时调整合作伙伴,并且根据市场环境的变化,随时调整信息流的内容及方向。所以说,供应链管理中信息流的控制具有动态性特征。

9.2.4.3 信息流的控制模式对企业决策的影响

企业在进行决策时,需要了解两个方面的信息:一是需求信息,二是资源信息。需求信息来自两个方面,一个是用户订单,另一个是需求预测。资源信息则是指生产计划决策的约束条件。在供应链管理环境下,需求信息和企业资源的概念与传统概念是不同的,信息多源化是供应链管理环境下的主要特征,资源信息不仅来自企业内部,还来自供应商、分销商和用户。

传统的决策模式是一种集中式决策,而供应链管理环境下的决策模式是分布式的群体决策过程,因为供应链管理是在时间上、地理上及生产上对所有供应厂家的制造资源进行统一集成和协调,使它们作为一个整体来运作。基于多代理的供应链系统是立体的网络,各个节点企业具有相同的地位,有本地数据库和领域知识库,在形成供应链时,各节点企业拥有暂时性的控制权和决策权,每个节点企业的计划决策都受其他企业计划决策的影响,因此,一种协调机制和冲突解决机制是必不可少的。

在三种信息流控制模式中,分散控制强调代理方的独立性,对资源的共享程度低,缺乏宏观调控,很难做到供应链的同步化。集中控制模式把供应链作为整体纳入一个系统,采用集中方式决策,但轻视了代理的自主性,容易产生依赖思想,对不确定性的反应比较迟缓,难以适应市场需求的变化。比较好的控制模式是分散与集中相结合的混合模式。在这种模式中,各个代理方一方面保持各自的独立性运作,另一方面参与整个供应链的同步化运作体系,保持了独立性与协调性的统一。

信息流模式中到底需要多少是集中控制、多少是分散控制,关系到组织结构问题,它比技术上的实现更为重要。在将供应链管理纳入企业的总体经营战略时,要不断地对企业流程进行再造与优化,并对组织结构进行相应地调整。在调整与优化的时候需充分考虑信息管理方面的问题,它决定了目前环境下企业竞争力的大小。

供应链管理概论

9.3 信息技术在供应链管理中的应用

9.3.1 现代信息技术的发展

现代信息技术奠定了信息时代发展的基础,同时又促进了信息时代的到来,它的发展以及全球信息网络的兴起,把全球的经济、文化联结在一起。任何一个新的发现、新的产品、新的思想、新的概念都可以立即通过网络、通过先进的信息技术传遍世界。经济全球化趋势的日渐显著使信息网络、信息产业发展更加迅速,使各行业、产业结构乃至整个社会的管理体系发生了深刻的变化。现代信息技术是一个内容十分广泛的技术群,包括微电子技术、光电子技术、通信技术、网络技术、感测技术、控制技术、显示技术等。21 世纪,企业管理的核心必然是围绕信息管理来进行的。

近几年来,技术创新成为企业改革的最主要形式,而信息技术的发展直接影响企业改革和管理的成败。不管是计算机集成制造(CIM)、电子数据交换(EDI)、计算机辅助设计(CAD),还是制造业执行信息系统(Executive Information System),信息技术革新已经成为企业组织变革的主要途径。

9.3.2 信息技术在供应链管理中的应用

信息技术在供应链管理中的应用可以从两个方面理解:一是信息技术的功能对供应链管理的作用(如 Internet、多媒体、EDI、CAD/CAM、ISDN 等的应用),二是信息技术本身所发挥的作用(如 CD – ROM、ATM、光纤等的应用)。信息技术特别是最新的信息技术(如多媒体、图像处理和专家系统)在供应链中的应用,可以大大减少供应链运行中的不增值行为。

根据信息技术在供应链管理主要领域的应用,可以归纳出如图 9 – 5 所示的应用领域。从图 9 – 5 中很容易看出,供应链管理涉及的主要领域有产品、生产、财务成本、市场营销与销售、策略流程、支持服务、人力资源等多个方面,通过采用不同的信息技术,可以提高这些领域的运作绩效。

(1)信息技术在企业间、企业内部业务往来中的应用。在企业业务往来中,特别是在国际贸易中,有大量文件需要传输,因此电子数据交换(EDI)成为供应链管理的一项主要信息手段。EDI 是计算机与计算机之间的相关业务数据的交换工具,它有一致的标准以使交换成为可能。典型的数据交换是传向供应商的订单。另外,利用 EDI 能清除职能部门之间的障碍,使信息在不同职能部门之间通畅、可靠地流通,有效减少低效工作和非增值业务。同时可以通过 EDI 快速地获得信息,更好地进行通讯联系、交流和更好地为用户提供服务。

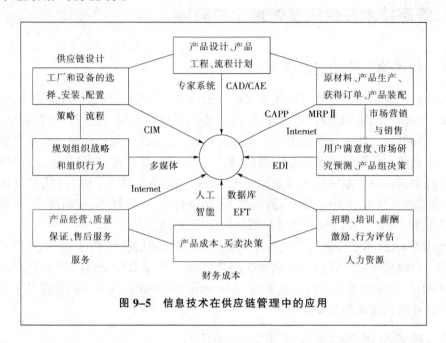

图 9-5　信息技术在供应链管理中的应用

☞　链　接

主要物流行业的 EDI 标准

UCS(统一通讯标准):食品及家用品行业

VICS(自发性企业通讯标准委员会—):大型零售企业

WINS(仓库信息网络标准):仓库管理

TDCC(运输数据协调委员会):运输行业

AIAG(汽车工业行动组织):汽车工业

　　在企业内建立企业内部网络(Intranet)并设立电子邮件(E-mail)系统,使职工能便捷地相互收发信息。微软浏览器(IE)和万维网(WWW)的应用可以方便地从其他地方获得有用数据,这些信息使企业在全球竞争中获得成功,使企业能在准确可靠的信息帮助下做出准确决策。信息流的提前期也可以通过 E-mail 和传真的应用得到缩短。

供应链管理概论

信息时代的发展需要企业在各业务领域中适当运用相关的信息技术。

（2）信息技术在战略规划领域的应用。战略规划受到内部（生产能力、技能、职工合作、管理方式）和外部的信息因素的影响，而且供应链管理强调战略伙伴关系的管理，这意味着要处理大量的数据和信息才能做出正确的决策去实现企业目标。如电话会议、微软浏览器、多媒体、网络通讯、数据库、专家系统等，可以用以收集和处理数据。决策的准确度取决于收集的内、外部数据的精确度和信息交换的难易度。

（3）信息技术在物流领域的应用。CAD/CAE/CAM①、EFT②和多媒体的应用可以缩短订单流的提前期。如果把交货看做是一个项目，为了消除物流和信息流之间的障碍，就需要应用多媒体技术、共享数据库技术、人工智能、专家系统和CIM③。这些技术可以改善企业内和企业之间计算机支持的合作工作，从而提高整个供应链系统的效率。

（4）信息技术在产品设计领域的应用。产品设计和工程、流程计划可被当做一个业务流程，产品本身需要产品、工程、流程计划的设计，这些阶段可以用QFD④、CE⑤、CAD/CAE和CAPP⑥集成在产品开发中，考虑缩短设计提前期和在产品周期每个阶段的生产中减少非增值业务。

（5）信息技术在市场营销和销售领域的应用。市场营销和销售是信息处理量较大的两个职能部门。市场营销在一定程度上是信息技术革新的主要受益者。市场营销和销售作为一个流程需要集成市场研究、预测和反馈等方面的信息，EDI在采购订单、付款、预测等事务处理中的应用，可以提高用户和销售部门之间数据交换的工作效率，为用户提供高质量的产品和服务。

（6）信息技术在财务成本领域的应用。会计业务包括产品成本、买卖决策、资本投资决策、财务和产品组决策等。计算机信息系统包括在线成本信息系统和数据库，主要采用在线共享数据库技术和计算机信息系统来完成信息的收集和处理。技术分析专家系统（Expert System for Technology Analysis，ESTA）、财务专家系统（Expert System for Financing，ESF）能提高企业的整体投资管理能力，而且在ESTA中应用人工智能（AI）和神经网络技术可以增强某些非结构性问题的专家决策。AI的应用可以提高质量、柔性、利用率和可靠性，EDI和EFT（Electronic Funds Transfer，电子转账系统）应用在供应

---

① CAD:Computer Aided Design,计算机辅助设计;CAE:Computer Aided Engineering,计算机辅助工程分析;CAM:Computer Aided Manufacture,计算机辅助制造。

② EFT:Electronic Funds Transfer,电子资金转账系统。

③ CIM:Computer Integration Manufacture,计算机集成制造。

④ QFD:Quality Function Deployment,质量功能展开。

⑤ CE:Concurrent Engineering,并行工程。

⑥ CAPP:Computer Aided Process Design,计算机辅助工艺设计。

链管理当中可以提高供应链节点企业之间资金流的安全和交换的快速性。

（7）信息技术在生产领域的应用。生产过程中的信息量大而繁杂，如果处理不及时或处理不当，就有可能出现生产的混乱、停滞等现象，MRP II、JIT、CIMS、MIS 等技术的应用可以解决企业生产中出现的多种复杂问题，提高企业生产和整个供应链的柔性，保证生产及供应链的正常运行。

（8）信息技术在客户服务领域的应用。客户服务技术可以应用于企业之间的信息共享，以改善企业的服务水平，同时各种新网络技术的应用也可以改善企业之间的信息交互使用情况。信息自动化系统提高了分销、后勤、运输等工作的效率，减少了纸面作业，从而降低了成本并提高了用户服务水平。

（9）信息技术在人力资源管理领域的应用。人力资源管理当中，人类行为工程（Human Performance Engineering, HPE）也开始在企业管理当中得到应用，它的主要职能是组织、开发、激励企业的人力资源。在企业系统的工作设计、培训、组织重构中应用 HPE 可以帮助企业提高从最高领导层到车间的人力效率，同时多媒体、CAD/CAM 和 Internet 等技术的应用可以改善职工之间的合作水平，降低工作压力。

（10）信息技术在供应链设计领域的应用。供应链设计当中运用计算机集成制造（CIM）、计算机辅助设计（CAD）、因特网（Internet）、电子邮件（E - mail）和专家支持系统（ESS）等技术，有助于供应链节点企业的选择、定位和资源、设备的配置。决策支持系统（DSS）有助于核心企业决策的及时性和正确性。

9.4　信息系统在供应链管理中的应用

9.4.1　供应链管理与信息系统的关系

现代的供应链管理系统是基于计算机基础上的信息系统（CBIS），它同样有 CBIS 的子系统。但是，在出现了企业信息系统（Enterprise Information System, EntIS）的概念后，产生了按职能划分的各种"信息系统"，它们只有局部性的意义，例如，主管信息系统、财务信息系统、制造信息系统等，这些只是人为地为了学习和研究的方便而进行的划分。在一个具体的企业中，各种"信息系统"并没有物理上的分隔，只有逻辑上的区分。现在，人们已经用 ERP、MIS、CIS 等词来描述企业的信息系统。

供应链管理与企业信息系统的关系如图 9 - 6 所示。企业信息系统包括了 CBIS 中的五种信息系统（AIS、MIS、DSS、OA/VO、KBS）。其中 MIS 用于具体的职能部门，产生了职能信息系统（Functional Information System），包括主管（经理）信息系统（EIS）、营销信息系统、财务信息系统、人力资源信息系统、信息资源信息系统、制造信息系统

链 接

ERP 系统的功效

ERP 系统是由 60 多个不同的模块组成的,这些模块都与公司的财务系统相联系。企业利用这些模块所收集来的数据规划企业的关键财务运作。公司、供应商和客户现在已经将这种以企业为中心的 ERP 系统进行了进一步的扩充,添加了许多新的模块。扩充后的 ERP 系统将成为整个规划过程的一部分。

传统的功能:

- 原料单
- 应付账款及应收账款
- 总分类账
- 库存控制
- 订单输入
- 采购
- 项目需求计划
- 路线设置
- 运作能力需求计划

新出现的功能:

- 企业应用一体化
- 可视化
- 协作式计划、预测和补货
- 客户关系管理
- 网络化操作
- 主机

(MRP、MRP Ⅱ)等等。其中,主管(经理)信息系统是企业经理人进行日常管理的工具,对其他的职能信息系统进行管理。

在供应链管理过程中,MIS 中还出现了为解决一些企业运营问题而产生的应用系统,例如,快速反应系统(QR)、有效客户反应系统(ECR)、电子订货系统(EOS)、持续补货系统(CRP)等等。

9.4.1.1 管理信息系统

自 1961 年美国学者加拉格尔(J. D. Gdllagher)提出管理信息系统(MIS)后,其内涵已经发生了重大的变化。现在,人们普遍认为,管理信息系统是由计算机技术、网络通信技术、信息处理技术、管理科学、经济学等多技术、多学科组成的综合系统,它支持企业的运营和管理。

管理信息系统在支持企业的运营和管理过程中,支持供应链管理是它的一个重点。供应链的管理过程包括了管理对象——人、财、物和管理过程——产、供、销。这些从范围来看,其一涉及企业内部各部门,如原料仓库、生产车间、成品仓库、运输部、财务部、

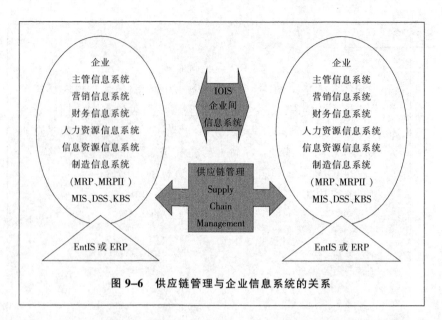

图 9-6　供应链管理与企业信息系统的关系

销售部等;其二涉及企业外部,如原料供应商、分销商、协作伙伴、客户等。但是,如果企业没有完善的内部信息系统支持企业内的供应链管理部分,企业间的供应链管理部分就谈不上。所以,企业内的信息系统的物理结构担负着两方面的功能,一个是企业内的管理,一个是企业间的管理,它们都是通过对企业内外的"信息流"的管理来实现对实物的管理,即采用"概念系统"管理"实体系统"。

9.4.1.2　决策支持系统

决策支持系统(DSS)支持企业利用信息解决特殊的问题,它是企业的决策工具,产生了决策信息,并传递这些信息,这是管理信息系统做不到的。DSS 从 MIS 获得各种报表和数学模型,为进行企业决策提供了解决问题的信息,同时提供了解决半结构化问题的通信能力。现在,DSS 的概念已经发展为群体决策支持系统(Groupware DSS,GDSS)。在供应链管理上,包括供应链流程作业、供应链关系、供应链物流管理等方面,决策支持系统起着十分重要的作用。

现在已经出现"基于知识的系统"的决策支持,它就是人工智能(AI)。当然,AI 除了支持决策外,在整个企业信息系统中也起着十分重要的作用。

9.4.1.3　基于知识的系统

目前,基于知识的系统(KBS)的"人工智能"的一个子集是专家系统(Expert System,ES),它是指在某一领域发挥专家作用的系统。目前正通过采用"神经网络"(Neural Network)的方法,使它能随时间的变化而提高智力。

供应链管理系统是动态复杂的系统,要解决好供应链上的非线性问题,最终要依靠基于知识的系统。这个方面的研究目前正在不断开展中,预计人们将信息技术与生物科学结合,会给未来的企业管理注入全新的活力,使人们运用智能化手段解决复杂的商业问题成为可能。

9.4.2 企业内供应链信息系统的逻辑结构

9.4.2.1 SCM 中 MIS 的基本结构模型

图 9−7 提供了供应链管理中 MIS 的基本结构模型。在这个模型的数据库中,有来自国际信息系统协会(AIS)所提供的数据,更多的是企业内供应链流程作业的各种信息,还有来自企业间信息系统(IOIS)的信息。数据库通过报表系统将产生周期性的报表和特别的报表。另外,它还产生一些数学模型,主要有记录、统计、查询、计算等。

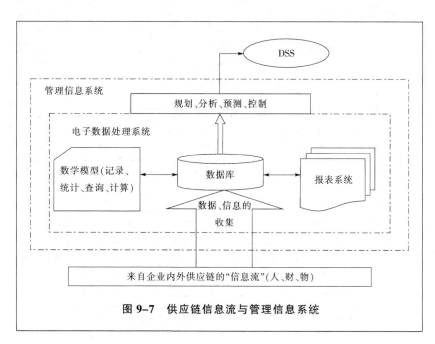

图 9−7 供应链信息流与管理信息系统

9.4.2.2 SCM 中 MIS 对数据、信息处理的逻辑结构模型

企业内供应链管理信息系统对数据和信息的处理逻辑结构模型如图 9−8 所示,这些结构还与企业间信息系统(IOIS)链接,形成企业内外数据的交流。另外,从某种意义上讲,一个企业的供应链不只是与供应链上其他企业的链接,还与关系到企业生存和发展的各种环境因素相连。

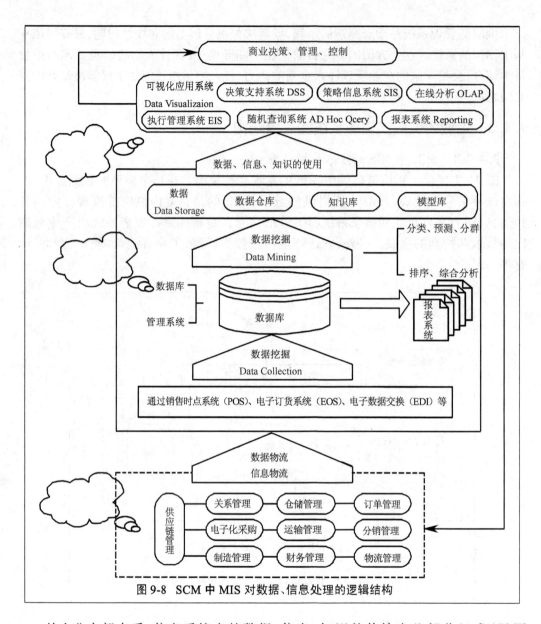

图 9-8 SCM 中 MIS 对数据、信息处理的逻辑结构

  从企业内部来看,信息系统中的数据、信息、知识的传输由几部分组成(见图 9-8)。这是一个逻辑的、概念上的组成部分的划分并不存在实体性,而且图 9-8 只是为了学习和研究的方便而采用的一种直观的划分,所以在构建信息系统过程中它只能作为一种参考模型。

供 应 链 管 理 概 论

（1）供应链管理作业层。在这个层次里,供应链管理进行实质性的操作,包括物流管理、仓储管理、运输管理、订单管理、分销管理、制造管理、财务管理、电子化采购管理和关系管理等。这些具体的操作是根据"商业应用层"中的"商业决策、管理、控制"等信息进行的。

根据企业实际运营状况、行业特点,在作业层中有不同的应用软件支持,例如,在制造业中有 MRP,MRPⅡ。常见的作业操作流程还包括了企业间的系统,它们都依赖不同的应用软件支持作业过程。

（2）电子数据处理层。这个层次是将"供应链管理操作层"中实质性操作过程的数据和信息通过各种收集数据的子系统,如电子订货系统(EOS)、销售时点系统(POS)、电子数据交换(EDI)等,收集到数据库中来。通过数据库管理系统收集、存储和管理这些数据。一些数据通过分类、排序、综合分析的数据挖掘过程,形成特有的商业信息、商业知识、商业模型等。这些结构化的信息、知识和模型可供"商业应用层"调用,并在企业的决策、管理、控制过程中发挥作用。

（3）商业应用层。商业应用层是信息系统的目的,所有数据在收集、储存、提取后,如果没有商业应用都是无效的。所以"商业应用层"十分重要,它包括了许多可视化的应用系统,如决策支持系统(DSS)、报表系统(Reporting)、随机查询系统(AD Hoc Query)、在线分析系统(OLAP)、策略信息系统(SIS)等。

"商业应用层"对企业的整体运营、操作起着决策、管理、控制作用,所以在图 9－8 中可见到一个对"供应链管理操作层"的箭头,表示最后作用于这个层次。

9.4.3　企业间的信息系统

企业最终要与它的生存环境相互作用,并通过相互作用而产生效益,因此必须从它的环境、它的供应链成员,以及供应链成员间的关系去研究供应链。

许多管理技术(如 CAD、JIT、MRP、MRPⅡ等)都注重企业内部的信息化管理,现在许多商业软件也注重企业内部的管理。对于企业管理来说,优化内部管理是非常重要的,但如果忽视了企业间信息系统的构建和管理,那么,对内部管理的努力将是没有任何价值的。要把企业"当做某一特殊的行业或产业团体的一员",要在供应链成员的环境中来研究企业的运营和作业,将企业系统看成一个生态系统,像生物体一样具有"新陈代谢"的生命特征,具有出生、发育、成长、死亡的生命周期。企业发展过程的每一天都与环境发生着各式各样的联系,都在环境中完成自己的生命周期。综上所述,企业间的系统与企业内的系统一样重要,缺一不可。

另外,在 21 世纪的市场环境下,竞争比任何时候都激烈,企业已没有时间从容地面对这种环境,要获得竞争优势,要在多变的环境中生存和发展,企业只有增强自己适应环境的能力,对环境做出快速反应。要做到这一点,需要企业在两个方面努力,其一就是内部管理的优化,其二就是构建好企业间的系统,而这两点都离不开信息技术的应用。

9.4.3.1　企业间信息系统的概念

鉴于信息在整合供应链环境中的极端重要性,许多企业都在执行某种形式的"企业间信息系统"(Inter – Organizational Information System,IOIS),有时也被称为跨组织系统(IOS)。IOIS 是基于信息技术之上跨企业的系统。实际上,在最终整合的水平上,所有供应链成员都不断地相互提供实时的信息,因此,IOIS 是企业间信息共享能力的基础,它使供应链成员都能有效地利用信息技术开展经营活动。IOIS 中配置适当的应用软件,就可以在任何地点及时地传递供应链成员所需要的信息,提供企业必要的决策支持。一些学者认为,IOIS 是两个或多个企业间形成一个整合的数据处理和数据通信系统,是跨企业的信息系统。这些企业位于供应链上,或是买方,或是供应商,或是先前有某种业务关系,但没有进行信用交易的企业。两个企业间利用计算机在网络上形成自动化的电子链接,开展业务上的联系,例如,订单处理、订单审核、存货水平检查、装运信息跟踪、交易转账。这些以前都必须手动处理或用其他的媒介处理(如邮件),而现在则可以通过企业间的系统来进行处理。

最初的 IOIS 的形式是由卖方开发的,提供时间共享服务和在线数据。人们早在1960 年就认识到企业间系统的重要性,意识到它将潜在地影响企业业务管理和企业整体运营。从那以后,新的信息技术不断地应用和整合到 IOIS 中,使企业间系统的能力不断增加,具体类型不断出现,例如,电子转账系统(EFT)、决策支持系统、各式各样的订单处理系统、在线专业工具支持系统等。在现有的一些供应链执行过程中,大量实用的系统不断出现。在食品杂货业、药物批发业、保险业、运输业中每年都有大量实用系统出现,例如,电子采购系统、快速反应系统(QR)、订单周期管理(OMC)、持续补给系统(CRP)、供应商管理库存(VMI)等都属于企业间的信息系统。

企业为供应链开发实用的 IOIS 系统有三大明显效益:降低企业运营成本、改进企业生产力和改进产品与市场策略。一些学者认为,企业间有几种基本的、水平不同的信息系统,它们由一些不同级别的单一公司参与其中。信息系统的水平越高,其功能越全面,集成度就越高,越完善,例如,二级水平系统要比一级水平系统的功能完善。公司的级别越高,其具有的信息系统越完善,在系统中信息交换和共享的程度也越高,例如,级别 2 的公司要比级别 1 的公司在信息系统中进行信息交换和共享的程度高。

(1)远程企业间输入与输出节点。远程企业间输入与输出节点(remote I/O node)是指在供应链成员中,某一应用系统是由一个或多个高级别的企业成员支持的,其他成员从远程链接到这个系统中,成为系统的参与者。这就是一级水平的企业间系统(如图 9 – 9 所示),也是最简单的企业间系统。

（2）应用处理节点。如图9-10所示,应用处理节点(application processing node)是由供应链成员企业开发的单一的业务应用处理软件系统,企业成员在其间发展和共享诸如库存咨询、订单处理等简单的应用软件。

（3）多参与者交换节点。多参与者交换节点(multiparticipant exchange node)是由供应链成员企业开发的系统,其他成员企业可以通过网络与该企业链接。该企业可以与任何低级别的参与者共享网络链接,建立业务关系,这时的供应链成员间的关系进一步密切。

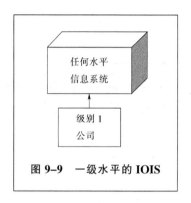

图 9-9　一级水平的 IOIS

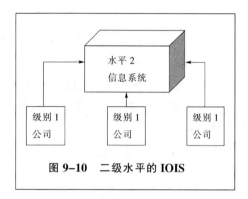

图 9-10　二级水平的 IOIS

如图9-11所示,这时的供应链成员彼此间开始有较大的信任,进行各种业务的往来,在交易中有大量的文件在企业间的系统中传递。

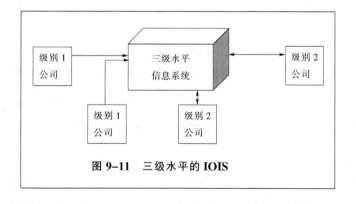

图 9-11　三级水平的 IOIS

（4）网络控制节点。网络控制节点(network control node)是由供应链成员企业开发的企业间系统。它是用不同的应用软件构成的网络控制系统,可以让许多不同类型的、低级别的参与者和最终用户进行信息共享。在共享的过程中可以自动控制和跟踪供应链成员的各种行为,如图 9 - 12 所示。

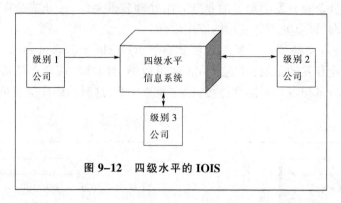

图 9–12 四级水平的 IOIS

(5)集成的网络节点。集成的网络节点(integrating network node)使供应链成员同处在一个有效的数据通信/数据处理的网络中,它整合了所有低级别的参与者,如图9 - 13所示。

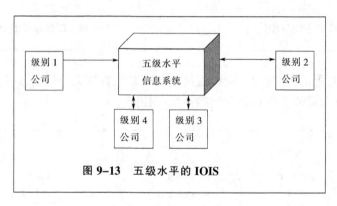

图 9–13 五级水平的 IOIS

这时供应链成员间的链接已经进入到"协作"的阶段。通过有效的协作,企业间的链接更加牢固。供应链发展到现在,大多数企业已进入到企业间系统"同步"运作的阶段。

(6)企业间供应链信息系统。在企业间供应链信息系统(Supply Chain IOIS)中,供应链参与者彼此间共享一个含有不同应用软件的网络,而且这些参与者之间建立了业务关系。这种水平类似上面提到的"网络控制节点",但是它并没有规定 IOIS 参与者要达到一定的级别才能参与。因此,这种水平的 IOIS 参与者实际上可能处于不同的级别,有较低级别的、较高级别的或与 IOIS 共享组织相当级别的。我们将这些参与者的级别作为供应链伙伴不同的 IOIS 节点,称这种水平的 IOIS 为"企业间供应链信息系

供应链管理概论

统",它包括了前面五种不同水平的系统,如图9-14所示。

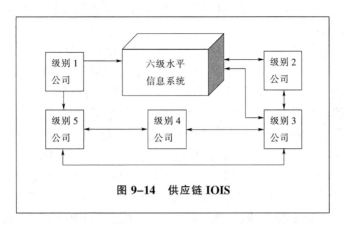

图9-14　供应链IOIS

当一个企业开发IOIS以支持其供应链管理时,它将面临多种挑战。其中的障碍之一就是在规划格式以及先前的各种不同应用程序中都使用共同的语言。这种企业间"同步"的供应链信息系统要满足市场柔性需求,使企业在供应链上与其他成员协作、同步地为满足市场需求而运作。

现在,信息共享的需求已经大大超过了制造商和分销商的其他需求。所有相关的信息最后都必须在供应链中所有企业的供应链起点和消费终点之间循环,例如,订购包括了订单的各部分、服务和最终产品;再如,企业内的物料传递、产品制造、仓储、存货管理,企业外的产品运输、销售、市场营销、预测、客户服务信息等,都需要企业间信息的共享,都需要依赖供应链IOIS运作。

9.4.3.2　构建供应链IOIS的基本方法

正确的信息对企业决策起着重要作用,它可以使企业在供应链中有效地执行供应链角色。现在企业管理的重点不是获得信息的数量,而是获得企业决策所需要的正确的信息,供应链IOIS(Supply Chain IOIS)能够获得正确的信息,因此对企业供应链管理起着至关重要的作用。

一个典型的供应链从原料供应商开始,一直延伸到最终产品摆放到零售店的货架上,有五种供应链成员参与其中,可以认为这是供应链的一个执行"周期"。周期性问题是常见的问题,但是在这个执行周期中的供应链成员,彼此不知道对方在做什么,它们彼此不能获得正确的信息,因此它们没有足够的时间对本企业所扮演的供应链角色进行成本和绩效管理。这是目前在供应链成员和业务伙伴间的常见问题。

企业将信息系统扩展到供应链成员企业中去,进行供应链成员企业间的"信息共享",目的是使供应链的成员获得供应链管理的有效性。因此,探究"供应链IOIS"所

"需求的信息"成为达到这种目的的重要因素。在以下内容中，将从如何确定"需求的信息"、为供应链 IOIS 确定"需求的信息"和转入信息系统原型这三个方面探讨构建供应链 IOIS 的基本方法。

（1）如何确定"需求的信息"。在不同层次上自由地、正确地共享实时的信息，这在供应链管理上是一个成功的要素。在超越障碍、发展和培育成功的供应链管理上，基本的通信手段是成功发展供应链关系的关键。企业在许多方面都对供应链成员中的信息需求和共享感到十分迫切，包括战略目标、产能发展、物流、制造和采购等。

一个信息系统要做到确定"需求的信息"是很困难的事。管理者有时并不知道什么信息是他们实际上所需要的。因此，在操作信息系统的时候，管理者要做的第一件事就是改变询问的方式。当管理者企图跨企业确定需求时，对于确定哪些是"需求的信息"感到更迫切，企业在设计信息系统来支持一个整合的供应链时，要考虑到这个问题。

在开发一个 IOIS 支持供应链的时候，"需求的信息"的确定就成了最重要的问题之一。企业中最好能建立一个识别信息、通过 IOIS 进行信息分享的职能部门。这个部门的任务之一就是确定 IOIS 中的"需求的信息"。这个任务并不轻松，许多重要的信息可能被忽略，所以职能部门要清楚地知道确定"需求的信息"程序中常见的错误。

在确定"需求的信息"时有四项基本的错误：①可视化系统功能代替了跨职能功能；②单独会见管理者代替共同会见；③在细节设计流程中不允许试验和错误；④在会见中问了错误的问题。要确定能得到企业所需求的信息，就要避免这些错误的出现。企业可以通过以下方法确定所需求的信息。

第一，跨职能部门、跨企业信息共享。企业在决策过程中，需要来自企业内外的许多信息，以支持决策。因此，企业开发支持供应链管理的信息系统，应包括收集企业内外信息的功能，使信息可以跨职能部门、跨企业流动。

第二，采用联合应用程序设计（JAD）集中管理者所需求的信息。长期以来，单独会见管理者是确定"需求的信息"的标准方法。但是，这种方法给管理者带来了许多压力，限制了管理者对问题的反应能力，因而大多数解决这些问题的方法是采用一个组合的会见程序，即联合应用程序设计（Joint Application Design，JAD）。这个组合可以集中管理者对"需求的信息"的记忆。

第三，允许在系统设计过程中进行试验。在系统的细节设计过程中不允许试验和错误的发生，这是传统的系统开发的方式。这样，在系统投入运行的时候，就可能引起系统的变化，出现一系列的问题。允许在系统设计过程中进行试验，可以及时发现问题并持续改进系统，使其开发完毕后能够稳定的投入运行。

第四，避免询问错误的问题。分析者经常问管理者错误的问题。例如一个分析者可能这样问一个管理者："你需要从新系统中获得什么信息？"这个问题看起来是对的,但它无助于管理者确定他们所需要的信息。为了避免问这些错误的问题,发展出了三种不同的信息需求确定方法:企业系统规划法、关键成功因素法和 E/M 分析法①。

(2)为供应链 IOIS 确定"需求的信息"。适当地跨企业确定"需求的信息",使用多种"确定"的方法比依赖一种方法好得多,它可以保证所有"需求的信息"被识别。因此,为 IOIS 确定"需求的信息",跨企业的 JAD 使用了几种"结构化会见技术"(structured interviewing techniques),包括"企业系统规划法"、"关键成功因素法"和"E/M 分析法"。

第一,企业系统规划法(Business Systems Planning,BSP)。BSP 是一种对企业管理信息系统进行规划的结构化方法,是由 IBM 公司在 20 世纪 70 年代开发的组织交流技术。它先是自上而下地识别系统,识别企业流程,识别信息;然后自下而上地设计系统,以支持系统目标的实现。BSP 摆脱了对原组织系统结构的依赖性,从基本的作业流程出发,进行数据分析,找出决策所需要的数据,然后自下而上设计系统,支持系统目标的实现。

对于供应链管理 IOIS 来说,BSP 注重问题的识别以及与一个企业流程的联合确定,即确定什么信息是需要的信息,并将它提取出来。分析者首先必须鉴别供应链管理中的问题和确定供应链成员企业。这些是必须面对的问题,必须在供应链上确定下来,以便把"需要的信息"提出来,如表 9 - 1 所示。

表 9 - 1　BSP 确定"需求的信息"的过程

BSP——问题、解决方案、信息		
问题	解决方案	信息
在保持或减少总供应链物流成本的条件下,减少供应链成员企业间的订货周期	需要了解现有的供应链成员企业间的订单执行程序,以及供应链物流成本的情况	·每个企业的订单执行程序 ·供应链总物流成本 ·供应链成员间的订货历史 ·每个企业的单位产品库存成本
BSP——确定、信息		
确定		信息
如何运输某产品		具有竞争力的运输工具和运输方式 运输成本和运输执行

---

① 详见下面内容:E/M 分析法(Ends/Means Analysis)

9 供应链与信息管理

第二,关键成功因素法(Critical Success Factors,CSF)。CSF 是由哈佛大学威廉·扎尼教授(Prof. William Zani)和麻省理工学院的约翰·罗克特教授(Prof. John Rockart)提出的,它是指对企业成功起关键作用的因素。每一个企业必须在每一个作业执行区域有效地运行 CSF 才能成功。CSF 通过分析找出企业成功的关键因素,然后围绕这些成功的关键因素确定系统需求,进行系统规划。其基本步骤有:理解企业的战略目标;识别关键成功因素;识别评价标准;识别测量性能的数据。

对于供应链 IOIS 来说,CSF 必须鉴别供应链上每一个成员企业。可以想象,大多数企业有共同的 CSF,一旦 CSF 被确定下来,信息传递到 CSF,这时信息就被鉴别出来,如表 9 - 2 所示。

表 9 - 2　CSF 法确定"需求的信息"的例子

CSF——关键成功因素、信息	
关键成功因素	信息
整合供应链绩效评价系统	·整合供应链绩效评价 ·成员企业的绩效评价 ·供应链和企业的实际绩效评价 ·评价的目标 ·评价的绩效历史

第三,E/M 分析法(Ends/Means Analysis)。E/M 分析法将重点集中在企业的有效性(做正确的事)和效率(做好这些事)上,并用"需求的信息"管理它。这个技术包括两个阶段:一是分析鉴别对供应链成员来说重要的结果是什么,然后考虑如何有效地达到这个结果;二是用什么方法找出"需求的信息",采用这些方法是否可以达到企业的效益(如表 9 - 3 所示)。

表 9 - 3　用 E/M 分析法确定"需求的信息"的例子

E/M 分析——结果、效益、信息		
结果	效益	信息
跨供应链减少订单的执行周期,从而降低了成本,提高了客户的满意度	总供应链物流成本最小化 供应链效益最大化	·以作业为基础的会计信息 ·客户偏好(特点、成本、时间) ·供应链成员企业的效益 ·供应链效益(订单执行周期、库存水平、容量、客户满意度)

供 应 链 管 理 概 论

E/M 分析——结果、效益、信息		
结果	效益	信息
监控库存绩效(总供应链库存水平;企业库存水平;服务水平)	评价库存绩效时达到最小化的库存水平	评价每个因素的实际成本

以上介绍了为供应链 IOIS 确定"需求的信息"所采用的三种结构化会见技术,每一个结构化会见技术的结果都可列出一个系列图表,它表示了跨企业的识别区域和相关的"需求的信息"传递。当采用多种结构化技术时,"需求的信息"识别中将有一些冗余出现,这有助于确保正确地分析、全面地理解一系列"需求的信息"。

(3)转入信息系统原型。当设计企业间信息系统时,传统的系统开发并不允许试验和错误。为了解决这个问题,"原型"的概念被引进,它克服了这些问题,并增强了系统的有效性。

"原型"法(Prototype)是 20 世纪 80 年代随着计算机技术的发展而发展起来的一种系统开发方法,它放弃了对现有系统全面、系统地详细分析,而根据系统开发人员对用户需求的理解,在各种软件工具的支持下,开发出原型系统,然后再经用户反复商量修改,直到满足客户的需求为止。"原型"法的开发过程有如下几个阶段:

第一,识别基本需求。"原型"法的第一步是对企业进行调查,通过跨企业、跨职能的 JAD 会议,了解企业的需求信息,并进行主要的信息分类。一般用户的基本需求是:系统结构、输出和输入要求、数据库结构、安全要求和系统接口等。

第二,初始原型系统的形成。初始原型系统是根据用户的需求开发出来的初步原型,初步原型产生了一系列报表,它在"结构化会见程序"过程中识别"需求的信息"。通过"测试——错误——再测试"的开发过程,利用原型设计方法,开发者能够通过多次的反复设计,确保全部"需求的信息"被适当地传递。

第三,对原型系统进行评价。开发人员和用户对系统进行评价,对原型系统操作、运行、检查和测试,以发现系统中的问题,并对功能、用户界面等进行评价。

第四,对原型系统进行改进。根据对系统评价所提出的意见,开发人员对原型进行改进。

第五,原型系统完成。在不断满足用户需求的情况下,原型系统得以改进,并得到用户的认可。这一阶段的原型开发涉及实体的计算机运算。它向企业间的供应链管理队伍展示了"原型"的式样,当它执行时,人们看到了"系统"的实际概况。

第六,整理原型,提供文档。对原型进行整理和编号,并将其归入系统开发文档中,其中包括用户需求说明、系统逻辑性、系统设计说明、数据字典、系统使用说明书等。

第七,开发人员要与供应链管理团队一起回顾"原型"。跨企业的变化很可能会作用于原型。为"供应链 IOIS"确定特定的信息,包括了 10 个主要类型,如表 9 – 4 中所示。

表 9 – 4　供应链 IOIS 中的信息类别

供应链 IOIS 信息类别	
信息类别	类别中包含信息的例子
产品信息	产品规格,价格/成本,产品销售历史
客户信息	客户预测,客户销售历史,管理团队
供应商信息	产品线,生产时间,销售团队和条件
生产流程信息	产能,承担任务,生产计划
运输信息	运输者,运输时间,成本
存货信息	存货水平,存货运装成本,存货地点
供应链成员信息	企业联系信息,伙伴角色,责任,接触计划
竞争信息	基准信息,竞争产品报价信息,市场份额信息
销售和市场信息	销售点信息(POS),促销计划
供应链流程和执行信息	流程描述,绩效测量,成本,数量,交货,时间,客户满意度等

利用原型法构建系统,主要开发工具有:图形编辑器、文档编辑器、字典编辑器、概要设计编辑器、细节设计编辑器、程序自动生成器。

在供应链成员中进行信息的共享对有效的供应链管理是非常重要的。在供应链成员组织中最终的整合水平和决策水平都需要一定格式的信息。当决策者需要这些信息的时候,就能在正确的时间里获得正确格式的信息。通过跨功能的、企业间管理的团队进行的重要决策,实行信息系统的战略,开发企业间的供应链信息系统是非常重要的。

9.5　本章小结

供应链中的信息构成:从供应链环节的角度划分包括供应源信息、生产信息、配送和零售信息、需求信息;从供应链层次结构的角度划分包括供应链信息、企业信息、工作组信息和个人信息。供应链中有效信息的特征有:①信息必须正确;②信息必须能及时获取;③信息必须恰好是必需的。信息流的特点为:信息流滞后于物流;信息加工通常在部门与部门交接处存在着重复加工处理的情况;信息在层层传递中通常存在着失真的现象;滞后和失真的信息达不到有效地控制和调节物流的效果。供应链管理中信息流的控制模式可分为分散控制、集中控制及综合协调控制三种。

　　信息技术在供应链管理中的应用包括信息技术在企业间、企业内部业务往来领域的应用、在战略规划领域、物流领域、产品设计领域、市场营销和销售领域、财务成本领域、生产领域、客户服务领域、人力资源管理领域、供应链设计领域的应用。

　　企业内供应链信息系统的逻辑结构一般包括三个层次：供应链管理作业层、电子数据处理层、商业应用层。建立供应链 IOIS 的基本方法有：①如何确定"需求的信息"；②为供应链 IOIS 确定"需求的信息"；③转入信息系统原型。企业可以通过以下方法做到确定所需求的信息：跨职能部门、跨企业信息共享、采用 JAD 集中管理者所需求的信息、允许在系统设计过程中进行试验、避免询问错误的问题。确定"需求的信息"的方法包括企业系统规划法、关键成功因素法和 E/M 分析法。"原型"法的开发过程有如下几个阶段：①识别基本需求；②初始原型系统的形成；③对原型系统进行评价；④对原型系统进行改进；⑤原型系统完成；⑥整理原型，提供文档。

H R Johnson 公司的供应链信息系统①

案例分析

　　H R Johnson 公司在 Stoke－on－Trent 的生产总厂每天生产大量的瓷砖产品，这些产品通过全球各地的分销商销售给最终用户。在没有构建供应链管理系统前，公司通过电话、传真处理一些小分销商的产品供求联系问题，采用电子数据交换(EDI)来处理它和大的分销商之间的订单和供应问题，依赖有效的通信和订购系统来保证各个零售商都有适当的货物库存。但是，由于EDI 高额的使用成本和使用的复杂性，要求那些小分销商也实现这种系统比较困难。小的分销商只有通过传真或电话来进行订购和查询订单状态，以及了解公司是否有它们想要的产品等。这样，公司和小分销商们的商务运作都显得极为不便，而且成本偏高。随着生产的发展，公司要着手解决这些问题。经过调查，他了解到合作伙伴及客户们最需要的是仓储信息、订单处理进度信息和订单条目等。

　　这就有必要构建一个基于 Web 的供应链系统。这样，公司找到了微软解决方案提供商 Alternative Business Solutions(ABS)，与它合作创建了一个电子商务解决方案。用 Windows NT Server 作为到现存 AS/400 系统的网关，这两个公司使用来自 ABS 的 ACE(高级客户/服务器环境)开发了一个基于Web

---

① 案例来源：中国台湾地区微软网站(http://www.microsoft.com/taiwan/business/ecommerce/HRJohnson.htm)。

供应链与信息管理

的供应链系统。因为 ACE 是 Microsoft Windows 操作系统的一个开发环境，所以它可以通过自动生成很多应用程序代码而允许程序员将主要精力集中到商务逻辑和用户界面上来。这个系统是 Microsoft Back Office 服务器应用程序系列的企业级系统，它使公司的那些无法使用 EDI 系统的小分销商，通过 Internet 来输入订单、检查库存水平以及跟踪它们订单的处理进度。任何经销商店都可以用不超过本地电话费的成本来检查库存、发出订单和跟踪货物递送过程。H R Johnson 公司为所有的分销商在公司里建立一个账户，所以公司没有必要完成在线付款和安全性功能。订单发到公司的时候，财务管理部门将根据传真、邮件或电话发出的订单以相同的方式开具发票。

当成功地实施了供应链的一个环节后，公司最近决定对系统进行扩展，将原料供应商也包含到系统中来。公司再度与 ABS 公司合作，构建了与原料供应商的环节，它使供应商能实时地获知公司的原料需求状况。通过将包装材料和原材料供应商纳入供应链系统，公司不再需要在监控仓储水平和处理订单上花费精力。生产原料对公司生产很重要，但是从资金成本来考虑，公司不能大量库存原料。公司和供应商之间的供应链意味着在原料需要补充时，供应商可以及时将所要的原料补充进来。这样，对公司来说，不同原料可以在很低的库存下保证生产正常的运作，不会发生个别原料缺少的同时另外的原料又太多的情况。这也意味着供应商也可以通过事先知道原料需求从而提高它们内部的运作效率。供应商可以访问库存信息，从而事先获知公司的原料需求状况。同时它们还可以保证原料及时到达公司，以及它们有足够的原料可以派发。由于所有的书面工作都通过网络完成，所以交易双方都可以显著地减少花在完成书面订单和核对信息上的时间。

由于实现了供应链管理，瓷砖制造商无须拥有大库存量，同时可以将管理目标集中在商务策略和财务控制方面。公司可以自动完成先前需要手工完成的处理过程，所以不要再花时间来考虑产品派送和供应商问题，一切都可以在网上进行监控。这样，公司的商务成本大大地降低了。此外，公司还通过网络使所有用户群体都得到好处。在公司的站点上，访问者可以浏览不同的瓷砖图案并观看已经使用这些瓷砖装饰的房间。公司有本地分销商列表和邮政区号检索机制，使顾客得以找到离他们距离最近的 H R Johnson 的瓷砖零售商。公司还有联系人的详细信息，这样访问者可以请求一个产品目录。电子商务流线化的商务运作使公司得到了极大的发展。

复习思考题

1. 信息管理在供应链中的作用是什么?
2. 供应链管理中信息流的控制模式有哪几种? 各有何特点?
3. 供应链管理环境下信息流控制的特征是什么?
4. 什么是供应链 IOIS?
5. 构建供应链 IOIS 的方法有哪些?

10

供应链与财务管理

学习目标

▶ 了解供应链和财务的联系
▶ 掌握供应链的财务影响
▶ 掌握运用决策树进行评估决策的方法
▶ 掌握运用决策树评估弹性的方法

10.1　引言

本章主要阐述了各种供应链决策的财务含义。要求理解成本降低、存货水平改变和其他供应链举措对赢利能力的影响;学会运用决策树进行评估决策,运用决策树评估弹性。

10.2　供应链财务分析

10.2.1　供应链和财务的关系

从供应链和财务的关系的角度看,供应链绩效将会影响顾客满意度和未来的公司收益,供应链流程直接决定了产品从厂家到最终消费者的全过程。相应的资源将被用来完成上述的流程,也正是这些资源部分决定了产品在顾客所在地成为可得商品的成本,这一到货成本会影响购买者的决定。下面举一实例加以说明。假如供应商甲的供应链过程效率较低,甲的配送成本一般会高于竞争者,消费者一旦从竞争者处购买到便宜的商品,那就必然会降低甲的销售收入。提供供应链服务的成本不仅影响着产品的适销程度(通过到货成本或商品价格来体现),还直接决定着企业的赢利能力。例如,在既定的商品价格、既定的销售规模和既定的服务水平下,其提供供应链服务的成本越高,公司的利润肯定就越低;相反,提供供应链服务的成本越低,则公司的利润就越高。

因此,要改变供应链流程的方法必须是最优化选择,这是非常关键的。管理层有义务密切关注可供选择的供应链方案,保证入选的方案在完成企业利润最大化的目标时是最优的。有的备选方案可以降低成本,但同时也减少了销售额和利润;而有的备选方案在增加销售额的同时也增加了成本,客观上还是减少了利润。因此,公司的决策制定者们一般通过改变销售额和成本来优化企业的利润。

供应链管理包括原材料控制、过程控制和产成品存货控制。有关存货的财务应用管理主要是决定因存货而占用的必要资本是多少。在大多数公司和企业中,资金的使用都有限制、有周期,大量的资本需要投资于更加重要的地方,其资金的占用量也是巨大的。例如,新机器、新设备的投资,设备的更新和现代化等等。较高的存货水平将导致较多的资金占用和一定程度的资本浪费,从而使其他项目的资金匮乏。

企业之间在资金需求和筹集附加资本方面的竞争日益加剧,对零库存和库存最小化的关注就是一个很好的例子。以按时配送、有效客户响应和及时响应为目标的供应链技术革新就是在想方设法地降低库存水平并竭尽全力减少因存货而占用的资本,努力增加资金在其他更有投资意义的项目上的使用价值。当前,许多公司使用多种方法来减少产成品存货,因为产成品存货与原料存货和半成品存货相比,其价值要大一些,所以在单件货物减少资本占用比率方面还有潜在的回旋余地。

从企业与客户的关系看,企业所提供的供应链服务的水平会直接作用于顾客满意度。长期坚持优质、及时的配送服务必然会产生很高的顾客满意度和忠诚度。但是,企业必须考虑提供这些服务的成本和现实性,就是说,企业有没有将这种服务所带来的销售水平和赢利能力与提供服务的成本进行对比。供应链经理必须考虑提高供应链服务水平的成本和由此带来的销售增加之间的比例情况及其赢利能力的变化状况。尤其针对前面提到的最优化服务,我们更需要衡量其财务上的可能性和现实性。

☞ 链　接

财务效益评估内容

财务效益评估的基本目标是考察项目的赢利能力、清偿能力和抗风险能力等,主要包括以下内容:

1. 项目的赢利能力,即指项目投资的盈利水平,它直接关系到项目投产后能否生存和发展,是企业是否进行投资活动的原动力,它作为评价项目是财务上可行性程度的基本标志。

2. 项目的清偿能力,即指项目按期偿还其到期债务的能力。通常表现为贷款偿还期的长短, 它是银行进行贷款的重要依据,是衡量企业还贷能力的重要指标。

3. 项目资金的流动性分析。通过计算资金流动比率、速动比率和负债与资本比率等各种财务比率指标,对项目投产后的资金流动情况进行比较分析, 用以反映项目寿命期内企业各年的利润、盈亏、资产和负债,资金来源和运用等。

4. 客观因素变动对项目赢利能力的影响,即通过不确定性风险分析(如盈亏平衡分析、敏感性分析和概率分析),检验不确定性因素的变动对项目收益等指标的影响程度考察项目承受的各种风险的能力,提高项目投资的可靠性和赢利性。

10.2.2 收入与成本的关系

在供应链和财务的关系部分主要分析了供应链效率与降低成本这两个方面。供应链经理在追求流程高效和成本节约时,更应该注意到当前更高层次管理的目标是提高企业的销售和利润。供应链管理和企业高层管理之间的这种表面矛盾完全可以解决,这两种管理在目的上和行为上都可以统一,其实增加销售和降低成本在效果上是一致的。例如,将流程高效和成本降低通过增加销售和利润的目标来实现。

下面我们以一家公司为例作进一步分析。BOL(贝塔斯曼)是一家网上书店,成立于 2002 年,其主要业务是向读者提供打折的各类书籍。公司销售的各类书籍比当地书店便宜 15% 左右,如此低廉的价格优势和便利的网上订购直接带来的效益使公司每年的销售额成倍增长。2005 年,BOL 公司首次出现了赢利。表 10 - 1 和表 10 - 2 是 BOL公司的资产负债表和损益表。

表 10 - 1　BOL 公司 2005 年 12 月 31 日的资产负债表　　　　　（单位:元）

资产		负债及股东权益	
现金	22 500	流动负债	97 500
应收账款	45 000	长期负债	52 500
存货	15 000	负债合计	150 000
流动资产合计	82 500	股东权益	67 500
净固定资产	135 000		
资产合计	217 500	负债及股东权益合计	217 500

表 10 - 2　BOL 公司 2005 年度损益表　　　　　（单位:元）

销售收入		225 000
销售成本		120 000
毛利		105 000
运输成本	9 000	
仓库成本	2 250	
存货成本	4 500	
其他运营成本	45 000	

供应链管理概论

运营成本总计		60 750
息税前利润		44 250
利息		18 000
所得税		10 500
净利润		15 750

假设其他条件不变,供应链成本的节约将直接导致利润的增加,数额的大小就是节省的成本数额。如果供应链成本减少所导致的利润增加的数额是一定的,那么等效的由销售增加而带来的利润增加的意义将大不一样,为了达到这一定数额的利润增加,销售额所应达到的增加额将十分可观。

表10-3表示的是BOL公司财务报表中的数据,从中我们可以得到数额不等的供应链节约成本所对应的等效销售额。

表10-3　与供应链节约成本等效的销售额　　　　　　　(单位:元)

	BOL,2005		与供应链节约成本等效的销售额		
	1 000		200 000	500 000	1 000 000
销售额	225 000	100%	2 857 143	7 142 857	14 285 714
总成本	209 250	93%	2 657 143	6 642 857	13 285 714
净利润	15 750	7%	200 000	500 000	1 000 000

在供应链节约成本一定的情况下,为了达到既定的利润增加,企业的利润率越低,则等效的销售增量就要越大,如表10-4所示。

表10-4　不同利润率情况下的等价销售额　　　　　　　(单位:元)

	利润率			
	20%	10%	5%	1%
销　售　额	50 000	100 000	200 000	1 000 000
总　成　本	-40 000	-90 000	-190 000	-990 000
成本节省	10 000	10 000	10 000	10 000

10.2.3　供应链的财务影响

　　企业的一个重要的财务目标就是创造令人满意的股东回报率。事实上,丰厚的利润才是投资人持有股票的根本目的,所以公司经济效益的好坏直接决定着投资人投资本公司股票的意愿。假如某一公司的投资回报率太低,股民和投资人将会从公司中撤出投资,这将导致公司的股票价格下降,并进而引发企业的财务危机,最终将导致企业被兼并或破产。

　　在分析投资人的回报率时,我们还应该考虑股票持有人的净投资和净投资价值。举例来说,假如有两家公司,公司 A 的利润为 20 万元,公司 B 的利润为 20 亿元,表面上看,我们都认为公司 B 的利润更加丰厚一些,但是假如公司 A 的净投资为 200 万元,而公司 B 的净投资为 2 000 亿元,此时,对股票持有人来说,公司 A 的回报率为 10%(20 万元除以 200 万元),而公司 B 为 1%(20 亿元除以 2 000 亿元)。

　　一家公司的财务状况和表现也通过利润与相关资产的对比来进行分析,即所谓的资产回报率。现实生活中,企业的资产回报率是一个公认的财务状况指数,用于同行业企业之间和相近行业企业之间相互比较管理水平和衡量公司业绩。而企业的权益回报率和资产回报率都决定于整个公司赢利能力的大小。

　　供应链流程管理是决定公司赢利能力的重要方面。供应链流程的效率和产量越高,企业的赢利能力就越强。相反,供应链流程的效率和产量越低,则企业的供应链运营成本就越高,赢利能力也就越差。所以说,供应链经理的决策将直接影响企业的财务状况和经济效益。

　　图 10-1 表示的就是供应链管理与资产回报率之间的财务关系。供应链服务的效果影响着企业的销售水平,供应链流程的效率则决定了企业的成本总和。在内部供应链的全过程中,保有的存货水平决定着用于库存的资产量;订单处理的时间和信息传输时间,决定着企业从销售到收款的周期长短,也影响着应收账款和现金资产。同时有关仓库的大小和数量的多少的供应链决策将直接影响固定资产。图 10-1 表明资产回报率的计算是通过用利润除以占用资本或资金(利润除以占用资本)。在占用资本水平既定时,利润额越高,则企业的资产回报率就越高。相反,利润越小,则企业的资产回报率越低。

　　下面,我们将供应链战略对资产回报率产生作用的领域加以总结(如图 10-2 所示)。供应链经理的决策内容包括渠道结构管理、库存管理、订单管理和运输管理,上述管理都对企业的资产占用水平和赢利水平产生深远的影响(包括因此产生的销售和供应链成本)。

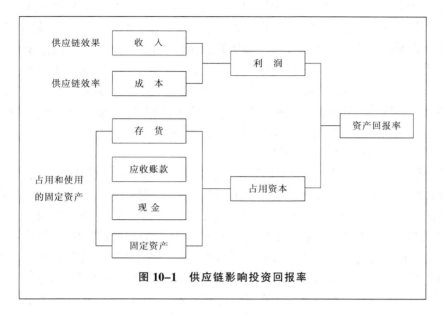

图 10-1 供应链影响投资回报率

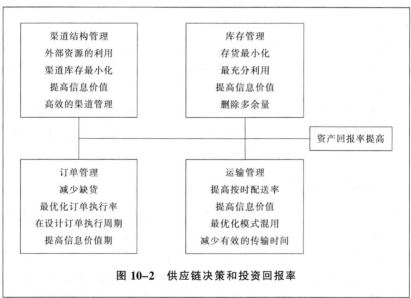

图 10-2 供应链决策和投资回报率

渠道结构管理的内容包括以下几个方面:外部资源的利用、渠道库存最小化、提高信息价值和高效的渠道管理。通过利用外部资源的供应链流程,企业可以降低自身的供应链成本(外部资源是指其他公司拥有的更加丰富的供应链专业知识和更高的供应链效率),降低资产投入(利用外部资源包括其他企业的设备和更加高效的库存管理经验),提高销售收入(获得显著提高和持续不断的供应链服务)。利用供应链服务,全面完成供应链资本投入减少或销售收入增加的相关决策,必然实现资产回报率的全面提高。渠道库存的最小化带来的直接结果就是资金的减少。信息系统效率的提高和更新换代能够随时提供有关库存水平、生产进度和当前销售水平下购买力方面的信息。流线型的渠道结构设计通过减少不必要的中介过程(例如,绕过分销商而直接与终端销售商进行业务切磋),可以减少渠道各环节的存货,减少运输和仓库等渠道成本。库存的全面减少也将直接导致资产回报率的增加。

库存管理决策通过减少库存量(基本库存量、多余库存量)和优化库存地点(关系到销售和使用的合作企业),减少存货资产方面的投资。上述决策要求做好销售及存货水平方面的数据分析,并考虑场所的地域因素,这都有助于当前信息系统的建设。

高效的订单管理不仅能够降低供应链成本,还能帮助增加销售收入,提高资产回报率。合理地降低库存意味着更有效的库存管理,更加突出的增加销售和满足需求。订单履行比率的提高和优化意味着订单处理时间的减少。正如前文我们所提到的,这将大大缩短应收账款的回收时间。而在订单处理时间上的效率提高,则减少了到达顾客的赊账时间,降低了应付账款的数额和投资于应付账款的资金成本。总而言之,在一系列成本的降低和效用提高之后,企业资产回报率将全面提高。

最后,降低运输和传递时间及运输变化时间都将对销售和库存管理产生积极的影响。在拥有了廉价和持续的运输服务做保障后,供应商通过降低销售商的库存和积压成本,在市场上将产品进行差异化销售,以增加销售量和潜在的利润。通过使用低成本的运输方法,同时又不增加其他费用(除去运输节约成本),形式上的最优化保障了降低运输成本的机会和可能。这样,运输管理决策在增加了销售机会的同时,也降低了库存和成本,并最终导致企业资产报酬的提高。

10.2.4　供应链的财务分析

基于表 10-1 和表 10-2 所给出的财务数据,我们能够分析出用于提高企业赢利能力的供应链改进方案的科学性和有效性。改进供应链的基本备选方案都是关于减少运输成本、仓库成本和存货成本的。供应链管理能够带来巨大的财务影响,显著地提高利润,为了在供应链领域达到上述目标,我们将从下面三种情况加以分析:运输成本减少 10% 以后、仓库成本减少 10% 以后以及存货成本减少 10% 以后的财务状况和变化。表 10-5 表示的是 BOL 公司在运输成本降低 10% 以后,财务方面的变化和影响。表 10-6 表示的是 BOL 公司在仓库成本降低 10% 以后,财务方面的变化和影响。表 10-7 表示的是 BOL 公司在平均存货成本降低 10% 以后,财务方面的变化和影响。

供应链管理概论

表 10 – 5　运输成本降低 10% 后的财务影响 （单位:元）

	BOL2005 年	运输成本减少 10%
销售收入	225 000	225 000
销售成本	120 000	120 000
毛利	105 000	105 000
运输成本	9 000	8 100
仓库成本	2 250	2 250
存货成本	4 500	4 500
其他运营成本	45 000	45 000
运营成本总计	60 750	59 850
息税前利润	44 250	45 150
利息	18 000	18 000
所得税	10 500	10 860
净利润	15 750	16 290
相关资产		
存货	15 000	15 000
应收账款	45 000	45 000
现金	22 500	22 500
固定资产	135 000	135 000
资产总计	217 500	217 500
比率分析		
利润率	7.00%	7.24%
资产报酬率	7.24%	7.49%
存货周转/年	8.00	8.00
运输成本占销售比重	4.00%	3.60%
仓库成本占销售比重	1.00%	1.00%
库存成本占销售比重	2.00%	2.00%

　　如果 BOL 公司能够成功的在原有基础上将运输成本降低 10% 左右,那么公司的利润率将增加到 7.24% 左右,资产回报率也将从 7.24% 增长到 7.49% 左右,运输成本占总销售额的比率从 4% 降低为 3.6%,而仓库成本和库存成本占总销售额的比率还维持不变。

表 10 - 6 仓库成本降低 10% 后的财务影响　　　　　　　（单位：元）

	BOL2005 年	仓库成本减少 10%
销售收入	225 000	225 000
销售成本	120 000	120 000
毛利	105 000	105 000
运输成本	9 000	9 000
仓库成本	2 250	2 025
存货成本	4 500	4 500
其他运营成本	45 000	45 000
运营成本总计	60 750	60 525
息税前利润	44 250	44 475
利息	18 000	18 000
所得税	10 500	10 590
净利润	15 750	15 885
相关资产		
存货	15 000	15 000
应收账款	45 000	45 000
现金	22 500	22 500
固定资产	135 000	135 000
资产总计	217 500	217 500
比率分析		
利润率	7.00%	7.06%
资产报酬率	7.24%	7.30%
存货周转/年	8.00	8.00
运输成本占销售比重	4.00%	4.00%
仓库成本占销售比重	1.00%	0.90%
库存成本占销售比重	2.00%	2.00%

供 应 链 管 理 概 论

表 10 –7 平均存货降低 10% 后的财务影响　　　　　　　　（单位：元）

	BOL2005 年	平均存活减少 10%
销售收入	225 000	225 000
销售成本	120 000	120 000
毛利	105 000	105 000
运输成本	9 000	9 000
仓库成本	2 250	2 250
存货成本	4 500	4 050
其他运营成本	45 000	45 000
运营成本总计	60 750	60 300
息税前利润	44 250	44 700
利息	18 000	18 000
所得税	10 500	10 680
净利润	15 750	16 020
相关资产		
存货	15 000	13 500
应收账款	45 000	45 000
现金	22 500	22 500
固定资产	135 000	135 000
资产总计	217 500	216 000
比率分析		
利润率	7.00%	7.12%
资产报酬率	7.24%	7.42%
存货周转/年	8.00	8.89
运输成本占销售比重	4.00%	4.00%
仓库成本占销售比重	1.00%	1.00%
库存成本占销售比重	2.00%	1.80%

　　对表 10 –6 和表 10 –7 有类似的分析，只不过情况各自为仓库成本降低 10% 和库存成本减少 10%。每一种假设都和 2005 年 BOL 公司的实际财务收支情况进行对比。

10 供应链与财务管理

当仓库成本降低10%的时候，我们认为运输成本和存货成本维持2005年原有水平不变，进而分析变化情况。很显然在这两种情况下，公司的利润、利润率和资产回报率都会相应的提高。

对表10－5、表10－6和表10－7进行的分析说明了供应链的改进方案极大地提高了公司的赢利水平。表10－8则对这几种供应链战略备选方案的财务影响进行了对比说明。

表10－8　供应链各个战略对比

分析比率	BOL2005年	运输成本减少10%	仓库成本减少10%	平均存活减少10%
利润率(%)	7.00	7.24	7.06	7.12
资产报酬率(%)	7.24	7.49	7.30	7.42
存货周转/年	8.00	8.00	8.00	8.89
运输成本占销售比率(%)	4.00	3.60	4.00	4.00
仓库成本占销售比率(%)	1.00	1.00	0.90	1.00
库存成本占销售比率(%)	2.00	2.00	2.00	1.80

从表10－8中，我们可以很明显地看出利润率增长的变化，其中以减少运输成本的供应链备选方案的效果最显著。运输成本占销售收入的比重大于其他两项，分别是4.09%，而仓储成本和存货成本分别为1%和2%。正因为它们占销售收入的比重各不相同，所以企业要考虑将有限的资源投入到供应链管理的领域中去。

企业资产回报率的最显著的增加也是由运输成本的降低引起的。但是，由存货减少所引起的资产回报率的提高也达到了7.42%，几乎与最大值7.49%相同。由存货减少而引起的财务利润的变化是双方面的：一方面降低了存货持有成本；另一方面也引起资产的减少。年度存货周转率变快，同时战略存货量也降低，这就要求BOL公司利用更少的资本投入存货，进而更有效的在其他领域投入更多资本。因此，减少存货的战略对资产回报率的提高有着双重的作用，既增加了利润又降低了所占用的资本。

进行企业财务分析的另一种方法就是杜邦分析系统。在杜邦分析系统中，净利润率是净利润与销售收入的比值；资产周转率是销售收入和资产总和的比值，说明的是公司使用资产而进行销售活动的效果；资产回报率是净利润和资产总和的比值，反映了资产的赢利状况；净资产回报率显示的是股东报酬与股东公司权益之间的关系。杜邦分析系统的实例如图10－3所示。

供应链管理概论

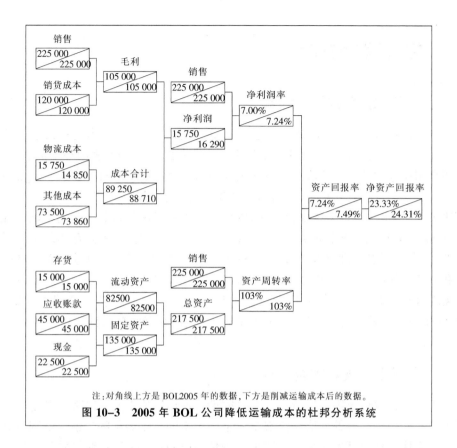

注：对角线上方是 BOL2005 年的数据，下方是削减运输成本后的数据。

图 10-3　2005 年 BOL 公司降低运输成本的杜邦分析系统

☞　**链　接**

作业成本法与供应链管理

作业成本(ABC)是一个过程，它超越了传统成本会计的界限，将企业的直接成本与间接成本分配到各个主要作业中去，然后将这些活动分配到相关的产品或服务，从而帮助管理者了解耗费资源的真正原因和每项产品与服务的真实成本。通过作业成本的过程能非常成功地用成本术语演示并提供有关作业的非财务、经营性的信息，如投入、产出量、促进因素与限制因素等。作业成本成为作业链管理，进而价值链管理、供应链管理的基础。企业要将作业成本当做一项积极行动来引进，这项行动必将成为企业供应链中不可分割的一个部分。

10.3 供应链财务决策

10.3.1 影响供应链决策的因素

在供应链设计阶段,决策的制定主要考虑的是如何在供应链内进行投资。公司所做出的决策主要包括:建多少家工厂、建多大规模的工厂,采购或租用多少辆卡车,建造仓库还是租用仓库等。这些决策一旦做出,在短期内往往不能随便更改,一般要持续几年,并限制供应链的活动范围,所以,对这些决策进行正确的评价非常重要。在制定供应链决策,特别是在设计全球供应链时,管理者除了要考虑供给和需求的不确定性因素之外,还要考虑其他影响上述决策的财务因素。例如,丰田公司的全球组装工厂更具有灵活性,每家工厂能够供应多个市场,这种弹性生产的好处在于,通过改变产量来规避汇率和当地价格的波动,丰田公司从中获取最大利润。如果汇率或价格存在不确定性,即便需求很小或者在供应极不确定的情况下,公司也要选择灵活的全球供应链决策。因此,在供应链决策中,我们必须既考虑供给和需求的不确定性,同时也要考虑财务因素的不确定性。

10.3.2 传统的贴现现金流分析

由于供应链设计决策会执行一段较长时期,因此应该对这一时期的现金流的结果进行评价。所谓现金流的现值是指现金流量用今天的货币表示的价值。贴现现金流量(DCF)分析用以评价任何未来现金流量的现值,比较两种现金流量的财务价值。贴现现金流量分析的基本前提是"今天的货币价值高于明天的货币价值",因为今天的货币可用以投资,在本金之外还可以获得回报,这一前提为我们比较未来现金流量的相对价值提供了基本的工具。

我们引进贴现因子来计算未来现金流的现值。如果今天 1 元用于投资,其下一时期的投资回报率为 k,那么这 1 元在下一时期就变为 $1+k$ 元,因此在下一时期获得 1 元或在本期获得 $1/1+k$ 元对于投资者而言并没有什么区别,所以计算下一时期 1 元现值的贴现公式如下:

$$贴现因子 = \frac{1}{1+k}$$

回报率 k 也称为贴现率或资本的机会成本。给定下一时期的现金流为 $C_0, C_1, \cdots, C_T$,回报率为 k,则现金流的净现值(NPV)的计算公式为:

$$NPV = C_0 + \sum_{t=1}^{T} \left(\frac{1}{1+k} \right)^t C_t$$

在制定供应链决策时,我们应该比较不同投资方案的 NPV 值。如果 NPV 为负值,说明选择该方案将导致供应链亏损;NPV 值最高,则说明选择该方案会使供应链获得最高的资本回报。

> **⟹ 链 接**
>
> **企业财务评价方法简介**
>
> 企业财务评估主要采用现金流量分析、静态和动态获利性分析,以及财务报表分析等方法。
>
> 1.现金流量分析。它是以项目作为一个独立系统,反映项目在建设期与生产经营期内某年流入和流出的现金活动。在项目经济评估前,必须做好财务和经济效益预测工作。
>
> 2.静态与动态获利性分析。静态分析法的特点是,不计算货币的时间价值,不用折现值,主要的静态分析指标有投资利润率、投资利税率、资本金利润率等。动态分析法采用折现现金流量的分析方法,也称折现法(DCF 法),其主要分析指标有财务净现值、财务内部收益率等。
>
> 3.财务报表分析。通过财务报表分析可以预计项目寿命期内各年利润率的情况,选择合适的资金筹措方案。

10.3.3 供应链财务决策的主要不确定性

对全球供应链来说,不同地区的汇率和通货膨胀率也很可能随着时间的推移而变动,供应链管理者在决策过程中必须考虑这些不确定因素。下面我们讨论一些模型,它们可以用来表述价格和汇率等财务因素的不确定性。

10.3.3.1 不确定性的二项式表述

在讨论不确定性的二项式表述中,我们假定从一个时期推移至下一个时期时,关键性因素(如价格)只有两种可能的结果:上升或下降。在常用的多重二项式中,假定关键性因素或者上移 $u(u>1)$,概率为 p;或者下移 $d(d<1)$,概率为 $1-p$。假定基期的价格为 P,未来时期的可能结果有:

1 期: Pu, Pd

2 期: Pu^2, Pud, Pd^2

3 期: Pu^3, Pu^2d, Pud^2, Pd^3

4 期：$Pu^4, Pu^3d, Pu^2d^2, Pud^3, Pd^4$

总之，T 期所有的结果可以表示为：$Pu^td^{(T-t)}$，其中：$t = 0, 1, \cdots, T$。价格由 t 期的 $Pu^ad^{(T-a)}$，调整至 $t + 1$ 期的 $Pu^{a+1}d^{(T-a)}$，概率为 p；或调整至 $Pu^ad^{(T-a)+1}$，概率为 $(1 - p)$。这可以表示为二项树（如图 10-4 所示）。

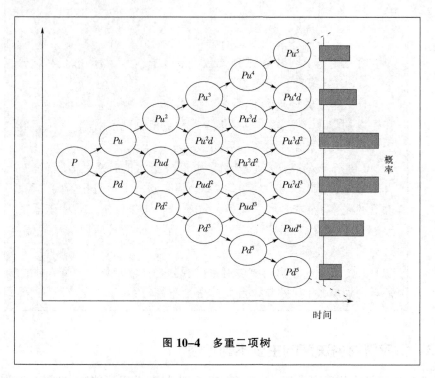

图 10-4　多重二项树

在加法二项式中，假定关键性因素在给定时期内增加 u，概率为 p；降低 d，概率为 $1 - p$。在给定时期的加法二项式可表示如下：

1 期：$P + u, P - d$

2 期：$P + 2u, P + u - d, P - 2d$

3 期：$P + 3u, P + 2u - d, P + u - 2d, P + 3d$

4 期：$P + 4u, P + 3u - d, P + 2u - 2d, P + u - 3d, P - 4d$

总之，T 期所有的结果可以表示为：$P + tu - (T - t)d$，其中：$t = 0, 1, \cdots, T$。

多重二项式不能取负值，可用于价格和汇率等非负因素的表述。此外，关键性因素的增长或下降可以表示为其现值的比例，而不是固定的绝对量。例如，单价为 10 美元的产品，其价格波动幅度为 5 美元的可能性要小于单价为 100 美元的产品，这一点在多重二项式中表现得尤为明显。

与多重和加法二项式逻辑不符的一种情况是,关键性因素在每期期末只取两种可能数值中的一个。当然,价格变动后的数值不只是两个,但是如果时期足够短的话,这一假定可以成立。时期长短的选择取决于所考虑的因素。对于产品价格而言,一周或一个月很合适;而对于汇率来说,则需要选择更短的时期才行。

随着时期个数的增加,多重二项式的最终表达式的概率分布逐渐变得平滑,开始类似于正态分布。我们发现,越深入,关键性因素上升的可能性就越大。这是所有二项式分布的共同特征,也是对于大多数财务因素(如价格、汇率等)的合理假定。

10.3.3.2　不确定性的变形对数二项式表述

变形对数二项式分布与前述标准加法二项式分布十分类似,但概率 p、增长率 u 或减少量 d 的数值不同。不确定性的变形对数二项式表述的计算方法如下:

假定潜在因素在具体区间 Δt 内的变化是可估测的,Δt 表示独立的间隔期,$\sigma^2 \Delta t$ 则为观测到的此期该因素的方差。若假定该因素为价格,期限为 4 个星期,则 σ^2 表示价格在 $\Delta t = 4$ 时期内一个星期的方差。理论上讲,我们需要 σ^2 值尽可能小的时间。如果 r 表示无风险回报,p 表示过渡概率,u 和 d 分别表示从这一期到下一期增长和下降的幅度,它们之间的关系如下式所示:

$$p = (1 + \mu k/H)/2, H = u = -d = \sqrt{k + (\mu k)^2}$$

其中

$$k = \sigma^2 \Delta t \quad \text{和} \quad \mu = r/\sigma^2 - 1/2$$

则该分布可表述为加法二项式分布。

10.3.3.3　不确定性的其他表述

在方案评估中,潜在的资产价格往往随着时间的推移呈现出连续变动。描述资产价格变动的常用方法是对数正态分布法。这一方法的主要特征是,价格恒大于或等于 0。对数正态分布法的另一个特征与二项式分布相似,即资产价格的方差随着时间而变动。实际上,随着时间长度的加大,资产价格的方差也成比例地增大。

财务因素变动的另一种常见的表述形式就是均值回复法,也就是说,该因素沿着平均值上下波动。当它偏离平均值时,随着时间的推进又会重新回到平均值,因素偏离平均值越远,则回复平均值的拉力也就越大。

10.3.4　运用决策树评估决策

决策树是一种图谱,它可用来评估在因素不确定的情况下所做出的决策。贴现现金流的决策树可以用来评估在价格、需求、汇率以及通货膨胀等因素不确定的情况下所做出的供应链决策。

建立决策树的第一步是,确定做出决策时所考虑的时期数以及时期的长度,如 1

天,1 个月、1 个季度等。时期的长度最好定为影响供应链决策的要素可以大幅度变化的最短时间。"大幅度"很难定义,在大多数情况下,我们选择综合规划的执行期作为时期的长度。如果规划在每月都制定一次,则我们设定 1 个月作为 1 个时期。在以下的讨论中,用 T 代表评价供应链决策的时期数。

第二步是找出影响决策价值的因素,这些因素在时期 $T = 0$ 内发生波动。它们包括需求、价格、汇率和通货膨胀。

第三步是确定每一因素从某一时期到下一时期变动的概率。例如,如果需求和价格是影响决策的两个关键因素,则必须定义从某一时期到下一时期需求和价格变动的概率。

第四步就是计算未来现金流的时期贴现率 K。不同时期的贴现率不同,而且贴现率应该考虑投资的内在风险,这一点至关重要,通常高贴现率应该用于高风险的投资。

现在,我们用决策树来评估决策。决策树包括现期和未来 T 个时期。我们将每个时期内的一个节点定义为要素价值(如需求和价格)的每一种可能的组合,画一些箭头,让它们由起始点 i 期指向终点 $i + 1$ 期。一个箭头的概率被称之为过渡概率,即从起点 i 期到终点 $i + 1$ 期之间的过渡概率。

决策树的评估从 T 期的一个节点开始,最后回到基期。对于每个节点来说,通过各种因素的现值和未来值计算,就能得出最优决策。这种分析以贝尔曼原理为基础。贝尔曼原理是指对于给定状态下的任何战略选择,如果整个分析假定从下个时期开始,那么下个时期的最优战略就是所选择的战略。这一原理从最后一个时期开始,以倒置的方式找出最优战略。预期未来现金流往回贴现,并计入当前正在考虑的决策,基期的节点价值也就是每期的投资及采取决策的价值。我们可以运用规划树等工具来解决扩展式的决策树问题。决策树的分析方法归纳如下:明确每一个时期长度(如周、月)以及决策评估时期 T 的数值;明确在下一时期 T 会出现波动的因素,如需求、价格、汇率;明确每种因素的不确定性的表述,即用什么分布来描述不确定性;明确每一个时期的期间贴现率 k;用每一时期的给定状态及两个连续时期状态转换的过渡概率来代表决策树;从 T 期开始,再回到基期,明确最优决策以及每一步的预期现金流。当前期包含预期现金流时,如果给定时期每种状态的预期现金流被包括在前期,则对其进行贴现。

我们以 TL 公司总经理的租赁决策为例来阐述决策树分析方法。TL 公司总经理必须决定未来 3 年是否租赁仓库,租赁多少仓储空间。1 000 单位的需求要占用 1 000 平方英尺的仓储空间,而公司现有需求为每年 100 000 单位。总经理预期未来 3 年的需求与仓储空间的即期价格是不确定的。他决定采用多重二项式来表示需求和价格的不确定性。从一年到下一年,需求可能上涨 20% 的概率为 0.5,下跌 20% 的概率也为 0.5。而且,两种结果出现的概率无年际变化。

　　总经理能够以每平方英尺每年 1 美元的价格签订一个 3 年期的租赁合同,即期购买仓储空间的价格为每平方英尺每年 1.20 美元。据预测,从一年到下一年,仓储空间的即期价格上涨 10% 的概率为 0.5,下跌 10% 的概率也为 0.5,两种结果的概率无年际变化。

　　总经理觉得,仓储空间的价格波动和需求变化是相互独立的。公司从每一单位需求上所获得的收入为 1.22 美元,并且公司发誓要满足所有可能产生的需求。公司 3 年中每年的贴现率为 $k = 0.1$。

　　总经理假定所有成本产生于每年的年初,并构建了一棵决策树,且 $T = 2$(如图 10 - 5 所示)。图中的每一个节点代表以千平方英尺为单位的需求(D)以及以美元表示的价格(P)。每一过渡概率为 0.25,因为价格波动和需求波动是相互独立的。

　　管理者首先分析了不签订 3 年期租赁合同而是在即期购买仓储空间的方案(以下简称方案 Ⅱ)。他从第 2 期开始,评估了 TL 公司在每一节点的利润。在 $D = 144$,$P = 1.45$ 美元节点,TL 公司在第 2 期必须满足 144 000 的需求量,仓储空间的即期购买价格为每平方英尺 1.45 美元;在 $D = 144$,$P = 1.45$ 节点上,TL 公司第 2 期的成本用 $C(D = 144, P = 1.45)$ 表示,它可由下式求出:

$$C(D = 144, P = 1.45, 2) = 144\ 000 \times 1.45 = 208\ 800(美元)$$

　　在 $D = 144$,$P = 1.45$ 美元节点上,TL 公司第 2 期的利润用 $P(D = 144, P = 1.45, 2)$ 表示,它可由下式求出:

$$P(D = 144, P = 1.45, 2) = 144\ 000 \times 1.22 - C(D = 144, P = 1.45, 2) =$$
$$175\ 680 - 208\ 800 = -33\ 120(美元)$$

　　TL 公司在第 2 期的其他节点上的利润可计算如下:

$$P(D = 144, P = 1.19, 2) = 144\ 000 \times 1.22 - 144\ 000 \times 1.19 = 4\ 320(美元)$$
$$P(D = 144, P = 0.97, 2) = 144\ 000 \times 1.22 - 144\ 000 \times 0.97 = 36\ 000(美元)$$
$$P(D = 96, P = 1.45, 2) = 96\ 000 \times 1.22 - 96\ 000 \times 1.45 = -22\ 080(美元)$$
$$P(D = 96, P = 1.19, 2) = 96\ 000 \times 1.22 - 96\ 000 \times 1.19 = 2\ 880(美元)$$
$$P(D = 96, P = 0.97, 2) = 96\ 000 \times 1.22 - 96\ 000 \times 0.97 = 24\ 000(美元)$$
$$P(D = 64, P = 1.45, 2) = 64\ 000 \times 1.22 - 64\ 000 \times 1.45 = 14\ 720(美元)$$
$$P(D = 64, P = 1.19, 2) = 64\ 000 \times 1.22 - 64\ 000 \times 1.19 = 1\ 920(美元)$$
$$P(D = 64, P = 0.97, 2) = 64\ 000 \times 1.22 - 64\ 000 \times 0.97 = 16\ 000(美元)$$

　　管理者接着对 1 期每一节点的预期利润进行评估,即 1 期利润加上 2 期未来利润的现值(1 期的价值)。1 期某一节点上的预期利润 $EP(D =, P =, 1)$ 为 2 期衍生的 4 个节点的预期总利润。$PVEP(D =, P =, 1)$ 表示 1 期某一节点上的预期利润的现值,P

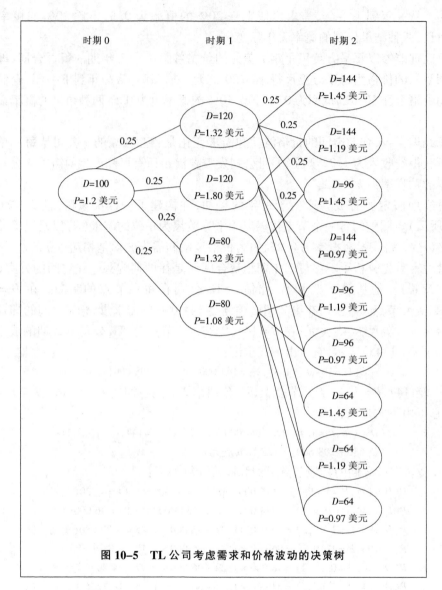

图 10-5 TL 公司考虑需求和价格波动的决策树

$(D=,P=,1)$ 表示预期总利润,是 1 期利润和 2 期预期利润现值的总和。1 期的 $D=120,P=1.32$ 美元节点在 2 期有 4 种衍生状态。于是,管理者对 2 期所有 4 种衍生状态的预期利润 $EP(D=120,P=1.32,1)$ 进行评估,得出:

$$EP(D=120,P=1.32,1)=0.25\times P(D=144,P=1.45,2)+0.25\times$$
$$P(D=144,P=1.19,2)+0.25\times P(D=96,P=1.45,2)+0.25\times$$
$$P(D=96,P=1.19,2)=-0.25\times33\ 120+0.25\times4\ 320-0.25\times$$
$$22\ 080+0.25\times2\ 280=-12\ 000(美元)$$

1 期预期利润的现值如下：
$$PVEP(D=120,P=1.32,1)=EP(D=120,P=1.32,1)/(1+k)=$$
$$-12\ 000/1.1=-10\ 901(美元)$$

管理者得出 1 期 $D=120,P=1.32$ 节点的预期总利润 $P(D=120,P=1.32,1)$ 为该节点 1 期利润和未来预期利润现值的总和：
$$P(D=120,P=1.32,1)=12\ 000\times1.22-120\ 000\times1.32+$$
$$PVEP(D=120,P=1.32,1)=-12\ 000-10\ 909=-22\ 909(美元)$$

1 期其他节点的预期利润可计算如下：
$$EP(D=120,P=1.08,1)=0.25\times P(D=144,P=1.19,2)+$$
$$0.25\times P(D=144,P=0.973,2)+0.25\times P(D=96,P=1.19,2)+$$
$$0.25\times P(D=96,P=0.97,2)=0.25\times4\ 320+0.25\times36\ 000+0.25\times2\ 880+$$
$$0.25\times24\ 000=16\ 800(美元)$$
$$PVEP(D=120,P=1.08,1)=EP(D=120,P=1.08,1)/(1+k)=$$
$$16\ 800/1.1=15\ 273(美元)$$
$$P(D=120,P=1.08,1)=12\ 000\times1.22-120\ 000\times1.08+$$
$$PVEP(D=120,P=1.08,1)=16\ 800+15\ 273=32\ 073(美元)$$
$$EP(D=80,P=1.32,1)=0.25\times P(D=96,P=1.45,2)+$$
$$0.25\times P(D=96,P=1.92,2)+0.25\times P(D=64,P=1.45,2)+$$
$$0.25\times P(D=64,P=1.19,2)=-0.25\times22\ 080+0.25\times2\ 880-$$
$$0.25\times14\ 720+0.25\times1.90,2=-8\ 000(美元)$$
$$PVEP(D=80,P=1.32,1)=EP(D=80,P=1.32,1)/(1+k)=$$
$$-8\ 000/1.1=-7\ 273(美元)$$
$$P(D=80,P=1.32,1)=80\ 000\times1.22-80\ 000\times1.32+$$
$$PVEP(D=80,P=1.32,1)=-8\ 000-7\ 273=-15\ 273(美元)$$
$$EP(D=80,P=1.08,1)=0.25\times P(D=96,P=1.192,2)+$$
$$0.25\times P(D=96,P=0.97,2)+0.25\times P(D=64,P=1.19,2)+$$
$$0.25\times P(D=64,P=0.97,2)=0.25\times2\ 880+0.25\times24\ 000+$$
$$0.25\times1\ 920+0.25\times16\ 000=1\ 120(美元)$$
$$PVEP(D=80,P=1.08,1)=(80\ 000\times1.22-80\ 000\times1.08)/(1+k)=$$
$$11\ 200/1.1=10\ 182(美元)$$
$$P(D=80,P=1.08,1)=80\ 000\times1.22-80\ 000\times1.08+$$
$$PVEP(D=80,P=1.08,1)=11\ 200+10\ 182=21\ 382(美元)$$

对于基期来说,总利润 $P(D=100,P=1.20,0)$ 为基期利润与 1 期 4 个衍生节点预期利润现值的和:

$$\text{EP}(D=100,P=1.20,0) = 0.25 \times \text{P}(D=120,P=1.32,1) +$$
$$0.25 \times \text{P}(D=120,P=1.08,1) + 0.25 \times \text{P}(D=80,P=1.32,1) +$$
$$0.25 \times \text{P}(D=80,P=1.08,1) = -0.25 \times 22\,909 + 0.25 \times 32\,073 -$$
$$0.25 \times 15\,273 + 0.25 \times 21\,382 = 3\,818(\text{美元})$$

$$\text{PVEP}(D=100,P=1.20,1) = \text{EP}(D=100,P=1.20,0)/(1+k) = 3\,818/1.1 = 3\,471(\text{美元})$$
$$\text{P}(D=100,P=1.20,0) = 100\,000 \times 1.22 - 100\,000 \times 1.20 +$$
$$\text{PVEP}(D=100,P=1.20,0) = 2\,000 + 3\,471 = 5\,471(\text{美元})$$

因此,不签订 3 年租赁合同而从即期市场购买所有仓储面积的预期净现值如下式所示:

$$\text{NPV}(\text{不租赁}) = 5\,427(\text{美元})$$

管理者对另一种方案(方案 I)进行评估,即签订 3 年期租赁 100 000 平方英尺仓储空间的合同。评估程序类似于方案 II,但利润变了。例如,在 $D=144,P=1.45$ 节点上,管理者不得不从即期市场以每平方英尺 1.45 美元的价格租赁 44 000 平方英尺的仓储面积,因为只有 100 000 平方英尺面积的仓储空间以每平方英尺 1 美元的价格租赁。如果需求低于 100 000 单位,TL 公司仍然得支付 100 000 平方英尺租赁面积的费用。对于第 2 期,管理者在 9 个节点上获得的利润如表 10 - 1 所示。

管理者对 1 期每一节点的预期总利润进行评估。同样,1 期某一节点的预期利润 $\text{EP}(D=,P=,1)$ 是 2 期 4 个衍生节点的预期总利润,$\text{PVEP}(D=,P=,1)$ 是这一预期利润的现值,$\text{P}(D=,P=,1)$ 是 1 期和 2 期预期总利润的和,计算结果如表 10 - 9 和表 10 - 10 所示。

表 10 - 9　TL 公司 2 期利润的计算

节点	租赁面积	以即期价格租得的仓储空间	利润 $\text{P}(D=,P=,2)$
$D=144,P=1.45$	100 000 sp. ft	44 000 sq. ft	$144\,000 \times 1.22 - (100\,000 \times 1 + 44\,000 \times 1.45) = 11\,800(\text{美元})$
$D=144,P=1.19$	100 000 sp. ft	44000 sq. ft	$144\,000 \times 1.22 - (100\,000 \times 1 + 44\,000 \times 1.19) = 23\,320(\text{美元})$
$D=144,P=0.97$	100 000 sp. ft	44 000sq. ft	$144\,000 \times 1.22 - (10\,000 \times 1 + 44\,000 \times 0.97) = 33\,000(\text{美元})$
$D=96,P=1.45$	100 000 sp. ft	0 sq. ft	$96\,000 \times 1.22 - 100\,000 \times 1 = 17\,120(\text{美元})$
$D=96,P=1.19$	100 000 sp. ft	0 sq. ft	$96\,000 \times 1.22 - 100\,000 \times 1 = 17\,120(\text{美元})$
$D=96,P=0.97$	100 000 sp. ft	0 sq. ft	$96\,000 \times 1.22 - 100\,000 \times 1 = 17\,120(\text{美元})$
$D=64,P=1.45$	100 000 sp. ft	0 sq. ft	$64\,000 \times 1.22 - 100\,000 \times 1 = -21\,920(\text{美元})$
$D=64,P=1.19$	100 000 sp. ft	0 sq. ft	$64\,000 \times 1.22 - 100\,000 \times 1 = -21\,920(\text{美元})$
$D=64,P=0.97$	100 000 sp. ft	0 sq. ft	$64\,000 \times 1.22 - 100\,000 \times 1 = -21\,920(\text{美元})$

供应链管理概论

表 10－10　TL 公司 1 期利润的计算

节点	EP$(D=,P=,1)$	PVEP$(D=,P=,1)$	P$(D=,P=,1)$
$(D=120,$ $P=1.32,1)$	$0.25 \times P(D=144, P=1.45, 2)+$ $0.25 \times P(D=144, P=1.19, 2)+$ $0.25+P(D=96, P=1.45, 2)+$ $0.25 \times P(D=96, P=1.19, 2)=$ $0.25 \times 11\ 880+0.25 \times 23\ 320+$ $0.25 \times 17\ 120+0.25 \times 17\ 120=$ $17\ 360$（美元）	EP$(D=120, P=1.32, 1)/$ $(1+k)=17\ 360/1.$ $1=$ $15\ 782$（美元）	$120\ 000 \times 1.22-(100\ 000 \times 1+$ $20\ 000 \times 1.32+\text{PVEP}(D=120,$ $P=1.32,1)=20\ 000+15\ 782=$ $35\ 782$（美元）
$(D=120,$ $P=1.08,1)$	$0.25 \times 23\ 320+0.25 \times 33\ 000+$ $0.25 \times 17\ 120+0.25 \times 17\ 120=$ $22\ 640$（美元）	$22\ 640/1.1=-2\ 182$（美元）	$120\ 000 \times 1.22-(100\ 000 \times 1+$ $20\ 000 \times 1.08)+\text{PVEP}(D=120,$ $P=1.08,1)=24\ 800+20\ 582=$ $45\ 382$（美元）
$(D=80,$ $P=1.32,1)$	$0.25 \times 17\ 120+0.25 \times 17\ 120-$ $0.25 \times 21\ 920-0.25 \times 21\ 920=$ $-2\ 400$（美元）	$-2\ 400/1.1=-2\ 182$（美元）	$80\ 000 \times 1.22-100\ 000 \times 1+$ $\text{PVEP}(D=80, P=1.32,1)=$ $-2\ 400-2\ 182=-4\ 582$（美元）
$(D=80,$ $P=1.08,1)$	$0.25 \times 17\ 120+0.25 \times 17\ 120-$ $0.25 \times 21\ 920-0.25 \times 21\ 920=$ $-2\ 400$（美元）	$-2\ 400/1.1=-2\ 182$（美元）	$800\ 00 \times 1.22-100\ 000 \times 1+$ $\text{PVEP}(D=80, P=1.32,1)=$ $-2\ 400-2,182=-4\ 582$（美元）

对于基期来说,1 期 4 个节点的预期利润 EP$(D=100,P=1.20,0)$ 如下式所示:

$$EP(D=100, P=1.20, 0)=0.25 \times P(D=120, P=1.32, 1)+$$
$$0.25 \times P(D=120, P=1.08, 1)+0.25 \times P(D=80, P=1.32, 1)+$$
$$0.25 \times P(D=80, P=1.08, 1)=0.25 \times 35\ 782+0.25 \times 45\ 382-$$
$$0.25 \times 4\ 582-0.25 \times 4\ 582=18\ 000（美元）$$

基期预期利润的现值可计算如下:

$$PVEP(D=100, P=1.20, 0)=EP(D=100, P=1.20, 0)/(1+k)$$
$$=18\ 000/1.1=16\ 364（美元）$$

预期总利润等于基期利润与 1 期 4 个节点预期利润的现值之和。如下式:

$$P(D=100, P=1.20, 0)=100\ 000 \times 1.22-100\ 000 \times 1+$$
$$PVEP(D=100, P=1.20, 0)=22\ 000+16\ 364=38\ 364（美元）$$

签订 3 年期租赁 100 000 平方英尺仓储面积的方案的 NPV 如下:

$$NPV（租赁）=38\ 364（美元）$$

可见,租赁方案的 NPV 比忽略不确定性时的 NPV（60 182 美元）要少得多。这是因为,租赁方案是一个固定的决策,TL 公司不能在需求下降的条件下租赁更少的仓储面积来对市场条件做出反应。在不确定性存在的前提下,固定合同吸引力不大。

需求和价格不确定性的存在降低了租赁的价值,提高了即期市场选择这一方案的价值。然而,管理者仍然偏好签订 100 000 平方英尺的租赁合同,因为这一方案有更高的预期利润。

10.3.5　运用决策树评估弹性

在供应链内部评估弹性时,决策树分析方法非常有用。我们以 TL 公司仓库选择为背景,阐述如何运用决策树评估弹性。

提供给 TL 公司总经理的合同中规定,前期预付为 10 000 美元,但 TL 公司可在租赁 60 000 ~ 100 000 平方英尺的仓储空间之间有一个弹性选择,租赁价格为每平方英尺 1 美元。TL 公司必须为首批 60 000 平方英尺每年支付 60 000 美元,然后才能以每平方英尺 1 美元的价格租用其余 40 000 平方英尺的仓储空间。总经理决定运用决策树来评估这种前期支付 10 000 美元的弹性合同是否优于租赁 100 000 平方英尺仓储空间的固定合同。

评估这一弹性合同的基本决策树如前面图 10 – 5 所示。然而,每一节点的利润将由于弹性而发生变化。如果需求大于 100 000 单位,TL 公司即使在弹性合同下也会租用 100 000 平方英尺的仓储空间。然而,如果需求介于 60 000 ~ 100 000 之间,TL 公司只需为实际占用的仓储空间支付款项而无需支付无弹性合同下的所有 100 000 平方英尺仓储空间的款项。第 2 期每一节点的利润可计算如下:

$P(D=144,P=1.45,2)=144,000\times1.22-(100\,000\times1+1.45\times44\,000)=11\,880(美元)$

$P(D=144,P=1.19,2)=144\,000\times1.22-(100\,000\times1+1.19\times44\,000)=23\,320(美元)$

无论有没有提供弹性租赁,前两个节点的利润都相等,而在下一个节点,当即期价格低于租赁价格时,第三方物流公司能够利用这一弹性优势,只利用首批 60 000 平方英尺的租赁面积,以较低的价格从即期市场上购买其余的仓储空间。这样,$(D=144,P=0.97)$ 节点的利润就如下所示:

$P(D=144,P=0.97,2)=144\,000\times1.22-(60\,000\times1+84\,000\times0.97)=34\,200(美元)$

如果需求低于 100 单位时,TL 公司也能够利用弹性租赁优势,做出不租赁的决定,从而不必支付 100 000 平方英尺的款项,其余节点的利润可计算如下:

$P(D=96,P=1.45,2)=96\,000\times1.22-96\,000\times1=21\,120(美元)$

$P(D=96,P=1.19,2)=96\,000\times1.22-96\,000\times1=21\,120(美元)$

$P(D=96,P=0.97,2)=96\,000\times1.22-(60\,000\times1+36\,000\times0.97)=22\,200(美元)$

$P(D=64,P=1.45,2)=64\,000\times1.22-64\,000\times1=14\,080(美元)$

$P(D=64,P=1.19,2)=64\,000\times1.22-64\,000\times1=14\,080(美元)$

$P(D=64,P=0.97,2)=64\,000\times1.22-(60\,000\times1+4\,000\times0.97)=14\,200(美元)$

总经理评估了 2 期的预期利润 $EP(D=,P=,1)$,它是 2 期利润的 1 期现值和 1 期每一节点的预期利润之和,计算结果如表 10 - 11 所示。

表 10 - 11　TL 公司在弹性合同下 1 期利润的计算

节点	EP($D=$,$P=$,1)	PVEP($D=$,$P=$,1)	P($D=$,$P=$,1)
($D=120$, $P=1.32$,1)	$0.25\times11\ 880+0.25\times23\ 320+$ $0.25\times21\ 120+0.25\times21\ 120=$ $19\ 360$(美元)	$19\ 360/1.1=17\ 600$ (美元)	$120\ 000\times1.22=(100\ 000\times1+20\ 000\times$ $1.32)+$PVEP($D=120,P=1.32,1)=$ $20\ 000+17\ 600=37\ 600$(美元)
($D=120$, $P=1.08$,1)	$0.25\times23\ 320+0.25\times34\ 200+$ $0.25\times21\ 120+0.25\times22\ 200=$ $25\ 210$(美元)	$25\ 210/1.1=22\ 918$ (美元)	$120\ 000\times1.22=(100\ 000\times1+20\ 000\times$ $1.08)+$PVEP($D=120,P=1.08,1)=$ $24\ 800+22\ 918=47\ 718$(美元)
($D=80$, $P=1.32$,1)	$0.25\times21\ 120+0.25\times21\ 120+$ $0.25\times14\ 080+0.25\times14\ 080=$ $17\ 600$(美元)	$17\ 600/1.1=16\ 000$ (美元)	$800\ 000\times1.22-80\ 000\times1+$ PVEP($D=80,P=1.32,1)=$ $17\ 600+16\ 000=33\ 600$(美元)
($D=80$, $P=1.08$,1)	$0.25\times21\ 120+0.25\times22\ 200+$ $0.25\times14\ 080+0.25\times14\ 200=$ $17\ 900$(美元)	$17\ 900/1.1=16\ 273$ (美元)	$800\ 000\times1.22-80\ 000\times1+$ PVEP($D=80,P=1.08,1)=$ $17\ 600+16\ 273=33\ 873$(美元)

1 期的预期总利润为基期利润与 1 期预期利润现值之和。因此,经理得出下式:

$$EP(D=100,P=1.20,0)=0.25\times P(D=120,P=1.32,1)+$$
$$0.25\times P(D=120,P=1.08,1)+0.25\times P(D=80,P=1.32,1)+$$
$$0.25\times P(D=80,P=1.08,1)=0.25\times37\ 600+0.25\times47\ 718+$$
$$0.25\times33\ 600+0.25\times33\ 873=38\ 198(美元)$$
$$PVEP(D=100,P=1.20,1)=EP(D=100,P=1.20,0)/(1+k)=$$
$$38\ 198/1.1=34\ 725(美元)$$
$$P(D=100,P=1.20,0)=100\ 000\times1.22-100\ 000\times1+$$
$$PVEP(D=100,P=1.20,0)=22\ 000+34\ 725=56\ 725(美元)$$

现在,我们就可以得出弹性值,即两种合同的预期现值的差值:

弹性合同的预期现值 = 56 725 美元

固定合同的预期现值(租赁 100 000 平方英尺) = 38 364 美元

弹性的净现值 = 56 725 美元 - 38 364 美元 = 18 361 美元

可见,弹性合同对 TL 公司有利,因为它只需前期预付 10 000 美元,即便如此,也比固定合同价值高 8 361 美元。

10.4　本章小结

供应链直接影响着产品从厂商到达最终消费者的全过程,过程中所耗费的资源又决定了产品有效到达用户时的成本。通过下面的决策:渠道结构管理、库存管理、订单管理和运输管理,供应链管理直接影响着资产回报率。在进行供应链决策时,企业应参考净收益、资产回报率和权益报酬率等财务指标。决策树是一种图谱,它可用来评估在因素不确定的情况下所做出的决策。贴现现金流的决策树可以用来评估在价格、需求、汇率以及通货膨胀等因素不确定的情况下所做出的供应链决策。在供应链内部评估弹性时,决策树分析方法非常有用。

托灵顿公司的综合获利能力分析系统[①]

托灵顿公司(Torrington Supply Co.)很清楚自己从客户和销售中赚取了多大利润。这得益于该公司的董事长兼首席执行官乔尔·贝克和首席财务总监大卫·皮提的探究性思维,他们能够精确地计算出哪些客户为公司带来了利润,哪些客户为公司带来了损失。此外,他们还能够利用这些数据为公司和客户双方创造更多的收益。

贝克承认他花费了大量的时间来建立一个综合获利能力分析系统。这个系统证明了知晓利润从哪里来对业务的成功分销至关重要,这也是托灵顿公司努力的方向。

贝克意识到,及时获得客户净获利能力的信息对公司销售人员获得订单大有帮助。一旦这些销售人员拿到这些信息,他们惊奇地发现,他们认为最好的客户也让公司大量地流失利润。

贝克举例说,从一个每年在公司购买超过 200 000 美元原料并且在 29 天内付款的客户那里,公司总共获取的毛利将近20% ,"但同时这个客户也给公司带来了损失",贝克说。

问题在于,托灵顿公司每条产品线从这个客户身上获利最多 3 美元,即每个订单21 美元。如贝克所言:"每一单都有固定的成本在里面。关键的是每个订单的毛利,而不是每条线的毛利。那些令我们获利最多的客户实际上却为公司创造了最低的毛利润率。这其中的秘密就在于订单的规模。"

贝克认为,解决这个问题的最好切入点莫过于直接与客户沟通。以获利能力分析报告为依据,他走访了一些客户公司的老板和运营经理。贝克后来回忆道:"我曾对他们说:'您是我们最棒的客户。我们已经合作了很长时间。

---

① 资料来源:Marlle O'Connor, "A Full Measure of customer service," supply House Times. December 1999. p44 ~ 99。

我们珍视这种合作关系。但是现在我们需要您的帮助以使我们得以继续合作。这就是,希望您能帮助我们降低交易的成本。'于是我列出了我认为他们能够做到的许多事。"

客户们很惊讶,他们意识到,下这么多的订单对他们来说也是一种成本的浪费,所以他们很乐于与托灵顿公司合作,以降低双方共同的交易成本。

"现在在他们订单的流程已经实现了电子化。"贝克说,"大多数的客户惊讶于交易中我们的作业水平。这是真正的双赢。"

到目前为止,贝克只与那些乐于改进的客户进行沟通。贝克说:"我回顾了一下在过去的 52 个星期内我们与这些客户的经营活动,他们赚了多少,我们公司又获利多少,多少条产品线,结算、退货、交货、客户自提和直接发货到门的货物的情况,等等。这些客户以前在向我们提要求时,根本没有意识到我们会为这个要求支付多少成本。但是当他们看到这些数据后,他们的反应还不错。"

复习思考题

1.解释供应链管理领域中渠道结构管理、库存管理、订单管理和运输管理同资产回报率之间的关系。

2.解释杜邦分析系统,并说明如何运用它进行供应链战略的选择。

3.如何运用决策树评估弹性?

11 供应链与业务流程重组

学习目标

▶ 了解业务流程重组产生和发展的背景以及建模方法

▶ 掌握业务流程重组的定义

▶ 了解业务流程重组的本质

▶ 了解供应链组织结构的演变过程

▶ 了解传统物流管理组织的基本结构和特征

▶ 了解简单功能集合的物流管理组织的结构

▶ 了解物流功能独立以及一体化物流的组织形式

▶ 掌握实施供应链业务流程重组应注意的问题

▶ 掌握基于时间的供应链业务流程重组的基本方法

▶ 了解基于成本、绩效的供应链业务流程重组的基本方法

11.1　引言

　　管理的本质在于,最有效地利用企业的内外资源,追求资源的可得性,以维持企业的生存和发展。由于信息技术的突飞猛进不断冲击着人们的生活与思维方式,也影响着与其息息相关的组织活动,在有效地利用现有资源观念的推动下,产生了业务流程重组技术。本章全面阐述了业务流程重组的产生与发展、业务流程重组的定义及本质、业务流程重组的建模方法、供应链组织结构、基于时间的业务流程重组、基于成本的业务流程重组以及基于绩效的业务流程重组。

11.2　业务流程重组概述

11.2.1　业务流程重组的产生与发展

　　业务流程重组产生和发展的动力,不仅来源于管理理论自身发展的需要,全球化竞争压力和信息技术发展都推动着业务流程重组技术的发展。

11.2.1.1　管理理论自身发展的需要

　　工业革命将人类社会从农业经济时代带入到工业经济时代,随着技术的发展和市场的扩大,现代企业组织形式逐步成长与成熟起来。现代企业组织形式及相应的管理理论的根本特点可以概括为两点:一是强调将可重复的产品生产经营活动分解成一系列标准化和序列化的任务,并分配给特定的执行者,以降低单位产品的劳动成本和设备成本,并提高生产效率;二是强调由特定的管理层来监督和确保执行者有效地完成任务,进而形成各种职能部门和自上而下梯阶控制的金字塔状的科层组织结构。毫无疑问,在企业以制造大量标准化产品为目标的前提下,体现专业分工精神的企业组织形式所采用的分解和再分解,将整体分解为部件,部件再分解为元件,并通过每一步骤规范化、简单化和各个元件的最优化生产,来实现产品整体的最优化生产和生产成本大幅度降低的做法是非常有效的。但是,在企业使命随着社会进步而发生变化之后,再从满足顾客需要的角度认真考虑这种企业组织形式的效率和效果时,它无法满足顾客需要的弊病便会暴露无遗。

　　20世纪70年代以来,用世界上最先进的计算机系统、管理理论武装起来的美国企业渐渐发现自身机构臃肿、管理层次重叠、冗员过多和办事效率低下等问题。过细的专业分工导致人们将工作重心放在个别作业的效率上,而忽视整个组织的使命。同时,职能部门间的利益分歧往往使个体的短期利益凌驾于组织发展目标之上,产生"只见树木不见森林"的本位主义和管理的"真空地带",从而弱化了整个组织的功效。科层组织理论的控制方式和等级结构,决定了它受有效管理幅度原则的限制,当组织规模扩大到一定程度时,必须通过增加管理层次来保证有效领导。科层制中组织层次过多首先会引起沟通成本的剧增,并且随着企业规模的扩大,延长了信息沟通的渠道,从而延长了信息传递的时间,可能会导致时机延误和决策过程失误。由于指挥路线过长,上下级关系不确定,会造成管理上的"真空地带",遇到问题无人负责。其次,在科层制管理体制下,各个单位、部门往往会精心构思自己的行为,使自己的目标凌驾于整个组织的目标之上。这种分散主义和利益分歧或许能够实现局部利益的提高,但却弱化了整个组织的功效。再次,科层式企业组织形式作为劳动分工专业化和层级组织理论的结合体,决定它是本着物质流动的需要而建立起来的组织形式,相应的,科层式企业组织中的职能部门成为实现物质流动的重要载体。当物流日趋复杂化而需要用信息流来取代某些物流的作用并渐渐支配和主导了物流的运动时,企业就迫切需要打破原有组织形式中人为设定的市场、设计、生产、销售、财务、人事等职能性工作之间的分工界限的围墙,逐步建立一个面向顾客,集财务、销售、市场等于一体的有机的企业组织形式。

显然,在原有的科层组织形式框架内进行修修补补难以达到彻底改变上述弊端的目标。那么,管理变革的方向到底在哪里呢?业务流程重组正是要针对企业内部各部门不合理地分割与肢解一项产品或服务所造成的效率下降和权责不明问题,试图用"以流程为导向的企业组织"来取代"以职能为导向的企业组织"的思路,来改变这种经营不良的状态。

业务流程重组将为企业重新构造价值链、供应链以及核心业务流程,从本质上增强企业的核心竞争力。可见,业务流程重组是企业获得突破性成长的有效途径。美国乔治·华盛顿大学管理学院教授、世界未来学会理事威廉·哈拉勒在《无限的资源》一书中指出:"世界各国的企业正在经历以知识为基础的'革命'。这种革命将创造出生产力更高、赢利能力更强的新型企业。企业所处的时代背景和竞争环境发生了根本性变化,企业为了生存和发展,必须要进行一场新的管理革命。"

11.2.1.2 全球化竞争压力的推动

20 世纪五六十年代前,欧美企业大多以生产成本和产品价格的竞争为焦点,各种有助于实现产品标准化、自动化和规模化大生产的管理手段与技术层出不穷。60 年代以来,消费者需求呈现个性化和多样化的变化趋势,促使企业必须深度关注消费者的需求和潜在的需求,并建立起一个完善的以顾客为中心的服务体系。80 年代后期,全球性资源的自由流动和新技术革命,使任何一个国家的顾客不仅可以从本国产品还能从外国产品中获得满足,这大大加剧了竞争环境的动荡程度。如今,世界上每一个具有潜力的区域市场,只要存在足够的利润空间,随时都会有大量各种"肤色"的企业涌入,并迅速分割市场。

日趋明了的世界市场自由贸易与经济全球化的发展趋势加速了企业外部经营环境中各种不确定因素的暴涨,并对企业提出了快速响应和弹性运营的变革要求——这就是人们通常所说的关系到企业生存与发展的 3C 因素。

(1)顾客(Customer)。20 世纪 80 年代初期至今,买卖双方的关系发生了重要变化,现在完全是买方市场,顾客主宰着买卖关系,顾客选择商品的空间大为扩展。因此,怎样使顾客满意就成为企业奋斗的目标和一切工作的归宿。亨利·福特一世要将黑色的 T 型车卖给整整一代美国人的时代早已一去不复返了。

(2)竞争(Competition)。以往那种凭借物美价廉的商品就能在竞争中稳操胜券的简单竞争方式,已经被多层面全方位的竞争方式——TSCQ(T:按合同及时交货或确定新产品上市时间;S:售前咨询服务及售后维护升值服务;C:成本;Q:质量)所取代。谁能提供独特的产品和优质的服务,谁就能赢得竞争。第二次世界大战以来,世界经济从国际化向全球化演变的趋势日益明显。东南亚经济危机能由一个国家引发而迅速波及整个东南亚并进而对全球经济构成重大影响,就是这种经济全球化的具体反映。经济全球化使得原本激烈的市场竞争变得更加激烈。如今,几乎任何一家公司都能感受到来自市场环境的竞争压力。

(3)变化(Change)。在顾客和竞争两股力量演变的背后就有变化的影响,信息时代加快了变化的节奏。正如花旗银行公司总裁约翰·里德(John Reed)所说:"如果有谁认为今天存在的一切都将永远真实存在,那么他就输定了。"所以,杰里米·卡恩(Jeremy Kahn)认为:"不管是微软公司,还是法国航空公司,或是诺基亚公司,它们都面临着越来越变化莫测的客户、市场以及日新月异的科技。"

正是由于这三股力量的影响,企业家们必须寻求获得新的、突破性的生存之路。由于上述三股力量对企业的影响如此深远,现代企业实际上已经很难再按照亚当·斯密制定的商业规则从事商业活动了。企业为了寻求持续的增长势必借助于新的商业规则,于是,业务流程重组应运而生,并成为世界范围内的浪潮。

11.2.1.3　信息技术发展的直接动力

(1)信息技术的能动力量。回顾人类历史,从劳动中产生并发展起来的技术革命始终是推动社会进步的重要力量。在新的经济环境里,信息日渐取代以往物资形式的各种资源,在现代社会的大生产流通与消费循环中占支配性的强势地位,并拥有了前所未有的通向财富和价值的顺畅通道。特别是在新技术所创造的新形式的激烈竞争中,信息技术不仅是提高企业竞争力的工具与手段,更是驱使企业改进业务流程的重要能动因素。信息技术大幅提高了企业的竞争能力,并提高了企业竞争的起点。信息技术对企业管理创新起到了以下 4 方面作用:①信息技术是企业参与市场竞争和提高竞争力的工具;②信息技术影响着企业组织机构和运营机制;③信息技术是促进企业面向未来进行创新的催化剂;④信息技术是构筑供应链管理体系的沟通渠道和纽带。

(2)信息技术的支持作用。从信息技术进步的角度看,信息技术的发展与应用为业务流程重组理论(BPR)的出现提供了强有力的支持。信息技术对 BPR 的产生与推广的意义可概括为以下 4 点:①柔性制造系统、精细生产、准时制造和全面质量管理等多种基于信息技术的先进的制造技术和现代化管理方式日臻完善,为 BPR 打造了实施基础;②应用信息技术武装的员工的整体素质明显提高,是保障 BPR 成功实施的前提条件;③很多企业运用信息技术却无法使其充分释放潜能或信息技术应用失败,也是使企业重视 BPR 的重要原因;④信息技术能够有效地帮助企业实施 BPR。

如果说一个新概念或一种新理论的出现往往标志着时代的变迁,那么,网络经济、知识经济、体验经济、注意力经济和数字经济等新理论的出现,知识管理、信息管理、模糊经营等新理论的问世,知识企业、学习型组织、虚拟公司等新型企业形态的亮相,商业生态系统、数字神经系统、消费者学习等新经营理念的流行,知识工作者、知识总监、虚拟银行家等新企业角色的登台等等无不标志着一个崭新的经营管理时代已经悄然来临。

11.2.2　业务流程重组的定义及本质

作为一种管理思想,业务流程重组诞生于 20 世纪 90 年代,至今仅仅发展了十多年。由于站在新的角度去审视企业,并且大量采用了充满挑战和机遇的信息技术,业务流程重组成为企业管理界的热门话题。

11.2.2.1　业务流程重组的定义

1990 年,美国的麦可·汉默(Michael Hammer)博士首先提出了"业务流程重组"(Business Process Reengineering,BPR)的概念,并将它引入到西方企业管理领域。他认为:"企业再造就是从根本上考虑和彻底地设计企业的流程,使其在成本、质量、服务和速度等关键指标上取得显著的提高。"作为一种基于信息技术的、为更好地满足顾客需要服务的、系统化的、企业组织的工作流程的改进哲学及相关活动——业务流程重组突破了传统的劳动分工理论的思想体系,强调以"流程导向"替代原有的"职能导向"的企业组织形式,为企业经营管理提出了一个全新的思路。

11.2.2.2　BPR 的核心是面向顾客满意度的业务流程

作业流程是指这样一系列活动:即进行一项或多项投入,以创造出顾客所认同的有价值的产出。在传统劳动分工的影响下,作业流程被分割成各种简单的任务,经理们将精力集中于个别任务效率的提高上,而忽略了最终目标,即满足顾客的需求。而实施 BPR 就要有全局的思想,从整体上确认企业的作业流程,追求全局最优,而不是个别最优。企业的作业流程可分为:

BPR 定义种种

达文波特(Davenport)提出了企业流程创新(Business Process Innovation,BPI)的概念。他认为,流程创新是一种革命的新方法,这种方法通过使用信息技术和人力资源管理技术对企业的流程进行创新,可以极大地提高企业的成本、质量等指标。

玛卢(Marrow)等人提出了企业流程再设计(Business Process Redesign,BPR)的概念。该方法是通过检查和简化企业关键流程中的活动和信息流,降低成本、提高质量和增大柔性。

卡普兰(Kaplan)等人提出了核心流程再设计(Core Process Redesign,CPR)的概念。CPR方法就是对企业运营进行根本性再思考,对其工作流程、决策、组织和信息系统同时以集成的方式进行再设计。

洛文塔尔 (Loewenthal) 提出了组织再造(Organization Reengineering,OR)的概念。他强调以组织核心竞争力为重点,对业务流程和组织结构进行根本性的再思考和再设计,以达到组织业绩的巨大提高。

格罗佛 (Grover) 等人提出了企业流程变化管理(Business Process Change Management,BPCM)的概念。BPCM是一种战略驱动的组织变革,是对企业流程的改善和重新设计,通过改变管理、信息、技术、组织结构和员工之间的关系,使企业在质量、响应速度、成本、柔性、顾客满意度、股票价值及其他重要流程业绩方面取得优势。1999年,格罗佛发表文章认为,BPR的发展已经进入了企业流程改变管理阶段,连续性的改变显得越来越重要。

(1)核心流程:

第一,物流作业活动:包括识别顾客需求、满足这些需求、接受订单、评估信用、设计产品、采购物料、制作加工、包装发运、结账和产品保修等。

第二,管理活动:包括计划、组织、用人、协调、监控、预算和汇报,以确保作业流程以最小成本及时准确地运行。

第三,信息系统:通过提供必要的信息技术以确保作业活动和管理活动的完成。

（2）支持流程。支持流程包括企业基础设施、人员、培训、技术开发、资金等，以支持和保证核心流程。

11.2.2.3 BPR 面向顾客和信息技术的实质

除前面已经论述的面向企业流程之外，实施 BPR 还必须面向顾客，并合理运用信息技术。

（1）面向顾客。BPR 诞生在美国是有其必然性的。长期以来，美国企业以技术为推动力，而忽视了顾客的核心地位，难以适应瞬息万变的市场环境。第二次世界大战后，美国在世界经济格局中举足轻重，由于长期缺乏竞争对手，它将精力大量投入学院式基础研究，走上了一条技术推动型道路。而日本则相反，科研为生产服务，因此到了20 世纪80 年代，日本的竞争力大大加强，并在机械、钢铁、汽车、化工等美国传统优势行业中显示出明显的比较优势。20 世纪90 年代，美国企业纷纷转变思想，一切以市场、顾客为核心，正逐步夺回优势。

正如前面所说，顾客的选择范围扩大，期望值提高，如何满足客户需求，解决"个性化（Customization）提高"和"交货期（Responsiveness）缩短"之间的矛盾，已成为困扰企业发展的主要问题。实施 BPR 如同"白纸上作画"，这张白纸应是为顾客准备的。首先应当由顾客根据自己的需求填满，其中包括产品的品种、质量、款式、交货期、价格、办事程序、售后服务等，然后企业围绕顾客的意愿，开展重建工作。这是成功的关键，必须投入大量的精力。例如，有的企业为了能充分了解顾客和市场，甚至在其 BPR 小组中吸纳几名顾客，作为一个整体开展工作。通过这些顾客反馈信息，企业可以及时调整重建方向，以避免 BPR 的结果与意愿相违背。

（2）运用信息技术。在 BPR 的原则中，可以看出 BPR 与信息技术的紧密关系，但是两者绝非是等同的。它们的关系可以归纳如下：①BPR 是一种思想，而 IT 是一种技术；②BPR 可以独立于 IT 而存在；③这种独立是相对的，在 BPR 由思想到现实的转变中，IT 起了一种良好的催化剂作用。

实施 BPR 不是单纯的技术问题，更是一种思维方式的转变。而多数企业却将信息技术镶嵌于现有的经营过程中，他们想的是"如何运用 IT 来改善现有流程"，却没有从根本上考虑"我们要不要沿用现有的流程"，而后者才是 BPR 的观点，它不是单纯地搞自动化，不是单纯地用技术来解决问题，而是一种管理创新。那么，有没有不需要 IT 的BPR 项目呢？理论上应该是有的，但从全球范围看，随着国际互联网、企业内部网和电子商务的飞速发展，信息技术正广泛而深入地介入人们的生活，改变着人们的生活方式和思维模式。在这种情形下，想脱离 IT 而完成 BPR 几乎是不可能的。若把 BPR 比做一种化学反应，那么 IT 就是催化剂，离开了它，反应虽可进行，但却难以达到理想的结果。正因为如此，合理运用信息技术成为 BPR 的难点和要点所在。

BPR 的基本内涵正是以作业为中心,摆脱传统组织分工理论的束缚,提倡顾客导向、组织变通、员工授权及正确地运用信息技术,从而达到适应快速变动的环境的目的。其核心是"过程"观点和"再造"观点。"过程"观点,即集成从订单到交货或提供服务的一连串作业活动,使其建立在"超职能"基础上,跨越不同职能部门的分界线,以求管理作业过程重建;"再造"观点,即打破旧有管理规范,再造新的管理程序,以回归原点和从头开始,从而获取管理理论和管理方式的重大突破。

11.2.3 业务流程重组的建模方法

企业流程建模是认识、理解、分析、评价企业流程的基础,是使用非语言的可视化方法描述企业流程结构和信息的方法,也是进行 BPR 的关键环节。本部分着重介绍几种典型的流程建模的工具和方法。

11.2.3.1 Petri 网方法

Petri 网是一种适用于多种系统的图形化、数字化建模工具。Petri 网的主要功能是为各种与并行系统有关的特性和问题提供分析方法。利用 Petri 网模型可以研究两类特性:依赖于初始状态和独立于初始状态的特性。前者是指状态行为特性,后者是指状态结构特性。Petri 网可以分析的状态行为特性有可达性、有界性、活性、可逆性、包容性和持续性等。

在 Petri 网中,库所和变迁是两种基本元素,其中的基本术语包括:资源,即系统中发生变化所涉及的与系统状态有关的因素,包括原材料、产品、人员、工具、设备、数据等。库所,即资源按其在系统中的作用分类,每一类存放一处,则该处抽象为一个库所,称为 P 元素,库所不仅是一个场所,而且表示该场所的资源;变迁,即资源的消耗、使用及产生对应于库所的变化,又称 T 元素。

在标准的 Petri 网模型表示中,用圆圈代表库所,用细长方框代表变迁,用有向弧表示从库所到变迁的输入和从变迁到库所的输出。在建模过程中,如果使用条件和事件的概念,那么位置就代表条件,转移则代表事件。一个转移(事件)有一定数量的输入和输出位置,分别代表事件的前提条件和后继条件。位置中的符号代表可以使用的资源或数据。

Petri 网适合于描述异步并发系统,为解决属于不同子系统的事件之间的并发问题、局部目标和全局目标之间的冲突问题、资源有限问题提供了途径。Petri 网在 BPR 中也得到了广泛的应用。

11.2.3.2 IDEF3 过程建模方法

IDEF3 方法是用来获取 BPR 中经营活动序列描述的建模方法,其基本目的是提供一种结构化的方法,通过该方法,某领域的专家能够表述一个特定系统或组织的操作知识,以自然方式直接捕获关于真实世界的知识,使该方法的信息获取成为可能。IDEF3方法提供了一种机制去捕捉项目活动间的约束,对于参与活动的对象,IDEF3语言提供了详细描述的途径。IDEF3过程描述和对象状态转移网络为数据采集和分析提供了有力的支持,这些支持包括:①为记录和分析来自于调研的原始数据提供系统化方法;②确定一个组织的信息资源对企业主要运作方案的影响;③确定归档过程;④定义数据结构管理,改变控制策略定义;⑤支持系统设计和设计权衡分析;⑥为产生仿真模型提供强有力的支持机制;⑦为专家系统的开发收集并表达某领域专家的观点提供支持。

IDEF3方法的基本组成部分包括:①行为单元(UOB):行为单元的作用是描述"正在发生什么事",相当于功能或活动;②交汇点(Junction):交汇点是IDEF3方法的一个创新,用于过程分支的情况下,可以粗略地表示多个分支活动之间的逻辑关系和时间关系;③参照(Reference):参照是IDEF3方法中一种内涵比较复杂、功能较为丰富的成分;④OSTN图:OSTN图是从对象的角度来描述一个过程,通过记录某对象的状态集、状态保持和转移的条件等因素,可以反映出实际过程的进展。

利用IDEF系列方法(IDEF0/IDEF3)在BPR中进行企业经营过程建模,其主要思想是:首先,建立过程的功能模型是过程建模的核心。通过功能分析,可以从宏观上确立过程所包含的各项活动、活动的信息流动、活动开展所必需的控制和支持机制。其次,信息视图是过程建模的基础。最后,在功能模型中,活动一般可以对应过程的任务。信息输入输出代表任务间的信息传递;活动执行的控制表明任务执行时需要的控制制约;活动的机制表明活动开展所需要的资源。

11.2.3.3 RAD(Role Activity Diagram)方法

在BPR中,RAD采用以下五种概念作为模型建立的出发点:①角色的活动如何划分;②企业在过程中要实现什么,即过程目标;③为实现目标采取的行动,即活动;④人们如何协作来完成工作;⑤企业用什么样的约束条件规定人们能做什么和应该如何做,即经营规则。

基于上述概念,RAD涵盖了以下工作内容:

(1)按角色分解过程。角色通常是由担负一定职责的个人或部门所完成的一组活动。与角色相关联的是为完成这一角色而必需的资源。过程中的角色是相对独立的,它用各自的资源集完成相应的活动,并通过与其他角色的交互作用进行协同工作。

(2)过程目标。目标其实表述了一种功能性的状态,即过程试图达到的一种状态或状态集。

(3)活动。RAD用黑色小盒子表示活动,盒子上方的状态线段代表该活动开始要满足的状态(前状态),下方的状态线段则表示活动完成后达到的状态(后状态)。盒子只是活动的一种符号,代表了一些活动进行的细节,而这些又不是人们所关心的。另外,活动往往是由一个角色执行的。正是通过前状态和后状态,确定了各个活动的发生顺序,即前面活动的后状态是后面活动的前状态,形成一种时间流序列。

(4)角色间的交互作用。企业内人们的工作并不是相互独立的,过程也无疑包含了许多个人或部门的合作,这些合作是通过各种形式的交互作用实现的,比如:我传送给你一些信息;我授予你一项任务;我们一致同意采取某种行动;你要向上级领导汇报你的工作成果;我等待你的某些信息。交互作用常常伴随对象的传递,在有些情况下则是对象的互换。不过,并非所有的交互作用都有对象的参与。

RAD 并不标明每个交互作用的物理形式,人们关心的是其意义。如果对作用的物理形式的确感兴趣的话,也可以使其更具体。交互作用除了发生在两个角色之间外,也可以用于多角色间,同样是用白色盒子在相应角色内代表。这些角色同样要遵循同步要求,即各角色都到达开始状态后,各个角色同时发生作用,而且同时结束。至于这一过程的时间则可长可短,根据具体情况而定。

(5)经营规则。正如人们所看到的,角色、目标、活动和作用这些概念在 RAD 中都有专门的符号表示。而像顺序、决策和并行性等将它们联系在一起的经营规则也有两种标识符,分别是路径选择和并行路径。

(6)如何处理复杂问题。传统的系统分析工具,其层次化的结构特点使得问题的表述规范、简单和便于理解,也是处理复杂问题的有效途径。不过,企业组织型经营过程并不太适合结构化分解。事实上,过程不但不具层次性特点,而且趋向于多维网络结构。解决 RAD 建模复杂性问题的方式就是将活动或作用拓展成一个新的 RAD 图。

11.2.3.4　工作流方法

企业经营过程的建模目的是实现由人、应用、数据动态组成的流程的管理、控制和优化。通过把应用逻辑和过程逻辑分离,把过程建模和数据、功能分离,可以不修改具体功能而只修改过程模型来改变系统功能。

工作流方法是实现流程执行和控制管理的一条途径,它可以被有效地应用于企业经营过程重构中的过程建模。一个工作流包括一组活动以及他们的相互顺序关系,还包括过程以及活动的启动和终止条件以及对每项活动的描述。

从生产经营过程的角度出发,一个制造企业可以被视为由多个相互关联的不同层次的流程组成的活动流程网络。如由订货、采购、设计、生产交货组成的主流程,该主流程又可以分为多个彼此相关的小流程,如产品设计流程、产品制造流程、销售经营流程等。这些流程可以被处理为多个相关的工作流,从而利用工作流技术对其进行建模和管理。

所有支持工作流建模的软件都建立在四种基本技术元素之上,即流程逻辑、组织结构、工作处理对象和自动化。

流程逻辑定义了任务的顺序,工作项所遵循的路由规则、截止日期及工作流引擎所执行的其他商业规则。图形化的流程图是工作流软件最直观的表现。一般来说,使用图形化的设计工具,用户只要少量编程,或者根本不用编程就可以创建定制的流程图。运行的时候,工作流引擎会自动根据流程图逐项任务的指导工作项进行。"所有超过1 000美元的索赔都必须得到经理的批准",或者"如果在10天内没有完成,发送提醒信息",这样的商务规则可以在设计的时候指定,由工作流引擎自动执行。高级的工作流系统还可以跟踪现在的状态,处理每个工作项的历史,产生统计报表。

组织结构包括用户表、小组表和角色表。使用诸如客户服务代表、主管或者技术人员这样的角色,工作流引擎的设计者就不用在流程图中指定运行环境中具体的用户和小组,而由管理员指定用户为什么角色。这样,在整个企业范围内,就可以使用同样的安全模型、流程逻辑和商业规则来重新使用流程定义,也可以让机构在不改变流程的情况下进行修改。

工作处理对象意味着可以把多种表格、文档和附件作为一个工作项进行管理。在高级的工作流系统中,处理工作流所需要的所有数据和文档都集中在一起,作为一个整体在流程图中流动。

自动化是指在处理过程中可以定义脚本和触发条件。流程图中的特定步骤可以自动运行,自动化也可以在交互式的任务中实施商业规则。有一种常见的自动化就是截止日期的处理,如果一个工作项在规定的日期内没有完成,就发送提醒信息,或者触发更高级的处理过程。

11.3 供应链的组织结构

物流管理是企业管理活动中业已存在的主要工作之一,虽然过去还没有明确提出供应链的概念。本部分主要通过对企业物流管理组织结构的阐述来揭示供应链的组织结构。

早期的物流管理仅关注企业内部的物流组织,很少涉及企业外部的物流问题,直到20世纪90年代初期才把物流管理扩展为供应链管理,因而其组织结构也经历了不同的发展阶段。唐纳德·鲍尔索克斯(Donald J. Bowersox)等人将企业组织结构变化与物流管理、供应链管理等联系起来,对美国企业物流管理组织的变化总结出了几种典型模式。

11.3.1 传统物流管理的组织形式

这种组织形式就是常说的按职能部门分工的组织形式(如图 11 - 1 所示)。这时的部门主要表现为按专业划分。虽然有上级主管部门进行协调,但是由于各个部门总

建立企业组织结构的关键7要素

企业要在绩效方面取得大的飞跃需要重新思考完成工作的方式。为了达到这个目的,一些企业正在采用一种新的组织模式,以下是这种模式可能运行的方式:

1.根据过程,而不是任务进行组织。不要依据职能或者部门建立结构,而是依据公司的3~5个核心过程构建公司,建立特定的绩效目标,为每个过程分配一个"管理者"。

2.取消等级。为了减少监督,把分割的任务组合起来,去除无法增值的工作,把每个过程内部的活动减到最少,并用尽可能少的小组来运作整个过程。

3.使用小组管理一切事务。使小组成为组织中的主要部分,通过让小组自我管理的方式限制监督权力,为小组制定共同目标,对可衡量的绩效目标负责。

4. 让客户驱动绩效。让客户满意——并非股票升值或赢利——成为绩效的首要驱动力和衡量标准。如果能使客户满意,就会带来利润,股票也会升值。

5.对小组的绩效予以酬劳。将对个人业绩进行评定和酬劳的制度转变为对整个小组的业绩进行评定和酬劳,鼓励员工发挥多种技能,而不仅仅限于专业技术秘诀,并为此酬劳员工。

6.增加供应商和客户的接触。让雇员与供应商和客户进行直接的定期的联系,必要时将供应商和客户代表吸收为全职工作人员。

7.培训所有的雇员。不要只是以"需要知道"为基础,填鸭式地提供一些处理过的信息。把原始数据提供给员工,告诉他们如何将其运用到自己的分析当中,并做出自己的决定。

是从自己的利益出发,部门主管很难达成一致,更不用说下面的工作人员。

这种现象意味着整个工作缺乏跨职能协调的能力,从而导致重复和浪费,信息常被扭曲或延迟,权力界限和责任模糊。这时候还没有出现独立的物流管理功能,也没有独立的职能部门。

供应链管理概论

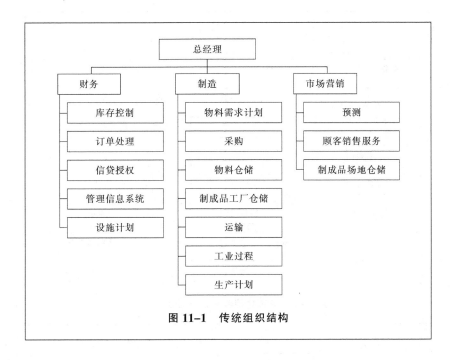

图 11-1　传统组织结构

11.3.2　简单功能集合的物流组织形式

当人们初步认识到业务分割和分散化的组织使企业反应迟钝之后,便开始了对组织功能合并的尝试,这种变化出现在 20 世纪 50 年代。但是这时的功能集合只集中在少数核心业务上。例如,在市场营销领域,集中点通常围绕在客户服务周围;在制造领域,集中点通常发生在进入原材料或零部件采购阶段。大多数的部门并未改变,组织层次也未做大的改变,因此其功能整合的效果有限。简单功能集合的物流组织形式如图 11-2 所示。

11.3.3　物流功能独立的组织形式

20 世纪 60 年代末、70 年代初,物流管理的重要性受到了进一步重视,出现了物流管理功能独立的组织形式(如图 11-3 所示)。此时将物资配送和物料管理的功能独立出来,在企业中的地位也提高了。尤其是随着市场需求量逐渐加大,企业为了更快地、成本更低地做出反应,纷纷建立面向零售业的物流配送中心,这也是造成物流管理部门相对独立和地位提升的原因之一。

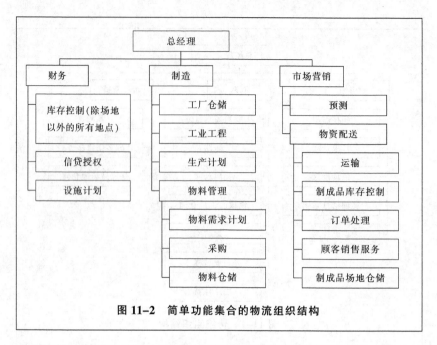

图 11-2　简单功能集合的物流组织结构

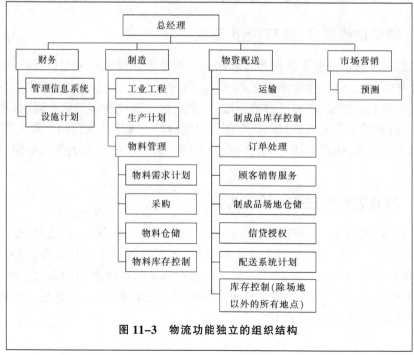

图 11-3　物流功能独立的组织结构

供应链管理概论

11.3.4　一体化物流组织形式

20 世纪 80 年代初期出现了一体化物流组织形式的雏形。这种组织形式试图在一个高层经理的领导下统一所有的物流功能和运作,目的是对所有原材料和制成品的运输和存储进行战略管理,使企业产生最大利益。这一时期计算机管理信息系统的发展促进了物流一体化组织的形成(如图 11 – 4 所示)。在这种组织结构中,负责总体的计划与控制处于组织的最高层次上,这种努力促进了一体化的形成。计划功能关注的是长期的战略定位,并对物流系统的质量改进和重组负责。物流控制的注意力集中在成本和客户服务绩效的测量上,并为管理决策的制定提供信息。物流控制系统开发是综合物流管理预测的关键程序之一。这时的物流组织将厂商定位在可以处理采购、制造支持和物资配送之间的利益协调方面,有利于从整体上把握全局。

实际上,物流组织已是供应链管理的基本形态了。一项综合研究显示,在过去的十几年里,物流组织完成了从分隔到物流一体化的转化,功能渐趋整合。直到 20 世纪 90 年代中期,物流组织已扩展到包括联盟关系,并在可预见的未来保持优势。

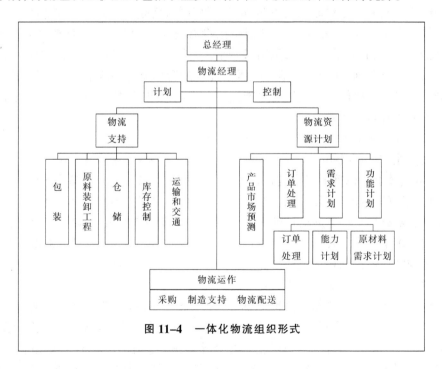

图 11–4　一体化物流组织形式

11.3.5　从功能一体化向过程重构转移

自从 BPR 提出后,适应供应链管理的组织结构变化逐渐从过去的注重功能集合转向注重过程(或称流程)的重构上来。传统组织改变的只是集权和分权的权重或者顾客、地区、产品之间的合作,而未对基本工作流程进行任何重大的重新设计。在新的环境下,功能一体化对企业获得优秀绩效的作用仍嫌不足,因为现在所处的经营环境和所依赖的信息技术都与几十年前大不一样,不彻底改变原有流程就不能实现新的目标。所以,人们就提出了要将流程的整合作为新的工作中心。

以上介绍的虽然是美国企业在物流管理方面的组织形式演变历史,但其发展历程可以给我们一定的启发,使我国企业在考虑组织结构和业务流程重构时,有一个比较和参考的对象。

11.3.6　供应链管理环境下企业业务流程重组的几个问题

一般而言,BPR 就是抛开现状,在打破原来职能分工的基础上,按业务流程重新考虑管理模式。它并不是对原来的不足加以修修补补,而是从"零"开始重新设计,因此,原有的结构与职能分工在 BPR 的过程中已没有意义。为此,在企业着手实施变革之前,首先要以企业的流程为中心,重组管理部门;然后再以现代计算机技术作为 BPR 的技术手段和物质基础,使先进的信息技术与先进的管理流程相匹配,最大限度地发挥出企业的竞争潜力。要使企业组织变革能达到如上的效果,就要在 BPR 指导下实施如下的企业业务流程重组战略。

11.3.6.1　从整体上把握工作流程的重新设计

过去企业在进行组织变革的过程中,往往把注意力放在提高某个瓶颈环节的效率上,很少从整体上考虑整个流程是否合理。BPR 则不同,它一切从"零"开始,从企业整体来考虑流程的再设计,因此,以 BPR 为指导的企业组织变革设计策略强调在人们头脑中树立起对整体流程重新设计的概念。供应链管理理念的核心是将资源配置从一个企业扩展到多个企业,因此,工作流程设计不仅要考虑企业内部的部门重组,而且要把流程工作的特征考虑到相关企业中去。

11.3.6.2　确定首要的企业流程重构的项目

企业中有各种各样的作业流程,结构十分复杂,全面铺开势必分散力量,难以取得成功。因此首先要选择一些关键性的作业流程作为实施 BPR 的项目,以关键流程带动一般流程的重构。以福特汽车公司北美财会部为例。它抓住付款流程的重构,带动采购和接收部门工作流程的变化。实施供应链管理后,某企业与合作企业的信息沟通与共享方式发生了变化,因此,原来需要多个人、多个部门处理的业务,现在只需一个人就能胜任。在部门的选择上,可以考虑以销售部门(接受订单)或供应采购部门(发出要货订单)为核心展开 BPR。

11.3.6.3　分析和评价现行作业流程

分析现行作业流程是为了找出存在的问题,以免在将来的流程中重新出现。评价现行作业流程是为了对将来的改进找到一个"比较"的基准。例如,如果目标是缩短生产周期和降低成本,就要测出现行作业流程下生产周期和成本的准确值,作为将来评价供应链管理模式实施后在这两个目标上取得绩效的基准。

11.3.6.4　选择合适的信息技术手段

现行的作业流程都是在传统管理模式下设计出来的,因而企业在工作流程上并没有与供应链管理及其信息支持体系有多大的关系。在引入信息技术时,首先要明确定义企业职能部门和作业流程的实体,明确企业在供应链管理模式下运作的要求,然后再选择计算机系统和管理软件的开发环境。BPR 强调在作业流程设计的初始阶段就考虑信息技术的作用,根据信息技术的能力确定新的作业流程,因此信息技术不仅是供应链管理的支持系统,而且还影响着新流程的构成。当前,许多人都认为电子商务是 21世纪企业经营的一个理想信息平台,因此在对供应链管理企业流程的重新设计时也要考虑这一问题。

11.3.6.5　设计和建立作业流程的原型系统

在对作业流程进行分析的基础上,用现代计算机辅助软件工具建立原型系统。这里所说的原型系统既包括软件系统,也包括组织系统。软件原型系统是指为支持新作业流程而开发的软件;组织原型系统是指为了使新作业流程正常运作而重新组织起来的人员和岗位。经过一段时间的运作,会发现新流程中存在的问题,会获得对新流程应有的认识和技术,企业便可以此为基础,建立更完善的作业流程,为实施供应链管理模式打下基础。

11.3.6.6　取得合作伙伴的支持和配合

供应链管理下的企业业务重构不同于单个企业内部的流程重构。企业除了要对其内部流程进行改造外,还必须改造与合作伙伴共同进行的业务,如与供应商企业的业务联系、与分销商企业的业务联系等。因此,在理想的情况下,供应链管理业务流程重构应该从整个系统出发,所有的节点企业同步进行重构。由于各个企业的情况千差万别,因此允许有先后顺序,但是应该着重做好有接口关系企业的协调工作,首先得到它们的配合,否则供应链的整体协调性就难以保证。

11.4 供应链业务流程重组

借助于业务流程重组技术,可以进一步优化供应链管理体系,追求高效益和低成本,使企业能够在激烈的市场竞争环境中获得核心竞争力。

在供应链管理模型中主要包含活动、资源和产品三个基本要素,业务流程重组就是优化活动流程,整合供应链网络中的各种资源,实现高效益、低成本的产品生产。在供应链体系中,应该打破企业之间的界限,建立包含企业内和企业外活动的优化组合,将企业内的价值链转换为增值能力更强的企业间的价值链。供应链描述了一种联盟结构,即采购企业联盟——生产企业联盟——销售企业联盟,这是一种增值能力更强的价值链。

供应链管理已经扩展成为一种所有节点企业之间的长期合作关系,超越了供应链初期以短期的、基于某些业务活动的经济关系,使供应链从一种作业性的管理工具上升为管理性的方法体系。供应链管理是一种集成化管理模式,它追求的最终目标是整体结构优化下最大限度地满足客户需要,供应链管理模式要求企业转变经营管理方法,并要求企业进行业务流程重组。供应链管理体系中的价值链将企业内各个部门的业务流程社会化为供应链的业务流程,供应链像单一企业的价值链一样运转,通过对供应链业务流程的有效管理,获得供应链的竞争优势。

面向供应链管理的业务流程重组项目同其他项目一样,都具有时间、成本和绩效三个目标(如图11-5所示)。三个目标综合成了供应链业务流程重组的目标,同时也构成了业务流程重组的三个方向。但是,所有的方向都围绕着满足客户需求、实现客户期望这一中心。

11.4.1 基于时间的业务流程重组

从规模经济向速度经济的转移给企业带来了越来越大的竞争压力,最终消费者对于产品的需求越来越苛刻,不仅要求产品有好的质量、低廉的价格、良好的顾客服务,还要求供应链能迅速地将产品送到顾客手中。如果企业不能及时地将满足顾客需求的产品送达顾客,非忠诚顾客就会转向其他竞争者来购买替代产品。

11.4.1.1 活动的增值率分析

时间是衡量企业运营效率的重要指标之一,也是速度经济发展过程中着重追求的一种现代观念,因此,企业在实施业务流程重组过程中,首先需要审查供应链各种流程分配时间的方式,分析各个环节价值增值的时间因素,从而设定企业重组的目标,不要将宝贵的时间浪费在没有价值增值能力的环节上。

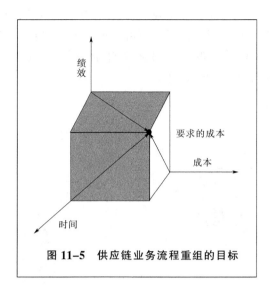

图 11-5　供应链业务流程重组的目标

基于时间的业务流程分析就是将企业增值能力低、耗时的活动从整个业务流程中突显出来,在增值能力和时间消耗方面寻求平衡,进一步消除或简化这些流程。基于时间的业务流程分析可以描述为活动的增值率分析,根据增值率确定各项活动时间分配的优先级,使时间消耗在具有较高增值率的活动上(如表 11-1 所示)。

表 11-1　活动的增值率分析

典型的活动类型	增值分析(%)	时间消耗(%)	调整时间(%)
新产品联合开发	20	5	20
早期供应商参与生产设计	15	5	15
战略成本和目标成本管理	15	5	15
电子商务需求信息综合	10	5	10
库存和物流的突破性方案	10	10	10
供应商联合发展计划	10	10	10
合同管理	5	15	5
询价和订货管理	5	15	5
库存控制	5	15	5
低价值采购	5	15	5

通过活动的增值率分析,获得了企业业务流程中的时间价值。如果企业单纯追求时间价值,就需要处理时间约束条件下的资源平衡问题,用更多的资源来满足时间要求(如图11-6所示)。企业补充的资源可能来自企业内部,也可能来自供应链节点企业,从而实现了企业资源和活动的延伸。

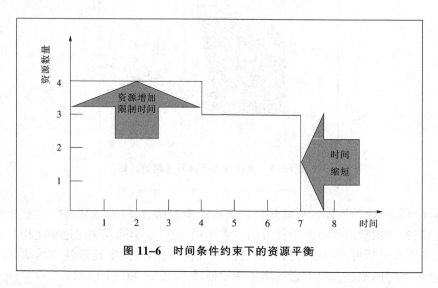

图11-6 时间条件约束下的资源平衡

资源的增加带来了产品成本的增加,这实际上是时间价值的转移,如果缩短的时间价值大于增加的资源价值,相应的活动就会降低成本。反之,如果缩短的时间价值小于增加的资源价值,相应的活动就会增加成本。

11.4.1.2 供应链的时间压缩策略

供应链时间压缩策略的应用能够降低牛鞭效应的影响,获得更短的提前期、更好的订货控制、更低的库存水平,更加适应现代社会消费者对产品多样性的需求。在供应链采购提前期构成要素中,存在需求信息传播和物流配送两个具有压缩潜力的因素。

(1)信息流的时间压缩。信息流不仅包括订货数量信息,还包括反映客户需求的定性信息。在信息流中压缩时间有更大的发挥余地,当然也有更大的风险。有更大的发挥余地是因为信息流与生产工序不同,没有提前期的限制。理论上,通过信息技术,信息可以实时地从供应链一端流向另一端,但是,由于非技术上的原因,可能会产生信息滞后,出现信息提前期。因此,更大的风险主要来自缓慢的信息提前期可能给企业带来巨大的损失。1990年,斯托克(Stalk)和豪特(Hout)认为信息延迟所带来的问题主要是由信息的时效性造成的,一旦信息失效,它就失去了价值,旧有资料引起了扩张、延迟。解决这种问题的惟一方法是压缩信息流的传递时间,使渠道内传播的信息保持新鲜、有意义,及时有效地被理解。

在传统的供应链中,每个成员得到的需求信息都来源于他的下游企业,这种需求信息不仅是滞后的,而且往往不是最终消费者的真实需求,它是经过下游企业成员加工后得到的需求,或者是加上了安全库存,或者根据预测结果修改了需求。买者与卖者之间的敌对关系也使得下游企业避免让上游企业了解真实的需求信息。因此,在许多供应链中,只有最接近最终客户的供应链成员才能感受到真实的需求。市场信息在供应链上传播的时候逐步受到延迟和扭曲,越是上游的企业,所了解到的需求信息就越不真实。而供应链管理中的真实信息是至关重要的战略资产,供应链中的每个成员都是为了满足最终客户的需求而工作的,每个成员都有权利获得快速真实的客户需求。

为了能在信息流中有效地压缩时间,就要将市场销售数据实时提供给供应链的成员。这样,每个成员都可以根据其下游企业的订货信息和最终消费者的需求信息准确、快捷地进行生产决策和存货决策,有利于企业实现 JIT 生产和零库存,进而减少库存、降低成本。提高信息流运作绩效的主要技术是 EDI 系统和电子商务,可以在供应链上各成员间实现信息共享。但是,信息流的传递并不理想,订货信息扭曲、放大的过程依然存在,许多决策过程中依然存在着阻碍信息传递的障碍。

值得注意的是,尽管两个企业在同一时间获取了相同的市场信息,但是由于理解信息能力上的差异导致企业的快速反应能力和最终结果大相径庭。另一方面,如果具有相同快速反应能力的两个企业在获取信息的优势上存在差异,也可能导致企业产生各不相同的竞争力。因此,在时间压缩战略中,信息流的价值主要体现在信息价值的时间性和提取有用信息的能力上。信息共享不等于信息理解,及时有效地理解信息才能获取竞争力。

(2)物流的时间压缩。压缩物流渠道主要表现在时间上的压缩,供应链管理中的时间压缩主要集中在企业物流、产品物流和供应链合作伙伴关系中的时间压缩。

第一,企业物流中的时间压缩。物流时间压缩战略的起点是产品的设计阶段,即产品在最初设计时就应该考虑多种产品在物流管理、生产、分销及实际使用中的优化问题。产品的优化设计能有效地推动供应链中的时间压缩战略,如较大比例的产品标准化设计可以大量减少生产过程中的改动。生产循环时间的压缩也是至关重要的,可以对物流提前期进行压缩。生产循环时间压缩的基本策略和方法主要有:①消除物流中没有价值增值的工序;②压缩工序中冗余的时间;③在连续的流程中重组;④并行工程方法的运用。

值得注意的是,许多企业只关注内部生产时间的压缩,而忽略物流中其他提前期的压缩,如分销时间的压缩,结果使内部生产中节约出来的时间被分销过程浪费掉了。供应链管理强调整体绩效,主张通过供应链中各成员的积极合作来完成时间压缩战略,每个企业都应积极帮助上、下游企业减少物流流动时间,使整个供应链中的物流时间达到优化和平衡。

第二,产品物流中的时间压缩。供应链各成员实施 JIT 的原则是成功压缩物流时间的保证。时间工序规划图(Time – based process mapping, TBPM)是一种重要的时间压缩工具,它通过图形清晰地表达产品在整个供应链中的时间分布情况,以便发现问题,提高时间压缩效率。

第三,供应链合作伙伴关系中的时间压缩。供应链合作伙伴关系中的时间压缩,主要反映在企业间合作时的运输、库存等各种基于时间的优化问题以及供应链契约问题。可以应用物流控制的五项原则来实现时间压缩:①只生产能够快速运送给客户并快速收回货款的产品;②在本阶段只生产下阶段组装所需的组件;③最小化原料生产时间;④使用最短的计划周期;⑤从供货商处小批量购买流程、组装所需的组件,即外包策略。

物流和信息流的时间压缩并不是独立的,只有两者密切合作才能使整个供应链的循环时间最短。物流的时间压缩通常伴随着开放的信息,而信息流中的时间压缩将直接影响物流的流动。

供应链管理的战略目标是建立一个无缝供应链,无缝供应链要求整个供应链要像一个独立实体一样运作,从而能有效地满足最终消费者的需求。时间压缩策略对实现这一战略目标是非常重要的。

11.4.2　基于成本的业务流程重组

降低成本也是供应链管理的重要目标之一,是提高供应链竞争优势的重要途径。根据乔恩·休斯(Jon Hughes)、马克·拉尔夫(Mark Ralf)和比尔·米切尔斯(Bill Michels)等人(1999 年)的研究成果,下面我们将对基于成本的供应链管理业务流程重组进行分析。

11.4.2.1　成本管理与竞争优势

有效降低成本是企业生产经营的目标,也是企业构筑供应链和优化供应链业务流程的目标。但是,在重组供应链业务流程过程中,不能一味地追求成本的降低,应避免在降低成本时损失企业的经济效益增长点和赢利基础。因此,要有计划地协调成本和核心竞争力之间的关系,平衡成本管理和市场联盟之间的关系。

在供应链业务流程重组过程中,成本和市场是两个基本目标,决策的焦点问题如表11 – 2 所示。

表 11 - 2　两目标决策的问题焦点

决策目标	以成本为中心	以市场为中心
典型问题	控制成本的目标是什么	市场效益的目标是什么
	如何降低供应链综合成本	创造显著市场效益的因素有哪些
	怎样才能不损坏核心竞争力	企业发展的机遇在哪里
	解决的主要供应链问题是什么	供应链市场价值的积极作用如何

11.4.2.2　策略性和战略性成本管理的内容

在成本管理中,主要包含策略性成本管理和战略性成本管理两种方法。策略性成本管理通过价格浮动和降价来实现,而战略性成本管理可以借助成本降低和成本清除达到目的。尽管在大范围内主动进行降价、成本降低、成本清除都可以达到降低成本的目的,但是重组的力度是不同的(如图 11 - 7 所示)。

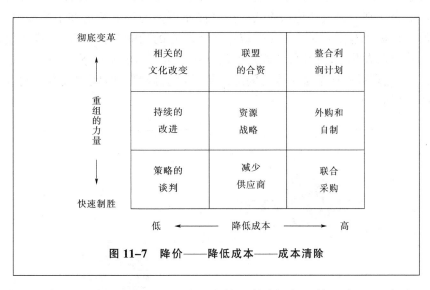

图 11-7　降价——降低成本——成本清除

在价格浮动(Price drift)阶段,几乎没有价格控制,高层管理者还没有注重掌握供应链,与供应商依然保持着有冲突的竞争关系。

降价(Price down)是真正进入成本管理阶段的标志,已经成为有效检验供应商优势和劣势的直接方法。并且,降价还需要采用一些策略性的方法,如减少供应商、谈判和成本分析,这将实现供应商价格的部分减少。

成本降低(Cost down)和成本清除(Cost out)明显不同,它们意味着企业要采用更多的战略性成本管理方法,如运用越来越复杂的利润分析方法、供应链业务流程重组和利润计划流程等方法。成本管理的目标是制定完全透明的、共同控制的供应商联合发展计划,从而降低整个供应链的成本。

价格和成本都是调控供应链增值能力和竞争优势的重要杠杆,而且全球化的成本节约也抵消了价格的压力,促使成本在构筑供应链体系过程中发挥巨大的作用。

11.4.2.3　策略性和战略性成本管理的作用

以价格为基础的策略性成本管理和以成本为基础的战略性成本管理的作用是不同的。战略性成本管理依赖战略性伙伴关系的供应商和供应链管理来实现,与企业的发展战略融为一体。战略性成本管理能够有效降低整个供应链体系的成本,在实施过程中主要采取目标成本管理方法。目标成本管理作为业务流程重组的过程,已经超越了企业内部流程的范围,面向最终客户的需求,有效集成供应商的业务流程,最大限度地满足了变化的市场需求。

目标成本管理是由客户需求驱动的价值传递的核心,客户可以以低于价值的价格购买商品。企业则可以成功地以很低的价格传递更多的价值给足够多的客户,创造更大的利润。目标成本需要对企业和供应链体系所有的功能进行整合,才能实现企业和供应商的价值最大化,赢利地传递客户价值。在成本压力的驱动下,企业会采取压缩资源的方式,但是资源的压缩会带来时间的延长,因此,需要在时间和成本之间进行平衡(如图11-8所示)。

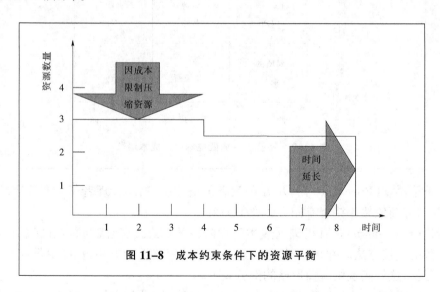

图11-8　成本约束条件下的资源平衡

供应链管理概论

典型的物流绩效衡量标准

成本管理	客户服务	质　量	生产率	资产管理
总成本	完成比率	损坏频率	运送产品数量/雇员	库存周转
成本/单个产出	缺货	订单进入准确性	产品数量/为劳力支付的美元	库存水平,供应天数
成本占销售额百分比	运输误差	选货/运输准确性	订单数量/销售代表	陈旧库存
运入运费率	准时交货	单据/发票准确性	与历史水平比较	净资产回报
运出运费率	迟延交货	信息可用性	目标程序计划	投资回报率
行政管理	周转时间	信息准确性	生产力指数	库存分类(ABC)
仓库订单处理	交货一致性	信息索求次数	设备停工期	经济价值增值(EVA)
直接劳动	询价反应时间	客户退货数量	订单输入生产率	
实际与预算比较	反应准确性		仓库劳动生产率	
成本趋势分析	完成订单		运输劳动生产率	
直接产品利益率	客户投诉			
客户部分利益率	销货人员投诉			
库存持有	整体可靠性			
退回商品成本				
损坏成本				
无效服务成术				
延迟交货成本				

11.4.3 基于绩效的业务流程重组

以绩效为目标的业务流程重组就是依据分析、比较重组前后的绩效变化来决定进一步的行为方式。在绩效分析比较过程中,重点考虑标杆的作用和影响并可从横向和纵向两个不同的角度来分析。绩效分析是建立在绩效评估基础上的,绩效评估的好坏直接影响着绩效分析的能力。

11.4.3.1 绩效评估策略

绩效评估是绩效分析的基础。在绩效评估过程中,会产生估算过低和估算过高的现象,使估算绩效偏离实际绩效(如图 11 – 9 所示)。如果估算过低,将会使重组成本转移到绩效评估更高的流程上,从而产生无效的计划和错误,引发更高的成本;如果估算过高,根据 Parkinson 定律,绩效增加时,消费随之增加,也会抬高业务流程重组的成本。

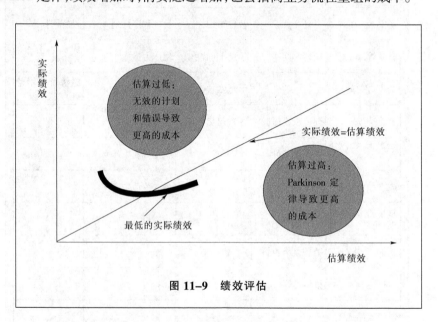

图 11–9 绩效评估

无论绩效评估的结果是过低还是过高,都会导致业务流程重组成本的增加,因此,应采取有效的策略寻找实际绩效和估算绩效的交汇点,提高绩效评估的准确性。

11.4.3.2 绩效分析

在绩效评估的基础上,可以应用横向分析和纵向分析策略,综合评判业务流程重组绩效的高低,从而制定相应的重组策略。

(1)横向分析。在重组流程中,绩效评估和绩效分析可以建立在横向分析的基础上(如图 11 – 10 所示)。

供应链管理概论

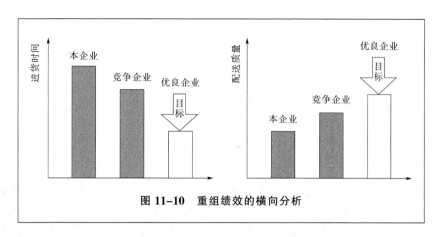

图 11-10　重组绩效的横向分析

在图 11-10 中,分析比较了本企业与竞争企业及优良企业在进货时间和配送质量两个流程上的绩效,特别突出了优良企业作为标杆的作用。

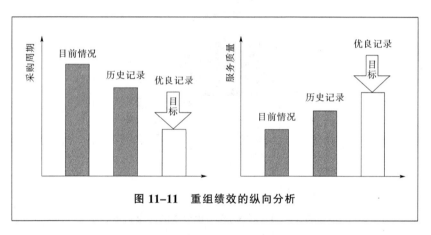

图 11-11　重组绩效的纵向分析

（2）纵向分析。在重组流程中,绩效评估和绩效分析可以建立在纵向分析的基础上（如图 11-11 所示）。图 11-11 分析比较了企业目前情况与历史记录及优良记录在采购周期和服务质量两个流程上的绩效,特别突出了企业内部的优良历史记录作为标杆的作用。

11.4.3.3　基于绩效的重组流程

以绩效为轴心的业务流程重组策略需要对重组流程的绩效进行评估,并比较绩效评估的准确性。通过绩效分析,可以进一步判断对流程重组的结果是否满意,从而做出确定流程的决策（如图 11-12 所示）。

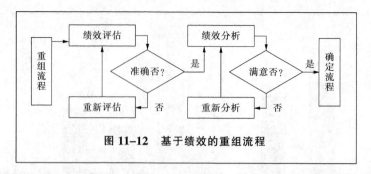

图 11-12 基于绩效的重组流程

以时间、成本和绩效为基础的供应链管理业务流程重组更多地表现为三项标准的综合,从而创造出供应链管理业务流程重组的综合效益。在时间约束和成本约束的条件下,将会带来社会资源的最大化应用,从而提高整个供应链体系的绩效(如图 11 - 13 所示)。

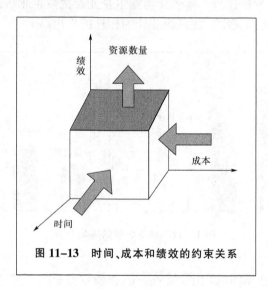

图 11-13 时间、成本和绩效的约束关系

图 11 - 13 描述了时间、成本和绩效的关系,时间和成本的降低都会带来绩效的增加。

11.5 本章小结

业务流程重组产生和发展的动力,不仅来源于管理理论自身发展的需要,而且全球化竞争压力和信息技术的发展都推动着业务流程重组技术的发展。1990 年,美国的麦可·汉默(Michael Hammer)博士首先提出了"业务流程重组"(BPR)的概念。他认为:

"企业再造就是从根本上考虑和彻底地设计企业的流程,使其在成本、质量、服务和速度等关键指标上取得显著的提高。"目前,支持流程建模的工具和方法得到广泛应用的主要有以下几种:Petri 网方法、IDEF3 过程建模方法、RAD 方法、工作流方法。

供应链组织结构的演变过程经历了传统物流管理组织结构、简单功能集合的物流组织形式、物流功能独立的组织形式、一体化物流组织形式等。传统物流管理组织结构是按职能专业部门分工的组织形式,部门划分主要表现为按专业分割。由于整个工作缺乏跨职能协调,从而导致重复和浪费,信息常被扭曲或延迟,权力界限和责任常常是模糊的。供应链管理环境下企业业务流程重组的问题主要有:从整体上把握工作流程的重新设计;确定首要的企业流程重构的项目;分析和评价现行作业流程;选择合适的信息技术手段;设计和建立作业流程的原型系统;取得合作伙伴的支持和配合。

供应链的时间压缩策略包括信息流的时间压缩和物流的时间压缩。物流的时间压缩主要集中在企业物流、产品物流和供应链合作伙伴关系中的时间压缩上。在成本管理中,主要包含策略性成本管理和战略性成本管理两种方法。以绩效为目标的业务流程重组就是依据分析、比较重组前后的绩效变化来决定进一步的行为方式。在绩效评估的基础上,可以应用横向分析和纵向分析两种策略,综合评判业务流程重组绩效的高低。

案例分析

BPR 的影响案例①

业务流程重组的实践会对企业的管理绩效产生巨大的影响。1990 年,汉默(Hammer)曾经列举的福特汽车公司北美财会部应付账款部门所涉及的采购业务流程重组是 BPR 领域的经典案例之一。通过这个案例,可以更加清晰地了解 BPR 是如何帮助企业获得突破性或"戏剧性"增长的。

福特汽车公司是美国三大汽车巨头之一,但是到 20 世纪 80 年代初,福特汽车公司像美国其他大企业一样面临着日本竞争对手的挑战,因而计划想方设法削减管理费用和各种行政开支。位于北美的福特汽车公司有 2/3 的汽车部件需要从外部供应商购买,为此需要有相当多的雇员从事应付账款管理工作。在进行业务流程重组之前,北美福特汽车公司的应付账款部门雇用员工有 32 500 多人。最初,管理人员计划通过业务处理程序的合理化和应用计算机系统,将员工裁减到最多不超过 400 人,实现裁员 20% 的目标。日本马自达公司在福特公司占有 22% 的股份,而在马自达汽车公司做同样工作的人只有 5 人。尽管两个公司在规模上存在一定的差距,但 5∶500 的差距

---

① 案例来源:http://coi. njtu. edu. cn/jingpinke 105jpsb/jgxy/gylgl/studysile/practice/practice_cace_1_5. htm。

让福特公司震惊了。为此,福特公司决定对公司与应付账款部门相关的整个业务流程进行彻底重组。

福特汽车公司应付账款部门的工作就是接收采购部门送来的采购订单副本、仓库的收货单和供应商的发票,然后将三类票据在一起进行核对,查看其中的14项数据是否相符,绝大部分时间被耗费在这14项数据由于种种原因造成的不相符上。原有的业务流程如图1所示。

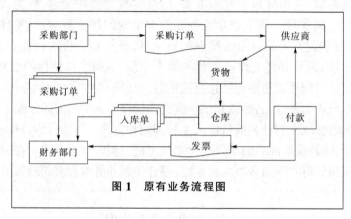

图1 原有业务流程图

业务流程重组后,应付账款部门不再需要发票,需要核实的数据项减少为三项:零部件名称、数量和供应商代码。采购部门和仓库分别将采购订单和收货确认信息输入到计算机系统,由计算机进行电子数据匹配。最后的结果是:应付账款部门的员工减少了75%,而不是原计划的20%,重组后的公司业务流程如图2所示。

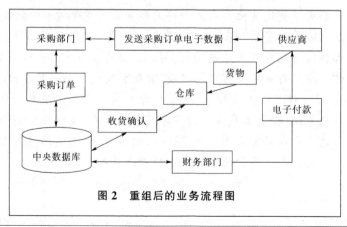

图2 重组后的业务流程图

供应链管理概论

从福特汽车公司的业务流程重组中可以看出,业务流程重组不能仅面向单一部门,而应作为企业全局的业务流程来处理。倘若福特公司仅仅重组财务应付账款部门,那将是徒劳无功的。正确的重组过程应将注意力放在整个物料获取的流程上(其中涉及采购、仓库和财务应付账款部门)才能获得戏剧性改善的成就。

复习思考题

1. 什么是业务流程重组?

2. 分析业务流程重组发展的动因。

3. 举例说明几种典型的业务流程重组建模的方法。

4. 简要说明供应链组织结构的演变过程。

5. 在实施供应链业务流程重组过程中,为什么要进行活动的增值率分析?

6. 分析基于时间、成本和绩效的业务流程重组方法,这些方法之间具有什么样的关系?

参考文献

［1］ 波特 M.竞争战略［M］.陈小悦,译.北京:华夏出版社.1997.

［2］ 现代物流管理课题组.供应链管理［M］.广州:广东经济出版社.2002.

［3］ 宋华,胡左浩.现代物流与供应链管理［M］.北京:经济管理出版社.2000.

［4］ 侯书森,孔淑红.企业供应链管理［M］.北京:中国广播电视出版社.2002.

［5］ 赵林度.供应链与物流管理——理论与实务［M］.北京:机械工业出版社,2003.

［6］ 宋华.物流供应链管理机制与发展［M］.北京:经济管理出版社,2002.

［7］ 张成海.供应链管理技术与方法［M］.北京:清华大学出版社,2001.

［8］ 马士华,林勇,陈永祥.供应链管理［M］.北京:机械工业出版社,2000.

［9］ 张小兵,徐叶香.论企业的供应链管理［J］.商业研究,2002(4).

［10］ 黄吉乔,张冬.论新经济时代的业务外包［J］.物流技术,2002(1).

［11］ 刘景江,唐豪.论企业核心业务的外包——以网络时代的软件产业为例［J］.经济问题,2003.

［12］ 沈培,王楠.供应链管理环境下的业务外包——提高企业核心竞争能力的有效途径［J］.环渤海经济瞭望,2002(6).

［13］ 陈兵兵.SCM 供应链管理:策略、技术与实务［M］.北京:电子工业出版社,2004.

［14］ 乔普瑞 S,梅因德尔 P 著.供应链管理:战略、规划与运营［M］.李丽萍等,译.北京.社会科学文献出版社,2003.

［15］ 巴罗 L H.企业物流管理:供应链的规划、组织和控制［M］.王晓东,胡瑞娟等,译.北京:机械工业出版社,2002.

［16］ 王焰.一体化的供应链战略、设计与管理［M］.北京:中国物资出版社,2002.

［17］ 盖特纳 J 编著.战略供应链联盟:供应链管理中的最佳实践［M］.宋华等,译.北京:经济管理出版社,2003.

［18］ 王耀球,施先亮.供应链管理［M］.北京:机械工业出版社,2005.

［19］ 纳尔逊 D 等著.供应链管理最佳实践［M］.刘祥亚等,译.北京:机械工业出版社,2003.

［20］　彭志忠.现代物流与供应链管理［M］.济南:山东大学出版社,2002.

［22］　赵小惠.集成化供应链管理［M］.西安:西安交通大学出版社,2002.

［22］　熊和平.供应链管理实务［M］.广州:广东经济出版社,2002.

［23］　马士华,林勇.供应链管理［M］.北京:高等教育出版社,2003年6月.

［24］　杨治宇,马士华.供应链企业间的委托代理问题研究［J］,计算机集成制造系统,2001,1(7).

［25］　淑君,马士华.从委托－代理理论看我国供应链企业间的合作关系［J］,计算机集成制造系统,2000,12(6).

［26］　蒋长兵.现代物流管理案例集［M］.北京:中国物资出版社,2005.

［27］　乔普瑞 S,梅因德尔 P.供应链管理——战略、规划与运营［M］.北京:社会科学文献出版社,2003.

［28］　利维 D S 等著.供应链设计与管理——概念、战略与案例研究［M］.季建华等,译.上海:上海远东出版社,2000.

［29］　朱道立,龚国华,罗齐.物流和供应链管理［M］.上海:复旦大学出版社,2001.

［30］　宋华,胡左浩.现代物流与供应链管理.北京:经济管理出版社,2000.

［31］　蒙兹卡 R M 等著.采购与供应链管理［M］.刘秉廉等,译.北京:中信出版社,2004.

［32］　王成,刘慧,赵媛媛.供应商管理业务精要［M］.机械工业出版社,2002.

［33］　谢勤龙.企业采购业务运作精要［M］.机械工业出版社,2002.

［34］　鲍尔索克斯 D J 等.供应链物流管理［M］.北京:机械工业出版社,2004.

［35］　丁慧平.现代生产运作管理［M］.北京:中国铁道出版社,2004.

［36］　刘丽文.生产与运作管理［M］.北京:清华大学出版社,1998.

［37］　骆温平.物流与供应链管理［M］.北京:电子工业工业出版社,2002.

［38］　陈志祥等.供应链运营机制研究——生产计划与控制模式［J］.工业工程与管理,2000.

［39］　林榕航.供应链管理(SCM)教程［M］.厦门:厦门大学出版社,2003.

［40］　罕菲尔德,尼科斯 I L 著.供应链管理导论［M］.王小征,译.北京:社会科学文献出版社,2003.

［41］　王田苗,胡耀光.基于价值链的企业流程再造与信息集成［M］.北京:清华大学出版社,2002.

［42］　王寿欣,蔺楠,覃正.面向业务流程重组的过程分析与建模方法研究［J］.管理工程学报,2001(4).

［43］ 许民利,简惠云.我国企业实施 BPR 战略的探讨［J］.中国地质大学学报（社会科学版）,2001(1).

图书在版编目(CIP)数据

供应链管理概论/施先亮,李伊松主编. —北京:首都经济贸易大学出版社,2006.8
(高等院校经济与管理核心课经典系列教材)
ISBN 978 - 7 - 5638 - 1342 - 1

Ⅰ.①供…　Ⅱ.①施…　②李…　Ⅲ.①供应链管理　Ⅳ.①F252

中国版本图书馆 CIP 数据核字(2011)第 265505 号

供应链管理概论

施先亮　李伊松　主编

出版发行	首都经济贸易大学出版社
地　　址	北京市朝阳区红庙(邮编100026)
电　　话	(010)65976483　65065761　65071505(传真)
网　　址	http://www.sjmcb.com
E - mail	publish @ cueb.edu.cn
经　　销	全国新华书店
照　　排	北京砚祥志远激光照排技术有限公司
印　　刷	北京九州迅驰传媒文化有限公司
开　　本	787 毫米×980 毫米　1/16
字　　数	431 千字
印　　张	21
版　　次	2006 年 8 月第 1 版　2017 年 7 月第 1 版第 4 次印刷
书　　号	ISBN 978 - 7 - 5638 - 1342 -1/ F · 784
定　　价	35.00 元